Marco Aurélio Fernandez Velloso

Marilucia Melo Meireles

Seguir a aventura com

Enrique José Pichon-Rivière:

uma biografia

São Paulo — 2007

Marco Aurélio Fernandez Velloso

Marilucia Melo Meireles

Seguir a aventura com

Enrique José Pichon-Rivière:

uma biografia

São Paulo — 2007

© 2007 Casa Psi Livraria, Editora e Gráfica Ltda.
É proibida a reprodução total ou parcial desta publicação, para qualquer finalidade, sem autorização por escrito dos editores.

1ª Edição
2007

Editores
Ingo Bernd Güntert e Christiane Gradvohl Colas

Assistente Editorial
Aparecida Ferraz da Silva

Editoração Eletrônica
Marco Aurélio Fernandez Velloso

Capa
Ariel Artigas Severino

Revisão
Dilair Fernando de Aguiar

Dados Internacionais de Catalogação na Publicação (CIP)
(Câmara Brasileira do Livro, SP, Brasil)

Velloso, Marco Aurélio Fernandez
    Seguir a aventura com Enrique José Pichon-Rivière: uma biografia/ Marco Aurélio Fernandez Velloso, Marilucia Melo Meireles – São Paulo: Casa do Psicólogo®, 2007.

Bibliografia.
ISBN 978-85-7396-591-9

    1. Pichón-Rivière, Enrique José,1907-1972 2. Psicanálise 3. Psicanálise – América Latina 4. Psicanalistas - Biografia 5. Psicologia Social
I. Meireles, Marilucia Melo. II. Título

| 07-9872 | CDD- 150.195092 |

Índices para catálogo sistemático:
1.Psicanalistas: Biografia e obra   150.195092

Impresso no Brasil
Printed in Brazil

Reservados todos os direitos de publicação em língua portuguesa à

Casa Psi Livraria, Editora e Gráfica Ltda.
Rua Santo Antonio, 1010 Jardim México 13253-400 Itatiba/SP Brasil
Tel.: (11) 45246997 Site: www.casadopsicologo.com.br

All Books Casa do Psicólogo®
Rua Simão Álvares, 1020 Vila Madalena 05417-020 São Paulo/SP Brasil
Tel.: (11) 3034.3600 E-mail: casadopsicologo@casadopsicologo.com.br

Ao Dr. César Augusto Ottalagano (in memorian), nosso mestre inesquecível, que nos presentou Pichon.
Ao Dr. Guillermo Ferschtut (in memorian), querido amigo que, mesmo de longe, esteve tão próximo de nossa escrita.

AGRADECIMENTOS

A Clara Regina Rappaport, cujo convite para escrever esta biografia e publicá-la pela Casa do Psicólogo foi o estímulo fundamental para nosso trabalho.

A Juan Carlos Stagnaro do Editorial Polemos, nosso agradecimento pelo interesse demonstrado em publicar nosso trabalho na Argentina.

A Horácio Etchegoyen, que nos abriu as portas de sua casa, aceitou prologar nosso livro, deu-nos respostas para inúmeras dúvidas, além de nos apresentar a seus amigos psicanalistas argentinos.

A Samuel Arbiser, pelo envio de documentos e vídeo e pela amizade com que nos brindou.

A Salomón Resnik, pelo depoimento que enriquece este livro e pela paciência na troca de e-mails.

A Mauricio Knobel, pela entrevista concedida.

A Maria Margarita Zelaya e Diego Ariel Baracat, pela atenção que tiveram conosco, em nossa pesquisa na biblioteca Prof. Willy Baranger da APA – *Asociación Psicoanalítica Argentina*.

A Maria, da *Ediciones Cinco*, que nos forneceu precioso material, em nossa breve passagem pela *Primera Escuela Privada de Psicologia Social*.

A Gemma Martín i Sirasols, Diretora da *Fundació Francesc Ferrer i Guardia, de Barcelona*, que nos recebeu prestimosamente, oferecendo-nos publicações de sua instituição.

A Gabriel Manzano Filho, de *O Estado de S. Paulo*, que nos propiciou contatos junto a seu colega Ariel Palácios, correspondente do jornal em Buenos Aires, à jornalista Mónica Torrez, da Sub-Secretaria de Cultura da Província de Corrientes e ao Prof. Miguel Fernando Gonzalez Azcoaga, fornecendo dados biográficos.

A Lília Serravalle Guerin, que nos apoiou de Rosario oferecendo-nos contribuições valiosas.

A Maria Cristina Baptista Navarra, pela assessoria jurídica.

A Martha Audisio pelo cuidado na tradução deste livro para o espanhol.

A Nilton Regis Filomeno, pelas sugestões e leitura cuidadosa de nosso texto.

Aos nossos filhos e aos nossos amigos por terem tolerado com paciência nossa teimosia de passar fins de semana inteiros escrevendo este livro.

"*Respondo-lhe com a precaução de quem tateia o definitivo. Agora há em mim, mais que paixão, uma necessidade de luz para meus atos.*
Só estou totalmente convencido de não me equivocar no que, por acaso, já reitero em demasia: minha busca foi a de saber sobre o homem. E, dentro dela, mais estritamente, saber da tristeza."

Enrique José Pichon-Rivière (1975)
(LEMA, V. Conversaciones con Enrique Pichon-Rivière sobre el arte y la locura. Cinco, Buenos Aires, 1985, p. 36)

SUMÁRIO

Agradecimentos ··· 9
Sumário ·· 13
Prólogo ·· 17
Apresentação ··· 21
Introdução: o lugar de Pichon-Rivière no desenvolvimento de uma
psicanálise latino-americana ··· 25
    A estratégia política de Freud e seus colaboradores ······················· 25
    A institucionalização da psicanálise em São Paulo ·························· 28
    A institucionalização da psicanálise no Rio de Janeiro ···················· 32
    Outros desdobramentos no Brasil e na América do Sul ·················· 35
    A institucionalização da psicanálise em Buenos Aires ····················· 36
    Pichon-Riviére: produto e produtor de sua época ··························· 40
Antecedentes: seus pais e sua família ··· 43
Descendo o Paraná ·· 49
Reminiscências da infância e fatos pitorescos da juventude ············ 55
Os primeiros anos em Buenos Aires ·· 61
    Amizades e personagens nos anos de formação ··························· 62
    Buenos Aires noturna: a boemia e o tango ···································· 65
    A opção profissional de Pichon pela medicina ······························· 70
    O *Asilo de Torres* em Luján ··· 73
O Hospicio de las Mercedes ··· 77
    O início do trabalho de Pichon no hospício e o impacto da
    loucura ·· 79
    As bases teóricas dos grupos operativos ·· 81
    O assassinato do Dr. Lecube ··· 86
    Os grupos com pacientes e a enfermaria dos adolescentes ·········· 89
    A introdução do eletrochoque e de novos medicamentos
    psiquiátricos ·· 92
    A teoria da doença única ·· 96
    Para além do *Hospicio de las Mercedes* ·· 99
    A prática da clínica psicanalítica segundo Pichon-Rivière ············ 102
Casamento, vínculos amorosos e família ··105
    Episódios pitorescos ·· 106
    Arminda Aberastury, pioneira da psicanálise infantil ···················· 109
    O divórcio, tragédias e sobrevivência ··· 112

SUMÁRIO

A *Experiencia Rosario* 123
   O clima político e ideológico, no mundo e no Cone Sul, na
   segunda metade do século XX 124
   Os antecedentes da *Experiencia Rosario*: a fundação do *Instituto
   Argentino de Estudios Sociales* – IADES 130
   A realização da *Experiencia Rosario* 134
   A *Experiencia Rosario*: uma herança e um ícone 140

O ENCONTRO COM O SURREALISMO E O RETORNO À EUROPA 143
   Os antecedentes da relação de Pichon com o surrealismo 143
   O poeta Edmundo Montagne no *Hospicio de las Mercedes* 145
   Quem foi Isidore Lucien Ducasse 151
   Pichon resgata o poeta Ducasse: nem louco, nem demoníaco 156
   Os médicos e o surrealismo 161
   Paris e o encontro com os psicanalistas mais famosos da época 163
   Herança lacaniana de Pichon na Argentina 167

A ESCOLA E OS ÚLTIMOS VINTE ANOS DA VIDA DE PICHON 173
   A deterioração da saúde e o conflito com a APA 173
   Os pressupostos da criação da *Primera Escuela Privada de
   Psicología Social* 190
   A repressão político-ideológica enfrentada na condução da
   Escola 198
   O nome: *Primera Escuela Privada de Psicología Social* 200
   A divulgação e apresentação da proposta da Escola 202
   A organização, o funcionamento e a estratégia didática da
   Escola 203
   A reinvenção do "tripé" na formação grupal 207
   Seus dois últimos anos e sua morte 210

EPÍLOGO 217

ANEXO I 219
   Enrique Pichon Rivière — Meu testemunho — 219
   Samuel Arbiser 219

ANEXO II 223
   Enrique Pichon Rivière através do tempo — Paris, Maio de 2007 — .. 223
   Salomón Resnik 223

ANEXO III 229
   Entrevista do Dr. Mauricio Knobel 229
   Objetivos da entrevista 229
   A entrevista 230

REFERÊNCIAS BIBLIOGRÁFICAS E ELETRÔNICAS 243
   Bibliografia: 243
   Sites consultados: 250

ÍNDICES REMISSIVOS 261
   A - Acontecimentos e personalidades vinculados a Enrique José
   Pichon-Rivière 261
   B - Surrealismo: eventos e personalidades 263

C - Psicanalistas, psiquiatras, psicólogos, psicólogos sociais,
médicos e cientistas ··· 264
D - *Referências institucionais* ··· 268
E - Eventos científicos ··· 270
F - Publicações ·· 270
G - Figuras históricas e personagens de destaque ···················· 271
H - Referências a fatos históricos ·· 274
I - Referências geográficas ··· 275
J - Vocabulário geral ··· 277
SOBRE OS AUTORES ··· 283

PRÓLOGO

R. Horacio Etchegoyen

Nada é mais difícil do que escrever uma biografia. Necessita-se de informação, cultura e perspectiva; mas, também, e aqui está o principal obstáculo, há que ter entusiasmo e objetividade, duas virtudes que, por definição, não caminham juntas. Sem entusiasmo, o biógrafo não pode se meter dentro do personagem; sem objetividade, perde a distância e não atina como sair de onde se meteu. O problema se complica ainda mais se o estudo se refere a alguém que é, ao mesmo tempo, brilhante, sedutor e criativo, além de contraditório e surpreendente, como Enrique Pichon-Rivière. O livro que estou comentando resolve este dilema com uma grande solvência. Mostra-se como a obra alcançada por dois reconhecidos especialistas em psicologia social.

Os autores souberam recolher os dados dispersos de uma vida rica e complicada e os expõem equanimemente, sempre no marco do contexto social e político em que tiveram lugar, com cuidadoso equilíbrio. Uma tese principal deste livro é sustentar consistentemente a dialética entre o protagonista e seu meio histórico-social. Na verdade o cumprem de forma acabada.

Para não ficarem presos ao pessoal, os autores preferiram prescindir das entrevistas de familiares, discípulos e amigos, ainda que paguem por isso o preço de perder elementos que poderiam ser-lhes valiosos.

Um mérito marcante deste livro é seguir fielmente a complexa trajetória de Enrique Pichon-Rivière desde seu nascimento e, ainda antes, a de seus pais, até o triste momento de sua morte em Buenos Aires aos setenta anos, em 1977.

Os pais eram franceses de Lyon. Alfonso Pichon se casou e teve quatro filhos com sua primeira esposa. Quando ela morreu, ele se casou com a irmã, Josefina de la Rivière, com a qual chegou ao porto de Buenos Aires em 1909, após um périplo acidentado de Paris a Genebra (onde nasceu Enrique, em 1907) e, depois, a Barcelona. Quando chegaram ao porto de Buenos Aires dirigiram-se de imediato ao nordeste argentino, onde Enrique passou a infância e a adolescência, primeiro no norte da Província de Santa Fe, depois no Chaco e finalmente em Corrientes, no Litoral.

Os autores pensam, com razão, que o perambular dos pais pela Europa e depois com Enrique e seus irmãos na Argentina, marcou o destino boêmio deste homem subjugante e o abriu para a sua compreensão profunda dos seres humanos e da loucura, sempre em contato consigo mesmo e com o meio ambiente.

Para Enrique o francês que se falava em sua casa foi a língua original; depois aprendeu com perfeição o guarani em seu íntimo contato com a cultura indígena, que o impregnou com suas lendas, sua magia e seus mitos; só quando começou a escola primária aprendeu o castelhano, que também falou com propriedade e soltura. Tinha três línguas maternas!

Fez os estudos secundários na Escola Normal de Goya, fundada por sua mãe, uma mulher culta e de firme personalidade, como também o era seu marido, o pai de Enrique. Ali o rapaz se pôs em contato pela primeira vez (e casualmente) com os escritos de Freud e teve um amigo íntimo e pitoresco, Canoi, o porteiro do prostíbulo, de quem aprendeu as coisas que tem que saber um adolescente sobre a vida e as mulheres.

Quando tinha quinze anos, morre seu pai; e após um intento malogrado de estudar em Rosario, volta a Goya. Dalí se encaminha a Buenos Aires para estudar medicina.

Chega à cidade em 1926, quando não tinha ainda vinte anos, e se hospeda — oh paradoxo! — na *Pensión del Francés* onde conhece Conrado Nalé Roxlo e Roberto Arlt, seu amigo mais querido. Assim se insere Pichon em Buenos Aires e ali se desenvolvem sua vida e sua obra. Descobre o tango e a *calle Corrientes* com suas livrarias sempre abertas e sua vida noturna; conversa no café com seus amigos sobre futebol, mulheres, arte, política, sobre tudo. Gardel era seu ídolo e sua principal figura de identificação: um francês que chegou criança à Argentina e se tornou totalmente portenho. Pichon — dizem os autores — assistiu ao último concerto de *El Zorzal* em Buenos Aires, antes de iniciar a turnê que terminou em sua inesperada morte em Medellín (Colômbia).

Já antes de se tornar médico, Pichon trabalhou como estagiário no Asilo de Torres de Deficientes Mentais em Luján, onde percebeu que havia duas classes de oligofrenia. Do que surgiu depois sua elaborada teoria da oligotimia, apoiada nos trabalhos sobre autismo precoce infantil de Leo Kanner.

Terminou seu curso de medicina em 1936, com algum atraso, porque estudava a fundo cada disciplina. Esse foi um ano crucial em sua vida: entra por concurso no *Hospicio de las Mercedes*, onde trabalhará mais de dez anos e se casa com Arminda Aberastury (*la Negra*).

A etapa do *Hospicio de las Mercedes* é um momento brilhante da vida de Pichon-Rivière, a qual os autores estudam detidamente. Nestes anos realiza uma obra verdadeiramente revolucionária e ciclópica, com um enfoque dinâmico muito original que cristaliza em seus famosos grupos operativos e sua teoria da doença única, ou enfermidade única. Nessa época Pichon cria a psiquiatria dinâmica latino-americana, paralelamente com a obra também revolucionária de Mauricio Goldenberg no Policlínico de Lanús.

Daqui surgem o ECRO (Esquema Conceitual, Referencial e Operativo) e o *grupo interno,* que estudou a fundo Samuel Arbiser nos últimos anos, onde se conjugam a teoria da identificação projetiva de Melanie Klein com a psicologia social de George H. Mead e as idéias de Kurt Lewin sobre o campo. Como bem dizem os autores deste livro, um traço distintivo da obra de Pichon é a idéia de *vínculo*, que depois se estendeu em diversas direções.

Depois da trágica morte do Dr. Lecube, assassinado por internos do Hospício, Pichon passou a ocupar seu posto de Chefe de Serviço, o que lhe permitiu desenvolver toda sua inteligência criativa, até que os vaivéns da política argentina o obrigaram a renunciar em 1948. Pouco antes, Enrique havia criado a Sala da Idade Juvenil como parte de sua revolução da assistência psiquiátrica. Era reconhecer a existência de um grupo etário até então confundido nas salas de adultos.

Desde que se fundou a Associação Psicanalítica Argentina (APA) em 1942, membros e candidatos tiveram na Sala de Pichon um lugar privilegiado para sua formação, e dali surgiram Resnik, Liberman, Avenburg, Fiasché, os Baranger, Bleger, Ulloa, os Mom, Jorge e Teresa (filha de Dom Paco), os Garcia Reinoso, Ana Kaplan, Kesselman, Bauleo, Ottalagano, Joel Zac, Rolla e outros tão distinguidos como eles. Nesses anos e conseqüente com sua idéia de que a perda de objeto e a depressão são a base de todos os fenômenos psiquiátricos, Pichon propôs sua teoria da doença única, que se estuda cuidadosamente nesta obra. Como disse

Salomón Resnik em sua homenagem ao mestre, Pichon recolhe a idéia de Griesinger, a enriquece com as teorias de Freud e Melanie Klein e lhe põe seu próprio selo.

Pouco depois de sua injusta saída do Hospício, Pichon, que vivia com *la Negra* em um palacete da *Recoleta*, na *calle Copérnico*, e graças à generosa ajuda de Dom Paco (Francisco Muñoz) cria o *Instituto Pichon Rivière*, uma clínica ambulatorial onde continuou sua formidável tarefa junto com *la Negra*, que já se havia convertido na primeira figura da psicanálise de crianças. Eu o conheci ali, ainda hoje assombrado e agradecido por sua presença de mestre. A clínica da *Copérnico*, chamada com justiça "*la pequeña Salpêtrière*", foi o farol da psiquiatria e da psicanálise por mais de dez anos, aproximadamente entre 1941 e 1952. Foi um centro modelo de assistência, investigação e ensino. Ali conheci os que vinham da Sala de Adolescentes e também Marie Langer, Garma, Arnaldo Rascovsky e Rebe Álvarez de Toledo, que logo seriam meus professores no Instituto de Psicanálise, e também Racker, que seria meu analista, e Alberto Tallaferro e Aniceto Figueras, meus primeiros supervisores. Recordo deles com carinho, assim como de Danilo Perestrello e sua encantadora mulher, Marialzira, de quem continuo muito próximo. Ali estavam como secretárias Janine Puget e Elena Evelson, das quais me tornei muito amigo e que chegaram a ser psicanalistas de primeira linha.

É muito interessante o que diz este livro da relação de Pichon com o surrealismo e seus estudos sobre Isidoro Lucien Ducasse, o Conde de Lautréamont, que foi uma de suas grandes paixões. Levava sempre em sua pasta os rascunhos de seu livro sobre *Os cantos de Maldoror*, que nunca chegou a publicar. Depois de sua morte, seu filho Marcelo resgata o texto e o publica.

Sua viagem à Europa em 1951, foi outro momento glorioso de sua vida. Pichon falou no *XIV Congreso de las Lenguas Romances*, fez um vínculo estreito e duradouro com Jacques Lacan, visitou sua Genebra natal e acompanhou *la Negra* a Londres para encontrar-se com Melanie Klein. Arminda foi, sem dúvida, quem introduziu Klein na América Latina.

Esta viagem marca o ápice da Clínica e do casal. Depois de quase vinte anos, os Pichon se separaram em 1956. Foi um verdadeiro luto para todos, do qual eles mesmos nunca puderam recuperar-se ainda que continuassem trabalhando cada um por si.

Em 1953, Pichon-Rivière funda a Escola Argentina de Psiquiatria Social e, pouco depois, em 1955, o Instituto Argentino de Estudos Sociais (IADES) em que converge com Gino Germani, eminente sociólogo que nesse ano havia retornado à Universidade de Buenos Aires.

O IADES foi a plataforma de lançamento da *Experiencia Rosario*, que teve lugar em 1958, e foi um verdadeiro marco (e mito) da cultura argentina. O livro a recolhe e a descreve com minuciosa exatidão e de forma muito divertida. Enrique, Liberman, Bleger e Rolla, com muitos outros discípulos, se transferem por um fim de semana para Rosario e realizam uma tarefa intensiva de aulas e grupos operativos, causando uma verdadeira comoção e ficando como uma marca indelével de como se pode obter um processo grupal criativo e original. Quero acrescentar que nos fins dos anos cinqüenta e começos dos sessenta Pichon visitou minha cátedra de psiquiatria em Mendoza e desenvolveu uma tarefa magna.

Em 1964 Pichon internou-se na Clínica de Repouso do *Barrio de las Rosas*, dirigida por outro grande psiquiatra argentino, Gregorio Bermann, onde o visitei a partir de Mendoza com minha esposa Élida, que sempre o quis muito, como também a Dom Gregório. Coca, que era, então, a companheira de Pichon-Rivière, foi visitá-lo e passou por Rosario para buscar

PRÓLOGO

Sergio Bodo, um médico jovem e talentoso que havia começado recentemente sua análise com Pichon, e que queria saudá-lo. Coca tinha fama de exímia motorista, mas bateu em Oncativo (Córdoba) em 1º de dezembro de 1964 e os dois morreram.

Um ano depois, em 1965, já recuperado, Pichon conhece Ana Pampliega de Quiroga, uma mulher de grande inteligência e coragem que o acompanhou sem esmorecer até a morte. Com ela fundou, em 1967, a *Primera Escuela Privada de Psicología Social*, que este livro estuda em detalhe, assim como o conflito com a APA, que terminou lhe retirando a função didática em 1966, um duro golpe para Enrique e também para a instituição, que não encontrou outro caminho para resolver os problemas que se lhe apresentavam.

Quando criou a Primeira Escola Argentina de Psicologia Social que continua ainda sob a direção de Ana Pampliega, Pichon se afasta definitivamente da teoria dos instintos de Freud, que já vinha criticando com Bleger por considerá-la demasiadamente biologista, e a substitui pelo conceito mais psicossocial de *necessidade*. Tenho para mim a impressão de que a enorme simpatia que Pichon sempre teve por Sullivan terminou aqui por se impor, sem desconhecer os conflitos institucionais e pessoais que então tinha e que o livro trata com acerto.

Em 1972 Enrique sofreu outros dois golpes muito duros, o suicídio de *la Negra* e a morte de Bleger. O que veio depois é a crônica de uma morte anunciada. É para o esquecimento, ainda que o livro transmita com plena e dolorosa exatidão.

O livro de Marco Aurélio e Marilucia é um grande esforço e um grande documento, cheio de sabedoria e com uma bibliografia cuidadosa e notavelmente completa, exaustiva.

Merece ser lido, discutido e pensado. Recupera a vida de um grande homem com suas luzes e suas sombras. Lê-lo foi para mim uma enorme experiência de reflexão, de recordação.

Às vezes — e há que dizê-lo com dor — a Argentina não merece os grandes homens que teve.

Buenos Aires, 11 de janeiro de 2007.

Com sua habitual generosidade, Guillermo Ferschtut recomendou-me para escrever este prólogo — que ele teria feito melhor — e o enriqueceu com seus comentários.

APRESENTAÇÃO

O convite que nos foi feito por Clara Regina Rappaport (1946) para escrever a biografia do psicanalista Enrique José Pichon-Rivière (1907-1977) e publicá-la pela Casa do Psicólogo não podia ser mais oportuno. Comemoramos neste ano de 2007 o centenário de seu nascimento, além dos quarenta anos da fundação de sua Escola e dos trinta anos de sua morte.

Afinal de contas, não é todo dia que se comemora um centenário. Uma marca como essa é mais do que suficiente para exigir uma revisão e um registro históricos.

A figura de Pichon, de fato, reclama seu merecido espaço entre os grandes nomes da psicanálise e da psicologia social. René Kaës, em seu cuidadoso prefácio à edição francesa de *O Processo Grupal*, reconhece essa lacuna, quando afirma:

> *"Não dispomos ainda de uma biografia suficientemente consistente de Pichon-Rivière."*[1]

A tarefa que iniciamos há três anos exigiu de nós dedicação na pesquisa e no cotejamento das informações que progressivamente conseguimos reunir.

Nosso caminho foi demarcado, de um lado, pela busca da concisão; de outro, pelo oferecimento das informações necessárias para que o leitor construa, com propriedade, o cenário destes tempos paradoxais em que Pichon viveu.

Na medida em que ainda não existe uma biografia sistemática a seu respeito, privilegiamos o texto fundamental de Vicente Zito Lema (1939) porque, ao entrevistar longamente Pichon, nos transmitiu a palavra viva de nosso biografado.

Mesmo estes relatos mereceram uma cuidadosa aferição. Como afirma Marcelo Esteban Pichon-Rivière:

> *"Meu pai, como Borges, às vezes preferia uma frase feliz a uma frase verdadeira. Era uma de suas formas de sedução."*[2]

Nossa maior preocupação foi a de tomar, um a um, os relatos que Pichon fez dos episódios de sua vida e contextualizá-los em seus devidos tempos e lugares. Por isso, estendemos nossa pesquisa para além de seu próprio dizer.

Seguindo sua própria concepção de que o sujeito se localiza na dialética da intersecção entre verticalidade (a história individual) e horizontalidade (a história grupal e social), procuramos, ao palmilhar seu percurso pessoal, atravessá-lo com os acontecimentos de seu tempo.

Descrevemos, quando se fez necessário, o contexto histórico no qual estes episódios ocorreram, como, por exemplo, o de sua passagem por Barcelona no dia do fuzilamento de Francisco Ferrer (1859-1909). Outras vezes, são suas próprias referências que exigiram este

---

[1] KAËS, R. Préface – *Pour recontrer Pichon. In* PICHON-RIVIÈRE, E. ***Le processus grupal***. Ramonville Saint-Agne: Érès, 2004, p. III.

[2] PICHON-RIVIERE, M. *Prólogo. In* PICHON-RIVIERE, E. ***Psicoanálisis del Conde de Lautréamont***. Buenos Aires: Argonauta, 1992, p. 10.

mesmo exercício investigativo, como no caso de suas pesquisas a respeito de Isidore Ducasse (1846-1870), o Conde de Lautréamont.

Oferecemos, também, informações ao leitor sobre acontecimentos históricos, principalmente da Argentina e do Brasil, na medida em que facilmente se constata que nossos povos, apesar de vizinhos, com freqüência ignoram reciprocamente informações que, a nosso ver, são fundamentais para o entendimento de nossas respectivas histórias. No caso de uma biografia de Pichon-Rivière, estas informações são ainda mais essenciais, já que sem elas é impossível visualizar o quadro dentro do qual se desdobraram situações dramáticas por ele vividas.

A expectativa é a de que o leitor conheça a história da pessoa de Enrique José Pichon-Rivière dentro do contexto dos acontecimentos históricos de sua época, claramente datados e situados, evitando a todo custo idealizações e mitificações.

Esclarecemos também que, ao escrever este trabalho, optamos por uma investigação independente, mais distante das pessoas e do calor das vicissitudes emocionais, das alianças de grupos com interesses divergentes e das leviandades de juízo e dos depoimentos de ocasião.

Optamos por escrever uma biografia não autorizada. Adotando este critério de independência, privilegiamos a investigação histórica e documental, renunciando à obtenção de informações através de contatos ou entrevistas formais com familiares e pessoas muito próximas a ele.

Como bem diz o psicanalista e professor titular de História da Psicologia na Faculdade de Psicologia da Universidade de Buenos Aires, Hugo Vezzetti (1944):

> *"Se os historiadores devessem prestar contas aos familiares daqueles dos quais se ocupam, a história teria um limite muito grosseiro para poder avançar."*[3]

Preferimos coletar relatos já publicados dos que conviveram ou conheceram Enrique José Pichon-Rivière. Nossa intenção foi, simplesmente, a de sustentar, de maneira inequívoca, nossas descrições sobre os acontecimentos de sua vida. Por isso o leitor encontrará um grande número de citações, com referências bibliográficas precisas. Sempre que nos foi possível, incluímos em nosso texto relatos diretos, ainda que contraditórios, dos protagonistas que com ele compartilharam momentos importantes, sempre objetivando a abertura para um possível cotejamento entre pontos de vistas diferentes, explicitando conflitos, deixando o leitor livre para tirar suas próprias conclusões.

É este, no nosso entender, o cerne de uma biografia.

Nosso trabalho de pesquisar informações para dar consistência a este livro nos confrontou com a dificuldade de, nem sempre, ao obtê-las, encontrarmos as referências bibliográficas necessárias, dados imprescindíveis para o cumprimento de critérios mínimos para a identificação de autores e respectivas obras. A impressão que se tem é a de que o mundo do conhecimento começa com cada autor e sua obra e se esquece de que fatos são História.

---

[3] CUETO, E. *Entrevista a Hugo Vezzetti*.
Disponível *in* site: *El Sigma.com*
http://www.elsigma.com/popup/index.jsp?idContent=5732
Consultado em 28/2/2006.

Outro grande problema foi o da identificação de datas de acontecimentos históricos ou relacionadas às pessoas citadas neste livro. Em muitos casos, nas publicações pesquisadas, não constavam dados elementares sobre datas, pessoas, acontecimentos, participantes, local de sua ocorrência, nomes corretos, enfim, informações imprescindíveis para quem escreve uma biografia.

Esta constatação só faz aumentar a responsabilidade da escrita e, no nosso caso, do risco de escrever uma biografia e de cometer injustiças com nosso biografado.

Porém, escrever uma biografia também comporta a riqueza das informações, dos encontros, da descoberta de novos ângulos, da revisão da história.

Apesar da solidão da escrita, contamos, em todos estes anos, com a amizade e apoio incondicional do saudoso Dr. Guillermo Ferschtut (1932-2007) que, de Buenos Aires, nos atendia, através de telefone e correspondência eletrônica, sem nunca se recusar a investigar respostas para perguntas impertinentes de biógrafos, do tipo: que quer dizer o "J." de Enrique J. Pichon-Rivière? Coube, também, a ele, nos apresentar os Drs. Samuel Arbiser e Horácio Etchegoyen (1919).

Horácio Etchegoyen, que foi o primeiro leitor dos rascunhos deste livro, nos ajudou com suas preciosas observações, apresentou-nos a vários analistas — como Salomón Resnik (1919) — e nos brindou com um prólogo comovente sobre sua admiração e amizade com Pichon.

Ao final deste livro, incluímos testemunhos dos psicanalistas argentinos Samuel Arbiser e Salomón Resnik, além de entrevista com Mauricio Knobel (1922).

No mais, valemo-nos de nossa própria história, dos contatos que tivemos e do repositório de informações que recolhemos durante nossas vidas profissionais. Em especial, através da vivência analítica com o saudoso Dr. César Augusto Ottalagano (1915-2005), que nos legou um pequeno acervo de documentos pessoais e livros, além de saborosas recordações de sua época de formação em Buenos Aires.

Pichon, como qualquer de nós, é fruto de seu tempo. Suas atitudes e criações, conforme seus próprios ensinamentos, devem ser tributados ao contexto em que viveu.

Sua história, de uma forma mais ou menos direta, comporta interações complexas. Sua vida sofreu profundas influências do movimento psicanalítico e, ao mesmo tempo, influenciou significativamente a psicanálise em nossas paragens.

Estas interferências vão emergir de uma maneira muito evidente em todas as páginas deste trabalho.

Este livro foi escrito visando alcançar tanto o leitor que inicia seus estudos no campo da psicanálise e da psicologia social, quanto para aqueles profissionais que se interessem no aprofundamento de questões latentes da história do movimento psicanalítico latino-americano.

O leitor que desejar aprofundar os temas levantados a partir de nosso relato, encontrará à sua disposição vasta bibliografia.

Atinentes ao nosso próprio tempo e lugar, procuramos municiar o leitor com muitas referências às informações disponíveis na rede virtual.

APRESENTAÇÃO

A cada dia vemos aumentar o número e a qualidade das informações disponíveis na Internet sobre uma variedade e abundância de temas. Foi, para nós, uma agradável surpresa descobrir que existe na rede muita informação publicada sobre Pichon-Rivière, à qual não teríamos acesso de outro modo.

Pensando principalmente nos nossos leitores mais jovens, procuramos introduzir, além das referências bibliográficas tradicionais, endereços de sites em que informações relevantes podem ser obtidas.

Entre as fontes da Internet, demos especial destaque, sempre que cabível, à *Wikipedia*, na medida em que esta enciclopédia eletrônica está crescendo em número de verbetes e de credibilidade nos meios acadêmicos, transformando-se numa fonte obrigatória de consulta.

Visando facilitar a consulta ao conteúdo deste livro, incluímos um índice remissivo subdividido em dez grupos temáticos em que o leitor poderá encontrar palavras chaves de referência ao texto.

Ao final desta tarefa que, prazerosamente, realizamos, nos resta a certeza de que contribuímos para a divulgação de idéias fortes criadas por este homem excepcional. Porém, esta tarefa tem a marca do inacabado. Esperamos que, no decorrer da difusão deste livro, surjam mais colaborações que o complementem. Seremos gratos em recebê-las.

Nosso desejo é o de que este trabalho permita a um número maior de pessoas conhecer Enrique J. Pichon-Rivière. Aos que já o conhecem, esperamos contribuir para que o conheçam um pouco mais.

Acima de tudo, auguramos que a leitura de sua biografia estimule mais pesquisa e avanço sobre as propostas que nos legou.

São Paulo, julho de 2007.

INTRODUÇÃO:
O LUGAR DE PICHON-RIVIÈRE NO DESENVOLVIMENTO DE UMA PSICANÁLISE LATINO-AMERICANA

Enrique José Pichon-Riviére (1907-1977) foi um dos pioneiros da psicanálise na América Latina.

René Kaës, no prefácio à edição francesa de sua obra, realça o papel de fundador que desempenhou, observando a necessidade de se conhecer o momento histórico em que viveu para se aquilatar melhor suas contribuições:

> *"(...) É necessário também re-situar o movimento de suas descobertas num contexto particular, o da fundação da psicanálise na América Latina, no país o mais 'europeu' deste continente, numa efervescência de idéias, de movimentos sociais e de vontade de inovação. Por razões que vão se descobrir ao longo desta obra, Pichon-Rivière foi um homem que se assemelhava às figuras fundadoras da psicanálise."*[1]

Neste capítulo inicial procuraremos desenhar, em grandes linhas, o processo de propagação e institucionalização da psicanálise na Europa e no mundo e, particularmente, na América Latina — com especial ênfase à Argentina.

Torna-se essencial esta introdução como referência.

O movimento psicanalítico, qualquer que seja a latitude ou longitude em que se estabeleceu, mantém especificidades que o caracterizam, tanto do ponto de vista das inovações que introduziu, quanto dos paradoxos e problemas que suscitou e ainda suscita.

Acreditamos imprescindível — mesmo correndo o risco de recontar o já contado — traçar este mapa mais geral, anotando acontecimentos fundantes, para que nosso leitor, de posse dele, se oriente sobre a contextura subjacente dos eventos particulares. Assim, a própria figura de nosso biografado, Pichon-Rivière, revelar-se-á, sem se esfacelar em fragmentos, na dramática de sua vida e da práxis de suas descobertas.

A estratégia política de Freud e seus colaboradores

A disseminação da psicanálise e a criação de instituições psicanalíticas em todo o mundo corresponderam a um projeto político explícito, que Sigmund Freud (1856-1939) conduziu de perto.

Desde 1902, Freud já se reunia às quartas-feiras com seus discípulos. O grupo, inicialmente constituído por quatro pessoas, chegou a ter vinte e dois membros.

---

[1] KAËS, R. *Préface – Pour recontrer Pichon*. In PICHON-RIVIERE, E. **Le processus grupal**. Ramonville Saint-Agne: Érès, 2004, p. II.

Após o afastamento de Alfred Adler (1870-1937) e a ruptura com Carl Jung (1875-1961), Freud criou, em 1912, por sugestão de Ernest Jones (1879-1958), o chamado Comitê Secreto — ou Comitê dos Sete Anéis — constituído pelo próprio Jones e por Otto Rank (1884-1939), Karl Abraham (1877-1925), Hans Sachs (1881-1947), Max Eitingon (1881-1943) e Sándor Ferenczi (1873-1933), seus mais leais discípulos. Freud presenteou a todos com um anel para simbolizar a criação de uma nova força na psicanálise e a lealdade de todos ao seu fundador[2]. Considerava os membros deste grupo como seus filhos adotivos.

Tratava-se de um grupo secreto, com funcionamento independente e ligado diretamente a Freud.

Nas palavras de Horácio Etchegoyen,

"(...) — idéia de [Ernest] Jones para rodear e também cercar Freud e protegê-lo —"[3].

Ao que Guillermo Ferschtut acrescenta:

"Como nos sete anéis, o segredo é um poder misterioso que o grupo usufrui e frente ao qual tem que estabelecer uma couraça de isolamento; sua posse detém o privilégio de uma pertença e identidade privadas frente aos que estão fora do mesmo, aos excluídos, dos quais teme despertar inveja por este bem mágico que possui."[4]

Tendo esses homens por conselheiros — com quem se reunia freqüentemente e dentre os quais Jones se destacava como o verdadeiro gênio político —, Freud neles se apoiou para proteger e conduzir o processo de consolidação do movimento psicanalítico, já com a perspectiva de sua internacionalização.

Jones, além de ter sido por duas vezes presidente da *IPA – International Psychoanalytical Association* (1910)[5], fundou e presidiu a *London Psychoanalytical Society* (1913) que se transformou na *British Psychoanalytical Society* (1919), vinculado à qual foi criado o *Institute of Psychoanalysis* (1924). Fundou e dirigiu também o *International Journal of Psychoanalysis* (1920).

Lembremo-nos de que, em 1908, realizou-se o I Congresso Internacional de Psicanálise, em Salzbourg, Áustria, e de que, em 1909, Freud, Jung e outros viajaram aos Estados Unidos, a convite de Stanley Hall (1844-1924), para proferirem palestras na *Clark University*, lá recebendo excelente reconhecimento.

---

[2] GROSSKURTH, P. **O círculo secreto:** o círculo íntimo de Freud e a política da psicanálise. Rio de Janeiro: Imago, 1992.

[3] STITZMAN, J. ***Conversaciones con R. Horacio Etchegoyen***. Buenos Aires: Amorrortu, 1998, p. 31.

[4] FERSCHTUT, G. ***De los siete anillos a la cadena infinita***. Psicoanálisis Año 2002, v. XXIV, Nº 1/2. Disponível *in* site: APdeBA – *Asociación Psicoanalítica de Buenos Aires*.
http://www.apdeba.org/publicaciones/2002/01-02/pdf/ferschtut.pdf
Consultado em 28/2/2006.

[5] A IPA – *International Psychoanalytical Association* (1910) foi oficialmente fundada durante o II Congresso Internacional de Psicanálise, realizado em Nuremberg, Alemanha.

A acolhida no espaço de uma universidade serviu como um bálsamo, já que as relações de Freud com a academia, na Europa, não tinham sido das melhores[6].

Nos idos dos anos vinte do século passado — principalmente em função do papel desempenhado por Max Eitingon à frente do Comitê de Treinamento da IPA e de Ernest Jones como presidente da mesma — esse projeto ganhou ares mais explícitos. Desenvolveu-se um esforço enorme para a institucionalização do movimento psicanalítico e sua disseminação em todo o mundo, com o firme propósito de manter sua unidade sob o comando de Freud e de seus próximos e, por assim dizer, a pureza da transmissão de seu saber.

Este trabalho tornou-se ainda mais intenso nos anos trinta, a partir da ascensão do nazismo na Alemanha e da eclosão da Segunda Guerra Mundial (1939-1945). Foi a chamada estratégia de "salvamento da psicanálise" implementada por Jones.

Paradoxalmente, a perseguição movida pelos nazistas contra os judeus, na Europa, criou a possibilidade de que muitos analistas se dispusessem a mudar seu lugar de residência, transferindo-se para outros países. Para se ter uma idéia disso — e da importância que o êxodo judaico frente à ameaça do holocausto teve para a difusão da psicanálise —, basta lembrar que, em 1934, no XIII Congresso Internacional de Psicanálise, realizado em Lucerna, Suíça, 24 dos 36 membros do Instituto Psicanalítico de Berlim (1920), quase todos judeus, já haviam deixado a Alemanha.[7]

Ernest Jones soube aproveitar esta circunstância histórica para favorecer seu projeto. Havia a explícita intenção não só de alargar a penetração da psicanálise em outras partes do mundo, protegendo-a de eventuais ataques resultantes do crescimento do nazismo, mas, também, o claro objetivo de manter o controle do movimento, centralizando-o sob o comando de Freud e de seus mais achegados discípulos.

Este processo teve reflexos na América Latina, devendo ser tomado em conta como uma importante ambientação para muitos dos acontecimentos que se desenrolaram entre nós e que resultaram no desenho da psicanálise assim como a conhecemos hoje, no nosso meio.

No Brasil, o movimento psicanalítico surge de forma espontânea com Durval Bellegarde Marcondes (1899-1981) e Francisco Franco da Rocha (1864-1933), em São Paulo, e Juliano Moreira (1873-1933) — que já citava Freud em 1899[8] — e Júlio Pires Porto-Carrero (1887-1937), no Rio de Janeiro. Este movimento espontâneo termina sendo assimilado por essa estratégia de expansão institucional da IPA – *International Psychoanalytical Association*.

Já a iniciativa de Ángel Garma (1904-1993) e Celes Ernesto Cárcamo (1903-1990) na fundação da APA – *Asociación Psicoanalítica Argentina* (1942), desde o seu início, parece já corresponder a esta estratégia formulada pela IPA.

---

[6] ROUDINESCO, E. e PLON, M. Verbete: Freud, Schlomo Sigismund, dito Sigmund (1856-1939). *In* ROUDINESCO, E. e PLON, M. **Dicionário de Psicanálise.** Rio de Janeiro: Jorge Zahar, 1998, p. 272 a 279.

[7] ROUDINESCO, E. e PLON, M. Cronologia - 1934. *In* ROUDINESCO, E. e PLON, M. **Dicionário de Psicanálise**. Rio de Janeiro: Jorge Zahar, 1998, p. 813.

[8] PONTE, C. **Médicos, psicanalistas e loucos**: uma contribuição à história da psicanálise no Brasil. [Mestrado] Fundação Oswaldo Cruz, Escola Nacional de Saúde Pública; 1999.
Disponível *in* site: Fiocruz – textos de teses.
http://portalteses.cict.fiocruz.br/transf.php?script=thes_cover&id=000080&lng=pt&nrm=iso
Consultado em 28/2/2006.

A SBPSP – Sociedade Brasileira de Psicanálise de São Paulo (1927) foi a primeira sociedade de psicanálise surgida na América Latina, em 1927. Ainda falando de Brasil, posteriormente, vieram as sociedades do Rio de Janeiro, a SPRJ – Sociedade Psicanalítica do Rio de Janeiro (1955), e a SBPRJ – Sociedade Brasileira de Psicanálise do Rio de Janeiro (1959), ambas originadas do Instituto Brasileiro de Psicanálise (1947), e a SPPA – Sociedade Psicanalítica de Porto Alegre (1963), em 1963.

Na Argentina, a APA – Associação Psicanalítica Argentina, foi fundada em 15 de dezembro de 1942. Neste dia, prenúncio de outras nuvens tenebrosas do futuro, o país se encontrava sob Estado de sítio.[9]

Outras instituições psicanalíticas também foram criadas, ao longo dos anos, em toda a América Latina, refletindo o vigor da difusão das idéias de Freud.

Procuraremos, a seguir, oferecer ao leitor um pequeno recorte, que sabemos limitado, dos fatos mais fundantes relacionados à institucionalização da psicanálise no Brasil, Argentina, Chile e Uruguai.

A institucionalização da psicanálise em São Paulo

A introdução do movimento psicanalítico em São Paulo evidencia de maneira inequívoca o modo como a espontaneidade do interesse pela psicanálise entre nós terminou por ser assimilada pela estratégia de Ernest Jones.

A SBPSP – Sociedade Brasileira de Psicanálise de São Paulo foi a primeira instituição psicanalítica fundada na América Latina. Durval Marcondes e Franco da Rocha, em 1927, foram seus fundadores, após troca de correspondência entre Marcondes e o próprio Freud.

Já em 1928, Durval Marcondes se referia a uma carta por ele recebida de Freud, onde este último instava para que a sociedade de São Paulo solicitasse sua filiação à IPA. A solicitação foi feita, a afiliação aceita em 1929, a título provisório, não sendo outorgada à instituição o caráter formativo.

Em 1930, Max Eitingon, na qualidade de presidente da IPA, escreve a Marcondes expondo os critérios de formação de psicanalistas adotados por sua instituição, comportando análise didática, seminários teóricos e supervisão de casos clínicos. Tratava-se de uma exigência necessária para o reconhecimento da instituição paulista pela IPA.

Durval se convence da necessidade de se adequar a essas normas e procura, então, atrair René Spitz (1887-1974) para vir ao Brasil. Segundo seu relato, a eclosão da Revolução Constitucionalista de 1932 provocou um atraso de correspondência entre ambos, o que fez

---

[9] HISTORIA DE APA.
Disponível *in* site: APA – Asociación Psicoanalítica Argentina.
http://www.apa.org.ar/insti_02.php
Consultado em 10/11/2006.
Puig, I. **Historia del Psicoanálisis en la Argentina**.
Disponível in site: Asociación Argentina de Psiquiatras. Dinámica – Revista de Psiquiatría Dinámica y Psicología Clínica. Dinámica V.
http://www.aap.org.ar/publicaciones/dinamica/dinamica-5/tema-2.htm
Consultado em 10/11/2006.

Spitz emigrar para os Estados Unidos, frustrando a iniciativa de Marcondes[10]. Carmen Lucia Valladares questiona esta afirmação, seja pelo fato de que Spitz só se transferiu para a América em 1938, seja por ter ocupado neste período funções importantes no movimento psicanalítico europeu.[11]

Em 1934, Durval Marcondes recebeu outra correspondência, desta vez de A. A. Brill (1874-1948), então presidente da IPA, na qual pedia apoio para um *"certo número de médicos muito competentes e de notoriedade"* que estavam sofrendo perseguição na Alemanha por serem judeus. Pedia informações sobre países da América Latina onde pudessem se estabelecer e trabalhar.[12]

Durval Marcondes, diante desta solicitação de Brill, idealiza introduzir um curso de psicanálise na USP – Universidade de São Paulo (1934), então em organização. Procurou interessar Júlio de Mesquita Filho (1892-1969), proprietário do jornal *O Estado de S. Paulo*, e Armando de Salles Oliveira (1887-1945), interventor e governador do Estado de São Paulo, que estavam à frente deste projeto. Na época, a USP procurava atrair professores europeus, principalmente da França, Itália e Alemanha, para constituir seu quadro docente inicial. O assunto, apesar do interesse preliminar de ambos, terminou *"arquivado por decurso de prazo"* diante da oposição de Pacheco e Silva (1898-1988).[13]

A criação da SBPSP enfrentou, na verdade, muitas resistências, principalmente no ambiente acadêmico da medicina, resultando numa histórica luta entre Durval Marcondes e Pacheco e Silva que, em 1936, tornara-se professor catedrático de psiquiatria na Faculdade de Medicina da USP, ao vencer o concurso para a ocupação desta cadeira que fora disputado por ambos.

A discordância que Pacheco e Silva manifestava em relação à psicanálise, segundo alguns testemunhos, dirigia-se para o que considerava excessivo "psicologismo" e *"furor interpretandis"* dos primeiros psicoterapeutas de orientação psicanalítica, especialmente de Durval Marcondes.[14]

---

[10] HISTÓRICO DA SBPSP.
Disponível *in* site: SBPSP – Sociedade Brasileira de Psicanálise de São Paulo.
http://www.sbpsp.org.br/default.asp?link=hist3
Consultado em 27/2/2006.

[11] OLIVEIRA, C. **História da Psicanálise** – São Paulo (1920-1969). São Paulo: Escuta – Fapesp, 2006, p. 115 e 116.

[12] HISTÓRICO DA SBPSP.
Disponível *in* site: SBPSP – Sociedade Brasileira de Psicanálise de São Paulo.
http://www.sbpsp.org.br/default.asp?link=hist3
Consultado em 27/2/2006.

[13] HISTÓRICO DA SBPSP.
Disponível *in* site: SBPSP – Sociedade Brasileira de Psicanálise de São Paulo.
http://www.sbpsp.org.br/default.asp?link=hist3
Consultado em 27/2/2006.

[14] PICCININI, W. **História da Psiquiatria** - Antonio Carlos Pacheco e Silva (1898-1988).
Disponível *in* site: *Psychiatry On-line Brazil*.
http://www.polbr.med.br/arquivo/wal0704.htm
Consultado em 27/2/2006.

Em certos aspectos, essa luta lembra o conflito entre Freud e o *establishment* médico de Viena, no final do século XIX, quando de seus primeiros passos na formulação das idéias básicas sobre as quais erigiu a psicanálise.

Durval, na época recém-formado, era considerado por seus adversários, colegas de profissão, como um médico sem experiência e um "homem esquisito"[15]. Até os últimos anos de sua vida, Marcondes sempre se referia ao conflito que manteve com os psiquiatras organicistas e se queixava das ironias com as quais foi por eles agraciado. Para quem o ouvia, ficava claro o quanto estes episódios o fizeram sofrer. Não usava meias palavras para expressar sua indignação.

A psicanálise, no entanto, obteve repercussão junto a diversos setores da sociedade paulistana, especialmente junto aos artistas e intelectuais participantes da Semana de Arte Moderna de 22, o que em muito auxiliou a criação da primeira instituição psicanalítica entre nós. De certo modo, ela foi demandada pela sociedade que passava, naquele momento, por transformações decorrentes da acelerada urbanização.

Através desse movimento, a psicanálise passou a ser referida em obras literárias e na imprensa, facilitando sua difusão e aceitação pelo público paulista. Foi o caso, por exemplo, de Mário de Andrade (1893-1945), ao escrever, em 1920, *Paulicea Desvairada*[16], publicada pela primeira vez em 1922, e Osório César, que abordou a produção artística dos doentes mentais[17].

Não devemos esquecer que o movimento surrealista — resguardadas as profundas diferenças com o movimento modernista — congregando simpatizantes da psicanálise, já despontava na França, quando foi publicado, em 1924, o Manifesto Surrealista que o consolidou. A esse respeito, o leitor encontrará, à página 143 e seguintes deste livro, um extenso capítulo sobre o encontro de Pichon-Rivière com o surrealismo, nas intrincadas relações com a psicanálise.

No fim do ano de 1936, chega a São Paulo, indicada por Ernest Jones — então presidente da IPA — Adelheid Koch (1896-1980), médica psicanalista alemã de origem judaica, formada no Instituto Psicanalítico de Berlim (1920). Fez análise com Otto Fenichel (1897-1946) e supervisão com Salomea Kempner (1880-194?). Foi admitida na Sociedade de Psicanálise Alemã, em 1935, após completar sua formação no Instituto Psicanalítico de Berlim.

Oliveira observa com propriedade que, neste mesmo momento, cruzava o Atlântico, em sentido contrário, Olga Benário (1908-1942), mulher de Luis Carlos Prestes (1898-1990), extraditada pelo governo Vargas para a Alemanha nazista, onde será finalmente exterminada.[18]

---

[15] OLIVEIRA, C. **A implantação do movimento psicanalítico na cidade de São Paulo**.
Disponível *in* site: Estados Gerais da Psicanálise de São Paulo. São Paulo, 2000.
http://www.geocities.com/HotSprings/Villa/3170/CamenLuciaValadares.htm
Consultado em 23/2/2006.

[16] ANDRADE, M. **Paulicéia Desvairada**. São Paulo: Landmark, 2003.

[17] PERESTRELLO, M. Verbete: Brasil. *In* MIJOLLA, A. (dir. geral). **Dicionário Internacional da Psicanálise**. Rio de Janeiro: Imago, 2005, p. 256.

[18] OLIVEIRA, C. **A implantação do movimento psicanalítico na cidade de São Paulo**.
Disponível *in* site: Estados Gerais da Psicanálise de São Paulo. São Paulo, 2000.

Ao chegar a São Paulo, Koch aguarda um ano para se aclimatar e adquirir domínio da língua, para então iniciar suas atividades de formação dos primeiros psicanalistas. É neste momento — estamos já em 1937 — que Adelheid Koch se torna a primeira analista didata da América Latina, reconhecida como tal pela IPA.

Seguindo a orientação da IPA, foi criado um círculo de psicanálise onde os primeiros analistas estudavam Freud, ao mesmo tempo em que se analisavam com Koch.

Em 1946, esse grupo inicial, formado por Adelheid Koch e Durval Marcondes, agora acompanhados por Virgínia Bicudo (1910-2003), Flávio Dias (1899-1994), Frank Philips (1906-2004) e Darcy Mendonça Uchoa (1907-2003), obtém da IPA o reconhecimento da SBPSP. Como conseqüência, tornam-se os primeiros analistas didatas da nova instituição, passando a oferecer formação para outros profissionais.

A SBPSP sempre adotou uma postura bastante discreta e conservadora, talvez sua marca mais característica. Com isso conseguiu, durante todos esses anos, de forma bastante autoritária, evitar cisões e a criação de outras instituições vinculadas à IPA, como ocorreu no Rio de Janeiro e em Buenos Aires.

O Dr. José Fernandes Pontes (1915-2005) relatava que nos anos das décadas de 1950 e 1960, havia em São Paulo somente seis analistas didatas: Adelheid Koch, Henrique J. Schlomann (?-1965), Durval Marcondes, Judith Andreucci (?-2001), Lygia Amaral (1911-2003) e Virgínia Bicudo. Com a morte dos dois primeiros, restaram somente quatro, o que limitava drasticamente o acesso à formação analítica. As inscrições de candidatos à formação no Instituto de Psicanálise da Sociedade Brasileira de Psicanálise de São Paulo, hoje Instituto de Psicanálise Durval Marcondes da SBPSP (1944), estavam fechadas.[19]

Foi então que, por volta de 1960, alguns analisandos de Margareth Gill (1897-1982) — com o apoio tácito da mesma — entre os quais estavam, além de Pontes, Manoel Munhoz, Nelson Pocci, Richard Kanner (1928-2007), Noemy Silveira Rudolfer, Heládio Francisco Capisano e João Gomes Mariante, propuseram-se a constituir um grupo de estudos com vistas ao reconhecimento pela IPA de sua formação como analistas.

A psicanalista Margareth Gill, de origem norte-americana, era filiada à Sociedade de Psicanálise de Nova York (*The New York Psychoanalytic Society*) (1911).

Pontes, então, viajou a Buenos Aires para entrevistar-se com Leon Grinberg (1921), então secretário-geral da IPA. O argumento utilizado foi o do hermetismo da SBPSP. Apelava-se para que a instituição internacional interferisse na solução do problema.

Embora Grinberg tenha considerado, em princípio, aceitável o argumento, dispôs-se a escrever à instituição de São Paulo, mencionando a visita de Pontes. Caso não respondessem de forma positiva, seria, então, examinada a possibilidade de constituição de uma outra sociedade psicanalítica em São Paulo.

No retorno de Pontes a São Paulo, recebeu correspondência da SBPSP intimando-o a uma argüição com os analistas didatas Durval Marcondes, Judith Andreucci, Lygia Amaral e Virgínia Bicudo.

---

http://www.geocities.com/HotSprings/Villa/3170/CamenLuciaValadares.htm
Consultado em 23/2/2006.

[19] PONTES, J. e VELLOSO, M. **Relatório reservado**. São Paulo: Mimeo, 1992, p. 17 e 18.

No relato de Pontes, esta reunião teve traços de severidade e reprimenda, com se fosse réu de delação e traição, por ter-se encontrado com Grinberg. Justificou-se alegando tratar-se do único recurso legítimo que lhes restava diante da ausência de resposta da SBPSP à solicitação que fizeram.

O resultado desta pressão exercida foi a ampliação do quadro de analistas didatas, incluindo-se nesta categoria Margareth Gill, David Ramos, Gesel Sterling, Isaias Melsohn (1921), Laertes Ferrão, Luis Galvão, Milton Zaidan e Yutaka Kubo. Logo após, chegava Frank Philips.

Desse modo, foi evitada a cisão em São Paulo.

Esta tentativa de dissidência deixou sua marca. Anos mais tarde, estes mesmos analistas que pretenderam criar uma segunda instituição psicanalítica em São Paulo aparecem entre os fundadores da APPG – Associação Paulista de Psicoterapia de Grupo.

Na década de setenta, principalmente depois do retorno de Frank Philips da Inglaterra, a SBPSP adotou uma linha teórica na qual o pensamento de Melanie Klein (1882-1960) e de Wilfred Bion (1897-1979) foi dominante.

Paralelamente à formação oficial da IPA em São Paulo, desde os anos cinqüenta, Madre Cristina (1916-1997) — nome religioso de Célia Sodré Dória — já, com seu estilo progressista, incluía a psicanálise na formação de psicólogos e educadores na instituição que dirigia, o Instituto *Sedes Sapientiae* (1932) mantida pela Associação Instrutora da Juventude Feminina (1907).[20]

Em 1976, convidou os analistas Isaias Melsohn, Fábio Hermann e Roberto Azevedo, da SBPSP, e a analista independente Regina Chnaiderman (1923-1985), para organizarem no Sedes um curso que foi denominado de Psicoterapia de Orientação Psicanalítica. A partir deste curso estruturou-se, mais tarde, o Departamento de Psicanálise do *Sedes*.

Essa foi a alternativa encontrada, em São Paulo, para oferecer formação psicanalítica a um grande número de profissionais que não se ajustavam ao monolitismo da SBPSP. Até hoje o Sedes continua como referência psicanalítica independente.

Na década de setenta, também houve o surgimento de vários grupos de formação de orientação lacaniana e winicotiana.

A institucionalização da psicanálise no Rio de Janeiro

A passagem do século XIX para o XX no Rio de Janeiro foi dominada pelas questões relacionadas à implantação da República, recém proclamada em 15 de novembro de 1889.

A república brasileira resultou de uma luta política que envolveu ideais progressistas, num crescendo de insurgência e reivindicações primordialmente políticas. Este processo culminou com a abolição da escravatura, em 1888, e com a deposição de D. Pedro II (1825-1891), em 1889. A ideologia dominante era o positivismo de Auguste Comte (1798-1857), que ficou até hoje registrada no lema de nossa bandeira: Ordem e Progresso.

---

[20] CYTRYNOWICZ, M. e CYTRYNOWICZ, R. **História do Departamento de Psicanálise do Instituto *Sedes Sapientiae***. São Paulo: Narrativa-Um, 2006.

No âmbito da medicina, cujas primeiras faculdades só foram criadas após a chegada da família imperial portuguesa ao Brasil em 1808, a legitimação das práticas médicas em bases científicas era uma questão de realce. Os médicos assumiam para si a melhoria das condições de saúde do país, numa perspectiva eugenista, influenciados pelas idéias positivistas da época.

A postura era a de criar condições para um aperfeiçoamento da "raça" do povo brasileiro, já que se acreditava que a melhoria das condições de saúde implicaria uma transmissão hereditária dos melhores genes.

Lembremo-nos da figura de Oswaldo Cruz (1872-1917) e de seu esforço pelo saneamento dos mangues da cidade do Rio de Janeiro.

Nesta época, no campo da saúde mental, os alienistas, vivendo todo este clima de afirmação da medicina e o ímpeto da criação de condições de higiene e saúde pública, absorveram as idéias de Freud, ainda na década de 1890, nesta perspectiva da eugenia. Desta maneira, acreditava-se na aplicação dos ensinamentos da psicanálise nas áreas do direito, da pedagogia, das artes e até mesmo do comércio, com cunho não só curativo mas, sobretudo, profilático.

Entre as figuras precursoras da psiquiatria desta época destacamos Juliano Moreira — que já citava Freud em 1899 —, Porto-Carrero — que escreveu entre 1929 e 1934 sete obras sobre psicanálise —, Arthur Ramos (1903-1949) — estudioso da obra de Freud que defendeu, em 1925, sua tese de doutorado intitulada *Primitivo e loucura* —, além de Antonio Austragésilo (1878-1935), Carneiro Ayrosa, Murilo de Campos, Neves Manta e, em São Paulo, como vimos, Franco da Rocha.

A institucionalização da psicanálise no Rio de Janeiro tem, portanto, como base mais remota, as propostas dos alienistas e de seu importante trabalho na implantação de colônias psiquiátricas, desde a transformação do Hospício Pedro II (1841) no Hospital Nacional de Alienados do Rio de Janeiro (1890), do qual Juliano Moreira foi nomeado diretor em 1903.

Em 1928, Porto-Carrero, com o apoio de Durval Marcondes, fundou no Rio de Janeiro uma filial da SBPSP, da qual Juliano Moreira foi presidente e ele próprio o secretário. Esta instituição não sobreviveu.

Tempos depois, o Centro de Estudos Juliano Moreira (1944) foi fundado por um grupo de jovens médicos, em 1944. Desejosos de uma formação psicanalítica adequada, avaliaram ou a possibilidade de fazerem sua formação psicanalítica em outras sociedades já reconhecidas pela IPA, ou a viabilidade de importar analistas de outros países que conduzissem sua formação na própria cidade do Rio de Janeiro.

Em decorrência dessa avaliação de alternativas, alguns se dirigiram para a Argentina e outros para São Paulo.

Em 1947, com o apoio da SBPSP, foi criado no Rio o Instituto Brasileiro de Psicanálise, em reunião presidida por João José Barbosa Quental, sendo eleito como seu primeiro presidente Domício Arruda Câmara.

Este instituto conseguiu atrair para o Rio de Janeiro, por indicação de Ernest Jones, o psicanalista judeu polonês, naturalizado inglês e residente na Inglaterra Mark Burke (1900-1975), membro da Sociedade Psicanalítica Britânica, analisado por James Strachey (1887-1967), que aportou na cidade em fevereiro de 1948. Foi o segundo analista de origem européia a atuar no Brasil.

Em dezembro de 1948 também desembarcou no Rio de Janeiro o psicanalista alemão Werner Walther Kemper (1899-1975), também enviado por Jones.

Kemper iniciou sua formação analítica no Instituto Psicanalítico de Berlim, ao qual já nos referimos anteriormente. Foi admitido como membro da Sociedade Psicanalítica Alemã, analisado por Carl Müller-Braunschweig (1881-1958), supervisionado por Otto Fenichel, Felix Boehn (1881-1958) e Ernst Simmel (1882-1947). Em 1933 foi um dos psicoterapeutas alemães que decidiu fazer carreira sob o regime do III Reich, quando a prática da profissão foi proibida a todos os judeus da Alemanha, provocando a demissão forçada de todos os psicanalistas judeus do Instituto Psicanalítico de Berlim. Tornou-se, então, professor do Instituto Alemão de Pesquisa Psicológica e Psicoterapia, também conhecido como *Institut Göering*, fundado por Matthias Heinrich Göering (1879-1945), primo do marechal Hermann Göering (1893-1946), o poderoso ministro de Adolf Hitler (1889-1945). Posteriormente, foi diretor da policlínica desse instituto.

No final da Segunda Guerra Mundial, em 1946, John Rickman (1891-1951) é enviado por Jones à Alemanha para avaliar a reintegração à IPA de analistas alemães suspeitos de colaboração com o nazismo. Kemper foi capaz de convencê-lo de sua posição favorável à psicanálise durante o regime nazista, sendo por isso considerado o único psicanalista alemão apto a desempenhar funções didáticas.

Por força das circunstâncias, Kemper e Burke supervisionavam os analisandos um do outro, em suas atividades no Instituto Brasileiro de Psicanálise. O conflito não tardou a surgir. Mark Burke manifestou sua discordância com a forma autoritária pela qual Kemper conduzia a formação de seus analisandos. Kemper, por sua vez, acusou Burke de ser um louco e de enlouquecer seus analisandos.

Werner Kemper e seus analisandos, em 1951, deixam o Instituto Brasileiro de Psicanálise e fundam o Centro de Estudos Psicanalíticos (1951) que é reconhecido como *Study Group* pela IPA durante o XVIII Congresso Internacional de Psicanálise de Londres (1953), com apoio da SBPSP.

Em 29 de setembro de 1955, no XIX Congresso Internacional de Psicanálise (1955), realizado em Genebra, Suíça, finalmente é reconhecido como instituição filiada à IPA e adota a denominação de SPRJ – Sociedade Psicanalítica do Rio de Janeiro.

Do Instituto Brasileiro de Psicanálise, que fora reconhecido pela IPA como Grupo de Estudos no XX Congresso Internacional de Psicanálise (1957), realizado em Paris, surgirá a SBPRJ – Sociedade Brasileira de Psicanálise do Rio de Janeiro, reconhecida em 1959 pela IPA no XXI Congresso Internacional de Psicanálise (1959), realizado em Copenhague, Dinamarca.

A SBPRJ foi formada pelos discípulos de Mark Burke, aos quais se juntaram os analistas do Centro de Estudos Juliano Moreira que se haviam dirigido a São Paulo e Buenos Aires em busca de formação.

Desiludido com o clima no Brasil, Mark Burke deixou o Rio de Janeiro em 1953, voltando para a Inglaterra de onde, posteriormente, seguiu para os Estados Unidos, onde morreu em 1975.

Kemper separou-se de sua mulher, em 1960, e voltou para a Alemanha em 1967, aqui deixando também seus três filhos.

Seu nome e seu passado ressurgirão em 1973, com a eclosão do caso Amílcar Lobo (1939-1997), que envolverá a SPRJ num escândalo sem precedentes, atingindo as figuras de Leão Cabernite, seu presidente, Ernesto La Porta, diretor do Instituto de Formação da SPRJ, e Serge Lebovici (1915-2000), presidente da IPA.

Este caso foi largamente difundido em função das atitudes corajosas das psicanalistas Helena Besserman Viana (1931-2002) e Marie Langer (1910-1987).

No Rio de Janeiro também foram fundadas duas instituições de psicoterapia analítica de grupo, reunindo, respectivamente, analistas de uma e outra destas Sociedades.

É também no Rio que o movimento psicanalítico brasileiro se diversificará mais rapidamente, com o surgimento de outras respeitadas instituições, não vinculadas à IPA, como, por exemplo, o Instituto de Medicina Psicológica (1953), fundado em abril de 1953 por Iracy Doyle Ferreira (1911-1956) — que a partir de 1984, em sua homenagem, passou a se denominar de SPID – Sociedade de Psicanálise Iracy Doyle (1984) —, vinculado à IFPS – *International Federation of Psychoanalytic Societies* (1962).

Outros desdobramentos no Brasil e na América do Sul

A difusão da psicanálise no Brasil foi e continua sendo bastante considerável, expandindo-se, nos dias de hoje, de norte a sul do país. A diversidade teórica e metodológica é uma das nossas características mais marcantes.

O foco deste capítulo, no entanto, é o de descrever o processo de institucionalização da psicanálise na América Latina para situar, dentro dele, nosso biografado, Enrique José Pichon-Rivière. Por isso, nosso relato será necessariamente limitado ao período inicial das fundações das principais sociedades psicanalíticas.

Neste contexto, a partir de 1947, se inclui, também, a fundação da SPPA – Sociedade Psicanalítica de Porto Alegre. O Grupo de Estudos de Porto Alegre, apoiado pela SPRJ, foi reconhecido pela IPA no XXII Congresso Internacional de Psicanálise (1961) de Edimburgo. Posteriormente, no XXIII Congresso Internacional de Psicanálise (1963) de Estocolmo, na Suécia, a SPPA foi admitida na IPA.

A SPPA surgiu quando o casal Mário Martins e Zaira Bittencourt Martins retornaram, em 1947, de Buenos Aires, onde fizeram sua formação analítica. Ele se analisou com Ángel Garma. Ela, além de se analisar com Celes Cárcamo, fez sua formação de analista de crianças com Arminda Aberastury (1910-1972).

Ao casal se juntaram outros analistas para a constituição do Grupo de Estudos e, posteriormente, para a fundação da instituição psicanalítica.

Pela proximidade geográfica, a SPPA foi muito influenciada pelo movimento psicanalítico argentino, manteve com ele intenso intercâmbio, recebendo psicanalistas argentinos de renome, dentre os quais destacamos José Bleger (1922-1972), Arminda Aberastury e Pichon-Rivière, que esteve, a convite, nesta cidade, em 1954, proferindo cursos e palestras.

Em 6 de maio de 1967 foi fundada a ABP – Associação Brasileira de Psicanálise (1967) para reunir as quatro instituições psicanalíticas reconhecidas pela IPA e estimular e apoiar o surgimento de outras sociedades no país.

O grande pioneiro da psicanálise no Chile foi Fernando Allende Navarro (1890-1981). Foi ele quem analisou Ignacio Matte-Blanco (1908-1995), outro eminente chileno que contribuiu, entre os anos de 1943 e 1966 para a formação do Grupo de Estudos, que logo depois, no XVI Congresso Internacional de Psicanálise (1949), de Zurique, na Suíça, foi reconhecido pela IPA como a APC – *Asociación Psicoanalítica Chilena* (1949).

Na década de 1960, houve um grande êxodo de analistas chilenos para a Europa e Estados Unidos. Os analistas argentinos, principalmente David Liberman (1920-1983), deram sustentação ao movimento psicanalítico no Chile, até o retorno de alguns destes analistas ao país.

A história da psicanálise, no Uruguai, inicia-se na década de 1950, com intenso intercâmbio com psicanalistas da APA – Associação Psicanalítica Argentina.

O casal Willy Baranger (1922-1994) e Madeleine Baranger foram os analistas didatas responsáveis pela formação da primeira geração de analistas uruguaios.

Em 27 de setembro de 1955 foi fundada a APU – *Asociación Psicoanalítica del Uruguay* (1955).[21]

Seguindo a tradição das sociedades filiadas à IPA, teve, como origem, um Grupo de Estudos que, em 1956, obteve o reconhecimento da instituição internacional.

A institucionalização da psicanálise em Buenos Aires

Embora a primeira instituição psicanalítica na América Latina tenha sido a de São Paulo, o surgimento da APA – Associação Psicanalítica Argentina, em 1942, em Buenos Aires, correspondeu a um projeto mais elaborado. A fundação da APA deveu-se à figura de Ángel Garma, psicanalista espanhol, nascido em Bilbao, País Basco.

Sua história pessoal comporta diversos elementos interessantes para os fins a que se propõe este livro. Sua família se considerava "basca de quatro costados"[22]. Quando tinha quatro anos, seus pais emigraram para Buenos Aires, deixando-o na Espanha aos cuidados de seus avós paternos.

Seu pai era um comerciante de porcelanas e pretendia instalar-se na Argentina. Sobreveio então uma tragédia que, como muitos dos elementos com os quais lidaremos no decorrer deste livro, possui versões conflitantes.

As fontes argentinas, cuja versão foi registrada por Elisabeth Roudinesco (1944) e Michel Plon[23], relatam que seu pai foi assassinado a tiros de fuzil em circunstâncias

---

[21] APU — *Asociación Psicoanalítica del Uruguay*.
Site disponível:
http://www.apuruguay.org/
Consultado em 02/04/2007.

[22] GUIMÓN, J. *Ángel Garma: Otro Fundador Vasco.*
Disponível *in* site: *Avances en Salud Mental - Revista Internacional On-line, v.4, núm.2 - Julio 2005.*
http://www.bibliopsiquis.com/asmr/0402/garmaPROLOGO.pdf
Consultado em 20/02/2006.

[23] ROUDINESCO, E. e PLON, M. Verbete: Garma, Angel *né* Angel Juan Garma Zubizarreta (1904-1993). *In* ROUDINESCO, E. e PLON, M. **Dicionário de Psicanálise**. Rio de Janeiro: Jorge Zahar, 1998, p. 290.

misteriosas. Já fontes bascas[24] referem-se à tragédia como sendo um caso de suicídio com motivação passional. Corroboram esta versão lembrando a dedicatória que Garma fez a seu pai no trabalho sobre os suicídios[25], no qual aborda o tema do suicídio por amor.

Sua mãe, viúva, casou-se com o cunhado, irmão de seu pai, voltando para a Espanha. Deste segundo casamento resultaram duas meio-irmãs de Ángel.

Como veremos mais adiante, neste aspecto, aparecem semelhanças entre a família de Garma e a de Pichon. A diferença está em que Garma foi filho do primeiro casamento de sua mãe casada com o cunhado, enquanto Pichon nasceu do segundo casamento de seu pai, casado com a cunhada.

Quando completou dezessete anos, Garma ingressou na Universidade Complutense (1499) em Madri, onde estudou medicina. Entre seus professores estavam Ortega y Gasset (1883-1955) — que fazia parte da direção da Residência de Estudantes — e Gregorio Marañón (1887-1960) — responsável pela cátedra de fisiologia e muito interessado pela psicanálise.

Foi na Residência de Estudantes da Universidade que viveu, juntamente com o irmão José Maria, tendo como colegas e amigos Federico García Lorca (1898-1936), Salvador Dalí (1904-1989), Luis Buñuel (1900-1983), Pepín Bello (1904), Pedro Garfias (1901-1967), Severo Ochoa (1905-1993), José María Hinojosa (1904-1936), futuros famosos artistas da *Generación del 27*, entre outros. No subsolo deste edifício estava instalado um laboratório de análises clínicas cujo chefe era Severo Ochoa, mais tarde agraciado com o prêmio Nobel de Medicina.

Trata-se de outro paralelo interessante entre Garma e Pichon. Ambos tiveram o privilégio de, ainda muito jovens, conviverem com artistas e intelectuais destacados. O primeiro na *Residencia de Estudiantes*, em Madri, e o segundo na *Pensión del Francés*, como veremos no capítulo dedicado aos primeiros anos de Pichon em Buenos Aires.

Garma recebeu grande influência destes intelectuais. Salvador Dalí, por exemplo, comprou um exemplar de *A interpretação dos sonhos* de Freud[26], e se punha a ler em voz alta diversos parágrafos desta obra.

Terminou sua formação médica em Madri, graduando-se em 1927. Dirigiu-se, então, à Alemanha, para concluir seus estudos psiquiátricos na Universidade de Tübingen (1477). Foi ali que se consolidou, também, seu encontro com a psicanálise. Seguiu para Berlim em busca de maior aproximação com o meio psicanalítico.

Em 1929 iniciou sua análise didática com Theodor Reik (1888-1969) e, em 1931, ingressou no Instituto Psicanalítico de Berlim, considerado revolucionário, na época.

Fundado por Karl Abraham e Karen Horney em 1920, tornou-se a primeira instituição psicanalítica orientada exclusivamente para a formação e treinamento de novos analistas. Era

---

[24] GUIMÓN, J. *Ángel Garma: Otro Fundador Vasco*.
Disponível *in* site: *Avances en Salud Mental - Revista Internacional On-line, v.4, núm.2 - Julio 2005*.
http://www.bibliopsiquis.com/asmr/0402/garmaPROLOGO.pdf
Consultado em 20/02/2006.

[25] GARMA, A. *Los suicidios*. In GARMA, A. **Sadismo y Masoquismo en la Conducta humana**. Buenos Aires: Nova, 1969, p. 31 a 79.

[26] FREUD, S. (1900). **Interpretação dos Sonhos**. *In* Ed. Standard Brasileira das Obras Psicológicas Completas de Sigmund Freud, v. IV e V. Rio de Janeiro: Imago, 1974.

carinhosamente chamado de "Jardim de Infância" e foi nele que se consolidou o método de formação até hoje vigente, alicerçado no "tripé" análise didática, participação em seminários e supervisão de casos clínicos com analistas de maior experiência. Foi também aí que estudaram Kurt Lewin (1890-1947) e Erich Fromm (1900-1980), tendo se tornado num dos mais importantes centros de investigação no campo da psicanálise em seu tempo.

O trabalho que Garma apresentou para ser admitido como membro aderente da Associação Psicanalítica de Berlim, em 1931, se intitulou *La realidad y el ello en la esquizofrenia*[27], sendo considerado pioneiro, na medida em que questionou a concepção freudiana da psicose.

Foi nesse contexto que Garma estabeleceu importantes relações com cientistas e psicanalistas, tais como: Alfred Adler, Therese Benedek (1892-1977), Max Eitingon, Georg Groddeck (1866-1934), Carl Jung, Frieda Reichmann (1889-1957), René Spitz e Wilhelm Stekel (1868-1940), dentre outros.

Em 1936, quando se encontrava em viagem pela França, foi surpreendido pela eclosão da Guerra Civil Espanhola (1936-1939). Decidiu, então, prorrogar sua permanência naquele país, pois se recusava a participar desta guerra, que repudiava por considerá-la fratricida. Dirigiu-se a Paris, vinculando-se aos meios psicanalíticos daquela cidade. Françoise Dolto (1908-1988), por exemplo, foi uma de suas supervisionandas.

É no ambiente da SPP – Sociedade Psicanalítica de Paris (1926) que a história novamente coloca a Argentina no caminho de Ángel Garma. É aí que se encontra com Celes Ernesto Cárcamo, psicanalista argentino que estava em formação naquela cidade, ao qual foi apresentado pelo amigo comum Juan Rof Carballo (1905-1994).

Cárcamo nasceu em La Plata, Argentina, filho de pai espanhol e mãe argentina, de origem do País Basco francês. Tinha interesses humanísticos, freqüentava cursos de filosofia e estudou neuropsiquiatria.

Orientado por Marie Bonaparte (1882-1962), mudou-se para a França e fez sua formação psicanalítica no Instituto de Psicanálise de Paris (1926). Sua análise didática foi realizada com Paul Schiff (1891-1947) e supervisões com Rudolph Loewenstein (1898-1976) e Charles Odier (1886-1954). Influenciou o ambiente psicanalítico argentino com seus traços marcantes de erudição e humor fino. Sua personalidade e seu prestígio pessoal foram importantes para a consolidação da psicanálise na América Latina. Entre seus analisandos destacam-se os psicanalistas brasileiros: Danilo Perestrello (1916-1989) e Marialzira Perestrello (1916) e Alcyon Baer Bahia (1911-1974), do Rio de Janeiro.

Com o início da Segunda Guerra Mundial e a expansão do nazismo, Garma e Cárcamo elaboram o projeto de criação de uma sociedade psicanalítica na Argentina, na suposição de que a América do Sul poderia servir de abrigo para a psicanálise, então nascente, diante da voragem nazista.

Em 1938 Garma exila-se na Argentina, onde aguarda o retorno de Cárcamo, que ocorreu em 1939. Em 1942, junto com Cárcamo, Arnaldo Rascovsky (1907-1995) e Enrique Pichon-Rivière (os dois últimos, se analisavam com Garma), fundam a APA – Associação Psicanalítica Argentina.

---

[27] *"A realidade e o id na esquizofrenia"*, em português. A distinção do pensamento de Garma, em contraposição ao de Freud, era que o psicótico recalca o id, do que resulta sua deformação da realidade.

Em dezembro de 1942, Marie Langer, médica psicanalista, nascida em Viena, junta-se a este grupo. Militante do Partido Comunista da Áustria, emigrou inicialmente para a Espanha, em 1936, e posteriormente para o Uruguai e a Argentina.

Neste mesmo mês, no dia 15, Angel Garma, Celes Cárcamo, Arnaldo Rascovsky, Enrique Pichon-Rivière, Marie Langer e Enrique Ferrari Hardoy assinam a ata de fundação da APA. Em 23 de dezembro de 1942, Ernest Jones os reconhece como Grupo de Estudos. A APA será reconhecida como instituição integrante da IPA no XVI Congresso Internacional de Psicanálise (1949), presidido por Jones, em Zurique, Suíça, o primeiro a se realizar após a Segunda Guerra Mundial.

Garma foi o primeiro presidente da APA.

A APA, em julho de 1943, criou a *Revista de Psicoanálisis* (1943), sob a direção de Arnaldo Rascovsky, com o apoio de Francisco Muñoz, o Dom Paco, amigo pessoal de Pichon e mecenas da psicanálise argentina em seus primeiros anos. A criação desta revista foi um marco editorial, pois foi a primeira publicação em espanhol sobre o tema, trazendo excelentes seleções de trabalhos e ótimas traduções de artigos.[28]

Em 1945, a APA também fundou o Instituto Psicanalítico de Buenos Aires (1945), instituição destinada à formação de futuros psicanalistas.

O movimento psicanalítico na Argentina, nessa época, era muito dinâmico e efervescente.

Paralelamente às suas atividades na APA, neste período, Pichon desenvolvia seminários no *Hospicio de las Mercedes* (1887), contribuindo para a formação de novos psicanalistas.

Após sua saída do *Hospicio*, criou, em 1948, sua clínica da *calle Copérnico*, que veio a ser conhecida como a *Pequeña Salpêtrière*. Lá fundou, em 1949, o Instituto Pichon-Rivière (1949). Em setembro de 1954, juntamente com outros analistas, fundou a AAPPG – *Asociación Argentina de Psicología y Psicoterapia de Grupo* (1954). Em 1955, cria, com Gino Germani (1911-1979), o IADES – *Instituto Argentino de Estudios Sociales* (1955), que, posteriormente, se transformará na *Escuela Privada de Psiquiatría* (1958) e, três anos depois, em *Escuela de Psiquiatría Social* (1962). Guillermo Ferschtut, Fernando Ulloa e Edgardo Rolla integrarão a equipe docente desta escola[29].

---

[28] *HISTORIA DE APA*.
Disponível *in* site: APA – *Asociación Psicoanalítica Argentina*.
http://www.apa.org.ar/insti_02.php
Consultado em 10/11/2006.
PUIG, I. **Historia del Psicoanálisis en la Argentina**.
Disponível *in* site: *Asociación Argentina de Psiquiatras. Dinámica – Revista de Psiquiatría Dinámica y Psicología Clínica. Dinámica V*.
http://www.aap.org.ar/publicaciones/dinamica/dinamica-5/tema-2.htm
Consultado em 10/11/2006.

[29] SLUZKI, C. **105a. Memoria, Recuerdos y Transformaciones del Lanus**: *Homenaje al maestro*.
Disponível *in* site: Dr. Carlos Sluzki.
http://www.sluzki.com/?articles&id=105a_S
Consultado em 10/11/2006.

Os anos sessenta e setenta foram, poderíamos dizer, muito turbulentos. Vários movimentos de contestação surgiram dentro da APA, questionando os próprios fundamentos da instituição e alguns dos pilares da IPA.

A agitação desses anos culminará, em 1966, na retirada da função de analista didata de Enrique José Pichon-Rivière na APA. Em 1969, surgirá o movimento Plataforma Internacional, resultando na demissão coletiva de diversos analistas e candidatos da associação psicanalítica.

Em 1971 e 1972, outro movimento, o Documento, convulsionará teoricamente a psicanálise argentina. O grupo *Ateneo Psicoanalítico* se organiza dentro da APA no ano de 1974, propondo a discussão interna de questões relacionadas à análise didática e à formação de analistas.

Em 1977, este grupo se desligará da APA para fundar a APdeBA – *Asociación Psicoanalítica de Buenos Aires* (1977), reconhecida em julho de 1977 no XXX Congresso Internacional de Psicanálise, em Jerusalém, Israel, sob a presidência de Serge Lebovici.

Todos estes episódios serão abordados com mais detalhes no decorrer deste livro.

A tradição kleiniana da psicanálise argentina, nos anos setenta, sofre um forte abalo, com a disseminação das idéias de Lacan naquele país.

Pichon-Riviére: produto e produtor de sua época

É nesse ambiente de pioneirismo que a figura de Enrique Pichon-Rivière se destaca como uma das referências obrigatórias do pensamento psicanalítico latino-americano, para o qual concorreu, de forma significativa, com idéias originais e inovadoras.

A contribuição de Pichon, neste sentido, está centrada em dois pontos principais: de um lado, sua atitude generosa na transmissão do conhecimento e na investigação psicanalítica, fez juntar-se, em torno de sua pessoa, um número significativo de discípulos, principalmente na época de sua permanência no *Hospicio de las Mercedes*, em Buenos Aires. De outro, seu modo de pensar, profundamente marcado por uma epistemologia materialista dialética e histórica, inaugurou uma releitura psicossocial da obra de Freud, que resultou no que denominava de teoria e técnica dos grupos operativos, ou psicologia social operativa.

A partir dessa posição epistemológica de base, Pichon fez uma releitura não só da psicanálise de Sigmund Freud e de Melanie Klein, mas também da psicologia social de Kurt Lewin e de George Mead (1863-1931), da teoria do conhecimento de Gaston Bachelard (1884-1962) e dos filósofos-psicólogos marxistas franceses Georges Politzer (1903-1942) e Henri Wallon (1879-1962), re-trabalhando e metamorfoseando suas contribuições com criatividade e ousadia instigantes.

É deste processo que resulta sua concepção de que toda psicologia, no sentido estrito, é psicologia social. Por isso, o conceito fundamental de sua obra será o conceito de vínculo, conceito esse que, de um modo ou de outro, deu fisionomia própria ao pensamento psicanalítico latino-americano.

Depois de Pichon, a leitura que fazemos, entre nós, na América Latina, dos principais autores da psicanálise, queiramos ou não, está profundamente impregnada dessa sua conceituação de vínculo. Por isso, ainda que pouco citado, a força de suas concepções faz com que o pensamento dos psicanalistas deste lado do mundo seja inconfundivelmente diferente dos de outras correntes ou psicanálises que convivem em nossos tempos. Além disso, tendo sido amigo pessoal de Lacan, foi responsável pela introdução de seu pensamento em nosso continente. Apesar de não ser lacaniano, inegavelmente, é também o pai do lacanismo entre nós.

A proposta deste livro é a de relatar o modo como, historicamente, seu pensamento se construiu no desenrolar de sua existência.

É o nosso convite para seguir, conosco, sua aventura.

ANTECEDENTES: SEUS PAIS E SUA FAMÍLIA

Enrique José Pichon-Rivière não era argentino. Nasceu em Genebra, Suíça, em 25 de junho de 1907 e chegou a Buenos Aires no final do ano de 1909.

Alphonse Pichon (?-1922) e Josephine de la Rivière, seus pais, eram franceses, de famílias radicadas em Lyon, tradicionalmente vinculados à indústria têxtil e com bom nível sócio-econômico.

Alphonse Pichon, em sua juventude, ao mesmo tempo em que cultivava idéias socialistas, ingressou na Academia Militar de Saint-Cyr (1802)[1].

Essa contradição entre idéias socialistas e vocação militar logo demonstrou sua incompatibilidade, sendo expulso daquela instituição em razão de sua ideologia socialista radical. É bom situar que no início do século XX, a Europa estava sendo sacudida por convulsões sociais, econômicas e políticas de toda ordem. As confrontações se manifestavam de todos os modos: no plano das lutas operárias e da criação das organizações sindicais, no enfrentamento dos interesses nacionais, na irrupção de movimentos de sublevação social e na antecipação da eclosão da Primeira Guerra Mundial (1914-1918).

A França e o próprio exército francês, na virada do século XIX para o século XX, estavam convulsionados também pelo conflito que resultou no famoso *Affaire Dreyfus* (1894-1906), envolvendo a falsa acusação e condenação do jovem capitão Alfred Dreyfus (1859-1935), sob acusação de traição.[2]

---

[1] O nome oficial, hoje, da Academia Militar de Saint-Cyr é Escola Especial Militar de Saint-Cyr (ESM). É o estabelecimento de ensino superior destinado à formação dos oficiais do exército francês. Fundada por Napoleão Bonaparte em 1802, instalou-se inicialmente na cidade de Fontainebleau, transferindo-se em 1945 para Coëtquidan (Morbihan). A instituição brasileira equivalente é a Escola Militar de Agulhas Negras (AMAN), fundada em 1792 e localizada no município de Rezende - RJ.
WIKIPEDIA. Verbete: ***Écoles militaires de Saint-Cyr Coëtquidan***.
Disponível *in* site:
http://fr.wikipedia.org/wiki/École_spéciale_militaire_de_Saint-Cyr
e
http://es.wikipedia.org/wiki/Escuela_Militar_Especial_de_Saint-Cyr
Consultado em 10/10/2006.
WIKIPEDIA. Verbete: **Academia Militar das Agulhas Negras**.
Disponível *in* site:
http://pt.wikipedia.org/wiki/Academia_Militar_das_Agulhas_Negras
Consultado em 10/10/2006.

[2] Alfred Dreyfus foi a figura central do famoso *Affaire Dreyfus* (1894-1906), como ficou popularmente conhecido. Este acontecimento histórico teve seu início, quando, em 1894, na Embaixada Alemã em Paris, a faxineira Marie Bastian, agente da contra-espionagem francesa, encontrou pedaços de uma carta rasgada, reveladora de segredos sobre armamentos franceses (que mais tarde veio a ser conhecida como o *bordereau*), no cesto de lixo do adido militar Max von Schwartzkoppen. A França, que na época se encontrava em relações tensas com outros paises da Europa e que acabara de sofrer sucessivos fracassos militares, especialmente na batalha de Sedan (travada em setembro de 1870 e na qual a França perdeu os territórios da Alsácia-Lorena para a Alemanha), aproveitou o episódio para justificar as derrotas de seu exército, transformando o fato em irreparável traição.
Encontraram o culpado no jovem capitão Alfred Dreyfus (1859-1935), judeu, de origem alemã, proveniente

Foi neste contexto histórico que Alphonse Pichon, em sua juventude, viveu.

Manteve estreito vínculo de amizade com Édouard Herriot (1872-1957), um dos principais dirigentes socialistas radicais da França, de quem foi secretário pessoal.[3]

Pelas indicações que o próprio Pichon oferece, é provável que a família de seu pai, diante dos riscos políticos e pessoais envolvidos, interferiu nesse momento importante de definição de sua trajetória de vida.

---

da Alsácia e que, por sua própria opção, se tornara cidadão francês em 1871. Sua prisão deu-se em 13 de outubro de 1894, sendo julgado pela Corte Marcial, a portas fechadas, em 19 e 22 de dezembro do mesmo ano. Foi condenado por unanimidade à degradação e à deportação perpétua. Com grande dificuldade a escolta impediu que fosse linchado pela multidão que pedia "morte ao traidor". Ficou preso e incomunicável na Ilha do Diabo, na Guiana Francesa.

Em 1896 surgiu um fato novo: o tenente-coronel Georges Picquart (1854-1914) descobriu ligações entre o major Walsin Esterhazy (1847-1923), nobre francês de origem húngara, com a Embaixada Alemã. Outra agente francesa, infiltrada em Berlim, informou-lhe que o serviço secreto alemão não conhecia o capitão Dreyfus e que seu verdadeiro informante era um major nobre e condecorado. Picquart comparou a caligrafia de Esterhazy com a caligrafia do *bordereau*. Desafiando a cúpula militar tomou a decisão de reabrir o caso Dreyfus.

Esterhazy, levado a julgamento perante o tribunal militar, foi absolvido, transformando-se em herói.

Os jornais *Le Matin* e *L'Éclair*, com a intenção de encerrar o caso, publicaram um fac-símile do *bordereau* e de mais alguns documentos secretos. Ficou evidente que a caligrafia de Dreyfus era diferente da dos documentos publicados. Diante desta constatação, alguns jornais e intelectuais franceses de grande renome tomaram a defesa de Dreyfus. Outros intelectuais também famosos e outros jornais se colocaram contra ele: os *antidreyfusards*.

Émile Zola (1840-1902) após intensos esforços que empreendia contra o surgimento de teses anti-semitas, principalmente as do escritor Édouard Drumont (1844-1917) em seu livro *La France Juive*, escreveu, em 13 de janeiro de 1898, uma carta aberta ao presidente da República intitulada *J'Acuse*. Foi processado sob acusação de vilipêndio às Forças Armadas e condenado a um ano de prisão sob aplausos da população parisiense. Esta condenação foi anulada por vícios processuais e Zola, diante de nova condenação, se exila em Londres. De outro lado, Esterhazy preso por fraude e expulso do exército francês, foge para Londres. Lá, em uma entrevista para a imprensa, reconhece a autoria do *bordereau*, justificando-o com o argumento de que constituía uma isca lançada para envolver o exército alemão. Com essa nova informação, na França, a população reage, sentindo-se ameaçada por inimigos de dentro e de fora do país. Eclode uma grande agitação: inocentar Dreyfus era colocar em risco o prestígio do exército e de seu comando. Apesar dessas resistências, Dreyfus foi solto e voltou à França, sendo quase linchado pela população. O presidente da República Émile François Loubet (1838-1929), que governou a França de 1899 a 1906, sofreu agressão física e enfrentou uma tentativa de golpe de Estado. Dreyfus voltou à cadeia para aguardar seu segundo julgamento, realizado em 07 de agosto de 1899. Foi condenado novamente. Após 12 anos, em 12 de julho de 1906, foi finalmente absolvido e reintegrado ao exército, que lhe conferiu a Legião de Honra. Emile Zola não participou deste momento: morreu em 05 de outubro de 1902. Sua carta aberta, *J'Acuse*, permanece na memória histórica da humanidade.

SANMARTINI, G. **Caso Dreyfus, provas falsas e linchamento moral**.
Disponível *in* site: Observatório da Imprensa, 31/08/2004.
http://observatorio.ultimosegundo.ig.com.br/artigos.asp?cod=292MCH004
Consultado em 15/11/2005.
WIKIPEDIA. Verbete: **Caso Dreyfus**.
Verbete: Caso Dreyfus.
Disponível *in* site:
http://pt.wikipedia.org/wiki/Caso_Dreyfus e
http://es.wikipedia.org/wiki/Caso_Dreyfus
Consultado em 10/10/2006.

[3] LEMA, V. *Conversaciones con Enrique Pichon-Rivière sobre el arte y la locura*. Buenos Aires: Cinco, 1989, p. 15.

Alphonse Pichon, então, dirige-se para Manchester, na Inglaterra, onde se dedica ao estudo da produção de têxteis, elaborando, inclusive, o projeto, que nunca chegou a realizar, de se dedicar ao cultivo do bicho-da-seda no norte daquele país.

Pichon não nos dá qualquer indicação de quando e onde ocorreu, neste período, a viuvez de seu pai. Sabemos que teve com sua primeira esposa (Elizabeth de la Rivière) cinco filhos — duas mulheres (Simona e Antonieta) e três homens (Pedro, Luis e Juan) — e que se casou, aos vinte e oito anos, em segundas núpcias, com sua cunhada, irmã da primeira mulher, com quem teve seu último filho, Enrique José Pichon-Rivière[4].

A respeito de Josephine de la Rivière, a mãe de Pichon, sabe-se, pelo que ele contava, que pertencia a uma família de alta classe social francesa[5]. Estudou num colégio de freiras, em Lyon, na França, tendo, na ocasião de uma intervenção do Estado nas escolas confessionais, protegido as freiras dessa escola, levando-as para as propriedades rurais de sua família.

Era considerada progressista: foi a primeira mulher a fumar e a usar calças compridas por ocasião da representação de uma peça teatral. Gostava muito de teatro, recitava Racine (1639-1699) e Corneille (1606-1684) de memória.

Certamente, era uma mulher de personalidade forte, como relata Janine Puget.[6]

O percurso de Alphonse Pichon levará a família a Genebra, onde nasce Enrique, em 25 de junho de 1907.

Pichon refere-se ao seu nascimento nesta cidade como meramente acidental. Não temos indicações das motivações que levaram a família a esta transferência para a Suíça. Aparentemente, Genebra foi a cidade de residência de passagem no percurso para a Argentina, destino final do exílio voluntário de Alphonse.

No entanto, Pichon guardava algumas lembranças da cidade ainda de seu tempo de infância.

Referia-se, por exemplo, a uma praça à qual costumavam levá-lo para brincar[7]. Por coincidência, era esta mesma praça que, anos antes, Lênin (1870-1924), exilado em Genebra, tinha o hábito de freqüentar e onde costumava brincar com crianças.

Esta praça teve uma significação importante nas recordações infantis de Pichon. Associava esta lembrança à vinculação ideológica, presente desde sua infância, com as idéias socialistas.

Outra memória desses tempos era a de um grande automóvel preto, com buzina em forma de serpente, no qual a família saía a passeio.

Os motivos que levaram a família a emigrar para a Argentina, em 1909, bem como os acontecimentos mais próximos ligados a esta decisão, não ficam explícitos no relato de Pichon, que, nesta época, ainda era muito pequeno.

---

[4] FABRIS, F. *Pichon Rivière, un viajero de mil mundos*. Buenos Aires: Polemos, 2007, p. 45.

[5] LEMA, V. *Conversaciones con Enrique Pichon-Rivière sobre el arte y la locura*. Buenos Aires: Cinco, 1989, p. 30.

[6] Ver testemunho de Puget na p. 65.

[7] LEMA, V. *Conversaciones con Enrique Pichon-Rivière sobre el arte y la locura*. Buenos Aires: Cinco, 1989, p. 15.

No entanto, não devem ter sido muito diferentes dos que motivaram muitas outras famílias, naqueles tempos, à imigração para a América do Sul: a convulsão política e as grandes dificuldades econômicas que precederam a eclosão da Primeira Guerra Mundial.

Outro elemento muito importante, que ressalta das referências que Pichon nos dá dessa época, é o de estarem em Barcelona, já em viagem para a Argentina, no dia em que foi fuzilado Francisco Ferrer, o líder anarquista espanhol.

Este fato permite datar a presença da família em Barcelona no dia 13 de outubro de 1909.

Sobre Francisco Ferrer, cabe aqui uma menção especial. Seu nome em catalão é Francesc Ferrer i Guardia. Ainda hoje existe, em Barcelona, a *Fundació Francesc Ferrer i Guardia*[8] (1987), que divulga suas idéias.

Nasceu na Catalunha, em Alella, aldeia localizada a vinte quilômetros de Barcelona, Espanha. Foi um educador anarquista, anticlerical e livre-pensador catalão bastante conhecido na época. Fundou em Barcelona a Escola Moderna em setembro de 1901, que assim definiu:

> *"(...) não somos simplesmente outra escola, somos, ao contrário, a primeira e, no momento, a única que recusa a submissão aos poderosos, que promove os deserdados, que afirma a igualdade das classes e dos sexos, que oferece às capacidades intelectuais de meninos e meninas o conhecimento da natureza e dos últimos descobrimentos científicos... Uma homenagem devida à verdade e à justiça."*[9]

Em 1906 a Escola Moderna contava com 1700 alunos na sede de Barcelona e nas quarenta e sete sucursais distribuídas pela província. Seu pensamento pedagógico, na forma como exprimiu no *British Museum* (1753), em Londres, em 1909, era:

> *"Queremos homens capazes de evoluir sem descanso, capazes de destruir e renovar constantemente seu próprio ambiente, renovando-se eles próprios. Homens cuja independência intelectual será sua força maior; que não se aprisionarão a nada, sempre prontos a aceitar só o melhor, felizes pelo triunfo de idéias novas, com a ambição de viver mais vidas em uma só. A sociedade lhes tem temor, oxalá nunca faltem escolas capazes de dar-nos homens assim."*[10]

Em julho de 1909 estourou em Barcelona a chamada Semana Trágica (1909), decorrente da revolta da população ao recrutamento e envio ao Marrocos de jovens provenientes das classes pobres para defender os interesses de um consórcio de sociedades comerciais que exploravam a população marroquina em um empreendimento de mineração. Diante da repressão movida pelo governo espanhol, a população de Barcelona passou a atacar

---

[8] *FUNDACIÓ FRANCESC FERRER I GUARDIA*.
Site disponível:
http://www.laic.org/
Consultado em 10/10/2006.

[9] BRIGNOLI, L. *Francisco Ferrer y Guardia Un revolucioniario que no hay que olvidar*. Bergamo: Vulcano, 1993, p. 12.

[10] BRIGNOLI, L. *Francisco Ferrer y Guardia Un revolucioniario que no hay que olvidar*. Bergamo: Vulcano, 1993, p. 16.

as tropas com franco-atiradores e se mobilizou no porto contra o embarque dos soldados. O conflito se espalhou de forma violenta.

Ao término da Semana Trágica de Barcelona, Ferrer foi injustamente acusado de ser o responsável pela agitação revolucionária. Em decorrência disso, foi preso, julgado por um tribunal militar e fuzilado no dia 13 de outubro de 1909, às nove horas da manhã, na fortaleza de Montjuich, em Barcelona, o que provocou manifestações de indignação em todo o mundo contra o governo espanhol.

Tanto na Espanha como fora dela, Ferrer foi chamado de *o Dreyfus espanhol*.

Ele próprio se referia a esta comparação:

> *"Creio que a propaganda feita ao redor de meu nome poderia ter um resultado similar daquele que constatamos no caso Dreyfus. Seu julgamento acertou um golpe mortal no poder militar da França. Oxalá o meu, por sua vez, consiga acertar o mesmo golpe no jesuitismo, no fanatismo religioso da Espanha..."*[11]

De fato as semelhanças entre os dois episódios, um na França e outro na Espanha, são muitas.

Nos dois casos está presente o militarismo e a inspiração clerical, desprezando os princípios mais basilares do Direito. A vítima é, em cada caso, um personagem odiado pela Igreja: na França um judeu, e na Espanha, um livre-pensador anticlerical. A diferença fundamental foi que a Espanha matou sua vítima, tornando impossível a reparação que a França pôde fazer, quando a verdade prevaleceu.

Pichon se referia ao episódio do fuzilamento de Ferrer como a vivência mais profunda de sua infância[12]. Segundo ele, a família atravessou este momento com grande apreensão, temendo pela vida do pai, com medo de que fossem descobertas as tendências ideológicas de Alphonse Pichon. Não era para menos, já que os episódios envolvendo Dreyfus e Ferrer guardavam relações com as convicções pessoais e o posicionamento político de seu pai.

Ao relatar esse episódio, Pichon se refere à atitude corajosa de sua mãe. De fato, Josephine de la Rivière será, no decorrer de toda a sua vida, uma influência marcante — pelas restrições que lhe impunha — no que tange às suas opções políticas e aos riscos pessoais nelas envolvidos.

A família Pichon aportou em Buenos Aires no final do ano de 1909, às vésperas das comemorações do centenário da Revolução de Maio (1810).

Para o pequeno Enrique, este foi um longo percurso, a que se referia como *"sensações de um movimento contínuo e ascendente"* [13].

---

[11] BRIGNOLI, L. *Francisco Ferrer y Guardia Un revolucioniario que no hay que olvidar*. Bergamo: Vulcano, 1993, p. 15.

[12] LEMA, V. *Conversaciones con Enrique Pichon-Rivière sobre el arte y la locura*. Buenos Aires: Cinco, 1989, p. 25.

[13] LEMA, V. *Conversaciones con Enrique Pichon-Rivière sobre el arte y la locura*. Buenos Aires: Cinco, 1989, p. 16.

DESCENDO O PARANÁ

A permanência em Buenos Aires da família Pichon-Rivière foi muito breve[1].

Pichon sempre afirmava, ao relatar a história de sua família, a pouca compreensão que lhe restou dos reais motivos dos constantes deslocamentos e mudanças a que se submeteram: Paris, Genebra, Barcelona, Argentina.

Alphonse Pichon, tão logo a família desembarcou em Buenos Aires em 1909, procurou se informar sobre oportunidades de trabalho. Disso resultou sua decisão de se dirigir de imediato para o norte do país, onde o governo argentino oferecia concessões de terras, por prazo fixo, para o desenvolvimento de projetos agrícolas.

A jornada da família se dirigiu, agora, na direção da pequena cidade de Florencia, localizada ao norte da Província de Santa Fe, na fronteira com a Província do Chaco, na margem direita do Rio Paraná, onde se instalam no início de 1910.

Os textos e teorias do Pichon adulto, seu rico imaginário psicanalítico e efervescente criatividade intelectual, a começar pelo conceito que desenvolveu de *"adaptação ativa"*, se alicerçam neste período.

Pichon via uma estreita relação entre o indivíduo e seu meio. Respondendo a uma pergunta que lhe foi feita por Vicente Zito Lema a respeito da relação existente entre o que ocorre a uma pessoa e o que ela pensa e cria, dizia:

> *"(...) Essa íntima relação existe, e num sentido por acaso ainda mais amplo, entendo o homem como se configurando em uma práxis, em uma atividade transformadora, em uma relação dialética, mutuamente modificante com o mundo."*[2]

Kaës faz um feliz comentário a este respeito:

> *"(...) Como ele [Pichon] dá a entender diversas vezes, parece ter feito de sua infância pluricultural e rural uma fonte de criação que ressurgiu em todos os aspectos de sua obra, em seu interesse pela passagem através das fronteiras entre as disciplinas e as culturas. Parece que ele teve que inventar muito cedo, talvez para sobreviver psiquicamente, respostas aceitáveis para o enigma do encontro com o estrangeiro e a estranheidade do outro em si mesmo."*[3]

Esta região do Chaco para onde a família de Pichon se dirigiu é bastante peculiar. Trata-se do trecho do Rio Paraná que se descortina a jusante dos saltos de Sete Quedas (hoje desaparecido sob as águas da represa de Itaipu) e das cataratas de Foz do Iguaçu, abaixo da tríplice fronteira entre Argentina, Brasil e Paraguai.

---

[1] LEMA, V. ***Conversaciones con Enrique Pichon-Rivière sobre el arte y la locura***. Buenos Aires: Cinco, 1989, p. 16.

[2] LEMA, V. ***Conversaciones con Enrique Pichon-Rivière sobre el arte y la locura***. Buenos Aires: Cinco, 1989, p. 30.

[3] KAËS, R. *Préface – Pour recontrer Pichon*. In PICHON-RIVIÈRE, E. ***Le processus grupal***. Ramonville Saint-Agne: Érès, 2004, p. III.

É uma região com alto índice pluviométrico, alagadiça, onde o rio descreve grandes meandros, faz um percurso sinuoso, encharca grandes áreas, cria ilhas e inúmeras lagoas, e provoca constantes inundações. Sua fauna e flora são muito variadas.

A vida nestas paragens implicava num constante contato com a natureza, e o imaginário popular, envolto pelo movimento das águas do rio, das lagoas e dos pântanos, era povoado de mitos e lendas, como a dos *malones*[4] que reuniam elementos relacionados à fauna e à flora e à presença dos aborígines.

No início do século XX, esta região era economicamente pouco desenvolvida, habitada predominantemente por índios guaranis. A parca população de origem européia se concentrava em pequenos povoados que acompanhavam o curso do Rio Paraná.

Pichon recordava a postura clara e aberta de seus pais nas relações com a população local e com os índios: uma atitude de respeito e de simpatia, que favoreceu grandemente a adaptação da família às novas condições do ambiente em que viviam.[5]

O desafio que Alphonse Pichon se propôs, ao iniciar um projeto agrícola nesta região, era, de certa forma, romântico, quase temerário. Guarda, talvez, algum traço de ligação com o projeto que delineou, quando jovem, na Inglaterra: o da criação de bicho-da-seda.

Aí sofreu seu primeiro fracasso: plantou algodão e viu sua cultura ser destruída, ora por praga de gafanhotos, ora por inundações[6].

A permanência da família em Florencia durou aproximadamente quatro anos.

Foi a partir de Florencia que o percurso da família, e do próprio Pichon, seguiu a direção do curso do Rio Paraná até seu deságüe no Rio da Prata. E foi também na seqüência deste itinerário que, na confrontação com as intempéries e os insucessos, tanto a família quanto Pichon foram adquirindo uma identidade mais definida.

O fracasso do projeto em Florencia levou a família, em 1914, a transferir-se para Bella Vista, outra pequena cidade situada rio abaixo, na outra margem do Paraná, na Província de Corrientes. A travessia do rio foi, em si mesma, uma aventura à parte: alugaram um pequeno veleiro e enfrentaram uma forte tormenta, que quase o levou a pique[7].

Nesta cidade o pai de Pichon continuou insistindo em seu projeto agrícola, desta vez plantando, além do algodão, o tabaco. Esta tentativa também resultou em fracasso.

Foi nesse contexto que o menino Enrique viveu sua primeira infância, rodeado pela natureza e vivenciando experiências aventurosas: já em Bella Vista, pescava e nadava com o

---

[4] *Malones* é o termo utilizado em espanhol para designar ataques inesperados de grupos indígenas.
Graham, R. *Los Malones* (1870).
Disponível *in* site: *Federación Gaucha de Buenos Aires*.
http://www.tradiciongaucha.com.ar/Tradiciones/Malones.htm
Consultado em 10/04/2007.
ALMOYNA, J. Verbete: *Malón*. *In* **Dicionário de espanhol-português**. Porto: Porto Editora, 1977, p. 702.

[5] LEMA, V. *Conversaciones con Enrique Pichon-Rivière sobre el arte y la locura*. Buenos Aires: Cinco, 1989, p. 19.

[6] LEMA, V. *Conversaciones con Enrique Pichon-Rivière sobre el arte y la locura*. Buenos Aires: Cinco, 1989, p. 16.

[7] LEMA, V. *Conversaciones con Enrique Pichon-Rivière sobre el arte y la locura*. Buenos Aires: Cinco, 1989, p. 25.

pai na *Laguna del Iberá*[8], povoada de jacarés (o pai lhe ensinou um método de imobilizar as mandíbulas desses répteis com galhos de árvores), conviveu com a população indígena e aprendeu a falar fluentemente o guarani (seu professor foi o capataz do pai na plantação de algodão e tabaco).[9]

Assim, o garoto de origem francesa — o *francesito*, como era chamado — cuja família falava francês no cotidiano, dominou como segunda língua o guarani. O castelhano, só veio a aprender mais tarde, quando começou a freqüentar a escola primária, constituindo-se na sua terceira língua.

Permaneceram pouco tempo nesta cidade, logo se transferindo para Goya, em 1917, ainda na Província de Corrientes, mais abaixo e na mesma margem esquerda do rio. Lá chegaram em condições econômicas precárias.

Em Goya, a família sofreu uma metamorfose, vivendo um processo de mudança em sua atividade econômica fundamental.

Inicialmente, Alphonse Pichon dedicou-se ainda à agricultura, plantando hortaliças nos arredores da cidade, de onde partia em direção ao centro, conduzindo uma carroça, com o menino Enrique ao seu lado, para vender de porta em porta o produto de seu cultivo.

Embora se tratasse, agora, de um projeto agrícola destinado à cultura de sobrevivência e ao comércio direto com os consumidores finais — ao inverso da produção de algodão e tabaco, que pressupunham um mercado industrial — permaneciam ainda ligados à terra, levando uma vida simples, bastante austera.

Foi nesse caminhar rotineiro de uma vida de verdureiro, percorrendo as ruas de Goya a oferecer aos gritos as hortaliças de sua produção que, num belo dia, o francês e o *francesito*, no dizer do próprio Pichon, "tropeçam" com uma senhora, sua freguesa, que relata a Alphonse as dificuldades de seu filho nos estudos em Buenos Aires.

Depois de algum tempo, o jovem retornou a Goya para passar as férias, o que criou a oportunidade para que Alphonse fosse procurado para lhe dar aulas de matemática e inglês. Esse primeiro aluno teve bom êxito em seus estudos.

Em razão desse primeiro sucesso pedagógico, logo surgiram outros garotos necessitados de aulas de reforço escolar. Com isso, Alphonse se transforma num professor muito orgulhoso de seu trabalho, reconciliando-se, desse modo, com sua tradição cultural de origem.

---

[8] A *Laguna* e *esteros del Iberá* constituem uma região pantanosa, às margens do rio Paraná, no centro da Província de Corrientes, à qual se pode ter acesso a partir da cidade de Mercedes. É, hoje, uma reserva natural. ***DIÁRIO CLARÍN.***
Site disponível:
http://weblogs.clarin.com/puebloapueblo/archives/2007/04/la_maldicion_de_la_lechuza_en_los_esteros_del_ibera.html
Consultado em 10/04/2007.
WIKIPEDIA Verbete: ***Esteros del Iberá***.
Disponível *in* site:
http://es.wikipedia.org/wiki/Esteros_del_Iberá
Consultado em 10/04/2007.

[9] LEMA, V. ***Conversaciones con Enrique Pichon-Rivière sobre el arte y la locura***. Buenos Aires: Cinco, 1989, p. 23.

A redescoberta dessa via do trabalho intelectual leva-o a identificar outras oportunidades de exercício de suas habilidades: passa a oferecer serviços de contador aos comerciantes locais.

Ao mesmo tempo, Josephine, sua esposa, também descobre outras maneiras de melhorar o rendimento familiar, mediante a utilização de seus dotes culturais. Como já vimos, ela teve, em sua juventude em Lyon, uma educação requintada, em uma escola religiosa católica, onde se dedicou ao teatro, à música e à poesia.

Dispondo de uma voz privilegiada, começa a dar aulas de canto e de francês, além de dirigir o coro da Igreja de Goya. Este percurso termina por levá-la a fundar escolas primárias, a Escola Profissional e o Colégio Nacional em Goya, onde o próprio Enrique fez seus estudos até completar o colegial.

Data desta época, também, a amizade de Josephine com Hortensio Quijano (1884-1952), que, mais tarde, veio a ser o vice-presidente da Argentina durante o regime de Juan Domingo Perón (1895-1974). Com ele e sua mulher, organizavam concertos na cidade. Foi a ele, como veremos adiante, que Pichon recorreu, já em Buenos Aires, quando enfrentou graves dificuldades no *Hospicio de las Mercedes*.

Foi assim, em Goya, que o jovem Enrique se encontra com a tradição cultural da família, que permanecera até então inibida, e com a atividade profissional liberal de seus pais. A partir daí se preparou para o passo seguinte, fundamental na trajetória de sua vida.

Em 1922 morre seu pai. Pichon, portanto, tinha apenas quinze anos.

Sozinho, aos dezoito anos, desce mais um pouco pelo Rio Paraná, atravessando-o para a outra margem, em direção a Rosario, Província de Santa Fe, para iniciar seus estudos de medicina.

Como se essa empreitada tivesse sido uma ousadia para além de sua capacidade, sofre também seu primeiro fracasso, que o obriga a retornar a Goya ao fim de seis meses. Contraiu uma grave pneumonia, resultante da intensa vida de boemia que levava em Rosario e que o próprio Pichon adjetivou como "*muito agitada, intensa (...) dolorosa e sem concessões ...*"[10]. Em Goya, de volta ao carinho da família da qual mal se separara, ficará sob os cuidados de sua mãe até se restabelecer completamente.

Neste ínterim, dá aulas particulares para dois rapazes que se preparavam para ingressar no Colégio Nacional.

Esse foi o passo intermediário que lhe permitiu, finalmente, em 1926, descer bem mais o Rio Paraná em direção à sua foz, à margem direita, agora, do Rio da Prata, em Buenos Aires.

Na capital da república completou seus estudos e exerceu sua profissão liberal de médico psiquiatra e de psicanalista.

Esse percurso que a família e o próprio Pichon trilharam no sentido descendente do Rio Paraná guarda um significado mais profundo.

Quando assistimos a esse relato, é inevitável pensar na trajetória familiar percorrida inicialmente por Alphonse Pichon e à qual se juntou, posteriormente, a figura de sua segunda esposa, Josephine.

---

[10] LEMA, V. ***Conversaciones con Enrique Pichon-Rivière sobre el arte y la locura***. Buenos Aires: Cinco, 1989, p. 34.

A forte impressão que é transmitida, ao contemplarmos esse longo percurso desde a expulsão da Academia Militar de Saint-Cyr, o exílio em Manchester, a viuvez, o segundo casamento e, a seguir, o tortuoso caminho percorrido através da Suíça e da Espanha até a chegada à Argentina, é a de uma experiência traumática na qual a atividade intelectual e o posicionamento político-ideológico deixaram profundas marcas.

É como se uma proibição externa, em algum momento desse caminho, em decorrência dos riscos e ameaças correspondentes ao clima político do início do século XX, impedisse Alphonse de se imaginar exercendo qualquer atividade de caráter intelectual.

O percurso de descida do Rio Paraná foi também o caminho de elaboração necessário para a reconciliação e a resolução do conflito que emergira em terras européias, deixando em Alphonse, como descreveu Pichon, a marca de profunda nostalgia.

REMINISCÊNCIAS DA INFÂNCIA E FATOS PITORESCOS DA JUVENTUDE

Os dezoito primeiros anos de Pichon foram repletos de saborosas estórias e inusitados acontecimentos, a começar pelo itinerário percorrido de Genebra ao Chaco argentino.

O singular da infância deste psicanalista se espraia por toda sua vida: o Pichon surrealista, o Pichon transgressor, o Pichon boêmio, o Pichon socialista sem vínculo partidário, o Pichon poeta, o Pichon triste, depressivo, o Pichon curioso, intrigado com o que está por trás do falado, o Pichon antropólogo, arqueólogo, enfim, todos estes traços de seu caráter têm suas raízes profundamente fincadas neste período de sua existência.

Um fato marcante, com certo sabor de quebra do tabu incestuoso, foi o de que somente aos seis ou sete anos de idade descobriu que seus cinco irmãos não eram filhos de sua mãe, mas sim de sua tia materna falecida, primeira esposa de seu pai. Na verdade ele era filho único de sua mãe, meio primo de seus meio irmãos, enredado profundamente na trama das exigências e interdições maternas.

O caráter surrealista, que se edifica no decorrer da vida de Pichon, encontra seu protomodelo no personagem de realce dramático que foi seu pai.

Sabemos que Alphonse era profundo admirador de Arthur Rimbaud (1854-1891) e nutriu durante muitos anos de sua juventude o ideal de viver na África. Nas rudes condições de vida que encontrou no continente sul-americano, desenvolveu seu modo peculiar de sobrevivência. Na convivência com os índios guaranis adotou atitudes ao mesmo tempo de tolerância e autoridade. Era admirado e respeitado, sabia negociar e transigir, mas jamais cedia naquilo que considerava fundamental ou que implicasse uma quebra de seus princípios. Pode-se dizer que era manso, mas que, no limite, saberia fazer uso da força e das armas — afinal de contas, teve formação militar.

Pichon nos conta de um hábito freqüente de seu pai, que, todos os meses, abria um grande baú em que guardava as vestimentas remanescentes da Europa. Dele retirava smokings, jaquetas e todo o tipo de trajes de passeio e de gala para estendê-los ao sol, dependurados em um arame estendido entre duas árvores. Tratava-se de um ritual melancólico, uma verdadeira cerimônia nostálgica, da qual o menino Enrique era testemunha muda e dissimulada. Era o europeu, perdido nas plagas longínquas do Chaco que, no entanto, não renunciava às suas raízes. Ao proteger os tecidos de suas roupas, de certa maneira, preservava os fios de ligação com o distante continente europeu.

Outra idiossincrasia da família era o uso que as crianças faziam de seus antigos trajes e indumentárias trazidas da Suíça: iam à escola a cavalo, pois ficava distante de sua casa, calçando suas botas de alpinistas, que tinham cravos no solado.

Foi também Alphonse que lhe apresentou a variedade e a abundância das riquezas naturais e culturais desta região. Por suas mãos, Pichon iniciou a convivência com os guaranis, pelos quais adquiriu uma admiração muito especial: encantava-se com a habilidade que tinham no corte das árvores, com a aura mítica que envolvia sua relação com a natureza, com o gosto pela sua língua, com a relação que mantinham com os animais selvagens e as águas dos rios e das lagoas.

Outra característica da família Pichon era o cuidado que sempre manteve com suas moradias. Ainda que humildes, eram austeras, limpas e bem cuidadas.

Em Florencia a casa era feita de madeira e coberta de sapé. Conta-nos Pichon que certa vez ocorreu uma praga de gafanhotos. Eles devoraram totalmente a cobertura da casa, deixando-os expostos ao relento. Diante deste trágico quadro, Alphonse teria feito um único comentário poético: *"Que beleza! Que azul é este céu!"* [1].

Esta cena, de certo modo, nos evoca o verso da canção brasileira de Sílvio Caldas (1908-1998) e Orestes Barbosa (1893-1966), Chão de estrelas (1937): *"a lua, furando nosso zinco, salpicava de estrelas nosso chão"* [2].

Durante as viagens que Alphonse empreendia todos os meses entre o lugar em que viviam e o povoado no qual buscava víveres e o dinheiro necessário ao pagamento dos empregados e das demais despesas do cotidiano, a família permanecia num estado de ânimo bastante tenso, devido aos riscos reais e aos boatos difundidos na região.

Pichon recordava que seu pai deixava armas para a defesa pessoal de todos, e com isso aprendeu a manejar com destreza um rifle *winchester*.

Apesar de nunca ter ocorrido qualquer incidente de maior gravidade, o clima decorrente da difusão de boatos relacionados a bandos de índios que atacavam as plantações (os *malones*), queimando casas, estuprando mulheres e seqüestrando crianças deixava a todos em estado de alerta, fazendo parecer um longo tempo os dois ou três dias de ausência de Alphonse.

Esse contexto carregava um misto de realidade e fantasia. Pichon, mais tarde, ao se recordar destes episódios, comentava que, pelo fato de nunca ter acontecido nenhum ataque real, as ameaças associadas aos boatos que se disseminavam na região deixaram, em decorrência das ilações fantasiosas que mobilizavam, marcas talvez mais profundas.

Os riscos reais ficavam por conta da existência dos animais selvagens. Pichon contava uma curiosa passagem a respeito de seu encontro noturno com uma onça. Diante do brilho de seus olhos, sentiu-se fascinado, ao mesmo tempo temeroso e cheio de curiosidade. Adotou a atitude de permanecer imóvel, sem esboçar qualquer reação de defesa ou ataque. Após um período de tempo que vivenciou como uma eternidade, a onça partiu dando-lhe as costas.

Mais tarde, Pichon relacionou essa experiência infantil com o papel de observação nos grupos e que denominou de observação não-participante: uma atitude de presença e de atenção que o observador adota no grupo e que integra suas técnicas de trabalho.

Exemplificava esta postura de atenção e observação com outros dois fatos de sua vivência. O primeiro deles ocorreu quando foi assistir, já em Buenos Aires, a uma peça de teatro, cujo maior mérito era o de ser um discurso de condenação à guerra, encenada por um grupo de atores anarquistas. Durante a apresentação, o teatro foi violentamente invadido pela

---

[1] LEMA, V. **Conversaciones con Enrique Pichon-Rivière sobre el arte y la locura**. Buenos Aires: Cinco, 1989, p. 16.

[2] CALDAS, S. e BARBOSA, O. **Chão de Estrelas**.
Disponível *in* site: Projecto Natura da Universidade do Minho.
http://natura.di.uminho.pt/~jj/musica/html/brasil-chaoDeEstrelas.html
Consultado em 10/10/2006.

polícia, que agredia e prendia as pessoas. Pichon permaneceu absolutamente parado, sem manifestar qualquer reação, não sendo sequer molestado, a ponto de poder sair do recinto como se nada tivesse ocorrido. O segundo exemplo ocorreu no *Hospicio de las Mercedes*, quando um paciente veio em sua direção com uma faca em posição de ataque. Novamente Pichon assumiu a atitude de permanecer quieto, até que o paciente soltou a arma que se cravou no chão.

Outra vivência infantil que mais tarde relacionará com a experimentação do papel de observador, era seu hábito de bisbilhotar, através de um buraco na parede, as conversas de sua mãe com suas amigas, o que lhe permitia ver e ouvir sem ser notado.

Um episódio bem cômico relatado por Pichon sobre suas travessuras juvenis, também relativo ao observar, refere-se às partidas de futebol que costumavam jogar, ele e seus amigos, numa ilha situada no meio do Rio Paraná. Certo dia, lá encontraram um político importante do vilarejo, Pedro Numa Soto (1872-1962), que veio a ser governador constitucional da Província de Corrientes em duas oportunidades, de 1932 a 1935 e de 1939 a 1942. Sem saber da presença dos garotos, exercitava ouvir sua própria voz, trazida de volta ao gritar para o vazio, dizendo: Eco!

Atentos à situação, os jovens, das grimpas das árvores em que se aboletavam, respondiam ao grito do político com uma expressão chula — ¡*la puta que te parió!* —, de tal modo que o eco que retornava era o de sua voz, seguida do qualificativo pouco recomendável. Surpreendido pela situação, o homem entrou em pânico e se pôs em fuga espavorida, para divertimento dos adolescentes.

Possivelmente, algum dos irmãos de Enrique também participou desta travessura.

O mais engraçado foi que, nesta mesma noite, Numa Soto foi jantar na casa dos Pichon-Rivière. À mesa, relatou o estranho episódio vivido naquela tarde e que lhe provocara o ataque de pânico, sem se dar conta de que entre os convivas haviam outras testemunhas, em muito responsáveis pelo insólito episódio e que obviamente não confessaram tal condição.[3]

Esse intenso intercâmbio com a natureza, na qual, como vimos, o rio ocupava um lugar relevante, permitiu-lhe acompanhar bem de perto uma grande inundação. Nesta ocasião, colaborou no resgate e re-alojamento dos inundados, e organizou partidas de futebol com o objetivo de aliviar a tensão.

Essa primeira experiência diante da catástrofe natural e o pânico coletivo inspirou, mais tarde, um belíssimo artigo sobre as inundações e as reações psicológicas diante do desastre coletivo[4].

O pontapé inicial da expressividade poética do menino Pichon foi este universo dramático de experiências extraídas da convivência com a população do Chaco. Pichon internalizou uma cultura profundamente impregnada de magia, carregada de culpa, morte, luto e loucura[5].

---

[3] GAINZA, V. *Ana Quiroga dialoga con Violeta H. de Gainza*. Buenos Aires: Lúmen, 1998, p. 63 a 65.

[4] PICHON-RIVIÈRE, E. e QUIROGA, A. Inundações: As reações psicológicas em face do desastre. *In* PICHON-RIVIÈRE, E. e QUIROGA, A **Psicología da Vida Cotidiana**. São Paulo: Martins Fontes, 1998.
PICHON-RIVIÈRE, E. e QUIROGA, A. *Inundados: las reacciones psicológicas ante el desastre. In* **Psicología de la vida cotidiana**. Buenos Aires: Galerna, 1970.

[5] LEMA, V. *Conversaciones con Enrique Pichon-Rivière sobre el arte y la locura*. Buenos Aires: Cinco, 1989, p. 34.

Aos dezesseis ou dezessete anos — o ano mais provável é o de 1924 —, começou a escrever poemas em francês. Dizia que a poesia o capturou quando ainda não estava preparado para ela. Por isso, rasgou quase todos os seus poemas, restando uns poucos. Foi com um deles, intitulado *Connaissance de la mort*, que abriu seu livro mais importante, *O Processo Grupal*[6]:

> **"Connaissance de la mort**
> *Je te salue*
> *mon cher petit et vieux*
> *cimetière de ma ville*
> *où j'appris à jouer*
> *avec les morts.*
> *C'est ici où j'ai voulu*
> *me révéler le secret de*
> *notre courte existence*
> *à travers les ouvertures*
> *d'anciens cercueils solitaires."*[7]

Durante sua infância e adolescência Pichon praticou, além do futebol, a natação e o tênis. Foi campeão de ciclismo e de boxe, na categoria peso-pena.

Essa experiência com o futebol o inspirou, mais tarde, quando fazia seu estágio de psiquiatria no *Asilo de Torres* (1915), a organizar um time de futebol com pacientes oligofrênicos.

O período de permanência de Pichon no *Asilo de Torres* é, em si mesmo, fundante de sua prática psicossocial dinâmica, e será, mais adiante, abordado neste livro.

A adolescência de Pichon também foi marcada pela presença de um grande amigo: Canoi, o porteiro do prostíbulo de Goya. Se Alphonse foi o pai que o introduziu no universo simbólico, Canoi será o homem que lhe apresentará o universo do cotidiano masculino e da sexualidade.

Canoi lhe contava tudo o que ocorria no prostíbulo e foi o primeiro a lhe falar da existência de Freud. Era o dono da primeira biblioteca particular que Pichon conheceu: uma coleção completa da revista *Caras y Caretas* (1898-1941). Foi nas páginas desta revista que Canoi recolheu a primeira informação sobre a existência de Freud e de seus estudos sobre anatomia, que relatou a Pichon em uma de suas longas caminhadas.

De posse dessa referência, mais tarde, na Escola Normal de Goya, Pichon tropeçou pela primeira vez com os escritos de Freud quando ensaiava uma peça de teatro. Encontrou atrás do cenário um caixote cheio de revistas, quase todas científicas, e começou a folheá-las. Numa delas, achou três trabalhos de autoria de Freud sobre a sexualidade. É provável que se

---

[6] PICHON-RIVIÈRE, E. **O Processo Grupal**. Série Psicologia e Pedagogia. São Paulo: Martins Fontes, 1983, p. VII.
PICHON-RIVIÈRE, E. *El proceso grupal*. Buenos Aires: Nueva Visión. 1980, p. 7.

[7] **"Conhecimento da morte** / Eu te saúdo/meu querido pequeno e velho/cemitério de minha cidade/onde aprendi a brincar/ com os mortos./É aqui onde eu quis/que me fosse revelado o segredo de/ nossa curta existência/através das aberturas/de antigos ataúdes solitários"
[A tradução é nossa.] Poema escrito em 1924.

tratasse dos *Três ensaios sobre a teoria da sexualidade*, escritos por Freud em 1905[8]. Obviamente, roubou a revista, iniciando desse modo "transgressor" sua aproximação com a psicanálise.[9]

Canoi e Pichon faziam longas caminhadas, durante as quais o amigo lhe transmitia as lições sobre a vida e o mundo em que viviam, temperadas com comentários a respeito dos boatos e cochichos sobre os moradores do povoado.

Um acontecimento freqüente relatado por Pichon era o folclórico comportamento dos moradores do povoado de Goya diante da visita regular que as *"muchachas"* do prostíbulo faziam ao povoado.

Todas as segundas-feiras, seu dia de folga, as moças vinham a passeio ao centro do vilarejo, em uma carruagem, conduzida por Canoi. À sua chegada, as janelas das casas eram fechadas com violência, provocando forte barulho. Logo após, outros ruídos menores eram ouvidos: as mesmas janelas entreabriam-se dissimuladamente, permitindo agora o olhar de esguelha, carregado de curiosidade e culpa.

Num relato cheio de humor e ironia, Pichon lembrava de um episódio quando prestava exame de francês diante de sua mãe, a professora da disciplina. Neste momento, ela fala em francês do barulho da carruagem que passava. Ao responder-lhe, diz que "*é um grupo de garotas que trabalham para a alegria*"[10]. Ao que sua mãe, uma mulher sempre recatada, retruca, elevando a voz: "*Não! Em vez de garotas da alegria, são as putas do puteiro!*"[11]

Foi nessa época que Pichon, transbordante de erotismo, escreveu o seguinte poema:

"Rencontre avec la femme noire

Couchée dans une foret

verte et vierge

la femme noire dans ce temps

serre son cœur palpitant

entre ses jambes

rondes et charnues

attendant

le visiteur égaré

sortir de l'épaisseur

de sa nuit fantasmale."[12]

---

[8] FREUD, S. (1905). **Três ensaios sobre a teoria da sexualidade**. Edição Standard Brasileira das Obras Psicológicas Completas de Sigmund Freud. v. VII. Rio de Janeiro: Imago, 1972.

[9] LEMA, V. *Conversaciones con Enrique Pichon-Rivière sobre el arte y la locura*. Buenos Aires: Cinco, 1989, p. 69 e 70.

[10] LEMA, V. *Conversaciones con Enrique Pichon-Rivière sobre el arte y la locura*. Buenos Aires: Cinco, 1989, p. 31.

[11] LEMA, V. *Conversaciones con Enrique Pichon-Rivière sobre el arte y la locura*. Buenos Aires: Cinco, 1989, p. 31.

[12] "**Encontro com a mulher negra** / Deitada em uma floresta / verde e virgem / a mulher negra nesta hora / aperta seu coração palpitante / entre suas pernas / redondas e carnudas / esperando / que o visitante extraviado / surja da espessura / de sua noite fantasmal."
[A tradução é nossa.] Poema escrito na década de 1920.

Foi, também, nestes anos de juventude que, juntamente com seus amigos, fundou em Goya o clube de futebol *Sportivo Benjamín Matienzo* (~1920), do qual Canoi foi o primeiro presidente.

O nome do clube, por si mesmo, fala muito do espírito aventureiro de Pichon e seus companheiros: Benjamín Matienzo (1891-1919) foi o primeiro aviador militar argentino, brevetado em 1917, que realizou um vôo aventuroso entre Buenos Aires e Tucumán — uma distância de 1135 km — em quatro etapas e faleceu aos vinte e oito anos, quando tentava cruzar a Cordilheira dos Andes.

Não conseguimos identificar a data de fundação deste clube de futebol. No entanto, no histórico do clube *Capo de Mendoza* sobre a *Liga Mendoncina de Fútbol,* existe um registro, de 27 de setembro de 1926, de crônica do jornal *La Palabra* (1925) que comemorava a vitória do *Sportivo Benjamín Matienzo,* por quatro a dois, sobre o *Sportivo Canallitas*. Seus jogadores vestiam uma vistosa camisa com listas verticais vermelhas e verdes. Com essa vitória o clube alcançou a primeira divisão[13].

Estas informações nos permitem presumir, levando-se em conta a notoriedade adquirida por Matienzo entre 1917 e 1919 e a idade de Pichon, que o *Sportivo Benjamín Matienzo* deve ter sido fundado por volta de 1920.

Este grupo também fundou, nesta mesma época, no prostíbulo em que Canoi trabalhava, o Partido Socialista de Goya (~1920), pelo qual Pichon foi candidato a deputado, obtendo oito votos. Esta foi a única vez em sua vida que Pichon-Rivière se vinculou formalmente a um partido político.

Na época, em Corrientes, haviam dois principais partidos políticos: o *Partido Liberal* e o *Partido Autonomista*, que se contrapunham de forma muito polarizada e violenta, principalmente na época das eleições. A Madame (nome atribuído à cafetina do bordel) era uma prócer conservadora. Apesar de suas convicções, Madame deixava livre curso à rebeldia dos rapazes em sua campanha progressista, dizendo que eram coisas de meninos.

Aos dezoito anos, em 1925, desce um pouco mais o Rio Paraná, dirigindo-se a Rosario, na Província de Santa Fe, onde iniciará seus estudos de medicina.

Em Rosario, substituindo um francês que vivia na mesma pensão em que se hospedava e que teve que partir apressadamente, tornou-se professor de francês e de boas maneiras das *muchachas* polacas do prostíbulo mais luxuoso da cidade, cuja cafetina era conhecida por Madame Safo. As moças eram diferentes das do prostíbulo de Goya: pouco educadas, eram brutas e duras. Usavam óculos com correntes. A tarefa de Pichon era a de ensiná-las a tirar os óculos do rosto com graça e a pronunciar umas dez palavras em francês necessárias à sua atividade profissional.

Após alguns meses, Pichon retoma o percurso descendente do rio, dirigindo-se, agora, a Buenos Aires. No dia em que partiu, Madame (a cafetina do prostíbulo de Goya) estava no porto, vestida de vermelho, para efusivamente dele se despedir, o que causou de novo um estranhamento enorme da parte de sua mãe.

PICHON-RIVIÈRE, E. *In* LEMA, V. *Conversaciones con Enrique Pichon-Rivière sobre el arte y la locura*. Buenos Aires: Cinco, 1989, p. 33.

[13] ***CLUBE CAPO DE MENDOZA***.
Site disponível:
http://www.geocities.com/capodemendoza/page4.html
Consultado em 10/10/2006.

OS PRIMEIROS ANOS EM BUENOS AIRES

Chegado a Buenos Aires, por volta de 1926, Pichon — então com dezenove anos — encontra como local de habitação a *Pensión del Francés* localizada na *calle Viamonte*.

Não se sabe os motivos que o levaram até esta pensão, quem lhe deu indicação ou como veio a saber de sua existência. No entanto, só por este nome, parece que já estava destinada a ele, o *francesito* de Goya.

É inegável que estas "coincidências" foram sendo re-significadas por Pichon, durante toda a sua existência. A *Pensión del Francés* guarda, neste contexto de re-significação, traços do marcante interesse que Pichon já nutria pela psicologia do cotidiano e o desenrolar dos conflitos e suas manifestações nas ruas, nas famílias, na imprensa e, até, nas relações internacionais.

Quando se referia à *Pensión del Francés*, por exemplo, Pichon assinalava que estava localizada no edifício no qual, mais tarde, veio a ser instalada a sede da Associação de Futebol Argentina.[1] Esta ligação, também, não é inocente. Grande parte dos artigos que irá escrever e publicar mais tarde e que serão reunidos em sua *Psicologia da Vida Cotidiana*[2], tem o futebol como tema central, o esporte pelo qual era apaixonado.

Foi a partir da *Pensión del Francés* que Enrique Pichon-Rivière se iniciou na vida portenha.

É como se ela fosse, do seu ponto de vista, um lugar marcado pelo destino, carregado de conteúdos simbólicos e colocado, muito apropriadamente, numa encruzilhada da sua vida.

Lembremo-nos de que tinha, a esta altura, somente dezenove anos de vida e chegava à grande cidade, capital do país, para iniciar sua formação intelectual e acadêmica.

É nesse momento tão particular que "escolhe" a *Pensión del Francés* como local de habitação, lá encontrando pessoas muito especiais, estabelecendo com elas seus primeiros vínculos de amizade que, de algum modo, marcaram sua vida.

Eram, no seu dizer, tipos bastante curiosos, estranhos

> *"(...) seres profundos e sem ataduras. Esses franceses e húngaros, prontos a partir, a morrer ou a se aferrarem... Eles são os que me marcam em Buenos Aires."* [3]

Enrique Pichon-Rivière reencontra, assim, o ambiente híbrido propício para conciliar a tradição intelectual européia e aristocrática de sua família com a transgressão característica do submundo da boemia e da vida noturna daquela época.

---

[1] LEMA, V. ***Conversaciones con Enrique Pichon-Rivière sobre el arte y la locura***. Buenos Aires: Cinco, 1989, p. 35.

[2] PICHON-RIVIÈRE, E. e QUIROGA, A. **Psicologia da vida cotidiana**. São Paulo: Martins Fontes, 1998.
PICHON-RIVIÈRE, E. e QUIROGA, A. ***Psicología de la vida cotidiana***. Buenos Aires: Galerna, 1970.

[3] LEMA, V. ***Conversaciones con Enrique Pichon-Rivière sobre el arte y la locura***. Buenos Aires: Cinco, 1989, p. 58.

Buenos Aires, nos anos vinte, mesclava a cultura de imigrantes europeus com a modernização urbana e a renovação das temáticas sociais resultantes dos novos conflitos que afloravam por toda parte.

Amizades e personagens nos anos de formação

Na *Pensión del Francés*, Pichon fez dois grandes amigos: Roberto Arlt (1900-1942) e Conrado Nalé Roxlo (1898-1971), que merecem um destaque especial.

Roberto Arlt foi o amigo mais querido[4]. Com ele assistiu sua primeira partida de futebol em Buenos Aires. Arlt escreveu sobre isso em uma de suas crônicas.

Pichon o definia como melancólico, sensível, amigo, tosco, seco, insólito, fora do comum, lúcido, muito claro e nada alienado.

Talhado para o teatro, escreveu, entre outras, a peça Os sete loucos, que Pichon considerava sua obra principal. Dizia que Arlt era um louco transitório e sua loucura se expressava nos personagens desta peça. Tinha extraordinária capacidade de mover as "peças".

Roberto Arlt — uma vogal e três consoantes, como dizia Pichon — nasceu em 2 de abril de 1900 e era filho de pai polonês — desertor do exército prussiano — e de mãe italiana originária de Trieste.

Roberto Godofredo Christophersen Arlt era de origem humilde, viveu em pensões de bairros populares de Buenos Aires. Como os pais de Pichon, os pais de Arlt vieram aportar na Argentina em razão da política adotada pelo país, a partir de 1880, de incrementar a exportação de produtos agrícolas e pecuários e incentivar a imigração de europeus que pudessem constituir mão-de-obra qualificada.

Deste modo, as primeiras décadas do século XX fizeram a cidade de Buenos Aires sofrer profunda transformação, com um significativo aumento de sua população. Em 1930 alcança dois milhões de habitantes.

A presença de imigrantes europeus transformou profundamente a vida intelectual e artística da cidade, dando origem a novas manifestações culturais, entre as quais o tango. É esse ambiente efervescente que Pichon encontra ao chegar a Buenos Aires.

Arlt era uma espécie de Nelson Rodrigues (1912-1980) argentino. Começou a escrever muito jovem, por volta de 1912-15, publicando pequenas crônicas em jornais de bairros. Somente em 1926, após ganhar concurso da Editora Latina com o livro *Juguete rabioso*[5] (que originalmente era intitulado *Vida porca*), é que adquiriu algum renome, abrindo-lhe espaço para se introduzir na imprensa de maior porte. Mesmo assim, a publicação deste livro deveu-se à interferência de Enrique Méndez Calzada (1898-1940) que, como veremos mais adiante, foi um dos famosos suicidas da década infame citado por Carlos A. Manus[6].

Escreveu principalmente crônicas, romances e peças teatrais encenadas, em sua maioria, no *Teatro Del Pueblo*. O início de sua carreira profissional foi no jornal *Crítica* (1913-1962), como jornalista policial. Transferiu-se posteriormente para o jornal de tendência

---

[4] LEMA, V. *Conversaciones con Enrique Pichon-Rivière sobre el arte y la locura*. Buenos Aires: Cinco, 1989, p. 127.

[5] "*Brinquedo zangado*", em português.

[6] Ver p. 147.

esquerdista *El Mundo* (1930 - 1943)⁷, onde passou a escrever diariamente uma coluna de crônica assinada com o título de *Aguafuertes porteñas*⁸. O nome águas-fortes remete, ao mesmo tempo, ao seu estilo ácido, irônico, cético, pontual e ao modo como recortava cenas do cotidiano da cidade de Buenos Aires para traçá-las, como se fossem gravuras, no vigor de seus textos.

Pichon se referia a Arlt com muita gratidão, dizendo que ele lhe havia ensinado a vida a sério. Saiam juntos com freqüência, falavam de literatura (principalmente a russa), Arlt lhe confidenciava seus projetos, suas aventuras.⁹

É inegável a influência de Arlt, como cronista do cotidiano, sobre a produção intelectual de Enrique Pichon-Rivière. Passava noites inteiras assistindo Arlt escrever. Dizia que seus textos saiam com harmonia e que Arlt transmitia aos outros a sensação de se estar frente a um líder.

No desempenho de sua profissão de jornalista, Roberto Arlt viajou como correspondente ao Uruguai, Brasil, Espanha e África. Morreu em 26 de julho de 1942, de ataque cardíaco, ao lado de sua segunda esposa, grávida de seis meses de seu segundo filho, que veio a ser chamado, como o pai, Roberto.

Anos mais tarde esta presença intelectual de Arlt se manifestará nas crônicas que escreveu na revista *Primera Plana* (1962), junto com sua companheira Ana Quiroga (1937)¹⁰.

Outro grande amigo de Pichon da época da *Pensión del Francés* e que merece ser referido nesta sua biografia é Conrado Nalé Roxlo, argentino, nascido em 15 de fevereiro de 1898 e falecido em 2 de julho de 1971.

Autodidata, foi poeta, jornalista, humorista, teatrólogo e escritor. Foi premiado em 1923 por seu primeiro livro de poemas, intitulado *El grillo*¹¹. Seus poemas foram traduzidos para o italiano, francês e inglês, tendo recebido diversos prêmios durante sua carreira.

Destacou-se no teatro de humor e também escreveu roteiros cinematográficos e artigos humorísticos na imprensa usando os pseudônimos de *Chamico* e *Alguien*.

A *Pensión del Francés* era, de fato, muito curiosa e extraordinária. Circulavam por ela pessoas com experiências de vida muito diferentes entre si. Pichon as qualificava de "*gente muito dura, com história pesada*".¹²

Um dos moradores, por exemplo, era um francês, ex-combatente da Primeira Guerra. No início do século XX, era comum que os jovens, ao se dirigirem para a guerra, escolhessem

---

⁷ Sobre o tema, consultar:
WIKIPEDIA. Verbete: *El Mundo (Argentina)*.
Disponível *in* site:
http://es.wikipedia.org/wiki/El_Mundo_(Argentina)
Consultado em 15/09/2006.

⁸ "Águas-fortes portenhas", em português.

⁹ LEMA, V. **Conversaciones con Enrique Pichon-Rivière sobre el arte y la locura**. Buenos Aires: Cinco, 1989, p. 41.

¹⁰ PICHON-RIVIÈRE, E. e QUIROGA, A. **Psicologia da vida cotidiana**. São Paulo: Martins Fontes, 1998.
PICHON-RIVIÈRE, E. e QUIROGA, A. **Psicología de la vida cotidiana**. Buenos Aires: Galerna, 1970.

¹¹ "*O grilo*", em português.

¹² LEMA, V. **Conversaciones con Enrique Pichon-Rivière sobre el arte y la locura**. Buenos Aires: Cinco, 1989, p. 35.

uma madrinha de guerra. Pichon se surpreendeu ao saber que este francês, por coincidência, tinha escolhido para madrinha de guerra uma de suas primas que morava na França.

Quando estourou a Guerra Civil Espanhola, em 1936, alguns desses pensionistas tomaram a decisão de se engajar nesta outra luta. É interessante estabelecer o paralelo com Garma, que se recusou a participar desta guerra e decidiu prorrogar sua permanência na França, como já vimos.

Pichon também desejou ir para a Guerra Civil, mas sua mãe o proibiu, ameaçando se matar. Em troca, juntou-se ao Comitê de Ajuda à Espanha Republicana, como secretário, e trabalhou muito. Deste trabalho, conseguiram reunir muito auxílio para a Espanha: a primeira ambulância enviada para a frente de batalha foi paga pelos proprietários de microônibus urbanos de Buenos Aires.

A agitação política, em todo o mundo, nos anos trinta, era intensa. Após o *crack* da bolsa de Nova York em 1929, os reflexos da crise econômica se disseminaram por toda a América Latina. No Brasil, resultou na Revolução de 30, com Getúlio Vargas (1882-1954) à frente e, na Argentina, no golpe de Estado comandado pelo general Uriburu (1868-1932), que decretou o Estado de sítio.

Este ambiente de agitação também esteve presente no seio da vida intelectual argentina.

É importante considerar que, nas primeiras décadas do século XX, o ambiente político era influenciado por idéias que hipertrofiavam a função dos intelectuais na luta política.

De um lado, havia a influência do positivismo de Augusto Comte (1798-1857), que dava aos sábios e aos ilustrados um lugar privilegiado na condução da transformação política. Suas idéias faziam parte do ideário de diversas correntes políticas e influenciaram principalmente o ambiente militar. Personagens importantes do cenário político da primeira metade do século XX só podem ser compreendidas se levarmos estes conceitos em consideração: Getúlio Vargas e os tenentes no Brasil, Perón e os próceres militares na Argentina.

De outro lado, a ideologia marxista também destacava o papel dos intelectuais. Faziam parte da vanguarda do proletariado na promoção da revolução para superar o capitalismo e instaurar a sociedade comunista. Luís Carlos Prestes (1898-1990), no Brasil, assim como os principais líderes de esquerda que desempenharam papéis fundamentais na história política do século passado, não só na América Latina mas em todos os demais continentes, tinham esta referência ideológica, explícita ou não, em suas opções políticas.

Na Argentina, esta regra geral de verticalismo político liderado por intelectuais aliados a políticos, também se manifestava. Nas primeiras décadas do século XX, os intelectuais se consideravam os únicos capazes de oferecer respostas às elites, e se dividiam em diversas correntes.

Particularmente entre as hostes conservadoras, mesmo defendendo muitas posições comuns, a direita nacionalista estava polarizada em torno de dois grandes eixos ideológicos: o fascista e o católico.

Seguindo nesta esteira, a população da *Pensión del Francés* era composta não só de esquerdistas.

Nela viviam os irmãos Julio (Alberto Gustavo) Irazusta (1899-1982) e Rodolfo Irazusta (1897-1967), caudilhos provenientes da Província de Entre Rios[13]. Eram intelectuais da direita nacionalista com posição intermediária entre fascistas e católicos.

A corrente a que pertenciam considerava que a solução para a profunda crise do país dependia de transformações internas e que se alinhassem a uma nova ordem mundial.

Dentre os principais expoentes da direita nacionalista, além dos irmãos Julio e Rodolfo Irazusta, podemos nomear: Ernesto Palacio (1900-1979), Leopoldo Lugones (?-1938), Julio Meinvielle (1905-1973), Leonardo Castellani (1899-1981), Marcelo Sánchez Sorondo (1912) e Carlos Ibarguren (1879-1956).

Os irmãos Irazusta, junto com Ernesto Palacio e Marcelo Sanchez Sorondo, pertenciam ao grupo que se reunia em torno do periódico *Nueva República* (1927-1931) e das revistas *Nuevo Orden* (1940-1942) e *Nueva Política* (1940).

Apesar de as lutas políticas terem se constituído em objeto de constante interesse da parte de Pichon — recordemos que chegou a ser candidato a deputado pelo Partido Socialista de Goya —, ele não se engajou de forma mais explícita por razões familiares.

Seu pai, talvez, por sua própria história de vida, provavelmente não faria objeção. Mas sua mãe lhe pedia, insistentemente, que não se engajasse em política.

Janine Puget, que conheceu Josephine de la Rivière, assim se referia à relação que Pichon mantinha com sua mãe:

> *"Um representante da dupla cultura de Enrique era sua mãe francesa e algo correntina* [referência à Província de Corrientes], *a quem pude conhecer. Recordo-me dela, mulher de tomar armas, professora falando com um forte sotaque estrangeiro, instalada em Goya que ia e vinha daquela cidade até Buenos Aires para visitar seu filho. Cada vez que chegava algo passava pelo ar. O próprio Enrique estremecia."*[14]

Embora isso lhe desagradasse muito, Pichon rendeu-se ao pedido de sua mãe, considerando, sobretudo, o fato de ser ela viúva e, ele, seu único filho.

Buenos Aires noturna: a boemia e o tango

Como vimos, Pichon chegou a Buenos Aires ainda interiorano, após recuperar-se da pneumonia que o acometeu, impedindo-o de continuar seus estudos de medicina em Rosario.

Depara-se com uma cidade cosmopolita, efervescente, cheia de alternativas. Dizia que Buenos Aires, além do seu conjunto, o atraía como uma pessoa.

Durante um tempo, viveu no bairro *La Boca*, na *calle Pedro de Mendoza*.

---

[13] Sobre o tema, consultar:
WIKIPEDIA. Verbete: **Agustín Pedro Justo**.
Disponível *in* site:
http://es.wikipedia.org/wiki/Agustín_Pedro_Justo
Consultado em 15/09/2006.

[14] PUGET, J. *Recordando a Pichon Rivière*. In *1ra Jornada de homenaje al Dr. Enrique Pichon Rivière*.
Buenos Aires: *Primera Escuela Privada de Psicología Social, Octubre de 2000*.
Disponível *in* site: *Primera Escuela Privada de Psicologia Social*.
http://www.psicologiasocial.esc.edu.ar/distancia/home_jornadas.php?pagina=1
Consultado em 30/11/2006.

La Boca, até os dias de hoje, continua sendo um bairro tradicional, parada obrigatória para o turista que visita a capital argentina. É o bairro dos artistas, dos boêmios, da *calle Caminito*, no qual feiras de artes e pequenos restaurantes típicos convivem com casas de tango.

É um bairro colorido e musical, onde pintores exibem suas telas enquanto outros se oferecem para retratar os transeuntes ou fazer suas caricaturas. Há *clowns* que brincam com as pessoas, como se fossem suas sombras, realejos tocando sua música e oferecendo a sorte por alguns tostões, estátuas vivas, mágicos e acrobatas demonstrando seus dotes. Encontram-se também souvenires e comidas típicas, principalmente *alfajores* e *empanadas*.

Nas ruas, mesmo durante o dia, é comum encontrar casais, com aparelhos de som ou acompanhados por um bandônion, exibindo passos de tango. É também o lugar onde se encontra o estádio de futebol do *Boca Juniors*.

Vivendo neste lugar tão característico, Pichon-Rivière teve acesso à vida noturna, encontrando na cidade espaço para ampliar sua experiência boêmia e seus horizontes intelectuais.

A descoberta da *calle Corrientes* causou-lhe um verdadeiro encantamento. Ainda hoje é uma das principais avenidas de Buenos Aires.

Naquela época ainda era uma rua estreita, mas já apresentava a característica de aglomerar livrarias, casas de espetáculos, cafés, restaurantes e hotéis, atraindo para suas cercanias um número significativo de pessoas, o que fazia dela o lugar deslumbrante onde a vida intelectual de Buenos Aires — o que de certo modo continua verdadeiro até os dias de hoje — encontrava seu espaço de expressão e de troca.

Por essas ruas intensamente palmilhadas, Pichon teve acesso à vida noturna. Aproximou-se pessoalmente de uma ampla escala de comportamentos típicos da noite, da boemia. Nutria-se dessa mistura, do fascínio que ali vicejava. Era uma clínica a céu aberto.

Comparava as pautas de identificação da vida noturna com as da diurna.

Refletia que o tema da noite era tratado como um tabu, que somente os poetas, corajosamente, conseguiam abordar. Para ele, o noturno tinha um conteúdo terrorífico sexual, era o espaço da solidão, da finitude, da antevisão da morte.

A figura mais expressiva desse tipo de comportamento, para Pichon, é o notívago[15], que se sentindo angustiado no espaço claustrofóbico de sua moradia, necessita sair para as ruas, em busca de companhia. Termina nos cafés, onde inevitavelmente encontra seu grupo de pertença com o qual conversa sobre mulheres, futebol, política e encontra harmonia na música[16].

Apaixonou-se, por isso, pelo tango, sendo seu predileto, no fim de sua vida, *Confesión* de Enrique Santos Discépolo (1901-1951)[17].

---

[15] De certo modo, descrevia a si mesmo. Ver relato de Janine Puget à p. 174.

[16] LEMA, V. ***Conversaciones con Enrique Pichon-Rivière sobre el arte y la locura***. Buenos Aires: Cinco, 1989, p. 67 e 68.

[17] VEGH, I. ***Carta abierta a Enrique Pichon Rivière***. In *Actualidad Psicológica*. Buenos Aires: *Año XII, N° 133, junio 1987*, p. 12.

Havia dois momentos em que se sentia particularmente feliz: quando jogava futebol ou quando dançava tango[18]. Para ele, dançar tango implicava uma conjunção entre distração e forte conteúdo erótico[19].

Miguel Jörg (1910-2002) — doutor em biologia e medicina e ex-chefe do laboratório de doença de Chagas do Dr. Salvador Mazza (1886-1946) —, amigo e companheiro desses tempos, nos conta, no entanto, que, mais que o tango, Pichon tinha grande apreço pelo *jazz*.

> *"O tango não era sua preferência mais importante. Às vezes, íamos, mas lhe interessava mais o jazz, por uma questão psicológica, que era a defesa do negro e de como havia conquistado um lugar no mundo inteiro a partir do jazz. Era o Dixie-Jazz, que era a forma mais antiga do jazz negro. Ele comentava sobre como o haviam modificado para interessar mais ao branco, era mais lento. Duke Ellington era um dos que havia modificado o jazz antigo, mais rítmico; interessava-lhes conquistar o branco."*[20]

Ana Quiroga relata que Pichon tinha muito ritmo e dançava muito bem, tanto o tango quanto o bolero. Seu estilo de dançar tango, quase sem mover-se do lugar, indicava onde um homem de sua época havia aprendido a dançar... referência sutil aos tempos do prostíbulo de Goya.[21]

Gostava do ritmo e da melodia. Tinha restrições a certas letras, porém via, em algumas delas, grande valor poético e profundidade espiritual.

Considerava o tango um aglutinador social, em torno de cuja harmonia se estrutura o caráter do portenho.

A respeito desse caráter cultural do tango, da expressão que oferece a uma ampla escala de comportamentos típicos da boemia e que, por extensão, reflete todo um conjunto de significados resultantes da vida cotidiana, citava Macedonio Fernández (1874-1952):

> *"(...) O mal do século? Mas existe? Onde se autoriza tal opinião? Em que tango se disse isso? Enquanto não o diga um tango, única fidedignidade nossa, a única coisa segura, por ser a única a respeito da qual não consultamos a Europa..."*[22]

---

[18] LEMA, V. *Conversaciones con Enrique Pichon-Rivière sobre el arte y la locura*. Buenos Aires: Cinco, 1989, p. 60.

[19] LEMA, V. *Conversaciones con Enrique Pichon-Rivière sobre el arte y la locura*. Buenos Aires: Cinco, 1989, p. 61.

[20] JÖRG, M. apud FABRIS, F. *Pichon Rivière a comienzos de los años `30 - Antecedentes lejanos del Pichon Rivière fundador de una psicología definida como social*.
Disponível *in* site: *Espiral Dialéctica*.
http://www.espiraldialectica.com.ar/EPR1930.htm
Consultado em 21/02/2007.

[21] GAINZA, V. *Ana Quiroga dialoga con Violeta H. de Gainza*. Buenos Aires: Lúmen, 1998, p. 74

[22] PICHON-RIVIÈRE, E. Discépolo: um cronista de seu tempo. *In* **O Processo Grupal**. Série Psicologia e Pedagogia. São Paulo: Martins Fontes, 1983, p. 131.
Pichon-Rivière, E. *Discépolo: un cronista de su tiempo*. In PICHON-RIVIÈRE, E. **El proceso grupal**. Buenos Aires: Nueva Visión. 1980, p. 161.
LEMA, V. *Conversaciones con Enrique Pichon-Rivière sobre el arte y la locura*. Buenos Aires: Cinco, 1989, p. 60.

O tango argentino surgiu nos subúrbios de Buenos Aires durante o século XIX e se disseminou em todas as classes sociais do país. Influenciado pela *habanera*, *milonga* e melodias populares européias[23], possui força musical e melódica que transita da nostalgia a um pessimismo social.

A relação de Pichon com o tango era muito profunda. Escreveu artigos e crônicas sobre este tema.

Em seu livro *O Processo Grupal* há um texto intitulado *Discépolo: um cronista de seu tempo*[24], escrito em 1965, no qual examina detidamente as vicissitudes musicais da família Discépolo, a começar pelo pai, o famoso Dom Santo Discépolo (1850-1906) — músico nascido em Nápoles, Itália, que dominava diversos instrumentos além do piano e compositor de tangos de sucesso[25] — e seus dois filhos, Armando Discépolo (1888-1971) e Enrique Discépolo[26].

Armando Discépolo foi um teatrólogo inventivo e surpreendente, criador do *grotesco criollo*[27] no teatro. Irmão mais velho, após a morte do pai assumiu o papel de preceptor de seu irmão, então com cinco anos, orientando-o na descoberta de sua vocação pelo teatro e pela música.

Enrique Santos Discépolo, o irmão mais novo, conhecido como Discepolín, tornou-se, por sua vez, músico, dramaturgo, cineasta e compositor muito popular de tangos bastante conhecidos.

Entre Pichon e Enrique Discépolo existiam alguns traços de identificação. Além do mesmo prenome, eram ambos marcados pela melancolia.

Discepolín, em sua autobiografia, escreve:

> *"Tive uma infância triste. Não encontrei atrativo em jogar bola de gude ou em qualquer dos demais jogos infantis. Vivia isolado e taciturno. Por desgraça, não era sem motivo. Aos cinco anos fiquei órfão de pai e antes de cumprir os nove perdi também minha mãe. Então, minha timidez se tornou medo e minha tristeza, desventura."*[28]

A proposição do artigo de Pichon-Rivière a que nos referimos acima foi a de mostrar, através das letras das composições de Discepolín, que o tango argentino possui um sistema de codificação que explicita o caráter nacional de seu povo.

---

[23] FERREIRA, A. Verbete: Tango. *In* FERREIRA, A. **Novo Aurélio Século XXI**: o dicionário da língua portuguesa. Rio de Janeiro: Nova Fronteira, 1999, p. 1923.

[24] PICHON-RIVIÈRE, E. **O Processo Grupal**. Série Psicologia e Pedagogia. São Paulo: Martins Fontes, 1983, p. 131.
PICHON-RIVIÈRE, E. *El proceso grupal*. Buenos Aires: Nueva Visión, 1980, p. 161.

[25] Seus dois tangos de maior sucesso intitulam-se *No me empujes ¡caramba!* e *Payaso*.

[26] *ROSARINOS.COM.* **Nuestro Portal - Efemérides Tangueras**
Site disponível:
http://www.rosarinos.com/modules.php?name=Sections&sop=viewarticle&artid=288&secid=24
Consultado em 16/01/2006.

[27] Ver nota na p. 120.

[28] **REVISTA DE LETRAS DE LA BIBLIOTECA NACIONAL**, octubre de 2005.
Disponível *in* site: *ABANICO*.
http://www.abanico.edu.ar/2005/10/discepolo.autobiografia.htm.
Consultado em 16/01/2007.

Pichon foi médico de Enrique Discépolo, que conheceu casualmente em Punta del Este, no Uruguai, em 1950, um ano antes de sua morte. O compositor era o proprietário do melhor estabelecimento de diversão da cidade, que atendia à elite argentina.

Teve com ele estreita aproximação, o que lhe permitiu entrever seus conflitos ideológicos mais básicos — Discepolín era peronista e, ao mesmo tempo, empresário de sucesso no balneário de Punta del Este — denunciados pela ambivalência de algumas letras de seus tangos.[29]

Discepolín é o autor de tangos famosos como *Victoria* (1929), *Qué sapa Señor* (1931), *Cambalache* (1935) e *Uno* (1943). Suas letras, segundo Pichon, refletem sua ideologia pequeno-burguesa, o caos político ambiente e sua adesão ao peronismo como saída idealizada e maquiavélica.

Em outro momento, Pichon nos conta alguns dos traços identificatórios que o uniam à figura de Carlos Gardel (1890?, 1883?, 1884?-1935), outro cantor de tango internacionalmente conhecido.

Há dúvidas tanto sobre o ano quanto o lugar de nascimento de Gardel, que pode também ter sido em Tacuarembó, no Uruguai. A hipótese sobre sua origem uruguaia é contestada, afirmando-se que a certidão de nascimento naquele país foi fraudada para fins de obtenção de documentos para trabalhar. O próprio Gardel mantinha mistério sobre esta questão, dizendo que nascera em Buenos Aires aos dois anos e meio de idade.

Pichon sentia por ele uma aproximação quase íntima: ambos de origem européia, Carlos Gardés, seu provável nome de batismo, parece ter nascido em Toulouse, na França.

De todo modo, não era argentino e emigrou para aquele país com sua mãe, naquela tenra idade. História muito próxima da vivida, também, pelo *francesito*.

Pichon esteve presente na última apresentação que Carlos Gardel fez em Buenos Aires, no *Teatro Odeón*, pouco antes de sua trágica morte — ocorrida no dia 24 de junho de 1935 — junto com Alfredo Le Pera (1900-1935), jornalista, diretor de cinema, teatrólogo e também compositor de tango, em um acidente aéreo, na Colômbia. Alfredo Le Pera nasceu em São Paulo, tendo sua família emigrado para o Uruguai e depois para a Argentina ainda quando era muito criança.

A respeito desta última lembrança, Pichon nos conta:

> "Também recordo que em seu rosto [de Gardel] havia uma grande tristeza. Ainda que não uma tristeza própria do dia, especial. Mais ainda, poderia dizer que sempre havia notado em Gardel esse mesmo estado, que refletia esse mundo tão particular que o acompanhava."[30]

A tristeza era a marca distintiva de Pichon. Os anos passados no Chaco e a convivência com seu pai, Alphonse, o marcaram, como já dissemos, em sua indagação do mistério relativo à tristeza e à melancolia. Esse conteúdo depressivo era também uma característica fundamental de sua identidade.

---

[29] PICHON-RIVIÈRE, E. **O Processo Grupal**. Série Psicologia e Pedagogia. São Paulo: Martins Fontes, 1983, p. 135 e 137.
PICHON-RIVIÈRE, E. *El proceso grupal*. Buenos Aires: Nueva Visión, 1980, p. 165 e 167.

[30] LEMA, V. *Conversaciones con Enrique Pichon-Rivière sobre el arte y la locura*. Buenos Aires: Cinco, 1989, p. 61.

Dizia que jamais tentou negar a tristeza, mas que sempre se preocupou em compreendê-la. Por isso nunca se resignou e nem a aceitou passivamente. Creditava sua desatenção, além de outros motivos, à sua tristeza. Sentia-se sempre alheio aos acontecimentos à sua volta, encontrava-se em outro lugar: ora devaneando ou sonhando de olhos abertos, ora recolhido em suas fantasias, vivendo aventuras, ou enclausurado em seus temores.

Afirmava a este respeito que,

"*A tristeza acompanhou-me toda a vida (...) sentia a tristeza como algo presente, fixo, penalizando-me sempre e sem saber o motivo real. (...) não fiz outra coisa que estudar para poder revelar algo do meu próprio mistério*".[31]

A propósito, definia melancolia como um

"*(...) sentimento isento de doçura, de ligeira embriaguez, mas doloroso. Meu pai sofria, de certa maneira, neste ritual [de estender no varal suas roupas européias] do qual fui uma testemunha dissimulada, compartilhando sua pena*".[32]

Este traço depressivo de Pichon, que o acompanhou sempre, foi um dos responsáveis pela beleza de outra publicação, datada de 1971, *El proceso creador*[33].

A opção profissional de Pichon pela medicina

A partir desta experiência de palmilhar Buenos Aires, encontra diversas oportunidades e alternativas para o encaminhamento de sua opção profissional. Trabalha em jornal, faz incursões arqueológicas nos arredores da cidade onde descobre um velho cemitério da época da Guerra do Paraguai (1864-1870). Isso o faz pensar em estudar antropologia. Imagina também dedicar-se ao Direito, tornando-se advogado.

Em 1930, enquanto ainda era estudante de medicina, após um período de trabalho como estagiário no *Asilo de Torres* e, durante pouco mais de um ano, numa instituição de tratamento psiquiátrico de doentes mentais, em Buenos Aires, trabalhou como jornalista no jornal *Crítica*, o mesmo de Roberto Arlt. Redigia notas sobre arte, esporte e humor[34].

A atração por esta profissão, dizia ele, devia-se, dentre outras coisas, também à curiosidade e ao saber escutar. Associava-a à infância quando, como vimos, através do buraco na parede que havia feito, bisbilhotava sua mãe reunida com as amigas, na tentativa de entender o mundo dos adultos, para ele misterioso.

O exercício da atividade de jornalista tinha raízes em toda a sua história: a curiosidade do menino que atravessava o Chaco, acompanhado por seu pai, descobrindo comportamentos

---

[31] LEMA, V. *Conversaciones con Enrique Pichon-Rivière sobre el arte y la locura*. Buenos Aires: Cinco, 1989, p. 27.

[32] LEMA, V. *Conversaciones con Enrique Pichon-Rivière sobre el arte y la locura*. Buenos Aires: Cinco, 1989, p. 21.

[33] PICHON-RIVIÈRE, E. *El proceso creador* – Del psicoanálisis a la psicología social (III). Buenos Aires: Nueva Visión, 1977.

[34] LEMA, V. *Conversaciones con Enrique Pichon-Rivière sobre el arte y la locura*. Buenos Aires: Cinco, 1989, p. 71.

novos e formas culturalmente diferentes de ver o mundo, do adolescente que, em companhia de Canoi, percorria as ruas de Goya enquanto ele lhe contava as últimas notícias da cidade e do prostíbulo. Enriquecia-se, além disso, pela própria experiência que vivia naquele momento, com Arlt e Roxlo que lhe apresentam a metrópole, ampliando seus horizontes.

Suas crônicas, como um caleidoscópio, revelavam esta intensidade de investigação do cotidiano, em que todos estes elementos se misturavam com o ambiente portenho e se reorganizavam, a cada instante, para apresentar, através de sua pena, novas configurações, novas cores, novos matizes, novas descobertas.

Assim realizava seu trabalho jornalístico, dando margem à sucessão de numerosos episódios pitorescos.

O último deles levou à sua saída do jornal.

Uma nota humorística que escreveu sobre o *"Sinsombrerismo"* ("sem-chapelismo") depois que viu os *"sombrerudos"* ("chapeludos") entrar e sair dos jornais *La Nación* e *La Prensa*[35], concorrentes do *Crítica*, custou-lhe o emprego.[36]

Os fabricantes de chapéus que, na época, eram anunciantes importantes para o jornal, consideraram-na ofensiva. Em razão disso, levando em conta o montante de dinheiro que despendiam com seus anúncios, acharam mais do que justo exigir do editor a cabeça do jovem autor das ironias.

O Dr. Miguel Jörg, professor, colega e amigo íntimo de Pichon na década de trinta, assim recorda este episódio:

"Logo Pichon, em 36, teve um desgosto e uma situação quase violenta, uma discussão com Natalio Botana. No [Diário] Crítica, até o [ano de] 30, o Chefe de Redação era um tal de Vedoya; depois, Petrone, que era muito mais crítico. Chegaram a um acordo, ou algo assim, com Botana e Pichon se foi do diário. Pichon não era manejável e nem de deixar-se manejar. Isso deve ter-lhe trazido, seguramente, mais tarde, problemas na APA."[37]

Foi neste percurso cheio de alternativas, dificuldades e dúvidas que a opção pela medicina e, especificamente, pela psiquiatria, se consolidou.

Pichon dizia que suas opções profissionais tinham marcas em comum. Tanto no jornalismo, quanto na psiquiatria, na psicanálise, na arte e nos esportes, reencontrava o caminho da busca da verdade, seu modo particular de penetrar no esclarecimento da tristeza e da melancolia, do grande mistério da perda e da morte. Dizia que todo ato criador resulta da elaboração de perda e de morte.

---

[35] Em frente às sedes dos jornais *La Nación* e *La Prensa*, localizadas no centro de Buenos Aires, em momentos de maior agitação ou da eclosão de eventos de maior relevância, aglomeram-se, até hoje, um grande número de pessoas, que ali permanecem discutindo vivamente as últimas notícias.

[36] LEMA, V. *Conversaciones con Enrique Pichon-Rivière sobre el arte y la locura*. Buenos Aires: Cinco, 1989, p. 127.

[37] JÖRG, M. apud FABRIS, F. *Pichon Rivière a comienzos de los años `30 - Antecedentes lejanos del Pichon Rivière fundador de una psicología definida como social*.
Disponível *in* site: *Espiral Dialéctica*.
http://www.espiraldialectica.com.ar/EPR1930.htm
Consultado em 21/02/2007.

Na opção que fez pela psiquiatria, houve a fundamental junção de sua curiosidade e de seu interesse pelo escutar, com o traço triste, melancólico, do trágico, das perdas inevitáveis impostas pelas vicissitudes do destino.

Sua opção pela medicina, no entanto, foi uma opção crítica. Considerava a medicina muito distanciada do ser vivo, pois se restringia a uma visão parcial do sujeito, fragmentada. Buscava uma visão totalizadora do ser humano.

Sua crítica maior ao estudo da medicina se centrava no fato de a formação — naquela época como também ainda hoje — se iniciar pelo estudo dos cadáveres.

Considerava uma contradição radical a opção pela dissecação anatômica, que era um ensino sustentado sobre os mortos para o enfrentamento dos problemas da vida. Para ele, tal conduta representava uma escolha "inconsciente" da morte: *"preparavam-nos para os mortos, não para os vivos"*.[38]

Na psiquiatria, encontrava a superação desse dilema.

O que estava em jogo era o sofrimento de seres vivos, suas loucuras, a dor psíquica, para a qual não existe nem anestesia, nem formol. Um mal que não podia ser alcançado nem pela ponta de um bisturi e nem identificado através de uma autópsia.

Via os "loucos" como seres muito sofridos e marginalizados pela sociedade, como pessoas vivas tentando se curar e a quem sempre era possível ajudar, desafio que ele qualificava de "lindo".[39]

Como estudante, Pichon foi, como ele mesmo dizia, um mau aluno para os padrões acadêmicos. Considerava-se um autodidata. Só se apresentava para os exames quando se achava seguro de dominar a matéria, razão pela qual terminou seu curso com três anos de atraso, em julho de 1936.

Ao se preparar para prestar seus exames, Pichon procurava superar a dissociação entre as diversas áreas da medicina. Esforçava-se em integrar, em seus estudos, a visão das manifestações patológicas (a asma ou a hipertensão de um caso clínico, por exemplo), tanto do ponto de vista físico como psíquico. Com isso cumpria exigências de diversas disciplinas ao mesmo tempo.

O resultado de tudo isso é que Pichon teve uma formação muito sólida, reconhecida desde a época de sua prática de estagiário, rompendo definitivamente com a desarticulação entre corpo e mente. Para ele

> *"(...) tudo o que se expressa como enfermidade através de complicados mecanismos inconscientes é o equivalente de uma estrutura patológica pertencente a outro campo."*[40]

O fato de retardar a conclusão do curso não o impediu, no entanto, de iniciar, ainda como estudante, sua prática psiquiátrica.

---

[38] LEMA, V. *Conversaciones con Enrique Pichon-Rivière sobre el arte y la locura*. Buenos Aires: Cinco, 1989, p. 37.

[39] LEMA, V. *Conversaciones con Enrique Pichon-Rivière sobre el arte y la locura*. Buenos Aires: Cinco, 1989, p. 38.

[40] LEMA, V. *Conversaciones con Enrique Pichon-Rivière sobre el arte y la locura*. Buenos Aires: Cinco, 1989, p. 38.

O Asilo de Torres em Luján

Torres, nos anos trinta do século XX, era um pequeno povoado próximo de Luján, uma cidade das cercanias de Buenos Aires. Lá estava localizado o *Asilo de Torres*, uma instituição dedicada ao tratamento de deficientes mentais. Era uma clínica psiquiátrica de referência, naqueles tempos.

A *Colonia Nacional Dr. Manuel A. Montes de Oca*[41], nome oficial da instituição, existe até os dias de hoje. Foi fundada em 1915 pelo Dr. Domingo Cabred (1859-1929) — um médico psiquiatra argentino que lutava pela humanização do tratamento dos doentes mentais —, ocupando uma área de 270 hectares, com o objetivo de atender pacientes oligofrênicos num ambiente calmo e natural, em que pudessem desenvolver atividades de ressocialização. Atualmente atende mais de mil internos provenientes de toda a Argentina, bem como pacientes a ela direcionados pelo sistema judiciário.

O Dr. Domingo Cabred merece uma menção especial. Foi um médico alienista respeitado mundialmente. Estudou e escreveu relatórios sobre as instituições de medicina psiquiátrica da Itália, Inglaterra e Alemanha. Com base no modelo alemão, propôs a adoção, na Argentina, do modelo de atendimento de portas abertas — *Open Door*, como também era chamado o *Asilo de Torres* — já no fim do século XIX. Ao final de sua vida, trabalhava no *Hospicio de las Mercedes*, onde implantou um pavilhão especializado para atendimento aos doentes mentais criminais, retirando-os dos cárceres.

Na época, segundo Pichon, havia aproximadamente uns 3.500 pacientes internados. Na cidade não existiam médicos e os recursos eram escassos.[42]

Pichon começou a trabalhar neste asilo durante o ano de 1932, ainda como estudante, ali permanecendo por dois anos.

É aí que descobre a dura condição concreta a que eram submetidos os pacientes: internados, institucionalizados, estigmatizados, escondidos e sem receberem, de fato, qualquer tratamento estruturado, minimamente adequado.

Sentiu, então, a urgência de criar formas de tratamento e cuidado para aqueles pacientes. Começou pelas atividades recreativas. Organizou um time de futebol, através do qual procurava socializar as crianças, introduzindo práticas relacionadas à convivência e ao cumprimento de regras.

Era muito engraçado o modo como relatava a tática que adotava no desenvolvimento do jogo. Cabia às crianças correr atrás da bola, dominá-la e, então, fazer o passe para o próprio Pichon, que procurava se localizar próximo da área adversária. Ao receber o passe, ele chutava ao gol. Com essa simples estratégia, o time era praticamente invencível.

---

[41] COLONIA MONTES DE OCA - *La antesala del infierno*.
Disponível *in* site: *OscuroSol*.
http://www.oscurosol.com.ar/Investigaciones/MontesdeOca.htm
Consultado em 21/02/2007
e
COLONIA NACIONAL DR. MANUEL MONTES DE OCA
Disponível *in* site: *Ministerio de Salud – Presidencia de la Nación*.
http://www.msal.gov.ar/htm/site/org_des_MONTES.asp
Consultado em 21/02/2007.

[42] LEMA, V. ***Conversaciones con Enrique Pichon-Rivière sobre el arte y la locura***. Buenos Aires: Cinco, 1989, p. 39.

A sucessão de vitórias ia de vento em popa, até que, um dia, seus pupilos fecharam o cerco de forma tão estreita em torno de um jogador adversário, a ponto de não lhe dar qualquer espaço. O pobre-coitado do oponente, sem poder nem mesmo respirar, teve, então, uma crise de claustrofobia, obrigando o término antecipado da partida. Depois deste episódio, os campeonatos de futebol foram interrompidos durante um tempo.

Miguel Jörg faz uma bem humorada narrativa sobre o trabalho de Pichon no *Asilo de Torres*:

> *"No ano de 34 ou 35 o levei ao Asilo de Torres em uma moto que Pichon chamava de 'a bronquítica'. Ficava curioso pela alegria com que o recebiam os internos. Em uma caderneta ou caderninho de mais ou menos cem páginas, registrava notas cuidadosas sobre a evolução de cada um dos pacientes. Um dia chegamos a Torres e um louco tinha subido em uma árvore e Pichon lhe dizia, 'vou cortar a árvore' e simulava o ruído de cortar: 'shicki, shicki, shicki, shicki'. O louco descia. Pichon organizava partidas de futebol. Enfermeiros contra internos. Metia-se em tudo, ia à cozinha ver como estava a comida.*
>
> *Naquela época nos chamavam 'os loucos da inovação'. Reprovavam-nos 'querer saber de tudo'. Era uma época onde não havia respostas para a questão da loucura, o que deveria justificar um forte afã inovador."*[43]

A curiosidade marcante de Pichon dirigiu-se à investigação mais profunda das questões apresentadas pela sua prática clínica no asilo. Nesta época já se preocupava com as formas clássicas relativas aos problemas de ordem sexual, presentes na vida dos doentes mentais.

Seguindo esse caminho, percebeu que uma grande porcentagem (sessenta por cento) dos internos tinha transtornos de retardo mental decorrentes de causas de natureza emocional e afetiva, o que os distinguia dos demais pacientes que apresentavam lesões orgânicas como causa fundamental de seus males.

Foi a partir desta constatação que diferenciou o que denominou de oligotimia, do quadro patológico clássico da oligofrenia. Considerou que, etiologicamente, a oligofrenia é o déficit de desenvolvimento decorrente de causas orgânicas, enquanto a oligotimia é o déficit de desenvolvimento resultante de causas emocionais e afetivas.[44]

Para ele, a problemática que esses pacientes apresentavam era concernente aos distúrbios de aprendizagem e comunicação, com seus obstáculos característicos.

Os oligotímicos, no entender de Pichon, são crianças educáveis, harmônicas, bem-formadas, enquanto os oligofrênicos têm estigmas físicos inconfundíveis. Discordava da expressão re-educáveis, porque, para ele, os oligotímicos ainda não tinham sido educados.

---

[43] JÖRG, M. apud FABRIS, F. *Pichon Rivière a comienzos de los años '30 - Antecedentes lejanos del Pichon Rivière fundador de una psicología definida como social.*
Disponível *in* site: *Espiral Dialéctica*.
http://www.espiraldialectica.com.ar/EPR1930.htm
Consultado em 21/02/2007.

[44] LEMA, V. *Conversaciones con Enrique Pichon-Rivière sobre el arte y la locura.* Buenos Aires: Cinco, 1989, p. 38 e 39.

É inegável que, já neste momento, Pichon estava influenciado pelas descobertas de Freud em seu clássico estudo sobre a afasia[45]. Sabemos que esta distinção entre o emocional e o orgânico, introduzida pelo mestre vienense, causou muita polêmica e lhe granjeou muitos ataques e inimigos.

Depois desta permanência de dois anos no *Asilo de Torres*, também como estudante, se emprega num Sanatório de Doentes Mentais de Buenos Aires[46].

Já vimos que Pichon era um apaixonado autodidata da psiquiatria. Por isso, neste período de aprendizagem profissional, apresentava uma segurança invejável e uma compreensão integrada que tornava seu trabalho clínico muito diferenciado.

No entanto, essa sua característica lhe criava situações de ambigüidade e de embaraço. Foi o caso de seu trabalho neste sanatório de Buenos Aires. Apesar de não ter ainda completado sua graduação em medicina, dominava os desafios clínicos com muito mais propriedade do que os próprios médicos daquela instituição.

Como esses profissionais não admitiam que um estudante soubesse mais do que eles próprios, resolveram o conflito proibindo-o de se declarar estudante. Esse contexto era potencialmente delicado, opressor e o obrigava à prática da psiquiatria no limite da transgressão.

Essa situação causava-lhe tanto embaraço que o obrigou a deixar o sanatório e se embrenhar no jornalismo, empregando-se no jornal *Crítica* como já descrevemos acima, pelo período restante necessário para se graduar.

Ao final de sua vida, recordando-se dos sentimentos mais profundos de amizade, referia-se a este período de trabalho no jornal *Crítica*, dizendo:

> *"Nunca esquecerei meus companheiros de trabalho no jornal Crítica, dentre eles, os irmãos Tuñón e principalmente Roberto Arlt; este, talvez, foi o amigo a quem mais quis."*[47]

---

[45] FREUD, S. (1891). [1891] *La afasia*. Buenos Aires: Nueva Visión, 1973.

[46] PUGET, J. *Recordando a Pichon Rivière*. In 1ra Jornada de homenaje al Dr. Enrique Pichon Rivière. Buenos Aires: *Primera Escuela Privada de Psicología Social, Octubre de 2000*.
Disponível *in* site: *Primera Escuela Privada de Psicología Social*.
http://www.psicologiasocial.esc.edu.ar/distancia/home_jornadas.php?pagina=1
Consultado em 30/11/2006.

[47] LEMA, V. ***Conversaciones con Enrique Pichon-Rivière sobre el arte y la locura***. Buenos Aires: Cinco, 1989, p. 127.

O *HOSPICIO DE LAS MERCEDES*

O período de mais de uma década, entre 1936 e 1948, durante o qual Pichon trabalhou no *Hospicio de las Mercedes* (1887), representou uma das etapas mais produtivas de sua vida.

Comecemos por apresentar em grandes linhas o *Hospicio de las Mercedes*[1], uma instituição centenária que sofreu diversas modificações em sua denominação.

Foi fundado no dia 8 de maio de 1887 dando seqüência às atividades do *Asilo de San Buenaventura* (1863), existente desde 1863. Em 1900 foi criada, em suas dependências, a *Escuela de Enfermería Psiquiátrica* (1900), tendo entre seus professores o Dr. José Tiburcio Borda (1869-1936), que veio a emprestar seu nome à instituição alguns anos mais tarde.

Em 1905, foi declarado *Hospicio Nacional*. Em 1931, por demanda da *Liga Argentina de Higiene Mental*, foram criados consultórios externos de atendimento à comunidade em psiquiatria e neurologia.

Em outubro de 1949, recebeu nova denominação: *Hospital Nacional Neuro Psiquiátrico de Hombres*. A partir de 1957 foi instituída formalmente a residência psiquiátrica.

Em 1967 sofre nova mudança em sua denominação, para *Hospital Nacional José T. Borda*, como homenagem a seu antigo professor. Algum tempo depois, torna-se o *Hospital Municipal José T. Borda*.

Finalmente, em 1993, assume sua denominação atual, de *Hospital Psicoasistencial Interdisciplinario José Tiburcio Borda*, vinculado à Faculdade de Medicina da UBA (1821) integrante da Universidade de Buenos Aires (1821).

As estatísticas oficiais informam que, em 1878, havia 350 pacientes internados, número que evoluiu para 2.287, em 1931, 3.464, em 1944, e 1.160, em 1994.[2]

A abreviatura de *Hospital José T. Borda* provocou diversas confusões na referência à instituição, inclusive pelo próprio Pichon, que se referia a ele como *Hospital Neuropsiquiátrico José Tomás Borda*.

A homenagem, no nome do Hospital, nos remete ao Dr. José Tiburcio Borda que, como já dissemos, foi seu terceiro professor de clínica psiquiátrica e titular da mesma cátedra entre os anos de 1922 e 1930.

O Dr. José Tiburcio Borda nasceu em Goya, Província de Corrientes, em 1869, e morreu em Buenos Aires em 1936, mesmo ano do ingresso de Pichon na instituição.

---

[1] MARIETÁN, H. **Hospital Neuropsiquiátrico José T. Borda**. 1995.
Disponível *in* site: *Semiologia Psiquiatrica y Psicopatia - Sitio del Dr. Hugo Marietan.*
http://www.marietan.com/material_historia/Hospital_Borda.htm
Consultado em 17/09/2006.

[2] *RESEÑA HISTÓRICA*
Disponível *in* site: *Hospital Psicoasistencial Interdisciplinario "José Tiburcio Borda".*
http://www.drwebsa.com.ar/borda/rhis.htm
Consultado em 5/11/2006.

Borda iniciou seus estudos de medicina na Faculdade de Medicina de Buenos Aires em 1891. Sua historiografia registra que, desde 1894, foi estudante residente interno no *Hospicio de las Mercedes* e viveu nas dependências do próprio hospício desde esta época até a aposentadoria, pouco tempo antes de sua morte. Esta longa permanência na instituição, certamente, tem a ver com a homenagem que lhe foi prestada ao se conferir seu nome ao hospital.

Hospitais, como esse, eram típicos da época. A partir do trabalho iniciado na França por Philipe Pinel (1745-1826) na transição do século XVIII para o XIX — como resultado das transformações decorrentes da Revolução Francesa (1789-1799) —, a doença mental passou a ser reconhecida como uma patologia passível de tratamento.

Pinel, em 1793, iniciou seu trabalho no Asilo de Bicêtre (1633) e, posteriormente, em 1795, foi nomeado diretor clínico do *Hôpital de la Salpêtrière* (1656), um asilo feminino onde encontrou o mesmo quadro de tratamento desumano das pacientes, muitas das quais permaneciam acorrentadas por trinta ou quarenta anos. O chefe dos guardas do Asilo de Bicêtre, Jean-Baptiste Pussin (1746-1811), foi de grande valia para Pinel, que o observava cuidar dos pacientes e nele se inspirou para inovar as condutas médicas.

Para Pinel, as doenças mentais resultavam de tensões sociais e psicológicas excessivas, em alguns casos com interferência de causas hereditárias, ou também resultantes de acidentes físicos. Combateu a crença reinante entre o povo e mesmo entre médicos de que os doentes mentais eram possuídos por alguma manifestação diabólica.

Pinel resgatou os doentes mentais das cadeias, das correntes e do tratamento desumano, organizando os primeiros hospitais psiquiátricos de que se tem conhecimento. Aboliu práticas tais como a sangria, purgações e outros tratamentos agressivos, privilegiando o contato próximo e amigável com o paciente, permitindo o diálogo sobre as dificuldades pessoais, desenvolvendo programas de atividades dirigidas.

Outra das suas preocupações era com o corpo auxiliar de profissionais clínicos e administrativos. Acreditava ser fundamental que recebesse treinamento adequado e fosse competente. Seu exemplo foi se disseminando pelo mundo, passando a ser considerado um modelo de atendimento psiquiátrico moderno e valioso.

Aqui no Brasil, também, muitas instituições desse tipo foram organizadas pelos pioneiros de nossa psiquiatria. São exemplos, entre nós, de hospitais psiquiátricos criados a partir de idéias que remontam a Pinel: a Colônia Juliano Moreira (1920) no Rio de Janeiro, o Hospital Psiquiátrico do Juqueri (1898) em São Paulo, o Instituto Raul Soares (1922) em Belo Horizonte, e os diversos hospitais psiquiátricos — verdadeiras macrocolônias — construídos em todo o país pelo Serviço Nacional de Doenças Mentais (1941) e outros órgãos que o precederam, especialmente entre as décadas de 1920 e 1940, como o Hospital Psiquiátrico Prof. Adauto Botelho, em Goiânia, demolido em 1997.

Esses hospitais, no decorrer do tempo, terminaram, porém, por reunir um grande número de pacientes de baixa renda, transformando-se em verdadeiros depósitos de "loucos", nos quais os pacientes recebiam pouca ou nenhuma atenção, numa contradição paradoxal com as idéias de Pinel que foram as referências para sua criação.

Na Argentina, não foi diferente. O *Hospício de las Mercedes*, por estar localizado na capital do país, era o maior e o mais importante hospital psiquiátrico lá existente.

O início do trabalho de Pichon no hospício e o impacto da loucura

Como dissemos acima, Pichon trabalhou no *Hospicio de las Mercedes* por mais de uma década.

Foi nestes anos que se consolidou como profissional reconhecido e respeitado. Sua prática tornou-se referência no campo da psiquiatria e da psicanálise argentinas. Estudantes de psiquiatria e profissionais já formados acorriam ao seu encontro no *Hospicio de las Mercedes*, reunindo-se em torno dele um grupo significativo de alunos e seguidores, muitos dos quais se tornaram famosos nos anos seguintes.

Pichon tinha uma opinião clara sobre a necessidade de os profissionais vinculados ao atendimento em saúde mental, durante o tempo de sua formação, atenderem em hospitais psiquiátricos.

Acreditava que deveriam aí trabalhar sob a orientação de profissional mais experiente, de modo a se implicarem mais e mais com a problemática dos enfermos mentais. Considerava que este contato podia mudar sua percepção do mundo, tornando-os mais abertos, mais sensíveis, mais comprometidos com as necessidades reais da população.

A aprendizagem, conduzida desse modo, dar-se-ia de maneira integrada. Permitiria a articulação entre psiquiatria, fenomenologia e o ser do paciente. O tratamento de um caso extremo de loucura favoreceria ao estudante a percepção mais global do ser humano que é o paciente. Os profissionais expostos, durante o período de formação, a esse tipo de experiência, estariam mais aptos ao trabalho clínico.

Em sua opinião, o problema básico a ser enfrentado e superado na formação clínica é o medo da contaminação pela loucura. É esse medo que, segundo Pichon, afasta os estudantes dos hospitais psiquiátricos.

Pichon ingressou oficialmente, através de concurso público, como psiquiatra no *Hospicio de las Mercedes,* em 1936, um ano antes de seu casamento com a psicanalista argentina Arminda Aberastury[3] e da conclusão de seu curso de medicina.[4]

Foi o Dr. López Lecube (?-1937) — a respeito de quem voltaremos a falar mais adiante —, psiquiatra-chefe do serviço ao qual Pichon iria se vincular, quem o influenciou na decisão de prestar o concurso. O Dr. Lecube, desde Goya, era amigo da família e orientou Pichon quanto aos caminhos a seguir no início de sua vida profissional.

---

[3] Arminda Aberastury de Pichon-Rivière (1910-1972). A história de Arminda Aberastury, primeira esposa de Pichon-Rivière, é tratada extensamente no capítulo *Casamento, vínculos amorosos e família* a partir da p. **105**.

[4] Durante o período em que Pichon permaneceu no *Hospício de las Mercedes* seus diretores foram Gonzalo Bosch (1931-1947), Héctor Piñero (1947-1948), Florencio Brumana (1948-1955), tendo como titulares da *Cátedra de Psiquiatria* José T. Borda (1922-1930), Arturo Ameghino (1931-1943), Gonzalo Bosch (1943-1953), René Arditi Rocha (1955).
EDUCAR El portal educativo del Estado argentino.
Disponível *in* site:
http://www.educ.ar/educar/superior/biblioteca_digital/verdocbiblio.jsp?url=S_BD_PROYECTOAMEGHINO/BOR.HTM&contexto=superior/biblioteca_digital/
Consultado em 17/09/2006.

O diretor desse hospital, na época, era o Dr. Gonzalo Bosch (1885-1967), que permaneceu nesta função entre os anos de 1931 e 1947.

Segundo Pichon havia, nesta época, aproximadamente, 4.500 doentes internados (há uma divergência entre este número e as estatísticas oficiais da instituição, que registramos acima). Sessenta por cento deles encontravam-se em absoluto abandono, sem receber visitas de qualquer pessoa da família, caracterizando um quadro típico que ele denominou de *abandonismo*.

A primeira função atribuída a Pichon no *Hospicio de las Mercedes* foi a coordenação da Sala de Admissão, uma espécie de setor de triagem pelo qual os pacientes passavam antes de serem encaminhados às diversas enfermarias do hospital.

Data desta época a preocupação de Pichon com uma adequada anamnese, caracterizada por uma entrevista cuidadosa e o registro dos dados em um formulário adequado, prática à qual foi sempre atinente e que introduziu, anos mais tarde, no processo de admissão dos alunos de sua *Primera Escuela Privada de Psicología Social* (1967), como veremos mais adiante.

Ao assumir esta função de chefia da Sala de Admissão, Pichon se vê diante de um verdadeiro caos. Os pacientes eram tratados de forma indiscriminada, sem qualquer cuidado, como "*uns pobres loucos*", para utilizarmos suas próprias palavras.

Na melhor tradição de Pinel, Pichon identifica dois problemas fundamentais no funcionamento daquela Sala de Admissão: o primeiro, relativo aos pacientes; o segundo, relacionado à equipe de enfermagem que ali prestava os serviços de atendimento.

Do ponto de vista dos pacientes Pichon, percebe, com muita agudeza, que era ali, naquele momento, que se desenrolava um drama de cuja resolução em muito dependia o prognóstico de cura. Naquele espaço compareciam os pacientes e seus familiares, sendo, então, recebidos pela equipe do hospital. Se esta situação, desde seu início, não fosse tratada de forma adequada, o paciente terminaria por ser estigmatizado, tanto pela família quanto pelo corpo clínico, iniciando o percurso crônico através do qual terminaria por se tornar um enfermo institucionalizado e abandonado, um "louco perdido".

Do ponto de vista dos enfermeiros, Pichon percebeu que, apesar de lá trabalharem durante muitos anos e, conseqüentemente, terem muita experiência vivida no hospício, careciam de informação e eram incapazes de se localizar dentro de um panorama geral da psiquiatria. Desse modo, apesar de toda a experiência, eram incompetentes no tratamento das situações com as quais se confrontavam todos os dias.

Era a reedição, em pleno século XX, da experiência de Pinel com Jean-Baptiste Pussin? Em certo sentido, sim, mas com uma grande diferença. Agora, Pichon se via diante da necessidade de transmitir conhecimentos fundamentais à sua equipe de enfermeiros, já que a psiquiatria havia acumulado conceitos e experiências nos dois séculos que os separavam.

O que havia de comum, entre as situações do paciente, sua família e a equipe de enfermagem, era o estranhamento que a loucura provocava. Os pacientes se encontravam numa situação de verdadeiro apavoramento diante da perspectiva de internação. Os enfermeiros, de outro lado, tinham medo de se contaminar com a loucura dos pacientes que atendiam. As famílias, por outra parte, mobilizadas pela eclosão da loucura em um de seus membros, apressavam-se em exorcizá-la, enclausurando o doente na instituição, com a fantasia de, assim, se livrarem da ameaça demoníaca que emergiu em seu seio, provocando desorganização, conflitos e ansiedade intensa.

As bases teóricas dos grupos operativos

Naquele momento, a visão de Pichon foi revolucionária para sua época. Abordar os processos psicodinâmicos de caráter grupal e familiar que se desenrolavam na Sala de Admissão do hospício, com uma carga de dramaticidade intensa, era uma ruptura com os padrões tradicionais da psiquiatria daqueles tempos.

Porque não dizer, também, que reeditava o sentido mais original das idéias de seu conterrâneo Pinel, tornando-se, ele próprio, um precursor de uma nova psiquiatria dinâmica que denominou de psiquiatria social e operativa. Sua postura, no final da década de 1930, era não só corajosa, mas pioneira do ponto de vista das práticas psiquiátricas vigentes em todo o mundo.[5]

Não é por acaso que, anos depois, ao criar o Instituto Pichon-Rivière em seu consultório na *calle Copérnico*, o lugar veio a ser apelidado de a *Pequeña Salpêtrière,* numa referência ao hospital no qual Pinel foi diretor.

De fato, o quadro de desorganização e péssimo atendimento aos pacientes que Pichon encontrou na Sala de Admissão do *Hospicio de las Mercedes* obrigou-o a inovar a forma de atendimento. Sua primeira idéia foi a de trabalhar na capacitação do corpo de enfermagem para tentar alterar a situação existente. Diante das demandas maciças que emergiam de um hospital com mais de três mil internos e numerosos funcionários, quaisquer estratégias de trabalho de caráter individual tornavam-se inviáveis.

Por isso, diante da necessidade de capacitar tecnicamente os enfermeiros, Pichon foi obrigado a pensar em formas de trabalho de caráter grupal.

Nesta época a Argentina e o resto do mundo viviam um quadro político internacional muito complexo e conflitivo. Em abril de 1939 eclode a Segunda Guerra Mundial. Os países da América, num primeiro momento, tendem a considerá-la uma guerra européia, na qual não deveriam se intrometer. O quadro irá se alterar com o bombardeio aéreo japonês a Pearl Harbor[6], o que provocou a entrada dos Estados Unidos na guerra, em dezembro de 1941.

Brasil e Argentina, neste momento, viviam sob ditaduras militares[7]. A posição de ambos os governos, inicialmente, foi favorável às forças do Eixo.

Este quadro irá se alterar com a entrada do Brasil na guerra, no início de 1942, em resposta ao afundamento de navios mercantes brasileiros por submarinos alemães na costa norte do país.

A Argentina, por sua vez, permaneceu neutra durante toda a guerra, com uma disfarçada posição de simpatia ao fascismo por parte do governo peronista. Perón, inclusive, dará guarida a muitos criminosos nazistas foragidos, depois do final da guerra.

---

[5] Ver o que diz Visacovsky sobre este tema em nota à p. **130**.

[6] Pearl Harbor, base naval norte-americana no Havaí.
WIKIPEDIA. Verbete: **Pearl Harbor**.
Disponível *in* site:
http://pt.wikipedia.org/wiki/Pearl_Harbor
e
http://es.wikipedia.org/wiki/Pearl_Harbor
Consultado em 28/09/2006.

[7] Respectivamente, encabeçadas por Getúlio Dorneles Vargas e Juan Domingo Perón.

Um dos problemas resultantes deste contexto de guerra foi o da dificuldade de circulação de informações científicas. As comunicações internacionais entre a Argentina e o resto do mundo, particularmente com a Europa, eram difíceis.

O grande celeiro de informação científica no campo da psicologia social, naquele tempo, era os Estados Unidos, particularmente os trabalhos de Kurt Lewin e George Mead, ambos, como veremos, grandes influenciadores da obra de Pichon.

De algum modo se informou sobre os experimentos que vinham sendo desenvolvidos por Kurt Lewin a respeito da dinâmica dos grupos de tarefas, através dos quais buscava o desenvolvimento de papéis de liderança e de integração grupal.

Como já vimos anteriormente, Kurt Lewin participou do Instituto Psicanalítico de Berlim. Integrou também a Escola de Frankfurt (1920) e o Instituto para Pesquisa Social (1923). Quando saiu da Alemanha em 1933, fugindo do nazismo, dirigiu-se à Inglaterra, época em que fez contato com o psicólogo Eric Trist (1909-1993), que desenvolvia, na *Tavistock Clinic* (1920), pesquisas com soldados traumatizados pela guerra e tinha muitas ligações com o ambiente psicanalítico. Trist ficou muito impressionado com as idéias de Lewin. Mais tarde, após o falecimento de Lewin, foi um dos fundadores do *Tavistock Institute for Social Research* (1949). As relações entre ambos foram fecundas, culminando numa parceria com o MIT – *Massachusetts Institute of Technology* (1861) para o lançamento do *Journal of Human Relations* (1947). Esta publicação circula até os dias de hoje, editada pelo *Tavistock Institute*.

O fundamento teórico de Lewin era a *Teoria da Gestalt*, aplicada à psicologia social. Para ele, indivíduo e grupo se complementavam numa relação de figura e fundo. Sua visão a respeito da dinâmica grupal foi sistematizada em sua *Teoria do Campo*.

Outro conceito importante que Pichon encontra em Lewin é o de pesquisa–ação, a partir do qual o coordenador de um grupo faz parte do próprio objeto que investiga: o grupo.

Pichon descobre também o pensamento de George Mead. Incorpora sua idéia a respeito do desenvolvimento da identidade pela introjeção da rede de papéis existentes nos grupos nos quais os indivíduos são socializados. Seu conceito de *outro generalizado* permitirá a Pichon-Rivière sua formulação sobre o *terceiro generalizado*.

Foi a partir destes primeiros referenciais que Pichon decidiu organizar grupos com os enfermeiros.

A técnica que inicialmente utilizou foi a de reunir os enfermeiros para discutir os casos dos pacientes que atendiam. Por este caminho, Pichon procurava esclarecer os diversos aspectos psiquiátricos que os enfermeiros traziam de seu relacionamento com os doentes.

Como já dissemos, Pichon observou que os enfermeiros, apesar de sua longa experiência e dos muitos anos de trabalho no hospital, não dispunham de conhecimentos básicos a respeito dos processos de desagregação mental nem da relação intrínseca entre esses processos e a depressão.

Observou também que, no trabalho de aprendizagem em grupo que realizava com os enfermeiros, havia situações em que surgiam comportamentos estereotipados, durante os quais, como ele dizia, ocorria um *estancamento da aprendizagem*.

A influência francesa sempre acompanhou Pichon em sua forma de pensar. Gaston Bachelard (1884-1962) foi um dos que o influenciou, com o conceito de *obstáculo epistemológico*, para investigar esse fenômeno.

A idéia de Bachelard era a de que o conhecimento, na medida em que se desenvolve e se estrutura, termina por se constituir num obstáculo para a própria progressão da investigação. Em outros termos, o conhecimento previamente adquirido impede o seu próprio progresso, ou mais ainda, é a ciência o maior obstáculo para o progresso científico.

Nestas condições, dizia Bachelard, era fundamental uma ruptura, que denominava de *corte epistemológico*, para permitir a continuidade do desenvolvimento da ciência.

Com esta idéia na cabeça, Pichon investiga o obstáculo epistemológico presente naqueles momentos de estancamento da aprendizagem nos grupos de enfermeiros. Por esse caminho, identifica algumas fantasias básicas subjacentes ao processo de aprendizagem que tinha por objeto apreender sobre a loucura.

Pichon observa que aqueles profissionais experimentados, com longa prática no contato com doentes mentais, eram, naqueles momentos, paralisados pelo que denominou de *medo da loucura*. Deste modo, reconhece a presença do obstáculo epistemológico sugerido por Bachelard. Porém, avança teoricamente, quando observa que a emergência deste obstáculo é sempre carregada de um alto grau de conteúdos emocionais e afetivos.

Encara, então, esses momentos de *estancamento da aprendizagem* como condição necessária da dinâmica dos grupos. Mais tarde, irá denominar esta etapa de pré-tarefa do processo grupal. Em função desse alto montante de ansiedade presente neste momento, decidiu parafrasear Bachelard, denominando a emergência desta dificuldade de *obstáculo epistemofílico*.

Outra influência francesa presente em seu pensamento foi a contribuição de Henri Lefèbvre (1901-1991), de quem Pichon tomou a sugestão da relação dialética entre novo e velho, o individual e o social, o particular e o geral e o conceito, que lhe era muito caro, da mútua relação entre as ecologias externa e interna, que comumente denominava de grupo externo e grupo interno.

A partir desta visão dialética do processo de mudança nos grupos e das referências epistemológicas de Bachelard, Pichon cria o conceito de ECRO (Esquema Conceitual, Referencial e Operativo) que definiu como um

> "*conjunto organizado de conceitos gerais, teóricos, referidos a um setor do real, a um determinado universo de discurso, que permitam uma aproximação instrumental ao objeto particular (concreto)*".[8]

O conceito de ECRO é uma das idéias fundamentais de Enrique José Pichon-Rivière. Representa uma confluência, ao mesmo tempo, de uma teoria epistemológica, de uma concepção do mundo psíquico dos indivíduos e dos grupos e de uma proposta pedagógica. Para os propósitos desta biografia, vamos somente traçar algumas idéias, que julgamos fundamentais desta conceituação, que embasaram as invenções de Pichon ao criar a teoria e técnica dos grupos operativos.

Ao definir o ECRO, concebe-o, antes de tudo, como a reunião dos elementos mais primitivos provenientes do processo senso-perceptivo — as *imagos*, como dizia —, que, através de um mecanismo de elaboração, terminam por se transformar em modelos básicos de reconhecimento do real. Na medida em que tais esquemas se constituem, passam a exercer a função de referências fundamentais para a interação com o mundo, de tal forma que as novas

---

[8] LEMA, V. **Conversaciones con Enrique Pichon-Rivière sobre el arte y la locura.** Buenos Aires: Cinco, 1989, p. 106.

experiências vividas pelos indivíduos ou pelos grupos são, necessariamente, remetidas a esses modelos provenientes da aprendizagem anterior. Daí que toda nova aprendizagem implica uma ratificação ou uma retificação do esquema conceitual e referencial anteriormente adquirido.

Todo processo de conhecimento da parte de indivíduos e grupos, para Pichon, só podia ser considerado como completo quando este esquema conceitual e referencial é transformado, na confrontação com a realidade, num instrumento com o objetivo de mudá-la.

Por isso, o processo do conhecimento (do ponto de vista epistemológico), ou o da construção da identidade do sujeito ou dos grupos (do ponto de vista da psicologia) ou o da aprendizagem (do ponto de vista da pedagogia) convergem para um movimento de mudança e de transformação ao mesmo tempo da realidade, do próprio sujeito e do grupo social ao qual pertence.

Para Pichon, sujeito e grupo são uma unidade dialética em constante transformação.

Do ponto de vista subjetivo, o ECRO se estrutura em três áreas fundamentais, que Pichon denominava de áreas um, dois e três, a saber:

Área um: Mente
Correspondente às representações internas do sujeito que, em outros esquemas conceituais, se designa por *self*. É a última a ser estruturada, no processo de constituição do sujeito, como síntese de um complexo processo de elaboração dialética.

Área dois: Corpo
Correspondente à representação do esquema corporal do sujeito. Estrutura-se, dialeticamente, pela negação que o sujeito faz dos estímulos aversivos provenientes do mundo externo e pela retenção dos que resultam da satisfação de suas necessidades.

Área três: Mundo
Correspondente às representações do ambiente ecológico e social do sujeito, em decorrência dos estímulos provenientes do mundo externo, que o sujeito termina por reconhecer como existentes independentemente de sua vontade, mas que são capazes de lhe propiciar satisfação ou insatisfação no atendimento de suas necessidades.

Investigando melhor a eclosão do *medo da loucura* que surgiu nos grupos de enfermeiros, observou que neles estava presente o próprio objeto do conhecimento com uma dupla conotação: a de objeto desejado e a de objeto temido.

Nestas situações, os grupos se comportavam frente ao objeto de conhecimento com atitudes ambivalentes: às vezes, sentiam-se ameaçados, como se o próprio conhecimento fosse perigoso e invasivo; outras vezes, era como se, diante do novo conhecimento, sentissem medo de uma desorganização geral dos conteúdos da experiência que já possuíam.

Pichon, então, recorreu às idéias de Melanie Klein, a famosa psicanalista austríaca radicada na Inglaterra.

É importante ressaltar, neste ponto, a ligação entre Pichon e Melanie Klein.

Veremos, mais adiante, que o analista de Pichon foi o Dr. Ángel Garma, que, durante sua formação na Europa, se analisou com Melanie Klein. Mais tarde, o próprio Pichon veio a conhecê-la, em 1951, quando foi a Londres acompanhado de Arminda Aberastury. Na ocasião, ambos se supervisaram com ela.

Foi Klein quem introduziu, dentre outros, alguns conceitos fundamentais para a compreensão do funcionamento psíquico infantil. Um deles, o de cisão de objeto, permitiu a

Pichon trabalhar os mecanismos de projeção e de introjeção da tarefa nos grupos. Com ele, explicou o processo de cisão da tarefa em objeto desejado e persecutório, característico da dinâmica dos grupos.

Outra conceituação kleiniana[9] presente na teoria de Pichon é a descrição de duas situações inerentes ao processo de desenvolvimento psíquico: a posição paranóide e a posição depressiva.

Com base nestes modelos de referência kleinianos, Pichon analisa, então, a presença desse duplo movimento emocional nos grupos frente ao objeto de sua tarefa. Observa que o objeto é cindido em função da mobilização de dois medos básicos, que denominou de medo do ataque e medo de perda.

O primeiro, o medo do ataque, decorre do movimento projetivo do grupo sobre o objeto da tarefa. Neste processo, há uma descarga agressiva sobre o objeto, necessária para a sua análise e para o processo de discriminação dos conteúdos que o compõem. Essa projeção resulta num mecanismo de reversão, um verdadeiro bumerangue da agressividade projetada, o que faz o grupo, na sua fantasia inconsciente, temer o contra-ataque da parte do objeto agredido.

Em termos kleinianos, este psicodinamismo faz parte da posição paranóide e é denominado de processo de *identificação projetiva*, ou seja, o mecanismo persecutório de reintrojeção da agressividade inicialmente projetada.

O segundo, o medo de perda, decorre da introjeção do ataque fantasiado do objeto, com a consequente destruição que poderia realizar sobre os conteúdos internos, tidos como "bons", pelo grupo. Surge, então, uma tentativa de protegê-los desse ataque, através de um processo de paralisia, que Pichon descreveu como *estancamento da aprendizagem*. Em razão desse mecanismo psicodinâmico, o grupo passa a trabalhar o conteúdo da aprendizagem de uma forma estereotipada, como se só admitisse os conteúdos do conhecimento antigo, sem qualquer abertura para a incorporação de elementos novos em seu campo.

Com esses conceitos em mãos, Pichon inicia a estruturação de sua técnica de trabalho com grupos, que denominou de grupos operativos.

Em primeiro lugar, concebe o grupo como uma rede interativa de indivíduos comprometidos com uma tarefa. Essa tarefa comporta, sempre, um processo de mudança, um enfrentamento do novo com uma concomitante superação do velho e de sua rearticulação em uma nova forma. Trata-se, na verdade, da construção de um novo ECRO grupal, a partir dos elementos disponíveis dos ECROs individuais que os participantes trazem para o grupo.

Neste processo, a emergência do obstáculo epistemofílico se caracteriza como um momento fundamental, em que o alto montante de ansiedade mobiliza mecanismos defensivos que resultam no estancamento da aprendizagem.

A superação desse obstáculo pressupõe a possibilidade de explicitação das fantasias inconscientes relacionadas aos medos de perda e de ataque, de forma a permitir ao grupo a rearticulação de seu processo e a superação das contradições dilemáticas para permitir a dialetização dos contrários e a realização de um salto dialético que permite a continuidade da tarefa.

---

[9] Melanie Klein descreveu a posição paranóide em 1932, a posição depressiva em 1935 e a posição esquizo-paranóide em 1946.

Então, a tarefa grupal tem um movimento duplo e concomitante: a tarefa explícita, que abertamente justifica a presença das pessoas no *aqui e agora* grupal, e a tarefa implícita, que é a modulação do montante de ansiedade no grupo de forma a dissolver os mecanismos de defesa e permitir a criação e incorporação do novo no seu campo.

Por isso Pichon dizia que trabalhar com grupos operativos é se propor também à *tarefa implícita* — de falar do não-falado —, para permitir que a *tarefa explícita* seja realizada.

É com o conjunto dessas idéias que Pichon constrói sua concepção dos grupos. Em suas próprias palavras:

> *"Definimos o grupo como o conjunto restrito de pessoas, ligadas entre si por constantes de tempo e espaço, e articuladas por sua mútua representação interna, que se propõe, de forma explícita ou implícita, uma tarefa que constitui sua finalidade."*[10]

Um outro conceito fundamental que Pichon desenvolve nesta mesma época é o conceito de vínculo — e o de rede vincular —, que o faz reler a proposta kleiniana das relações de objeto. Para ele, um grupo é, fundamentalmente, uma rede de vínculos.

Sua abordagem, agora, estará profundamente ancorada nas idéias de George Mead. A grande diferença que se estabelece, a partir desse momento, entre a concepção dos processos psíquicos kleiniana e a de Pichon é que, se para Klein o aparelho psíquico é como que a assembléia dos objetos internalizados, para Pichon nosso aparelho psíquico será o conjunto das relações sociais internalizadas. Ou seja, a teorização de Pichon não desconsidera a existência da externalidade como produtora de sentidos.

A avaliação do progresso da tarefa se faz na medida em que ocorre mudança, tanto na realidade com a qual o grupo trabalha quanto no próprio modo como o grupo pensa, interage, vivencia, se comunica e manifesta seus afetos ao desenvolver sua tarefa.

Foi desse modo, então, que Pichon, ao iniciar seu trabalho com as equipes de enfermagem no *Hospicio de las Mercedes*, desenvolveu, progressivamente, as bases de sua teoria e técnica dos grupos operativos que, no essencial, continuam sendo, até hoje, as referências fundamentais da psicologia social operativa.

O assassinato do Dr. Lecube

Já no fim do primeiro ano de permanência de Pichon no *Hospicio de las Mercedes*, portanto em 1937, ocorreu um acontecimento dramático, o assassinato do Dr. López Lecube por um grupo de pacientes.

Este fato serviu não só para validar suas primeiras hipóteses sobre a técnica de grupos operativos, mas, também, para incluir outros elementos fundantes relacionados à dinâmica de papéis.

Como já dissemos no início deste capítulo, o Dr. Lecube era o Psiquiatra-Chefe do Serviço ao qual Pichon estava vinculado no hospital. Foi também amigo de sua família desde os tempos de Goya e o introduziu na especialidade da psiquiatria.

---

[10] PICHON-RIVIÈRE, E. e QUIROGA, A. Contribuições à didática da Psicologia Social. *In* PICHON-RIVIÈRE, E. **O Processo Grupal**. Série Psicologia e Pedagogia. São Paulo: Martins Fontes, 1983, p. 177. PICHON-RIVIÈRE, E. e QUIROGA, A. *Aportaciones a la didáctica de la psicología social. In* PICHON-RIVIÈRE, E. **El proceso grupal**. Buenos Aires: Nueva Visión, 1980, p. 205.

O Dr. Lecube foi encontrado degolado, sentado na poltrona em que descansava, debaixo de uma árvore, em frente ao pavilhão da direção do hospital.

Este episódio, como não podia deixar de ser, causou um impacto institucional sem precedentes no *Hospicio de las Mercedes*.[11]

Pichon também foi muito afetado pela situação, tanto no plano pessoal quanto familiar. Sua mãe, novamente interveio, querendo, desta vez, fazê-lo desistir da profissão de psiquiatra.

Além dos aspectos pessoais envolvidos em razão de seu relacionamento com o Dr. Lecube, a situação assumiu cores mais fortes, já que foi Pichon quem o substituiu em seu posto de Chefe de Serviço no hospício.

Nessa nova condição institucional, dedica-se a uma profunda reorganização do atendimento. Ao mesmo tempo em que atendia os pacientes, conseguiu reconstruir todo o histórico do processo através do qual o grupo de internos se organizou com o objetivo de matar o Dr. Lecube.

O Dr. López Lecube, com origens na aristocracia rural argentina, era um psiquiatra autoritário que tratava os pacientes como *"peões de estância"*, na expressão utilizada pelo próprio Pichon. Correspondia ao modelo típico dos médicos psiquiatras que trabalhavam em hospícios naquela época. Pichon dizia que eles não atendiam os pacientes, não tinham nenhum contato direto com eles e trabalhavam apenas por *"delegação"*, tendo os enfermeiros como intermediários.

Nos comentários que fazia a esse respeito, chamava a atenção para o perigo do tratamento desqualificante e humilhante infligido aos pacientes. Suas conseqüências podem ser imprevisíveis, como ocorreu neste caso.

Conta-nos Pichon:

> *"O episódio ocorreu durante meu primeiro ano de médico e significou, também, a comprovação do perigo que comportam as formas ditatoriais ou desrespeitosas de tratamento, próprias da medicina desta época, que, por desgraça, em grande medida subsistem. Esta forma de enfrentar o paciente é inumana, mas, além disso, ineficaz do ponto de vista estritamente científico."*[12]

---

[11] Este assassinato foi tão impactante que até hoje encontramos referência ao mesmo em artigos relacionados à psiquiatria. Em Outes, inclusive, há referência aos próprios pacientes do *Hospicio de las Mercedes* autores do homicídio.
VALDÉS, S. **Memorias de un psiquíatra**.
In *Electroneurobiología*, vol. 14 (2), 2006, p. 3.
Disponível *in* site: *Gobierno de la ciudad de Buenos Aires - Hospital Neuropsiquiátrico "Dr. José Tiburcio Borda" - Laboratorio de Investigaciones Electroneurobiológicas Y revista Electroneurobiología*.
http://electroneubio.secyt.gov.ar/Memorias_de_un_psiquiatra.doc
Consultado em 20/09/2006.
OUTES, D. **Braulio Aurelio Moyano (1906-1959)**.
In *Electroneurobiología*, vol. 14 (2), 2006, p. 3.
Disponível *in* site: *Gobierno de la ciudad de Buenos Aires - Hospital Neuropsiquiátrico "Dr. José Tiburcio Borda" - Laboratorio de Investigaciones Electroneurobiológicas Y revista Electroneurobiología*.
http://electroneubio.secyt.gov.ar/Memorias_de_un_psiquiatra.doc
Consultado em 20/09/2006.

[12] LEMA, V. **Conversaciones con Enrique Pichon-Rivière sobre el arte y la locura**. Buenos Aires: Cinco, 1989, p. 84.

Nas conversas que manteve com um paciente catatônico que integrava este grupo, Pichon pôde recuperar, na medida em que lhe foi possível, o *modus operandi* que os pacientes utilizaram para levar a cabo seu propósito. Esse paciente lhe relatou que trabalharam, durante todo o tempo, em grupo.

A maneira como se organizaram e executaram o assassinato do Dr. Lecube impressionou muito Pichon.

Realizaram um verdadeiro ritual grupal, organizando-se com todos os requintes de um complô. Conseguiram um cabo metálico de uma colher e o limaram até transformá-lo numa faca. Sentavam-se em círculo, num lugar ermo do hospital, de forma a não serem observados. O cabo da colher ia passando de um para outro, no trabalho de limar. Enquanto faziam isso, conversavam e elaboravam seu plano. Ao final, quando conseguiram terminar a fabricação da arma, sortearam entre eles quem deveria executar, em nome de todos, o ataque ao médico, como seu braço executor. O escolhido foi um cabeleireiro andaluz, habilidoso no manejo de navalhas, que agiu como um verdadeiro toureiro.

Este paciente, de forma sorrateira, para não ser percebido, se aproximou por trás, entre outras árvores ali existentes, e atingiu-o com uma rapidez incrível, degolando-o. O Dr. Lecube permaneceu inerte, sentado em sua cadeira debaixo da árvore, em frente do pavilhão da direção.

Diante do relato que lhe fez o paciente, Pichon se dedicou ao exame da dinâmica utilizada por eles no manejo dos papéis grupais.

O paciente catatônico, com o qual conseguiu estabelecer um bom vínculo, funcionou como o depositário das informações, o líder do silêncio, uma espécie de memória viva do grupo.

A circulação do cabo de metal entre os membros do grupo mostrava a mobilidade de papéis dentro de uma articulação de complementaridade em rede, na qual cada um executava por sua vez a função desejada por todo o grupo.

Da observação deste mecanismo, Pichon deduziu o processo de atribuição (adjudicação) e assunção de papéis, assim como as relações de complementaridade e suplementaridade que ele comporta: o grupo atribui a cada um de seus membros um papel. Cada membro pode ou não assumir o papel que lhe é conferido (adjudicado). Quando o aceita, ocorre a complementaridade na rede vincular que está sendo dramatizada pelo grupo.

Na verdade, o que o grupo possui é um arsenal de redes de papéis complementares disponíveis. Para não aceitar a atribuição de papel que o grupo lhe confere, o participante deve assumir outro papel, que faz parte de uma série diferente daquela que está sendo utilizada pelo grupo, naquele momento. Ao assumir este novo papel, por sua vez, provocará os demais membros do grupo, como que lhes impondo papéis que fazem parte de uma outra série de complementaridades.

O espaço do grupo, então, fica preenchido por uma ambigüidade. Duas séries de papéis, que são incompatíveis entre si, disputam a preferência dos membros do grupo. Pichon denominava essa situação de suplementaridade de papéis.

Como se vê, trata-se de um processo muito dinâmico, que envolve todos os participantes do grupo de uma só vez. Essa situação será resolvida no momento em que os membros do grupo optarem pela série de papéis complementares que irão utilizar.

Subjacente a este processo, está o que denominava de *teoria dos três D*[13] (depositante, depositado, depositário)[14]. Cada membro do grupo, em sua interação com os demais, é um depositante que deposita no outro, o depositário, um conteúdo que funcionará como um determinante do vínculo.

No caso acima relatado, a série complementar de papéis foi estabelecida desde o seu início, quando o grupo se sentava em círculo para limar o metal e fabricar o instrumento comum que resultou na faca. Ao escolherem o cabeleireiro andaluz para praticar o assassinato, esta atribuição de papel era perfeitamente complementar e adequada aos seus propósitos.

Além disso, este paciente andaluz representava um recurso precioso de que o grupo dispunha: era muito rápido no manuseio de navalhas. Essa habilidade individual, utilizada pelo grupo de pacientes, resultou na eficácia da execução de sua tarefa cruel.

Esta crueldade, por sua vez, mantinha complementaridade com as atitudes autoritárias do Dr. Lecube, resultando no modo patológico de solução das relações de ódio que tinham se estabelecido entre pacientes e psiquiatra: o extermínio.

Ao ser perguntado sobre a conclusão que tirava destes acontecimentos, Pichon respondeu:

> *"Algo que, no fundo, já sabia: todo doente mental, como qualquer homem, deve ser tratado com dignidade. Não se pode, impunemente, rebaixar ou humilhar outro ser, menos ainda quando, quem o faz, está exercendo um certo poder público."*[15]

Os grupos com pacientes e a enfermaria dos adolescentes

O período de 1936 a 1948, durante o qual Pichon permaneceu no *Hospicio de las Mercedes*, foi marcado por uma fase de extrema turbulência política também na Argentina.

É necessário, para entendermos os episódios que Pichon viverá, no decorrer destes anos, em seu trabalho com enfermeiros e pacientes, levar em consideração esse ambiente conturbado e de confrontos políticos muitas vezes violentos.

Em 1945, Juan Domingo Perón assume o poder na Argentina. Foi apoiado por um movimento de massas camponesas e proletárias que marchou sobre Buenos Aires, depondo o governo e levando-o ao comando do país, onde permaneceu até o ano de 1955.

---

[13] PICHON-RIVIÈRE, E. Vínculo e teoria dos três D (depositante, depositário e depositado). Papel e status. *In* PICHON-RIVIÈRE, E. **Teoria do vínculo**. Ed. TARAGANO, F. São Paulo: Martins Fontes, 1982, p. 123 a 133.
PICHON-RIVIÈRE, E. *Vínculo y teoría de las tres D (depositante, depositario y depositado). Rol y status.* *In* PICHON-RIVIÈRE, E. **Teoría del vínculo**. Ed. TARAGANO, F. Buenos Aires: Nueva Visión, 1979, p. 109 a 117.

[14] KAËS, R. Préface – Pour recontrer Pichon. *In* PICHON-RIVIÈRE, E. ***Le processus grupal***. Ramonville Saint-Agne: Érès, 2004, p. X.
** BLEGER, J. **Psicologia da conduta**. 2ª Ed., Porto Alegre: Artmed, 1989, p. 138.
BLEGER, J. **Psicologia de la conducta**. Buenos Aires: Paidós, 1977, p. 188.

[15] LEMA, V. ***Conversaciones con Enrique Pichon-Rivière sobre el arte y la locura***. Buenos Aires: Cinco, 1989, p. 84.

Seu acesso ao poder foi sustentado pelo movimento *aliancista* (ALN – *Alianza Libertadora Nacionalista*). A ALN era um movimento populista, autodenominado revolucionário, mas com traços autoritários e fascistas profundos. Constituía a base popular de sustentação do *Partido Peronista* (1945). Mantinha grupos paramilitares que se apresentavam ostensivamente em todo o país, exercendo pressão de toda ordem.

No *Hospicio de las Mercedes* havia um grupo significativo destes *aliancistas*, composto por médicos residentes, enfermeiros e pessoal administrativo.

Este quadro de constante conturbação política influenciava a todo momento o trabalho que Pichon desenvolvia. Em seus relatos, por sua vez, era sempre muito discreto nas referências a este contexto.

Quando ainda era o responsável pela Sala de Admissão do hospital, houve uma longa greve de enfermeiros, impedindo-o de contar com a equipe que o auxiliava no trabalho.

Diante do impasse que esta situação causou, resolveu selecionar pacientes que se encontravam em melhores condições clínicas e treiná-los para exercer funções de enfermagem indispensáveis para a continuidade dos atendimentos.

Mais uma vez recorre à técnica de grupos, valendo-se dos referenciais das escolas de líderes desenvolvidas pela equipe de Kurt Lewin.

Ana Quiroga relata esses episódios da seguinte forma:

> *"Na realidade, foram problemas políticos pelos quais Pichon é acusado de fomentar a prostituição entre os adolescentes e, como não podiam demiti-lo, retiram-lhe os enfermeiros. Deve-se ter em conta que no Serviço de Pichon, naquela época, havia uma média de altas realmente muito grande, com uma elevadíssima porcentagem de profissionais, constituindo um serviço assistencial 'modelo'. Quando lhe retiram os enfermeiros, em 1947, Pichon começa a trabalhar com os pacientes em melhor estado, para que eles pudessem assumir seus próprios cuidados e contenção, assim como o de seus companheiros de sala mais afetados. Enquanto esses pacientes puderam ter um papel mais positivo dentro do próprio campo do hospital psiquiátrico, deram um salto qualitativo em sua melhoria."*[16]

O fundamental desta técnica era fazer com que os membros do grupo aprendessem a desenvolver outros papéis, diferentes daqueles a que estavam habituados. Um paciente, neste caso, era estimulado a desempenhar o papel de enfermeiro, para, depois, trocar este papel com outro paciente. Assim, aprendiam a circular os papéis pelo grupo, discutindo o que acontecia. O resultado, nas palavras de Pichon, era a quebra das estereotipias. De certo modo, já neste momento, estava construindo as bases do que, posteriormente, veio a ser sua teoria do ECRO.

O sucesso deste trabalho com os pacientes-enfermeiros foi surpreendente.

Do ponto de vista pessoal, os pacientes melhoravam a olhos vistos, sendo os primeiros beneficiários do treinamento.

Já do ponto de vista do funcionamento do serviço, eram mais eficazes do que os próprios enfermeiros: de um lado, porque estavam interessados, eles próprios, numa melhoria do atendimento; de outro, mais importante ainda, porque tinham conhecimento próprio, vivido,

---

[16] KLAPPENBACH, H. *Diálogo con Ana Quiroga. Pichon Rivière entre la psicología social, el proceso de aprendizaje y Lacan.* In *Actualidad Psicológica*. Buenos Aires: *Año XII, Nº 133, Junio de 1987*, p. 6.

das situações que enfrentavam com os outros pacientes, sendo muito mais adequados na sua forma de agir e de lidar com as situações de crise.

Outro benefício importante para os pacientes-enfermeiros estava no fato de se sentirem úteis e de verem naquele trabalho a possibilidade de se recuperarem e de se reinserirem na sociedade.

Pichon se entusiasmou muito com esse trabalho, dedicava-se a ele com grande intensidade, mesmo em detrimento de suas condições econômicas e pessoais.

De fato, tinha toda a razão de se orgulhar do trabalho realizado. Ottalagano, que foi seu paciente e aluno, fala sobre sua experiência com Pichon naquela época:

> *"Com Pichon, tive essa grande experiência de conhecer e compartilhar de suas inquietudes e sua criatividade, pois, nesse momento, estava iniciando a elaboração do que depois seria chamado de ECRO (Esquema Conceitual, Referencial e Operativo).*
>
> *Fui observador de grupos de psicóticos que ele coordenava nas primeiras horas da manhã, semanalmente, no Hospital de Alienados, hoje Borda. Lá o Dr. Pichon-Rivière tinha um grupo de médicos para os quais, logo depois, dava cursos sobre o que ele chamava de psiquiatria dinâmica, ou seja, a integração da psiquiatria organicista com a medicina dinâmica de Freud, que ele chamava de psicologia social. Ele dizia que não há uma psicologia individual; que, sempre, a psicologia é social. Pichon também dava aulas com esse enfoque, sobre as principais patologias conhecidas: psicoses, neuroses e enfermidades psicossomáticas, que foram muito úteis para a minha formação como psiquiatra clínico e investigador psicossomático."*[17]

Como chefe de serviço de psiquiatria, Pichon resolve, a esta altura, enfrentar outro grave problema existente no hospital: a questão da atenção aos adolescentes.

Nesta época, em todo o mundo, havia uma dificuldade comum nos hospitais psiquiátricos: os adolescentes não eram reconhecidos como uma categoria especial de pacientes. Estavam, em geral, ou na ala das crianças, ou na ala dos adultos, o que, obviamente, representava uma condição inadequada frente aos cuidados que exigiam.

Foi então que Pichon decidiu, por volta de 1943, criar uma enfermaria especializada para o atendimento digno desses adolescentes, que chamou de *Sala de la Edad Juvenil*.

Num breve percurso pelo hospital, logo selecionou aproximadamente vinte pacientes, que foram os primeiros encaminhados para esta enfermaria.

Novamente, começaram a aparecer os problemas políticos e as resistências institucionais ao seu trabalho. De um lado, a equipe clínica não estava de acordo com essa iniciativa. De outro, os *aliancistas,* que empapavam de autoritarismo peronista o hospital, mostravam suas unhas e dentes.

No primeiro momento, quando Pichon atravessava o pátio que separava a *Sala de la Edad Juvenil* do Pavilhão de Praticantes, atiravam tijolos e pedras contra ele. Os pacientes o protegiam, evitando que saísse ferido.

---

[17] **HOMENAGEM PÓSTUMA AO DR. CESAR AUGUSTO OTTALAGANO** (21/05/1915 - 15/01/2005)
Disponível *in* site: InterPsic.
http://www.interpsic.com.br/homenagem/ottalagano.html
Consultado em 04/04/2006.

Em seguida, passaram a difamar e caluniar o trabalho realizado naquela enfermaria: acusavam Pichon de estimular a promiscuidade e a perversão sexual entre os pacientes. Com intenção perversa, usaram do ardil de espalhar preservativos pelos corredores próximos da enfermaria de adolescentes, apresentando-os como evidência de suas acusações. Pichon desmontou o argumento, mostrando que as supostas "provas" estavam intactas, eram preservativos que nunca tinham sido usados.

A tentativa subseqüente foi a de tentar obrigar um paciente a se masturbar em um desses preservativos. Este paciente não só se recusou a fazê-lo, como procurou Pichon, prevenindo-o a respeito dos planos que armavam contra ele.

Foi devido a estes acontecimentos que Pichon decide renunciar. Mas, antes disso, resolve procurar o velho amigo de família, o Dr. Hortensio Quijano. Já nos referimos a ele quando relatamos, em Goya, a amizade que, junto com sua mulher, mantinha com Josephine Pichon-Rivière. Naquela época, as duas senhoras organizavam concertos e Hortensio se apresentava como flautista. O Dr. Quijano, neste momento, ocupava a vice-presidência da Argentina, no governo peronista. Pichon relatou-lhe os episódios que enfrentava no hospital e recebeu o conselho de demitir-se de seu cargo, já que, na opinião de ambos, ainda que os *aliancistas* não dispusessem de qualquer prova contra ele, terminariam por exonerá-lo. Era o próprio vice-presidente da nação quem reconhecia a impossibilidade de controle sobre aquele bando de celerados políticos!

Os últimos dias de despedida foram bastante tensos tanto para Pichon quanto para os pacientes, que não entendiam a razão de sua saída. Pichon, dentro de seu rigor ético, não comunicou aos pacientes os reais motivos de sua decisão. No entanto, os pacientes se revoltaram, desejosos de manifestar indignação com sua saída.

Para Pichon-Rivière, foram momentos muito difíceis. Cabia-lhe fazê-los desistir da idéia. Os pacientes se dispunham a lutar, usando armas improvisadas (facas, garfos, pedaços de pau). Embora fossem em menor número, os *aliancistas*, entrincheirados no pavilhão em frente, estavam muito bem armados. Se o enfrentamento ocorresse, o resultado seria um desastre sangrento. O maior sofrimento dos pacientes, naquela situação, foi o de se submeterem à condição inexorável do retorno ao clássico atendimento desumano anterior e de perderem a esperança de um melhor prognóstico de cura, em razão do tratamento digno implantado por Enrique Pichon-Rivière.

Pichon deixou o *Hospicio de las Mercedes* em 1948. Em outubro de 1949 o *Hospicio de las Mercedes* teve sua denominação alterada para *Hospital Nacional Neuro Psiquiátrico de Hombres*.

A introdução do eletrochoque e de novos medicamentos psiquiátricos

O final do século XIX e o início do século XX foi um período muito fértil na busca de novas formas de abordagem das doenças mentais.

Durante sua permanência como psiquiatra no *Hospicio de las Mercedes*, Pichon acompanhava de perto o desenvolvimento de novas técnicas, a introdução de novos medicamentos e de procedimentos psiquiátricos que ocorriam no mundo científico.

Para que o leitor possa formar um quadro desse processo, é interessante introduzir aqui um breve relato histórico dos progressos da psiquiatria naquele período.

Depois dos primeiros avanços ocorridos em função das propostas de Pinel, as tentativas de entendimento das enfermidades mentais foram dirigidas, num primeiro momento, para a investigação anatômica do sistema nervoso central.

Devemos a Theodor Meynert (1833-1891), de quem Freud foi discípulo, o início do estudo sistemático da estrutura cerebral.

Outra linha paralela de investigação estava relacionada à neurofisiologia e às possibilidades de intervenções terapêuticas voltadas para a alteração dos quadros básicos de caráter neuropatológico.

Foi assim que o também austríaco Julius Jauregg (1857-1940), em 1887, pesquisava a respeito da relação entre os estados febris e os quadros psicóticos. Iniciou com a aplicação de injeções de erisipela para provocar febre nos pacientes. Após a descoberta do bacilo da tuberculose, em 1882, por Robert Koch (1843-1910), Jauregg passou a utilizar a tuberculina para os mesmos fins. Em 1917 descobriu a eficácia da inoculação de parasitas da malária em casos de demência paralítica, ou paresia geral, causada por neurossífilis, recebendo por isso a honraria do prêmio Nobel de Fisiologia e Medicina, em 1927.

Com Charcot (1825-1893) estudando as histerias e Kraepelin (1855-1926) investigando o que denominou de psicoses maníaco-depressivas (PMDs), hoje conhecidas como transtorno bipolar, iniciaram-se os estudos psicodinâmicos das doenças mentais. Freud estudou com eles e é por esta trilha que funda a psicanálise, escrevendo, em 1891, o texto sobre a afasia[18], em 1893, *Estudos sobre a histeria*[19] e, em 1895, *Projeto para uma psicologia científica*[20], tornando-se o grande inovador científico na entrada do século XX.

Em 1906, Alzheimer (1864-1915), que a esta altura trabalhava no laboratório de Kraepelin, comunicou a identificação do que denominou demência senil, através do estudo do cérebro de uma paciente idosa que atendera no asilo de Frankfurt. Foi responsável pela identificação da doença neurodegenerativa que hoje tem o seu nome.

A partir dos anos vinte, a psiquiatria iniciou um movimento importante de introdução de novas técnicas, procedimentos e medicamentos.

Klaesi (1883-1980), psiquiatra suíço, tido como pessoa muito simpática, sensível e progressista, em 1922, introduziu a sonoterapia induzida por meio de drogas narcóticas como hidrato de cloral, paraldeído e barbitúricos. Considerava que o paciente, após ser submetido à sonoterapia, deveria ser assistido em psicoterapia.

Sakel (1900-1957) apresentou a insulinoterapia como indutora do coma insulínico em 1933.

O neurologista português Egas Moniz (1874-1955) desenvolveu, em 1935, a técnica cirúrgica da lobotomia pré-frontal ou leucotomia, pelo que recebeu o prêmio Nobel de Medicina e Fisiologia em 1949.

Também em 1935 o neurologista húngaro Ladislas von Méduna (1896-1964), convulsionou o mundo da psiquiatria ao publicar seus resultados relativos ao uso do

---

[18] FREUD, S. (1891). *La afasia*. Buenos Aires: Nueva Visión, 1973.

[19] FREUD, S. (1893). **Estudos sobre histeria**. Edição Standard Brasileira das Obras Psicológicas Completas de Sigmund Freud. v. I. Rio de Janeiro: Imago, 1974.

[20] FREUD, S. (1895). **Projeto para uma psicologia científica**. Edição Standard Brasileira das Obras Psicológicas Completas de Sigmund Freud. v. I. Rio de Janeiro: Imago, 1974.

pentilenetetrazol, ou Metrazol, comercialmente conhecido como Cardiazol, no tratamento de pacientes esquizofrênicos: a esquizofrenia até então era considerada hereditária e incurável.

O neurofisiologista italiano Ugo Cerletti (1877-1963), em abril de 1938, fez a primeira aplicação do eletrochoque (ECT), em colaboração com Lucio Bini (1908-1964), também neurofisiologista, a quem Cerletti confiou a construção do equipamento de controle da corrente liberada.

Foi o próprio Cerletti, por volta de 1940, quem enviou o primeiro equipamento de eletrochoque ao *Hospicio de las Mercedes*.

Pichon não sabia informar com precisão a respeito de como se deu o contato com o cientista italiano. Do mesmo modo, Pichon não entendia porque aquele novo equipamento, ao ser recebido pelo hospital, foi parar em suas mãos.

O fato é que, diante desse novo recurso, começou a estudar a utilização do eletrochoque. Procurou informar-se a respeito da literatura científica relacionada à eletroconvulsoterapia, ao mesmo tempo em que treinava sua utilização.

Foi neste momento que o Dr. Gonzalo Bosch teve a idéia de convocar a imprensa argentina para registrar a primeira aplicação do eletrochoque no país. O evento foi realizado no mesmo dia em que o aparelho também era apresentado à imprensa americana, em Nova York.[21]

Muito a contragosto, Pichon, por ser o único médico capacitado a manejar o novo aparelho, foi convocado para demonstrar sua utilização.

O fato se tornou um acontecimento público e Pichon se sentiu muito assustado com a responsabilidade que lhe cabia quanto ao uso do aparelho naquelas circunstâncias, embora não estivesse ao seu alcance negar-se a fazer esta exibição.

Durante toda a sua vida, Pichon se mostrou muito ambivalente quanto ao uso do eletrochoque. De um lado, reconhecia sua eficácia terapêutica para os casos de depressão involutiva, o que permanece válido até os dias de hoje. De outro, condenava sua aplicação indiscriminada e, principalmente, o uso que veio a ter em hospitais psiquiátricos como método de castigo e ameaça aos pacientes.

---

[21] Para complementar o quadro histórico da psiquiatria que procuramos construir neste capítulo, é interessante lembrar que no Brasil, em 1944, a psiquiatra Nise da Silveira (1905-1999), no Centro Psiquiátrico Pedro II (1911), no Engenho de Dentro, Rio de Janeiro, recusou-se a aplicar o ECT.
Em São Paulo, a introdução da eletroconvulsoterapia foi feita em 1948, pelo Dr. Antonio Carlos Pacheco e Silva (1898-1988) na Clínica Psiquiátrica do Hospital das Clínicas (1945). Catedrático de psiquiatria, responsável pela Clínica Psiquiátrica, obteve um local no Hospital das Clínicas para atender pacientes psiquiátricos, antes atendidos no Departamento de Assistência aos Psicopatas, na Rua Jaceguai. Naquele local eram ministradas as aulas de psiquiatria aos estudantes de medicina e também lá eram atendidos os pacientes de ambulatório. Os casos de internação eram enviados ao Hospital do Juqueri. Em 21 de fevereiro de 1948 foi atendido o primeiro paciente, Itália Isola, pelo Prof. Fernando de Oliveira Bastos.
VIGNOLI, T. **Homenagem a uma guerreira da luz**.
Disponível *in* site: Kplus, Editora Komedi.
http://kplus.cosmo.com.br/materia.asp?co=34&rv=Literatura
Consultado em 15/12/2005.
RIGONATTI, S. - Revista de Psiquiatria Clínica.
Disponível *in* site: *SciELO Brazil - The Scientific Electronic Library Online*.
http://www.scielo.br/scielo.php?pid=S0101-60832004000500002&script=sci_arttext&tlng=pt
Consultado em 15/12/2005.

Em suas palavras:

> "Há preconceitos, há fantasias e há verdades dolorosas em torno deste assunto. Bem aplicado, por alguém que sabe, com todos os cuidados necessários, com o paciente devidamente anestesiado e em circunstâncias precisas, pode ser de utilidade."[22]

A visão de Pichon sobre a aplicação do eletrochoque era psicodinâmica. Estava mais próxima da linha de procedimento do psiquiatra suíço Klaesi, ao aplicar a sonoterapia, do que da de Cerletti.

Como já vimos, a vivência da depressão e da ameaça de morte foram estruturantes na subjetividade de Pichon. Frente à aplicação do eletrochoque, retoma este tema para construir sua interpretação dinâmica do mecanismo psíquico a ele subjacente.

Diante de um paciente que havia se submetido à aplicação do eletrochoque, Pichon percebia uma remissão do quadro clínico anterior. Suas hipóteses eram de que, através da vivência de quase-morte que a aplicação provocava, os pacientes se viam desenraizados de suas angústias.

Esse processo resultava, em sua opinião, da liberação do sentimento de culpa que a experiência de morte suscitava. É como se o paciente se aliviasse da culpa em razão de sentir-se castigado, punido. Segundo ele, tratava-se de um processo de resgate e de re-significação dos conteúdos traumáticos, uma pacificação interior, na qual a depressão resultante exercia a função reparadora, reconstrutiva, reintegrando os fragmentos provenientes do trauma.

Para ele, o paciente, ao submeter-se ao eletrochoque, fantasiava um autocastigo, diminuindo a culpa, núcleo existencial da melancolia.

Como dizia:

> "(...) Esse sentir a 'morte', essa grande angústia, é o que provoca a liberação do sentimento de culpa, tal como já disse, e isto é imprescindível para alcançar a cura. É um processo doloroso, mas, não é ainda pior permanecer indefinidamente em um estado de loucura? Temos realmente idéia deste sofrimento? Ante a possibilidade de suportar o eletrochoque e recobrar a consciência, qual é a escolha?"[23]

Essa experiência traumática da aplicação do eletrochoque não se circunscreve somente a quem o recebe. Ela é vivida tanto pelo paciente, ainda que esteja inconsciente pela anestesia, quanto por quem o aplica, ainda que corretamente. Pichon relatava suas crises de úlcera depois das primeiras aplicações: era como se tivesse um instrumento de tortura em suas mãos.

A maneira como Pichon lidava com as aplicações de eletrochoque era exemplo desta preocupação humanística: aguardava que o paciente voltasse da anestesia mantendo-se ao seu lado, pois considerava os primeiros instantes de consciência após a aplicação, essenciais para o estabelecimento de um vínculo transferencial, fundamental para a continuidade do tratamento psicoterapêutico.

---

[22] LEMA, V. *Conversaciones con Enrique Pichon-Rivière sobre el arte y la locura*. Buenos Aires: Cinco, 1989, p. 120.

[23] LEMA, V. *Conversaciones con Enrique Pichon-Rivière sobre el arte y la locura*. Buenos Aires: Cinco, 1989, p. 121.

As investigações e teorizações de Enrique Pichon-Rivière sobre a doença mental se apoiavam em duas vertentes distintas. De um lado, considerava com muita atenção as observações resultantes de sua prática psicoterápica individual e grupal. De outro, investigava a utilização de medicamentos e outros recursos biológicos da psiquiatria, tais como: sono prolongado, choque hipoglicêmico, convulsoterapia química e eletrochoque, aos quais acrescentou, já na década de cinqüenta, a utilização da imipramina, comercialmente denominada de Tofranil[24].

A partir das experiências marcantes com a loucura realizadas no *Hospicio de las Mercedes*, Pichon, nos anos seguintes, investigará o uso do Tofranil associado a técnicas de terapia individual, grupal e familiar.

Considerava que havia estados específicos de estereotipia que, ao se estagnarem como defesas ao processo psicoterapêutico, necessitavam do auxílio medicamentoso — uso de antidepressivos — para que pudessem ser dissolvidos e superados.

Em seu estudo sobre a eficácia do Tofranil na psicoterapia individual e grupal[25], chega a recomendar, em situações de atendimento a famílias de psicóticos, a prescrição do antidepressivo a todos os familiares, como forma de evitar a estruturação de formações defensivas que pudessem levar à interrupção do tratamento.

Nesta mesma linha de trabalho, no Colóquio Internacional sobre Estados Depressivos (1960), realizado em Buenos Aires, Pichon abriu esta mesma discussão, bastante polêmica para a época, recomendando o uso do Tofranil para mobilizar as condutas estereotipadas bem como traços estruturais que se apresentavam como resistências à evolução do processo terapêutico. O próprio Pichon fez uso dessa medicação até o final de sua vida.

A teoria da doença única

Pichon-Rivière procurava integrar, a todo instante, a pesquisa científica própria de uma psiquiatria dinâmica com os acontecimentos relativos aos processos psicoterapêuticos. Para ele, essas duas dimensões eram indissociáveis.

Desde 1938, ao examinar os pacientes depressivos crônicos, iniciou a formulação de sua teoria das depressões: pressupunha a existência de um núcleo existencial da melancolia, uma situação depressiva básica, que estava implicada em todo processo de adoecimento, o que o levou à proposição de sua teoria da doença única.

---

[24] Para mais informações sobre o fármaco Tofranil, consultar:
WIKIPEDIA. Verbete: **Imipramina**.
Disponível *in* site:
http://pt.wikipedia.org/wiki/Imipramina
Consultado em 5/11/2006
e
http://es.wikipedia.org/wiki/Imipramina
Consultado em 5/11/2006.

[25] PICHON-RIVIÈRE, E. Emprego de Tofranil na psicoterapia individual e grupal. *In* **O Processo Grupal**. Série Psicologia e Pedagogia. São Paulo: Martins Fontes, 1983, p. 36.
PICHON-RIVIÈRE, E. *Empleo del Tofranil en psicoterapia individual y grupal*. *In* PICHON-RIVIÈRE, E. ***El proceso grupal***. Buenos Aires: Nueva Visión. 1980, p. 53.

Para ele, todos os processos patológicos, tanto orgânicos quanto psíquicos, podiam ser remetidos a este núcleo estrutural depressivo, que ele via como núcleo psicótico central, que se manifestava em cinco diferentes instâncias:

1. **Protodepressão:**
Depressão associada ao processo de nascimento, em que o feto vive a perda do estado de proteção intra-uterino, sendo traumaticamente lançado à vida extra-uterina. Esse momento, como bem lembra Ana Quiroga em seu texto a respeito da constituição das estruturas das relações vinculares internas do sujeito[26], é registrado em código biológico, orgânico, já que o neonato não dispõe ainda de um aparelho psíquico capaz de dar a esta experiência uma significação simbólica.

2. **Posição depressiva do desenvolvimento:**
Depressão resultante da sucessão de perdas inerentes ao processo de socialização e de constituição das identificações. Implica a vivência da experiência de castração a partir da dramática do triângulo edipiano e na conseqüente internalização simbólica da lei.

3. **Depressão de começo ou desencadeante:**
Refere-se à situação atual de vida do sujeito, caracterizada pela emergência de uma frustração, perda intensa ou quase-morte, responsável pelo desencadeamento do processo de adoecimento.

4. **Depressão regressiva:**
Processo involutivo através do qual o sujeito regride à situação traumática original da depressão, ocorrida durante o processo de seu desenvolvimento. Diante da perda atual, sua resposta é a de vivê-la "*como se*" se tratasse de uma perda pretérita, não elaborada. Utiliza estereotipias de conduta resultantes de suas experiências anteriores, que constituem a situação disposicional da doença, em que ocorreu o enrijecimento de respostas e a instalação de uma ausência de plasticidade essencial para a adaptação ativa ao ambiente.

5. **Depressão iatrogênica:**
É a depressão advinda do processo de intervenção do terapeuta. Ou seja, na relação com o paciente o terapeuta "instaura" a neurose transferencial, que vai ser seu instrumento fundamental de trabalho na relação com o paciente. O paciente, na relação transferencial, revive e elabora os conteúdos da situação original que resultou na constituição do ponto de fixação, ou da estereotipia desencadeante de seu processo de adoecimento. Através do desencadeamento da depressão terapêutica, o paciente tem a oportunidade de elaborar os conteúdos resultantes da situação traumática e estruturá-los sob novas formas de abordagem, ampliando seu arsenal simbólico de recursos para a solução das situações de conflito.

Esse núcleo psicótico básico, configurado na estrutura melancólica, é o ponto de partida de todas as outras manifestações clínicas. No dizer de Pichon:

> "(...) esta é a única enfermidade; todas as demais estruturas são tentativas feitas pelo ego para 'desfazer-se dessa situação depressiva básica...'. Criada esta situação penosa, o ego tende a livrar-se dela apelando para um novo mecanismo de defesa, que é a projeção."[27]

---

[26] QUIROGA, A. *Proceso de constitución del mundo interno*. Buenos Aires: Cinco, 1985.

[27] PICHON-RIVIÈRE, E. Emprego de Tofranil na psicoterapia individual e grupal. *In* PICHON-RIVIÈRE, E. **O Processo Grupal**. Série Psicologia e Pedagogia. São Paulo: Martins Fontes, 1983, p. 30.

Esta projeção será direcionada, conforme o caso, a uma das três áreas do ECRO anteriormente descritas. Se a projeção ocorrer sobre a área três (mundo), o resultado será a manifestação de comportamentos paranóides. Já com a projeção sobre a área dois (corpo), sobrevirão as manifestações hipocondríacas. Quando incidir sobre a área um (mente), configurar-se-ão os fenômenos de caráter psicótico (a melancolia).

Por isso Pichon dizia que o melancólico é um sujeito perseguido por sua consciência, o hipocondríaco por seus órgãos e o paranóide por seus inimigos interiores projetados no mundo externo.

É bom lembrar que, para Pichon, o doente é o emergente de uma rede de vínculos familiares existente[28], desempenhando papel de depositário da doença coletiva. Por isso, na psicoterapia familiar de pacientes psicóticos, é comum ocorrer a ruptura do atendimento por iniciativa da família, quando o doente começa a dar sinais de recuperação. A família, de certo modo, precisa do adoecer de um de seus membros para permanecer em equilíbrio.

O critério de saúde com o qual Pichon operava era:

> *"A 'cura' não significa uma adaptação passiva, ou a aceitação indiscriminada de normas e valores, mas o resgate, em outro nível, da denúncia e da crítica implícitas na conduta anormal (doença) para estabelecer, a partir daí, uma relação dialética, mutuamente modificadora com o meio."*[29]

No fundamento dessas idéias de Pichon estão conceitos retirados do existencialismo francês, especialmente de Jean Paul Sartre (1905-1980).

O sujeito, para Pichon, é o homem em situação, concretamente inserido em relações sociais com as quais interage e a partir das quais se constitui. É um emergente[30] de um todo existente[31], do qual faz parte e não pode ser isolado. É como a ponta de um iceberg, que só pode emergir (e ser vista) sobre a superfície da água porque existe o iceberg inteiro, imerso no oceano que o circunda.

PICHON-RIVIÈRE, E. *Empleo del Tofranil en psicoterapia individual y grupal*. In PICHON-RIVIÈRE, E. *El proceso grupal*. Buenos Aires: Nueva Visión, 1980, p. 46.

[28] Sobre os conceitos de emergente e existente, ver texto e notas abaixo.

[29] PICHON-RIVIÈRE, E. Entrevista em *"Primera Plana"*. In PICHON-RIVIÈRE, E. **O Processo Grupal**. Série Psicologia e Pedagogia. São Paulo: Martins Fontes, 1983, p. 172.
PICHON-RIVIÈRE, E. *Entrevista* en *Primera Plana*. In PICHON-RIVIÈRE, E. *El proceso grupal*. Buenos Aires: Nueva Visión. 1980, p. 204.

[30] O termo *emergente* é muito utilizado por Pichon. André Lalande (1867-1963) observa que este termo teve origem entre biólogos e depois foi apropriado por filósofos ingleses e americanos, chegando por esta via à linguagem filosófica francesa. *"Caracteriza o fato de uma coisa sair de uma outra, sem que esta a produza à maneira pela qual uma causa produz, necessariamente, um efeito, sendo suficiente para fazer compreender a aparição."*
LALANDE, A. **Vocabulaire Technique et Critique de la Philosophie**, 7ª ed. Verbete: *Émerger, Émergence, un émergent*. Paris: Presses Universitaires de France, 1956, p. 276.

[31] O termo *existente* também é muito empregado por Pichon, remetendo sempre ao seu complementar, *emergente*, e vice-versa. Referindo-nos de novo a André Lalande, a palavra *existente* é utilizada numa estreita vinculação com os conceitos de existência, *"num sentido forte: realidade vivente ou realidade vivida, por oposição às abstrações e às teorias"*. É um conceito que nos remete ao existencialismo sartreano.
LALANDE, A. **Vocabulaire Technique et Critique de la Philosophie**, 7ª ed. Verbete: *Existant*. Paris: Presses Universitaires de France, 1956, p. 318.

Foi em 1948 que Enrique Pichon-Rivière publicou pela primeira vez essas idéias, no artigo *Historia de la Psicosis Maniacodepresiva* no livro *Psicoanálisis de la Melancolía*[32], organizado por Ángel Garma e Luis Rascovsky e editado pela APA – *Asociación Psicoanalítica Argentina*.

Para além do *Hospicio de las Mercedes*

Ao final deste capítulo é importante lembrar, também, que, paralelamente à sua presença no *Hospicio de las Mercedes*, Pichon participava de diversas outras atividades.

Já no ano de 1936, integrou-se à equipe clínica da *Liga Argentina de Higiene Mental*, que funcionava na cidade de Buenos Aires e procurava oferecer atendimento especializado à população de baixa renda.

Em 1942, juntamente com Ángel Garma, Celes Cárcamo e Arnaldo Rascovsky, participou da fundação da APA – *Asociación Psicoanalítica Argentina*, que logo se filiou à IPA – *International Psychoanalytical Association*.

Durante sua permanência no *Hospicio de las Mercedes*, atraiu um número significativo de candidatos à formação psicanalítica e de jovens psiquiatras que o procuravam, vindos de todas as partes da Argentina, para supervisões clínicas, aulas teóricas e oportunidade de contato com os pacientes.

Ministrava cursos de duração anual sobre psiquiatria psicanalítica, incentivando o interesse pela psicologia social e integrando as idéias de Melanie Klein ao trabalho com grupos. Transmitia conhecimentos relacionados à utilização de técnicas avançadas de diagnóstico, tratamento e investigação das enfermidades mentais. Desse modo contribuiu também, no âmbito da APA, de maneira singular, para a formação de novos analistas.

Salomón Resnik assim descreve as aulas dadas por Pichon:

> *"Eu estava muito impressionado pela estimulante vivacidade que desprendia Pichon-Rivière em suas aulas, e isto tinha grande importância para mim. Tinha a sensação de estar na Salpêtrière, nas conferências das terças-feiras de J. M. Charcot, tal como as imaginava. A presença de Pichon-Rivière dava uma dimensão teatral ao salão de conferências, onde em certas ocasiões, inclusive, apresentava pacientes. Mas, em geral, tratava-se de conferências sobre o tema da psicose, assunto através do qual Pichon conseguia dar uma imagem plástica, compreensível e humana da enfermidade mental."*[33]

Suas idéias deram uma cor diferenciada ao pensamento psicanalítico argentino e é notória sua influência na formação de toda uma geração de psiquiatras e psicanalistas.

Ricardo Avenburg, respeitado psicanalista argentino que se analisou com Pichon e também foi seu aluno, assim relata sua experiência com ele no *Hospicio de las Mercedes*:

> *"Com poucos meses de análise me formei [em medicina] e como eu queria fazer a especialidade [psiquiatria], sugeriu-me que fosse ao então denominado*

---

[32] PICHON-RIVIÈRE, E. *Historia de la psicosis maníacodepresiva*. In GARMA, A. e RASCOVSKY, L. **Psicoanálisis de la Melancolía**, Buenos Aires: APA-El Ateneo, 1948, p. 15 a 40.

[33] RESNIK, S. *Enrique Pichon Rivière*. In EGUÍA, R. (compilador) **Grandes Psicoanalistas Argentinos**. Buenos Aires – México: Lumen, 2001, p. 172-173.

Hospicio de las Mercedes, *ao serviço de* Méndez Mosquera, *onde trabalhava o grupo que se formava com ele. Passei deste modo a ser, além de paciente, discípulo. Pichon era o Mestre, creio que ia uma vez por semana e se esperava ansiosamente por suas aulas e supervisões.*"[34]

No final da década de quarenta e início da década de cinqüenta a Argentina apresentava um quadro político conturbado e, como vimos, Pichon sofria muita pressão em seu trabalho no *Hospicio de las Mercedes*.[35] Nesta época, também trabalhou na Faculdade de Medicina da UBA, como chefe de trabalhos práticos da cátedra de psiquiatria, deixando-a por divergências com a linha política oficial adotada na mesma.[36]

Após sua saída deste hospício, Enrique Pichon-Rivière procurou criar condições para prosseguir com o trabalho de investigação e transmissão da psiquiatria dinâmica e da psicanálise.

Apesar dos limites que o contexto político introduzia, é inegável, entretanto, que este foi um período de muita vitalidade para a psiquiatria no país.

Foi também a época em que Mauricio Goldenberg (1916-2006), que fora o aluno predileto de Gonzalo Bosch no *Hospicio de las Mercedes*, também deixa esta instituição e vai, em 1956, se transferir para o Hospital Dr. Gregorio Aráoz Alfaro (1952), de Lanús — cidade próxima a Buenos Aires —, após aprovação em concurso público, onde criará o primeiro serviço de psiquiatria em um hospital geral argentino. Este experimento de Goldenberg, e sua própria pessoa, vão permanecer, até os dias de hoje, como um marco da moderna psiquiatria na Argentina, sendo referido como um dos pioneiros do início da renovação da saúde mental nesse país. Apesar de ser onze anos mais jovem que Pichon, foram contemporâneos, na década de quarenta, no *Hospicio de las Mercedes*. Seguiram, porém, percursos distintos: Goldenberg, sempre preocupado com a eficácia clínica e a política administrativa da saúde mental, tinha uma postura eclética que não resultava na busca de uma integração conceitual, característica de Pichon.

Ulloa sintetiza, com muita lucidez, essa diferença:

"Volto do anterior a Goldenberg e a Pichon-Rivière. De Goldenberg direi que também foi um grande narrador. Dir-se-ia um narrador político-administrativo da psiquiatria. Não um narrador psicanalítico, como era Pichon-Rivière, mas, a partir de sua visão e de sua lucidez, foi um fator de tanta gravitação na evolução da saúde mental como o foi Pichon-Rivière, de quem se pode dizer que não há obras completas a publicar, mas sim, é possível a publicação de múltiplos fragmentos narrativos de suas intervenções públicas e privadas."[37]

---

[34] AVENBURG, R. **Enrique Pichon Rivière**, *sus enseñanzas a la luz de mi vínculo con él*. In *Actualidad Psicológica*. Buenos Aires: *Año XXI, N° 231, mayo 1996*, p. 12.

[35] ETCHEGOYEN, H. e ZYSMAN, S. **Melanie Klein en Buenos Aires**. *Comienzos y desarrollos*. Disponível *in* site: ALHP - Asociación Latinoamericana de Historia del Psicoanálisis.
http://www.alhp.org/foro20.htm
Consultado em 28/12/2005.

[36] KLAPPENBACH, H. **Diálogo con Ana Quiroga**. *Pichon Rivière entre la psicología social, el proceso de aprendizaje y Lacan*. In *Actualidad Psicológica*. Buenos Aires: *Año XII, N° 133, Junio* de 1987, p. 6.

[37] ULLOA, F. *Prólogo. In* CARPINTERO, E. e VAINER, A. **Las huellas de la memoria I** – *Psicoanálisis y salud mental en la Argentina de los '60 y '70 – Tomo I: 1957 – 1969*. Buenos Aires: Topía, 2004, p. 22.

É bom lembrar que Pichon nunca dissociou sua prática clínica do ensino e da investigação. Sua visão dialética enfatizava a *práxis* como o lugar da integração do pensar e do sentir no agir.

Sua proposta, a partir dessa valorização da *práxis*, era a da constante integração da prática clínica com a investigação teórica e a transmissão do conhecimento: tudo se dava ao mesmo tempo, num processo de aprendizagem em que o critério da verdade era a mudança.

Em 1949, contou com o apoio financeiro de Francisco Muñoz (1889-1965), comerciante e industrial de sucesso e seu amigo pessoal, chamado na intimidade de Dom Paco. Pichon aproximou Muñoz da APA, que também foi por ele beneficiada com contribuições financeiras provenientes da *Fundación Francisco Muñoz*, ficando conhecido, por esta via, como o mecenas da psicanálise argentina.

Com recursos advindos do apoio de Dom Paco, funda o Instituto Pichon-Rivière em seu consultório na *calle Copérnico*, que veio a ser conhecido, na época, como a *Pequeña Salpêtrière*[38].

A alusão a Philipe Pinel no carinhoso apelido desta clínica era mais do que uma mera referência superficial. Janine Puget, então sua secretária, recorda de um ex-paciente do *Hospicio de las Mercedes* que Pichon levara para trabalhar na *Pequeña Salpêtrière*, uma verdadeira reedição portenha de Jean-Baptiste Pussin:

> *"(...) o encarregado de sua clínica da [calle] Copérnico era um seu ex-paciente do hospício. Este personagem era aquele que, nem bem a porta era aberta para um paciente, fazia seu próprio diagnóstico, infalivelmente acertado. Enrique tinha o costume de indagar sobre o diagnóstico, fato que lhe servia de primeira impressão."*[39]

Salomón Resnik também se recorda deste ex-paciente:

> *"No fim desta década, tendo em vista a frustração vivida no hospital e com o apoio da* Fundación Muñoz, *Pichon-Rivière instala uma clínica privada na* calle Copérnico, *junto com vários colaboradores de seu serviço de adolescentes. Traz para esta equipe um antigo paciente do hospital, o senhor Delpratti, que se tornará enfermeiro e porteiro da clínica."*[40]

Para lá atraiu um grupo significativo de alunos que com ele haviam trabalhado no *Hospicio de las Mercedes*.

Dentre outros, podemos enumerar: Alberto Tallaferro, Ana Kaplan, Aniceto Figueras, César Augusto Ottalagano, David Liberman (1920-1983), Edgardo Rolla, Elena Evelson, Fidias Cesio, Fortunato Ramírez (?-1999), Heinrich Racker (1910-1961), Horacio Etchegoyen, Janine Puget, Joel Zac, Jorge Mom, José Bleger, Luisa G. de Álvarez de Toledo

---

[38] A este respeito, consultar relato que fazemos sobre Philipe Pinel, na p. 78.

[39] PUGET, J. **Recordando a Pichon Rivière**. In *1ra Jornada de homenaje al Dr. Enrique Pichon Rivière*. Buenos Aires: *Primera Escuela Privada de Psicología Social, Octubre de 2000*.
Disponível *in* site: *Primera Escuela Privada de Psicologia Social*.
http://www.psicologiasocial.esc.edu.ar/distancia/home_jornadas.php?pagina=1
Consultado em 30/11/2006.

[40] RESNIK, S. *Enrique Pichon Rivière. In* EGUÍA, R. (compilador) **Grandes Psicoanalistas Argentinos**. Buenos Aires – México: Lumen, 2001, p. 179.

(1915-1990), Marcela Spira (1910-2006), Oscar Contreras, Salomón Resnik e os casais José Remus Araico (1922) e Estela Remus Araico, Willy Baranger e Madeleine (Coldefy de) Baranger, Danilo e Marialzira Perestrello (brasileiros), Diego e Gillou García Reinoso.[41]

Veremos mais adiante, no capítulo dedicado à *Experiencia Rosario*, como esse movimento se desdobrou.

A prática da clínica psicanalítica segundo Pichon-Rivière

Ao final deste capítulo, cabe uma referência especial ao modo como Pichon trabalhava sua prática psicanalítica.

Considerava que a maior parte das críticas atribuídas à psicanálise se deviam ao abuso das funções analíticas exercidas pelos psicanalistas.

Talvez a característica que mais o distinguia fosse sua concepção singular, a recriação da técnica psicanalítica, inovando a relação analista-analisando.

Mesmo assim, se afirmava um analista ortodoxo, no que tange a tornar consciente o inconsciente.

Diferentemente da concepção clássica, no entanto, não considerava o inconsciente como um imenso caldeirão no qual borbulhavam os instintos.

Sua concepção da relação terapêutica partia, necessariamente, da idéia de vínculo. Como dizia, no vínculo tudo se implica e tudo se complica.

O encontro analítico acontecia, na sua forma de ver, na relação entre duas pessoas com suas respectivas redes vinculares internalizadas. Tanto um quanto outro, analista e analisando, interagiam na relação terapêutica a partir dos emergentes[42] da sessão analítica.

Os elementos provenientes do acontecer no aqui-agora-comigo, os emergentes segundo sua linguagem, eram as alavancas que permitiam desocultar o implícito, movimentar e rearticular as estruturas psíquicas, dissolvendo estereótipos, para facilitar ao analisando aceder ao lugar de sujeito de sua práxis.

O objetivo era a operatividade, a mudança. Seu modo singular de ouvir e interpretar na transferência, desidealizava o lugar do analista, tornando-o um *co-pensor*, ou seja, aquele que compartilhava o processo elaborativo.

Seus pacientes se surpreendiam sempre com o modo natural de suas intervenções, porque fugiam radicalmente do modelo vigente de interpretar de sua época.

Esta visão dialética do par analista-analisando objetivava liberar os mecanismos criativos, não estereotipados, tendo em vista a libertação das amarras históricas, das fixações e distorções da aprendizagem, do mal-entendido de si mesmos e do mundo em que viviam.

---

[41] ETCHEGOYEN, H. e ZYSMAN, S. ***Melanie Klein en Buenos Aires***. *Comienzos y desarrollos*.
Disponível *in* site: ALHP - *Asociación Latinoamericana de Historia del Psicoanálisis*.
http://www.alhp.org/foro20.htm
Consultado em 28/12/2005.

[42] Sobre os conceitos de emergente e existente, ver texto e notas na p. 98.

Numa contundente entrevista[43] a *Páginas de Psicología Social*, Fernando Taragano dá seu depoimento a respeito do que depreendeu do posicionamento de Pichon quanto a este tema:

> *"(...) Ele dizia: (...) 'No problema humano, há que tomar contato com o problema e enfrentá-lo. Eu me inclino a trabalhar mais com o presente do que com o passado. O ponto de partida é o presente, com projeção para o futuro; então, não necessitamos tanto ir para trás [no sentido do passado do paciente], nem criar esta dependência. Em princípio, há que se lidar com o que está na superfície, não com o que está na profundidade.'*
>
> *Daí a teoria do emergente[44]: o que acontece hoje, aqui, entre meu paciente e eu. Essa é a atualização do problema e é sobre isso que se tem que trabalhar. Não essa reconstrução deformada que eu faço de minha história. São diferenças cruciais entre uma e outra terapia.*
>
> *O problema se atualiza, segundo Pichon, na transferência. A retificação do vínculo. A teoria dos três D — depositante, depositado e depositário — significa isso. Rompe totalmente com a terapia ortodoxa."*[45]

Pichon não aceitava, em hipótese alguma, o exercício da prática terapêutica por profissionais que não tivessem se analisado previamente. Para ele, analisar-se, além de ser uma obrigação à qual nenhum terapeuta poderia escapar, era uma necessidade científica e ética. Considerava que a transmissão da própria doença do analista causava danos iatrogênicos claramente perceptíveis na relação transferencial e o prolongamento indevido do tratamento. Concordava com Freud sobre o fato de que o tratamento analítico é terminável, embora o processo analítico seja interminável.

Um dos aspectos mais contundentes de sua prática clínica era a forma como concebia ética e praticamente a relação econômica com o paciente.

Na mesma entrevista[46], Taragano aborda este tema:

> *"(...) Sobre a crítica dos honorários, é correto. Pichon dizia que os psicanalistas são 'cafetões da angústia'. E tinha razão. Sobretudo quando ao modo de manejo da psicanálise naquela época: 45 horas semanais, e repetindo uma e outra vez os problemas, e o analista escutando...*
>
> *Ele dizia: 'não é necessário'."*[47]

---

[43] Roman Mazzilli recuperou este texto ao pesquisar para Roberto Manero informações sobre a vida universitária de Pichon Rivière, e o postou num fórum de debates na Internet sob o título *Material para Roberto y para quien guste...*

[44] Sobre os conceitos de emergente e existente, ver texto e notas na p. 98.

[45] TARAGANO, F. *Entrevista al Dr. Fernando Taragano (discípulo y amigo de Enrique Pichon Rivière) Paginas de Psicologia Social.* Buenos Aires: *mayo de 1995*. In MAZZILLI, R. **Material para Roberto y para quien guste....**
Disponível *in* site: hiperCorreio - Debates – Grupal.
http://debates.hipernet.ufsc.br/foruns/grupal/debates/mensagem.srv?o=a&n=6280&m=2692
Consultado em 21/02/2007.

[46] Cf. nota à p. 103.

[47] TARAGANO, F. *Entrevista al Dr. Fernando Taragano (discípulo y amigo de Enrique Pichon Rivière) Paginas de Psicologia Social.* Buenos Aires: *mayo de 1995*. In MAZZILLI, R. **Material para Roberto y para quien guste....**

No fim de sua vida, o próprio Pichon reafirmava sua posição a respeito:

"(...) O conveniente é fixar os honorários uma vez iniciado o processo. (...) O paciente, no início, tenta negar a verdade do que tem, sua realidade econômica. Sua fantasia pode ser a de não pagar, fraudar o psicanalista. Frente a isto, o desejo do psicanalista é enriquecer o mais rápido possível; há inclusive, psicanalistas que podem cobrar seus honorários em dólares.

Por isso, reitero, deve-se equilibrar as situações: o psicanalista tem que moderar suas ambições e o paciente explicar sua real situação. E isto é mais fácil que ocorra, já iniciado o tratamento. Pessoalmente, estabeleço um período de prova; não fixo os honorários, até que o paciente tenha assumido sinceridade e, então, procuro sempre que seja ele quem determine o que vai pagar por sua análise. Essa é minha norma.

Freqüentemente, costuma-se dizer que sou um mestre da psicanálise na Argentina, mas, por desgraça, tenho muito poucos alunos que me seguiram nesta conduta. Talvez porque sabem que não possuo a menor fortuna. Eu, com mais de trinta anos de trabalho, sou dono de muito poucas coisas, inclusive não poderia deixar de trabalhar."[48]

Esse posicionamento sobre o exercício da psicanálise, mais do que nunca, continua atual.

Vê-se que Pichon, em sua prática clínica, recusava estabelecer uma relação de poder, sustentada sobre a transferência, na relação com seus pacientes. Buscava, ao contrário, uma equidade humana, legitimada pela autoridade que todo ser humano tem pelo fato de existir e das vivências que essa existência comporta.

Sua concepção do enquadramento da sessão analítica partia deste núcleo vincular. A relação entre analista e paciente, deste ponto de vista, se transforma num particular grupo formado por duas pessoas, onde os papéis de analista e analisando se sustentam na clara e mútua atribuição de suas respectivas funções, na própria medida em que assumem como tarefa comum o esclarecimento do funcionamento do mundo psíquico de um deles, o paciente.

A "autoridade" do analista, no seu lugar funcional, é, simplesmente, a de ter percorrido anteriormente este tortuoso caminho de busca de sua própria subjetividade.

Disponível *in* site: hiperCorreio - Debates – Grupal.
http://debates.hipernet.ufsc.br/foruns/grupal/debates/mensagem.srv?o=a&n=6280&m=2692
Consultado em 21/02/2007.

[48] LEMA, V. **Conversaciones con Enrique Pichon-Rivière sobre el arte y la locura**. Buenos Aires: Cinco, 1989, p. 96 e 97.

CASAMENTO, VÍNCULOS AMOROSOS E FAMÍLIA

Ainda quando estudante de medicina, Pichon-Rivière estudava freqüentemente na casa de um colega, Federico Aberastury. Foi através desta relação que, em 1933[1], conheceu a irmã dele, Arminda Aberastury, que, na época, tinha vinte e dois anos.[2] Certamente, ela lhe causou grande impacto.

Pichon, muitos anos mais tarde, se referia a ela, entre outras coisas, como sendo uma mulher musical[3], o que nos remete à sua outra paixão, o romantismo do tango.

Arminda nasceu em Buenos Aires, no dia 24 de setembro de 1910[4], sendo conhecida na intimidade como *La Negra*, referência carinhosa à cor negra de seus cabelos e o tom moreno de sua pele.[5]

Os Aberastury constituíam uma renomada família burguesa argentina que valorizava muito as artes e a vida intelectual.[6]

Seu avô materno, Francisco Fernández, era conhecido escritor e pedagogo. A mãe de Arminda, herdeira da tradição paterna, cultivava extensa cultura literária.

A família de seu pai também era muito conhecida. Seu tio, Máximo Aberastury, foi médico dermatologista e professor desta especialidade e também influenciou seu desenvolvimento intelectual.

Arminda estudou piano desde os quatro anos de idade. Sua cunhada, Fedora Aberastury (1914-1985), esposa de seu irmão Marcelo Aberastury, foi uma famosa professora de piano em Buenos Aires, tendo criado uma técnica específica de treinamento conhecida como *Sistema Consciente para la Técnica del Movimiento*, que leva seu nome[7].

Arminda Aberastury, seguindo a tradição familiar, fez Escola Normal e depois, Pedagogia, na Faculdade de Filosofia e Letras (1896) da UBA – *Universidad de Buenos Aires*.

Tanto Pichon quanto ela tinham apreço pelas artes em geral, compartilhando um espaço intelectual em que a psicanálise era a viga mestra.

---

[1] No relato de Pichon, este encontro teria ocorrido em 1937, mesmo ano de seu casamento.
LEMA, V. ***Conversaciones con Enrique Pichon-Rivière sobre el arte y la locura***. Buenos Aires: Cinco, 1989, p. 62.

[2] FERRER, E. e GARMA, A. ***Arminda Aberastury, aproximación a su vida y obra***. In *"Homenaje a Arminda Aberastury"*. Revista de Psicoanálisis, Buenos Aires: APA, XXX, Nº 3/4, 1973, p. 620.

[3] LEMA, V. ***Conversaciones con Enrique Pichon-Rivière sobre el arte y la locura***. Buenos Aires: Cinco, 1989, p. 62.

[4] FERRER, E. e GARMA, A. ***Arminda Aberastury, aproximación a su vida y obra***. In *"Homenaje a Arminda Aberastury"*. Revista de Psicoanálisis, Buenos Aires: APA, XXX, Nº 3/4, 1973, p. 620.

[5] SALAS, E. Verbete: Aberastury, Arminda, dita *"La Negra"*. In MIJOLLA, A. (dir. geral). **Dicionário Internacional da Psicanálise**. Rio de Janeiro: Imago, 2005, p. 18 e 19.

[6] CESIO, F. ***La gesta psicoanalítica en América Latina***. Buenos Aires: La Peste, 2000.

[7] GAINZA, V. ***Ana Quiroga dialoga con Violeta H. de Gainza***. Buenos Aires: Lúmen, 1998, p. 55.

Arminda possuía traços aristocráticos, interesse pela música e pela poesia. Além de pianista, também escrevia poesias — assim como Pichon — e apreciava a literatura.

É inevitável reconhecer semelhanças entre os traços mais marcantes que Pichon descrevia de sua mãe e as características de Arminda Aberastury.

Casaram-se em 1937, ele por volta dos trinta anos e ela, vinte e sete. Ele, já médico psiquiatra, ela concluindo seus estudos, tornando-se professora em ciências da educação.

Foram morar num apartamento na esquina da *calle Coronel Díaz* com *avenida Santa Fe*, no elegante bairro da *Recoleta*, em Buenos Aires. Neste mesmo local Pichon montou seu primeiro consultório particular.

Tiveram três filhos: Enrique Alfonso, Joaquín Pedro e Marcelo Esteban. Pichon se considerava um pai afetuoso e atento, companheiro e pouco severo. Arminda era uma mulher de estatura baixa, muito elegante, perfeita dona-de-casa e excelente anfitriã. Era uma mãe zelosa e, mais tarde, tornou-se também uma avó carinhosa.

Arminda, também se analisou com o Dr. Ángel Garma, o principal fundador da APA – Associação Psicanalítica Argentina, como já referimos anteriormente. Iniciou sua análise didática em 1942, com trinta e um anos.

O casal tinha por hábito compartilhar, após o almoço, suas experiências e projetos profissionais. Foi assim que, em 1938, tendo ouvido o relato que Pichon lhe fizera sobre a implantação da enfermaria para adolescentes no *Hospicio de las Mercedes*, Arminda se entusiasmou e decidiu integrar-se ao trabalho que ele lá desenvolvia.

Ela também se tornou uma analista internacionalmente reconhecida, recebendo o título de analista didata pela APA em 1953.

Episódios pitorescos

Em torno dos consultórios que juntos mantinham no apartamento da *calle Coronel Díaz*, relatam-se episódios bastante pitorescos, que caracterizam o modo como o casal administrava sua vida privada e suas práticas clínicas.

Pichon contava que o primeiro atendimento infantil feito por Arminda surgiu de uma circunstância curiosa.

Em 1937, o mesmo ano de seu casamento, Pichon atendia, nesse consultório, uma mulher com distúrbios psicóticos que vinha acompanhada de sua filha de oito anos, com traços de deficiência[8]. A criança permanecia na sala de espera durante o atendimento da mãe[9].

Arminda, que já nutria interesse pelo trabalho psicanalítico infantil, teve a idéia de atender a criança enquanto a mãe se consultava. Pichon gostou da proposta e solicitou autorização à mãe, que aquiesceu imediatamente. O relato deste caso clínico foi publicado por ela[10].

---

[8] LEMA, V. *Conversaciones con Enrique Pichon-Rivière sobre el arte y la locura*. Buenos Aires: Cinco, 1989, p. 57.

[9] Há controvérsia sobre o local exato onde ocorreu este atendimento. Para Horácio Etchegoyen, ocorreu na clínica da *Liga Argentina de Higiene Mental*. Preferimos ficar com o relato do próprio Pichon transcrito no livro de Vicente Zito Lema.

[10] ABERASTURY, A. **Psicanálise da Criança** – teoria e técnica. 5ª ed. Porto Alegre: Artes Médicas, 1987, p. 70.

Seguramente, foi aí que se iniciou o percurso que a levou a se tornar a pioneira da psicanálise infantil na Argentina.

Pichon ressaltava que Arminda possuía uma intuição clínica muito aguda, tendo reconhecido nesta criança, de imediato, a presença de um transtorno psíquico, não físico, como à primeira vista era de se supor. Na verdade, a dificuldade de aprender a ler e escrever que esta criança apresentava decorria de uma impossibilidade de simbolizar os acontecimentos resultantes do estado confusional de sua mãe.

Aberastury descortinou para a pequena paciente os elementos fragmentados, oferecendo-lhe a possibilidade de integrá-los emocionalmente, devolvendo-lhe a capacidade de aprender.

Sua amiga Susana Ferrer (1930-2004) acreditava que este atendimento foi feito segundo os ensinamentos de Anna Freud (1895-1982), autora que Arminda lia na época[11]. Ela própria corrobora esta opinião ao relatar que, durante este primeiro atendimento, leu o tratado sobre psicanálise de crianças de autoria de Ana Freud[12].

Pichon foi, inegavelmente, o grande incentivador do trabalho de Arminda com crianças. Nunca perdeu o contato com elas e até se considerava um psiquiatra e psicanalista infantil.

É inegável que a maior influência exercida no desenvolvimento de Arminda como psicanalista infantil coube a Enrique Pichon-Rivière.

Como chefe de serviço no *Hospicio de las Mercedes*, criou as condições para que ela atendesse crianças em uma das enfermarias. Transformou um banheiro, localizado no fundo dessa enfermaria de quarenta leitos, numa sala de ludoterapia. O vaso sanitário foi coberto com madeira, tornando-se uma pequena mesa, e a pia também era usada nas atividades com as crianças[13].

A vida dos psicanalistas tem, às vezes, seus momentos de risco. Os pacientes podem, em certas circunstâncias, surpreendê-los com comportamentos inesperados.

Ana Quiroga, atribuindo a motivação a algum sentimento de vingança transferencial, relata um destes momentos: um paciente de Pichon, atendido no consultório do apartamento no qual o casal residia, urinou no piano de Arminda, provocando conflitos[14].

Outro episódio curioso ocorreu com o psicanalista argentino Dr. César Augusto Ottalagano, que se radicou no Brasil por quase trinta anos e com quem nos analisamos.

Contava-nos que iniciou sua análise didática com Arminda Aberastury de Pichon-Rivière, na década de cinqüenta. No entanto, tendo acompanhado os trabalhos de Pichon no *Hospicio de las Mercedes*, sentiu-se atraído pela sua forma de trabalhar e teorizar a psicanálise e a psiquiatria.

---

[11] ETCHEGOYEN, H. e ZYSMAN, S. *Melanie Klein en Buenos Aires. Comienzos y desarrollos*. Disponível *in* site: ALHP - *Asociación Latinoamericana de Historia del Psicoanálisis*. http://www.alhp.org/foro20.htm
Consultado em 28/12/2005.

[12] ABERASTURY, A. **Psicanálise da Criança** – teoria e técnica. 5ª ed. Porto Alegre: Artes Médicas, 1987, p. 71.

[13] KNOBEL, M. **Entrevista concedida**. Ver Anexo III, p. 234.

[14] GAINZA, V. ***Ana Quiroga dialoga con Violeta H. de Gainza***. Buenos Aires: Lúmen, 1998, p. 55.

Em razão disso, decidiu procurá-lo e manifestar-lhe seu desejo de se analisar com ele, interrompendo o trabalho analítico com Arminda.

Pichon ouviu atentamente seu pedido e, depois de alguns instantes, respondeu-lhe:

"— *Todo bien. Queda todo en casa.*"[15]

Ottalagano também nos contava que, em certas circunstâncias, dava carona a Pichon em seu carro. Sua sessão de análise com ele, no consultório da *Coronel Díaz*, terminava num horário em que ambos tinham de se dirigir ao Instituto de Formação da APA.

Pichon não se constrangia: sentava-se no banco traseiro do automóvel de Ottalagano, dizendo-lhe que o lugar do analista era sempre atrás do paciente.

Outra passagem anedótica sobre Pichon é relatada pelo psicanalista argentino Fernando Ulloa:

"Uma conhecida história engraçada o mostra [Pichon] em uma situação certamente insólita para um psicanalista e que ele nunca desmentiu. Durante meses vinha para consulta uma mulher atormentada por pesadelos que se repetiam todas as noites, impedindo-a de dormir. A paciente tinha sofrido tempos atrás um grande susto, em circunstâncias dramáticas, quando o carro que seu marido dirigia ficou parado sobre os trilhos de um trem que avançava. O marido conseguiu arrancá-la do assento onde ficara paralisada pelo terror, instantes antes da colisão. Como conseqüência do acidente, todas as noites despertava gritando: o trem, o trem! Sessão após sessão, repetia a mesma cena da tragédia, atuando literalmente o relato traumático, sempre igual. Um dia, Pichon-Rivière, que parece ter dormido, despertou com os gritos de terror da paciente, colocando-se no meio do consultório e por sua vez, gritando: onde, onde? O fato é que a paciente, muito surpreendida, a princípio perplexa, e depois quase com humor, abandonou, a partir desta cena, seu pesadelo."[16]

O bom humor, as piadas, as passagens hilárias de sua prática clínica e didática, por certo, não foram somente vividos com Arminda. Numerosos são os casos contados pelos seus ex-pacientes, alunos e amigos.

Pichon-Rivière era um fumante contumaz. Preferia o cachimbo, mas fumava também cigarros com auxílio de piteira. Por este motivo, seu dentista, Ricardo Cánepa, tinha muito trabalho para manter seus dentes em ordem. Numa entrevista publicada no jornal *Página/12* (1987), contava outro episódio curioso.

Numa tarde, quando o atendia, colocou um disco de Miles Davis para ouvirem, fazendo o comentário de que se tratava de uma sessão de grupo. A bateria era a mãe, o baixo era o pai, e os demais instrumentos eram os irmãos. Quando se punham de acordo, faziam a ponte, para depois dar liberdade para as diversas opiniões. Pichon, ao ouvir, ficou encantado,

---

[15] — Tudo bem. Tudo fica em casa.

[16] ULLOA, F. ***Pichon Rivière:*** *¿Es la propia gravedad pasta esencial en la hechura teórica de un psicoanalista?* In *Actualidad Psicológica* Buenos Aires: *Año XXI, N° 231, mayo 1996*, p. 11.
ULLOA, F. ***Pichon Rivière:*** *¿Es la propia gravedad pasta esencial en la hechura teórica de un psicoanalista?*
Disponível *in* site: *portal El Sigma.*
http://www.elsigma.com/site/detalle.asp?IdContenido=3577
Consultado em 24/09/2006.

passando a exigir, toda vez que era atendido por Cánepa, que colocasse discos de Miles Davis para ouvirem[17].

Ana Quiroga acrescenta que Pichon gostava muito de música, particularmente de jazz.

Seu humor era a via de apreensão do inominável, de superação da paralisia desconcertante, da ruptura de estereótipos e da transmissão do conhecimento. Pichon preferia o relato verbal, quase como se fosse um contador de histórias, aos textos escritos e às formulações acadêmicas clássicas.

Arminda Aberastury, pioneira da psicanálise infantil

Arminda Aberastury de Pichon-Rivière foi a introdutora das idéias de Melanie Klein na Argentina. Iniciou a leitura de seus primeiros livros em 1946 e com ela manteve uma correspondência regular.

Arminda tornou-se amiga de Betty Garma (1918-2003), também proeminente psicanalista infantil e segunda esposa de Ángel Garma. Ambas traduziram para o espanhol a obra *Psicanálise da criança* de Melanie Klein e com ela se correspondiam, relatando-lhe seus casos clínicos. A tradução do livro de Klein foi cotejada com o original alemão por Marie Langer e significou um marco para a publicação de textos de psicanálise na América Latina.

Em 1948 a APA incluiu a temática infantil no programa de formação de analistas, inaugurando, assim, o que posteriormente ficou conhecido como movimento psicanalítico infantil, herdeiro das idéias de Aberastury.

Betty Garma, em 1949, participou do XVI Congresso Internacional de Psicanálise (1949), em Zurique, Suíça, o primeiro a se realizar após a Segunda Guerra Mundial.

Na ocasião, apresentou a história clínica do atendimento a uma criança, Pedrito, com vinte e um meses de vida, considerado o paciente de menor idade em processo de análise, naquele momento, em todo o mundo[18]. Melanie Klein, presente a este congresso, ficou muito bem impressionada com esse atendimento e a convidou para trabalhar com ela em Londres. Betty recusou esta distinção, pois preferia permanecer em Buenos Aires ao lado do marido, Ángel Garma[19].

Alguns anos depois, em 1952, Arminda, então com quarenta e um anos, foi a Londres para se encontrar pela primeira vez com Melanie Klein, quando realizaram um exaustivo trabalho de supervisão de alguns casos clínicos sobre os quais haviam trocado numerosas cartas.

Em 1957, após sua separação de Pichon, participou do XX Congresso Internacional de Psicanálise (1957), em Paris, apresentando uma comunicação que inovava, ampliava e com-

---

[17] GAINZA, V. *Ana Quiroga dialoga con Violeta H. de Gainza*. Buenos Aires: Lúmen, 1998, p. 54.

[18] ETCHEGOYEN, H. e ZYSMAN, S. *Melanie Klein en Buenos Aires. Comienzos y desarrollos*.
Disponível *in* site: ALHP - *Asociación Latinoamericana de Historia del Psicoanálisis*.
http://www.alhp.org/foro20.htm
Consultado em 28/12/2005.

[19] FOKS, G. *Obituary: Elizabeth (Betty) Garma (1918-2003)*.
Disponível *in* site: AIHP-IAHP - *Association Internationale d'Histoire de la Psychanalyse* (*International Association of the History of Psychoanalysis*).
http://www.aihp-iahp.com/Main/Histoire/Items/35En.htm
Consultado em 27/12/2005.

plementava a teoria kleiniana, introduzindo conceitualmente a existência de uma *fase genital primitiva*.

Eduardo Salas, psicanalista argentino e colaborador direto de Aberastury, resume do seguinte modo as principais contribuições teóricas sobre estas idéias e o papel da paternidade que Arminda acrescentou à teoria kleiniana:

> *"Elabora um importante conceito teórico: a libido genital se desenvolve antes do estágio anal; daí a existência de um 'estágio genital primário', situado cronologicamente entre os sexto e oitavo meses de vida. O recrudescimento da pulsão genital, o desmame, a dentição, o desenvolvimento da musculatura, a aquisição da marcha, a linguagem, a ruptura da simbiose mãe-filho(a) constituiriam uma série complementar que estrutura essa fase do desenvolvimento, o que explicaria pontualmente sintomas e disfunções. A identidade genital das manifestações erógenas observar-se-ia na atividade lúdica.*
>
> *Esta teoria, a qual inclui desde os primeiros momentos de vida a identidade genital e o pai na relação mãe-filho(a), completaria a teoria kleiniana."*[20]

Mais tarde, a APA criou o Departamento de Crianças e Adolescentes no Instituto de Formação desta Associação. Neste departamento, Arminda ensinou durante vinte anos e foi sua diretora. Em sua homenagem, hoje, esse departamento leva o seu nome.

Em torno de Arminda, formou-se um grupo de analistas interessados na psicanálise infantil, já que ela passou a ser vista como a pessoa mais próxima do pensamento kleiniano na América do Sul.

Entre eles, estavam Elisabeth Garma e Susana Ferrer como suas principais colaboradoras. Além delas, também compunham esse grupo de pioneiros Alvarez de Toledo, David Maldavsky, Eduardo Kalina, Eduardo Salas, Gela Rosenthal, Gillou García Reinoso, Julio Aray (1935), Lídia Forti, Luciana B. de Matte, Mauricio Knobel, Raquel Soifer, Raquel Zac de Goldstein, Sara Jarast, Sara Zusman de Arbiser e outros[21][22].

É a própria Arminda que afirma:

> *"Desde o começo foi se formando em torno de mim um grupo especialmente interessado nestes problemas [psicanálise da criança]. Com o passar dos anos, alguns abandonaram a especialidade, enquanto outros, uma vez formados, continuaram suas atividades de forma independente, criando novos grupos."*[23]

Na história da literatura psicanalítica argentina, Aberastury foi quem publicou os primeiros livros sobre adolescência.

---

[20] SALAS, E. Verbete: Aberastury, Arminda, dita *"La Negra"*. In MIJOLLA, A. (dir. geral). **Dicionário Internacional da Psicanálise**. Rio de Janeiro: Imago, 2005, p. 18 e 19.

[21] ABERASTURY, A. **Psicanálise da Criança** – teoria e técnica. 5ª ed. Porto Alegre: Artes Médicas, 1987, p. 70 a 78.

[22] CAMPOS, J. Apresentação à edição brasileira. In ABERASTURY, A. **Psicanálise da Criança** – teoria e técnica. 5ª ed. Porto Alegre: Artes Médicas, 1987. p. 12.

[23] ABERASTURY, A. Nota preliminar. In ABERASTURY, A. **Psicanálise da Criança** – teoria e técnica. 5ª ed. Porto Alegre: Artes Médicas, 1987. p. 14.

Na nota preliminar que escreveu para a edição brasileira de seu livro *Psicanálise da Criança*, Arminda faz o seguinte depoimento:

> *"A Associação Psicanalítica Argentina foi reconhecida em 1944 pela* Psychoanalytic International Association, *fruto do trabalho infatigável que em favor da difusão do método psicanalítico havia realizado Ángel Garma — com o grupo que inicialmente o acompanhou — desde 1939. Foi o seu interesse pela análise de crianças e o apoio incondicional que recebi também de Enrique Pichon-Rivière — com quem trabalhava desde 1938 no* Hospicio de las Mercedes *— que me permitiram empreender a árdua tarefa de dar os passos iniciais e criar os alicerces do que podemos chamar nossa técnica de psicanálise de crianças. Neste sentido quero recordar aqui com profunda gratidão, o que para mim significou naqueles anos a freqüente correspondência com Melanie Klein, de quem recebi valiosas indicações técnicas."*[24]

Através de seu trabalho, de suas atividades e publicações, Arminda procurou introduzir conceitos de psicanálise infantil em diversos espaços da comunidade portenha.

Sua experiência no *Hospital Británico* (1844)[25] foi o melhor exemplo disso. Lá desenvolveu um trabalho de psicodrama e psicoterapia analítica de grupo com crianças, conjugado com o atendimento em grupo a pais e acompanhantes.

Realizou trabalhos também com pediatras e odontopediatras, pedagogos e outros profissionais, junto aos quais procurava difundir as conceituações sobre a vida psíquica infantil com fins profiláticos.

Além das publicações em que divulgou sua produção científica, também escreveu uma série de álbuns, muito bem cuidados graficamente, dirigidos a crianças de mais de cinco anos e seus pais.

Nessas publicações, fazia relatos sobre situações de intensidade emocional vividas por meninos e meninas desta faixa etária. Apesar do estilo ficcional marcante desses álbuns, preferia utilizar a palavra — relato —, ao invés de conto, para se referir ao modo como neles desenvolvia o argumento. Esses argumentos eram o luto pela morte de um irmão, o divórcio dos pais, mudanças, dificuldades de adaptação, intervenções cirúrgicas.

Um exemplo disso é o livro publicado postumamente e intitulado *La muerte de un hermano*[26], ilustrado com fotos em preto e branco de Gustavo Rapoport e concepção de arte de seu filho Joaquín Pedro Pichon-Rivière, no qual relata de maneira direta e simples a história da morte de uma criança chamada Martin e das vivências de seu irmão, Tomás.

No ano seguinte ao de sua morte, em 1973, a Associação Psicanalítica Argentina publicou um número especial da *Revista de Psicoanálisis*[27] em sua homenagem. Neste número encontramos dois trabalhos inéditos, um dos quais, intitulado *Psicoanálisis de niños*, escrito

---

[24] ABERASTURY, A. **Psicanálise da Criança** – teoria e técnica. 5ª ed. Porto Alegre: Artes Médicas, 1987, p. 13.

[25] SALAS, E. Verbete: Aberastury, Arminda, dita *"La Negra"*. *In* MIJOLLA, A. (dir. geral). **Dicionário Internacional da Psicanálise**. Rio de Janeiro: Imago, 2005, p. 18 e 19.

[26] PICHON-RIVIÈRE, A. *La muerte de un hermano*. Buenos Aires: Paidós, 1976.

[27] *REVISTA DE PSICOANÁLISIS*, XXX, Nº 3/4. *"Homenaje a Arminda Aberastury"*. Buenos Aires: APA, XXX, Nº 3/4, 1973.

para integrar o Compêndio de Psiquiatria Dinâmica que estava sendo organizado pelo psicanalista gaúcho David Zimmerman. Nesta mesma revista, David Maldavsky[28] publicou uma extensa lista cronológica da obra de Aberastury, abarcando os anos de 1940 a 1973, que, embora incompleta, contém mais de cento e cinqüenta títulos.[29]

O divórcio, tragédias e sobrevivência

Como já dissemos, Pichon e Arminda permaneceram casados durante dezenove anos. Até o final de sua vida, Pichon se referia a ela de forma afetuosa. Dizia que era uma mulher inteligente, musical, ambiciosa e compreensiva.

Divorciaram-se em 1956. Os últimos anos do casamento foram marcados por indisposições, rivalidades e mútuas infidelidades. Pichon dizia a amigos que admitia a infidelidade desde que o parceiro não fosse magoado.

Miguel Jörg faz o seguinte relato sobre as confidências que ouviu de Pichon, nos anos trinta:

> *"Pelas coisas que me dizia, eu tive a impressão de que, quando se uniu a Arminda Aberastury, não teve uma total satisfação matrimonial, do ponto de vista espiritual."*[30]

Numa entrevista[31] a *Páginas de Psicología Social*, Fernando Taragano nos dá mais detalhes, relatando como Pichon chega em sua clínica e lhe pede hospedagem:

> *"Creio que foi em 55, quando num belo dia La Negra Aberastury o põe para fora de casa. Aparece e me diz: 'Taragano, La Negra colocou todas as minhas coisa num caminhão. Para onde vou? Não há um quarto aqui?' Sim, lhe respondo, e descarrega mais de 5.000 livros e, de um quarto por uns dias, passou a ocupar outro, e outro... durante três anos."*[32]

---

[28] Maldavsky, D. *Lista cronológica de la obra de Arminda Aberastury.* In **"Homenaje a Arminda Aberastury"**. *Revista de Psicoanálisis*. Buenos Aires: APA, XXX, Nº 3/4, 1973, p. 1077 a 1093.

[29] ABERASTURY, A.
Principais publicações:
- com KNOBEL, M. **La adolescencia normal**. *Biblioteca del educador contemporánea*. Buenos Aires: Paidós, 1976.
- *Teoría y técnica del psicoanálisis de niños*. *Biblioteca de Psiquiatría psicopatología y psicosomática*. Buenos Aires: Paidós, 1972.
- com diversos colaboradores.
- *Adolescencia*. 3ª ed. Buenos Aires: Kargieman, 1976.
- *Aportaciones al psicoanálisis de niños*. Buenos Aires: Paidós, 1977.
- com SALAS, E. **La paternidad**. Buenos Aires: Kargieman, 1978.

[30] JÖRG, M. apud FABRIS, F. **Pichon Rivière a comienzos de los años `30** - *Antecedentes lejanos del Pichon Rivière fundador de una psicología definida como social*.
Disponível *in* site: *Espiral Dialéctica*.
http://www.espiraldialectica.com.ar/EPR1930.htm
Consultado em 21/02/2007.

[31] Cf. nota à p. 103.

[32] TARAGANO, F. *Entrevista al Dr. Fernando Taragano (discípulo y amigo de Enrique Pichon Rivière)*
Buenos Aires: *Páginas de Psicología Social, mayo de 1995. In* MAZZILLI, R. **Material para Roberto y para quien guste...**
Disponível in site: hiperCorreio - Debates – Grupal.

Fernando Ulloa relata que, após o divórcio, Pichon foi morar em uma casa que tinha um pátio fechado. Seus alunos e amigos se surpreendiam ao ver sua antiga e organizada biblioteca espalhada de forma caótica, em pilhas que desmoronavam, das quais, eventualmente, tirava um livro, ao acaso, para ler. Ao se recordar destes eventos, Ulloa se refere a Pichon como a um "*(...) piloto de tormentas hábil em não naufragar facilmente no real (...)*".[33]

Refere-se também ao uso de anfetaminas e à cirurgia gástrica à qual teria se submetido anos depois. De fato, Pichon foi internado diversas vezes para tratamento de sucessivas pneumonias que o acometeram nos últimos anos de vida, decorrentes de problema neurológico que bloqueava os reflexos de sua glote e facilitava a aspiração de alimentos, mas desconhecemos que tenha se submetido a alguma cirurgia gástrica[34].

Taragano, na mesma entrevista[35], é mais preciso a este respeito:

"[Pergunta] *Pichon volta* [a viver] *com sua mulher?*

[Resposta] *Não, nem ele volta, nem ela queria que voltasse. La Negra Aberastury, e sou pouco imparcial nisso, foi uma responsável bastante importante pela mudança que Pichon foi sofrendo. Ele tomava muita anfetamina. Por essa razão fez uma gastrite aguda hemorrágica. Um sábado, depois de um ano de estar vivendo na clínica, quando passava por seu quarto, ouço o barulho da queda de um corpo. Eu o chamo, não me responde. Abro* [a porta] *e Pichon está no chão, desfalecido e com uma pequena poça de sangue. Teve uma gastrite hemorrágica, e aí vem o fato pitoresco que lhes ia contar: Pichon não quer ser internado num hospital. E, onde o internamos? No Hotel Alvear. E é aí que lhe fazemos o tratamento. Eu conhecia bastante de clínica, por isso supervisionava o tratamento.*

(...) Em quinze dias, já estava bem e não podíamos continuar sustentando o custo, que era bem caro. Perto, havia um hotelzinho, em Ayacucho, em frente ao Hotel Alvear, que não sei se ainda existe. Quem atendia era um espanhol, bem típico, me recordo, e lhe pedimos um quarto ensolarado. Perguntou 'para quem?' Dissemos: 'Para nós!'. Diz: 'Vão ficar os dois?' 'Não, é para o doutor, mas que tenha bastante sol!' Depois, ficamos sabendo que era um hotel de alta rotatividade! Ele então inicia um relacionamento com uma garota, que cuida muito dele, e aluga uma casa na calle Virrey del Pino.*"*[36]

---

http://debates.hipernet.ufsc.br/foruns/grupal/debates/mensagem.srv?o=a&n=6280&m=2692
Consultado em 21/02/2007.

[33] ULLOA, F. **Pichon Rivière:** *¿Es la propia gravedad pasta esencial en la hechura teórica de un psicoanalista?* In *Actualidad Psicológica.* Buenos Aires: *Año XXI, N° 231, mayo 1996,* p. 11.
ULLOA, F. **Pichon Rivière:** *¿Es la propia gravedad pasta esencial en la hechura teórica de un psicoanalista?*
Disponível *in* site: *portal El Sigma.*
http://www.elsigma.com/site/detalle.asp?IdContenido=3577
Consultado em 24/09/2006.

[34] PLUT, S. e KAZEZ, R. **La subjetividad y los grupos**. Reportaje a Ana P. de Quiroga. In *Actualidad Psicológica.* Buenos Aires: *Año XXI, N° 231, mayo 1996,* p. 18.

[35] Cf. nota à p. **103**.

[36] TARAGANO, F. *Entrevista al Dr. Fernando Taragano (discípulo y amigo de Enrique Pichon Rivière)*
Buenos Aires: *Páginas de Psicologia Social, mayo de 1995.* In MAZZILLI, R. **Material para Roberto y para quien guste....**

O que se depreende é que o divórcio impactou a ambos, Pichon e Arminda, de forma diferente.

Carpintero e Vainer, a este respeito, registram o comentário de Juan Carlos Volnovich (1941) de que, quando o casal se separou,

> *"(...) Pichon entrou em uma profunda debacle pessoal, física e anímica. Arminda ficou esplêndida e Enrique muito mal ..."*[37]

Após o divórcio, Arminda casou-se novamente com o Dr. Mario Aslan, médico radiologista muito renomado. Permaneceram casados por um ano, aproximadamente.

Nos últimos anos de sua vida, Arminda foi acometida de vitiligo[38]. Mulher vaidosa, sofria muito com as manchas na pele que a doença causava, levando-a a procurar tratamento até no exterior, inclusive no Brasil. Deprimiu-se muitíssimo com a irreversibilidade desta doença.

Arminda Aberastury suicidou-se em novembro de 1972, sendo o seu corpo encontrado no dia 13, uma segunda-feira.

Seu suicídio, aos 62 anos de idade, como não podia deixar de ser, impactou emocionalmente, além do ambiente psicanalítico, também a elite intelectual e social de Buenos Aires, com repercussões em toda a Argentina e no exterior.

Foi tratado sempre com muita discrição, em respeito aos sentimentos de seus familiares. Ainda hoje, não há um registro preciso dos acontecimentos.

Carpintero e Vainer corroboram este silêncio:

> *"(...) em novembro de 1972, suicidava-se Arminda Aberastury, pioneira da psicanálise de crianças no país. Seu suicídio foi silenciado, como tantas outras questões 'obscuras' que sucederam na história da psicanálise. Silvia Fendrik, em um extenso estudo sobre sua vida e sua obra, relata que dentre todas as versões que pretendiam 'explicá-lo' uma, a mais insistente, foi a que circulava de maneira oficial, ainda que oficiosa. Arminda não suportava envelhecer. Para cúmulo dos males, uma doença de pele atacava seu narcisismo, corroborando a proximidade de uma irremediável decadência física."*[39]

Em função desses silêncios, sua morte é, até agora, passados quase trinta e cinco anos, relatada pela historiografia oficial como uma "morte trágica" ou, no máximo, com assertivas do tipo "pôs fim a seus dias".

Disponível in site: hiperCorreio - Debates – Grupal.
http://debates.hipernet.ufsc.br/foruns/grupal/debates/mensagem.srv?o=a&n=6280&m=2692
Consultado em 21/02/2007.

[37] CARPINTERO, E. e VAINER, A. *Las huellas de la memoria I* – Psicoanálisis y salud mental en la Argentina de los '60 y '70 – Tomo I: 1957 – 1969. Buenos Aires: Topía, 2004, p. 246.

[38] "Vitiligo, Vitiligem: Afecção cutânea, de causa não esclarecida, que se caracteriza por zonas de despigmentação, de tamanho variável e que podem aumentar, cingidas, freqüentemente, por bordas muito pigmentadas."
FERREIRA, A. **Novo Aurélio Século XXI**: o dicionário da língua portuguesa. Rio de Janeiro: Nova Fronteira, 1999, p. 2081.

[39] CARPINTERO, E. e Vainer, A. *Las huellas de la memoria II* – Psicoanálisis y salud mental en la Argentina de los '60 y '70 – Tomo II: 1970 – 1983. Buenos Aires: Topía, 2005, p. 103.

Roudinesco e Plon, por exemplo, assim se referem a ele:

> "Com a idade de 62 anos, atingida por uma doença de pele que a desfigurou, Arminda Aberastury decidiu dar fim aos seus dias. Seu suicídio, como vários outros na história da psicanálise, suscitou relatos contraditórios e foi considerado uma 'morte trágica' pela historiografia oficial."[40]

Esse excessivo zelo no silenciamento das circunstâncias de sua morte deu origem a numerosas versões sobre a mesma, muitas delas francamente fantasiosas. Ao mesmo tempo, para não fugir à regra dos eventos que envolvem a vida de Pichon-Rivière e seus próximos, os dados disponíveis são desencontrados, confundindo quem investiga com seriedade sua biografia. Para que o leitor acompanhe conosco estas dificuldades, encontramos, em vários registros, diferentes datas para o falecimento de Arminda Aberastury.

Eduardo J. Salas[41], em um texto, registra a data de 24 de novembro de 1972; em outro documento[42], 24 de dezembro de 1972. No noticiário da morte de Arminda publicado na *Revista Brasileira de Psicanálise*[43] consta 13 de novembro de 1972. Já Etchegoyen registra a data de 13 de novembro de 1971[44] e Júlio Campos, supervisor da tradução da edição brasileira do livro de Aberastury *Psicanálise da Criança*, em sua apresentação, situa o falecimento de Arminda em 1973[45]. A data registrada no Obituário de Arminda Aberastury na *Revista Argentina de Psiquiatría y Psicología de la Infancia y de la Adolescencia*, assinado por Mauricio Knobel[46], é de 13 de novembro de 1972.

Nos relatos orais surge, freqüentemente, que seu suicídio obedeceu a um ritual particular. Relata-se que Arminda teria dispensado as pessoas que trabalhavam em sua casa e ido ao cabeleireiro. Vestindo-se com roupas longas, como se fosse participar de uma cerimônia, teria enfileirado, então, sobre a mesa de jantar, uma série de cálices, vertendo em cada um deles uma bebida diferente. Teria tomado medicamentos variados, acompanhados das bebidas, e, em seguida, se deitado em um sofá, aguardando a morte, com a expectativa de ser encontrada linda.

---

[40] ROUDINESCO, E. e PLON, M. Verbete: Aberastury, Arminda (1910-1972). *In* **Dicionário de Psicanálise**. Rio de Janeiro: Jorge Zahar, 1998, p. 1.

[41] SALAS, E. Verbete: Aberastury, Arminda. In *Diccionario biográfico*.
Disponível *in* site: *Redpsicología. Biblioteca de psicología y ciencias afines. Módulo 309. Psicología: Diccionario biográfico*
http://www.galeon.com/pcazau/309-dic-bio.htm
Consultado em 14/10/2006.

[42] SALAS, E. Verbete: Aberastury, Arminda, dita "*La Negra*". In MIJOLLA, A. (dir. geral). **Dicionário Internacional da Psicanálise**. Rio de Janeiro: Imago, 2005, p. 18.

[43] REVISTA BRASILEIRA DE PSICANÁLISE. Noticiário: **Arminda Aberastury**. São Paulo: v. VI n. 3/4, 1972, p. 385.

[44] ETCHEGOYEN, H. e ZYSMAN, S. *Melanie Klein en Buenos Aires. Comienzos y desarrollos*.
Disponível *in* site: ALHP - *Asociación Latinoamericana de Historia del Psicoanálisis*.
http://www.alhp.org/foro20.htm
Consultado em 28/12/2005.

[45] CAMPOS, J. Apresentação à edição brasileira. *In* ABERASTURY, A. **Psicanálise da Criança** – teoria e técnica. 5ª ed. Porto Alegre: Artes Médicas, 1987, p. 12.

[46] KNOBEL, M. *Arminda Aberastury*. (Obituario). Revista Argentina de Psiquiatría y Psicología de la Infancia y de la Adolescencia. Buenos Aires: ASAPPIA/Paidós, *Año 4, numero 2 – Septiembre* 1973, p. 192 – 200.

Silvia Fendrik registra do seguinte modo uma dessas interpretações, embora também publique em seu livro uma entrevista de Mauricio Knobel que a desmente:

> *"A cena final se precipita. Segundo conta a lenda, a mesa estava posta para doze comensais. É sua última es-cena [ceia/cena], que faz presente em ato uma refeição que não será comida, ao modo de um quadro cuja marcação logo será atravessada. Vestida de gala, Arminda elege para sua morte uma cena cuidadosamente montada. — Para quem? Filhos e amigos, discípulos e colegas, limitar-se-ão a dizer que Arminda tirou sua própria vida porque estava só e temia envelhecer, além de padecer de uma doença incurável na pele, que a enfeava. Como o ensino 'oficial' da própria Arminda havia proposto: um corpo sem nenhum enigma."*[47]

Estes relatos fantasiosos não devem ser tomados como verdadeiros. Através deles resvalam conteúdos de curiosidades mórbidas, invejas, ciúmes, rancores e, porque não dizer também, até de competições entre grupos de analistas.

Evidenciam mais uma vez o mal causado pela não explicitação do fato, conforme nos ensinou Pichon. Ele nos ensinava que o melhor antídoto para o boato, o rumor e o burburinho maledicente é a divulgação da verdade por todos os canais disponíveis[48].

Por isso, em respeito à memória da própria Arminda Aberastury, decidimos incluir neste livro o relato testemunhal do Dr. Knobel, amigo da família que, junto com os filhos Joaquín e Enrique, encontrou seu corpo. Ele concordou conosco quanto à necessidade de se relatar com transparência os fatos relacionados a este triste episódio.

Transcrevemos, abaixo, os trechos da entrevista com o relato que nos fez a respeito dos fatos que presenciou:

"MARCO: Nós estamos pensando em relatar o suicídio de Arminda de uma forma cuidadosa, delicada, respeitosa, mas factual.

KNOBEL: Claro.

MARCO: Porque isso não foi feito até hoje.

KNOBEL: Não, e foi distorcido...

MARCO: Teve muita distorção. Então estamos pensando em escrever isso, contar a verdade.

KNOBEL: Porque eu sou *testigo* [testemunha], realmente, inicial.

MARCO: Eu sabia que o senhor era testemunha...

KNOBEL: Porque fui eu que entrei, com o filho, no dormitório. Forçamos a porta para entrar...

MARCO: Eu sabia disso. Essa é uma das razões fundamentais para entrevistá-lo...

KNOBEL: Eu já ouvi uma história, de que ela estava vestida como uma noiva e ...

---

[47] FENDRIK, S. *Psicoanalistas de niños – La verdadera historia – 3. Arminda Aberastury y Telma Reca*. Buenos Aires: Letra Viva, 2006, p. 56.

[48] PICHON-RIVIÈRE, E. e QUIROGA, A. Inundações: As reações psicológicas em face do desastre. In PICHON-RIVIÈRE, E. e QUIROGA, A **Psicologia da Vida Cotidiana**. São Paulo: Martins Fontes, 1998, p. 7 e 8.
PICHON-RIVIÈRE, E. e QUIROGA, A. *Inundados: las reacciones psicológicas ante el desastre*. In **Psicología de la vida cotidiana**. Buenos Aires: Galerna, 1970, p. 15 e 16.

MARCO: Mas ela foi ao cabeleireiro antes.

KNOBEL: Ela ia sempre ao cabeleireiro! Sexta-feira era dia de cabeleireiro!

MARCO: Ela dispensou as pessoas?

KNOBEL: Dispensou? Bom, ela fugiu. Ou seja, ela se trancou no quarto. Porque todas as pessoas com as quais ela tinha relação foram consultadas, depois, pelos filhos. Ninguém podia [no sentido de não disporem dela] dar informação. 'Não, aqui não esteve, aqui não esteve'. E foi aí que os filhos se alarmaram.

MARCO: Eu ouvi dizer, em um dos relatos que me fizeram, que foi uma paciente que tinha sessão com ela, quem primeiro deu pela sua falta.

KNOBEL: Não. Pode ser, não sei. Não poderia afirmar. Até vizinhos que costumavam vê-la entrar e sair...

MARILUCIA: Ela morava em casa ou apartamento?

KNOBEL: Apartamento. Quando estava com Pichon morava em casa, na *calle Copérnico*.

MARCO: A da *Copérnico* era uma casa?

KNOBEL: Uma casa, tipo destas casas de Alto Palermo.

MARILUCIA: E a da *Coronel Díaz*?

KNOBEL: Era um apartamento."[49]

Mais adiante, completa:

" MARILUCIA: E estes relatos em torno de um cerimonial que ela teria feito, antes de cometer o suicídio? O senhor sabe de alguma informação?

KNOBEL: Eu vi, eu estava lá. Eu entrei com o filho e vimos o cadáver, e vimos esta... Bem, não foi um cerimonial... Bom, mas foi também, um tipo de cerimonial.
Porque alguém já me perguntou se ela tinha vestido especialmente. Não, não. Ela estava na cama, dela, no quarto dela.
Agora, o que, sim... O quarto dela [ele desenha com o dedo, sobre a mesa, a planta do quarto e da sala] estava aqui, e aqui estava uma sala ao lado, uma sala de jantar.
Então, o que ela fez de cerimonial foi preparar copos com algum medicamento, provavelmente Haloperidol, uma coisa assim. Bem... porque nós chegamos a ver alguns copos que estavam ainda cheios, e outros estavam vazios e outros menos um pouco, não é? Isso ela preparou, se vê, antes de ir dormir. Então era uma coisa a averiguar.

MARCO: E eram licores, com os remédios?

KNOBEL: Não, eram copos com alguma coisa diluída. Pois tinha uma cor, não? Depois umas pessoas pensavam que era licor. Mas ela não era de beber.

MARCO: Eram medicamentos diluídos.

KNOBEL: Sim.

---

[49] Ver Anexo III, p. 239.

MARILUCIA: Ela foi encontrada depois de quantos dias?
KNOBEL: Nós calculamos que ela deve ter feito isso na sexta e nós a encontramos na segunda à tarde.
MARILUCIA: O corpo ainda estava conservado?
KNOBEL: Sim. Sim. Estava, sim, bem conservado. Sim. Um pouco revolta [revolvida]."[50]

Foram esses os acontecimentos relacionados ao suicídio de Arminda Aberastury.

Anos após a separação de Arminda, Pichon conheceu Coca Carrió, uma pianista, que veio a ser sua segunda mulher. Encontrou-se com ela quando o procurou para solicitar análise.

Na entrevista inicial, Pichon percebeu que algo se passava entre eles e decidiu encaminhá-la a outro psicanalista. Pouco depois estabeleceram um vínculo amoroso.

De Coca, se sabe muito pouco. Pichon a descrevia como muito doce, muito boa, muito afetuosa, considerando que o apoiou em um momento muito difícil de sua vida, permitindo-lhe prosseguir em seus trabalhos psicanalíticos e em suas investigações.[51]

Ana Quiroga, a respeito de Coca, comentou:

"Era uma mulher com bastantes problemas de saúde; tinha períodos depressivos, tinha sofrido a morte de uma filha... Ela tocava piano também. Contava-me Enrique que, na casa que compartilharam – um andar na avenida Santa Fe —, Coca mandou fazer um cômodo com isolamento especial para tocar e escutar música."[52]

Tinha uma filha que também era muito carinhosa com Pichon.

Coca faleceu quando Enrique Pichon-Rivière estava internado na *Clínica de Reposo de Las Rosas*, de Córdoba, dirigida pelo psiquiatra Gregorio Bermann, para tratamento de desintoxicação alcoólica. Coca ia ao seu encontro quando, na condução de seu carro, sofreu um grave acidente rodoviário.

Segundo relato feito ao Dr. Etchegoyen pela Dra. Haydée Castellaro de Pozzi ("Chiche"), analista didata da AdePRO – *Asociación de Psicoanálisis de Rosario* (2005)[53], sua discípula e amiga, seu primeiro marido, Dr. Sergio Bodo, viajava com Coca para visitá-lo na clínica.

Sergio Bodo tinha iniciado sua análise com Pichon e queria vê-lo. Por isso, Coca passou pela cidade de Rosario, para prosseguirem juntos até o instituto de Dom Gregorio.

Em 1º de dezembro de 1964, seguiam no Fiat 600 de Coca quando, em Oncativo, província de Córdoba, ocorreu o acidente. O Dr. Bodo faleceu instantaneamente e Coca um ou dois dias depois.

---

[50] Ver Anexo III, p. **231**.

[51] LEMA, V. *Conversaciones con Enrique Pichon-Rivière sobre el arte y la locura*. Buenos Aires: Cinco, 1989, p. 62 e 66.

[52] GAINZA, V. *Ana Quiroga dialoga con Violeta H. de Gainza*. Buenos Aires: Lúmen, 1998, p. 55.

[53] A AdePRO – Asociación de Psicoanálisis de Rosario foi reconhecida pela IPA durante o XLIV Congresso Internacional de Psicanálise (2005), realizado no Rio de Janeiro, Brasil e presidido por Daniel Widlöcher. Site disponível: http://www.campopsi.com.ar/AsociaciondePsicoanalisisdeRosario/ Consultado em 21/02/2007.

Recuperando a seqüência dos fatos, a presença de Pichon em Córdoba se deveu à participação num evento de psiquiatria que se realizava na cidade. Pichon não compareceu à sessão de abertura, por ter sido internado na clínica de Gregorio Bermann.

Fernando Taragano relata este episódio na entrevista[54] já citada:

> *"Posso contá-lo assim. Tínhamos um Congresso de Psiquiatria, em Córdoba. No primeiro dia, o da abertura, Pichon não comparece.*
>
> *O fato é que sofreu um pequeno surto, produto das anfetaminas. É o segundo episódio de uma gastrite hemorrágica muito severa, e nos inteiramos de que estava internado.*
>
> *Faz tratamento numa clínica psiquiátrica, e aí subverte tudo em matéria psiquiátrica, organiza-a como uma comunidade terapêutica: cada paciente, atendia aos demais pacientes. Os pacientes menos preparados atuavam como colaboradores dos pacientes mais preparados, e discutia-se com os pacientes a medicação...*
>
> *Do ponto de vista profissional, era um homem que incorporava sempre novos conceitos, mas nada era abstrato: nenhum conhecimento, como vêem, ficava na teoria.*
>
> *Um episódio importante ocorre, então, na vida de Pichon. Quando ele estava internado no hospital, sua mulher vai e vem para visitá-lo em um fiatzinho, e em uma dessas viagens se enfia debaixo de um caminhão e se mata. Isto o impacta muitíssimo. Eu creio que se sentia um pouco responsável. Pensava: 'por minha culpa, ela teve que vir'. A mulher era terrivelmente ansiosa, era uma ótima pessoa, o queria muitíssimo, era ótima companheira. Ainda que ele considerasse que o casal não tivesse futuro: do ponto de vista intelectual eram muito diferentes. Mas Pichon, em razão de seu estado, já, então, necessitava de uma mulher que o acompanhasse, que cuidasse dele."*[55]

As mortes trágicas de Coca e Bodo, sem dúvida, o abalaram profundamente. Sua enteada continuou participando da intimidade de sua vida familiar e os filhos de ambos se entendiam bem.

No dizer de Pichon, seus filhos sempre desempenharam adequadamente seus papéis familiares.

Outra pessoa muito importante na vida de Pichon, sem dúvida, foi Ana Pampliega de Quiroga, filósofa, nascida em Buenos Aires em 1937. Vê-se que, em 2007, há também a comemoração dos seus setenta anos. Foi a ela que Pichon dedicou sua principal obra, *Del Psicoanálisis a la Psicología social*[56].

---

[54] Cf. nota à p. 103.

[55] TARAGANO, F. *Entrevista al Dr. Fernando Taragano (discípulo y amigo de Enrique Pichon Rivière)* Buenos Aires: Paginas de Psicología Social, mayo de 1995. In MAZZILLI, R. **Material para Roberto y para quien guste....**
Disponível *in* site: hiperCorreio – Debates – Grupal.
http://debates.hipernet.ufsc.br/foruns/grupal/debates/mensagem.srv?o=a&n=6280&m=2692
Consultado em 21/02/2007.

[56] PICHON-RIVIÈRE, E. **Del psicoanálisis a la psicología social**. Buenos Aires: Galerna, 1970.

Ana foi procurá-lo para realizar uma entrevista para o semanário *Extra* (1965), de Bernardo Neustadt (1925). Foi a partir desse encontro que ela se transforma em sua principal colaboradora.

Era a mais nova de duas irmãs. A família materna — família Márquez — foi uma das fundadoras da cidade de Buenos Aires, particularmente da zona de San Isidro. Fora possuidora de terras, depois perdidas. Sua mãe apreciava música e se orgulhava de sua origem *criolla*[57] e de seus ascendentes italianos. Era também tradição da família materna a equitação. Seu pai era argentino, um humanista com clara influência da cultura latina. Ana nunca foi hábil nem com a música, nem com os cavalos. Seguiu a tradição cultural de seu pai: enveredou-se pelas humanidades.

Ana casou-se com Pío Quiroga, que veio a falecer. Com ele recuperou o prazer musical. A esse respeito, nos conta:

> *"Eu tenho com a música uma relação muito particular, que se instalou em mim em uma situação de luto. Escutava muita música com quem foi meu primeiro marido, meu único marido legal, digamos, Pío Quiroga. Escutávamos juntos muita música barroca (que me fascina), e, quando ele morreu, durante muito tempo não pude continuar a escutá-la."*[58]

Pichon e Ana Quiroga se conheceram por volta do ano de 1965. Pichon tinha cinqüenta e sete anos e ela vinte e oito. Foi a companheira com quem compartilhou seus últimos doze anos, auxiliando-o na fundação da *Primera Escuela Privada de Psicología Social* (1967)[59]. Juntos, escreveram diversos artigos, alguns deles reunidos no livro *Psicología de la vida cotidiana*. Herdou de Pichon a função diretiva da Escola, que exerce até os dias de hoje, dando continuidade à sua obra.

Com relação ao seu relacionamento com Pichon, numa de suas raras referências ao tema, Ana Quiroga assim se expressa:

> *"Enrique casou-se duas vezes, melhor dizendo, conviveu. Comigo não conviveu; tínhamos uma relação, mas vivíamos distantes a uma quadra, que era a distância ótima (ri), a mais adequada."*[60]

Sempre mantendo extrema discrição a respeito de sua relação com Pichon, refere-se deste modo ao papel que ele exerceu em sua vida:

> *"(...) um dos interlocutores mais significativos de minha vida. Aquele com quem compartilhei construções, apaixonamentos e teoria. Que acompanhou meu crescimento e me ajudou a descobrir insuspeitados caminhos de conhecimento. Com quem aprendi — na busca de respostas — a transitar desde a imobilidade, às vezes fascinante, das certezas do pensar metafísico, com seu absoluto sem relatividade e sua relatividade sem absoluto, à confusão das contradições e da inevitável complexidade do real."*[61]

---

[57] *Criollo*, em castelhano, designa o descendente de pais europeus nascido em terras da América hispânica.

[58] GAINZA, V. *Ana Quiroga dialoga con Violeta H. de Gainza*. Buenos Aires: Lúmen, 1998, p. 27.

[59] PLUT, S. e KAZEZ, R. *La subjetividad y los grupos*. Reportaje a Ana P. de Quiroga. In *Actualidad Psicológica*. Buenos Aires: *Año XXI, N° 231, mayo 1996*, p. 16.

[60] GAINZA, V. *Ana Quiroga dialoga con Violeta H. de Gainza*. Buenos Aires: Lúmen, 1998, p. 55.

[61] QUIROGA, A. Prólogo. In JASINER, G. e WORONOWSKI, M. *Para Pensar a Pichon*. Buenos Aires: Lugar, 1992, p. 7.

Pichon manifestava em relação a Ana Quiroga uma imensa gratidão, considerando-a uma grande incentivadora de seu trabalho, afirmando que ela lhe oferecia uma dedicação surpreendente.[62]

É o próprio Pichon que, em seu diálogo com Vicente Zito Lema, resume da melhor forma sua vida amorosa:

> *"Sim, casei-me, tive filhos, amei e fui amado. Todavia, a tragédia continuou a me rondar."*[63]

---

[62] LEMA, V. ***Conversaciones con Enrique Pichon-Rivière sobre el arte y la locura***. Buenos Aires: Cinco, 1989, p. 66.

[63] LEMA, V. ***Conversaciones con Enrique Pichon-Rivière sobre el arte y la locura***. Buenos Aires: Cinco, 1989, p. 62.

A *EXPERIENCIA ROSARIO*

Ao término do capítulo dedicado ao *Hospicio de las Mercedes*, vimos que o final da década de quarenta e o início da década de cinqüenta apresentavam um quadro político conturbado e que Pichon sofria muita pressão em seu trabalho.

Vimos também que, em 1949, buscando mais autonomia para prosseguir em suas descobertas, fundou o Instituto Pichon-Rivière em seu consultório na *calle Copérnico*, que veio a ser conhecido, na época, como a *Pequeña Salpêtrière*[1].

Seu objetivo fundamental era o de criar condições para prosseguir com o trabalho de investigação e transmissão da psiquiatria dinâmica e da psicanálise.

Como também dissemos, um extenso grupo de alunos e colaboradores participava desse projeto: Alberto Tallaferro, Ana Kaplan, Aniceto Figueras, César Augusto Ottalagano, David Liberman, Edgardo Rolla, Elena Evelson, Fidias Cesio, Fortunato Ramírez, Heinrich Racker, Horacio Etchegoyen, Janine Puget, Joel Zac, Jorge Mom, José Bleger, Luisa G. de Álvarez de Toledo, Marcela Spira, Oscar Contreras, Salomón Resnik e os casais José e Estela Remus Araico, Willy Baranger e Madeleine Baranger, Danilo Perestrello e Marialzira Perestrello (brasileiros), Diego e Gillou García Reinoso e muitos outros.

A simples relação destes nomes é suficiente para evidenciar a influência que teve Pichon na psiquiatria e na psicanálise. Foram pessoas que exerceram papéis importantes para além das fronteiras argentinas.

Todos contribuíram para o alargamento do conhecimento psicanalítico, publicaram suas idéias em numerosos artigos e livros, exerceram funções didáticas em diversos países, fundaram novas instituições em toda a América Latina e ocuparam cargos representativos, com o destaque para Horácio Etchegoyen, que, de 1993 a 1997, foi o primeiro latino-americano a exercer a presidência da IPA – *International Psychoanalytical Association*, em Londres.[2]

O casal Danilo e Marialzira Perestrello, após sua formação psicanalítica na Argentina, retornou ao Rio de Janeiro, em 1949. Danilo Perestrello participou da fundação, em 1957, do Grupo de Estudos da Sociedade Brasileira de Psicanálise, reconhecido pela IPA. Em 1959, este grupo deu origem à SBPRJ – Sociedade Brasileira de Psicanálise do Rio de Janeiro, que se vinculou também à IPA.[3]

---

[1] A respeito, consultar o breve relato que fazemos sobre Philipe Pinel, à p. 78.

[2] ETCHEGOYEN, H. e ZYSMAN, S. **Melanie Klein en Buenos Aires**. *Comienzos y desarrollos*.
Disponível *in* site: ALHP - *Asociación Latinoamericana de Historia del Psicoanálisis*.
http://www.alhp.org/foro20.htm
Consultado em 28/12/2005.

[3] O'DONNELL, M. Verbete: Perestrello, Danilo. *In* MIJOLLA, A. (dir. geral). **Dicionário Internacional da Psicanálise**. Rio de Janeiro: Imago, 2005, p. 1367.

O clima político e ideológico, no mundo e no Cone Sul, na segunda metade do século XX

Todas as atividades que se realizavam na *Pequeña Salpêtrière*, assim como outros desdobramentos que relataremos neste capítulo, mantinham estreito vínculo de sentido com o contexto histórico daquele momento.

Por isso, merece ser recuperado, já que constituía o pano de fundo do quadro internacional surgido no pós Segunda Guerra Mundial e que entrelaçava agitação, rebeldia e esperança.

Em contraposição, esse clima de otimismo será revertido pela força, na década de sessenta, com a disseminação de violentas ditaduras em todo o Cone Sul.

Convidamos o leitor a fazer conosco uma breve recuperação de alguns dados históricos para desenharmos com mais clareza o cenário daquele momento.

Nos anos cinqüenta — apesar da eclosão da Guerra da Coréia (1950-1953), da derrota dos franceses na Guerra da Indochina (1945-1954), em 1954, que cindiu o Vietnã em dois países e criou as condições para a intervenção norte-americana, em 1964, na Guerra do Vietnã (1958-1975) — o clima de otimismo e de entusiasmo predominava. Foi também durante estes anos que eclodiram os movimentos de libertação das nações africanas, dando fim ao colonialismo europeu.

A expectativa era de que novas possibilidades se abririam para a construção de um mundo novo, mais solidário e pacífico, com menos injustiças, maior desenvolvimento econômico e tecnológico e mais intercâmbio entre os povos e as culturas.

No entanto, a confrontação entre os Estados Unidos e a União Soviética dava início ao que se chamou de *Guerra Fria*, alicerçada numa corrida armamentista que brandia constante ameaça de eclosão de um novo conflito armado, desta vez com a utilização de armas nucleares e mísseis de longo alcance.

A ONU – Organização das Nações Unidas (1945), recém-fundada, se desdobrava em diversos organismos internacionais — FAO (1945), UNESCO (1945), UNICEF (1946), OMS (1948). Surgiam novas dimensões para as ações em prol da fome, da educação e cultura, da proteção à maternidade e à vida infantil e da saúde.

A Europa, com a injeção de recursos resultantes do Plano Marshall (1948-1951), vivia com entusiasmo sua reconstrução. O mesmo ocorria com o Japão, que havia sofrido o impacto das bombas atômicas lançadas sobre Hiroshima e Nagasaki (1945).

Com o comércio internacional crescendo, a industrialização acelerada chegava, enfim, a alguns países do Terceiro Mundo, entre eles o Brasil.

Os anos cinqüenta e sessenta foram privilegiados pelo desempenho de velhos e novos grandes líderes e estadistas em todo o mundo, tanto no ambiente oficial quanto nos movimentos sociais.

Foi uma época histórica na qual personalidades particularmente diferenciadas, confrontadas em posturas ideológicas muito divergentes, em todos os continentes, exerciam papéis relevantes nas relações internacionais.

Apesar de a lista ser extensa, podemos citar, dentre outros, Dag Hammarskjöld (1905-1961) (ONU), a quem foi conferido, em 1961, a título póstumo, o prêmio Nobel da Paz, John Fitzgerald Kennedy (1917-1963) e Martin Luther King (1929-1968), que recebeu o prêmio Nobel da Paz em 1964 (Estados Unidos), Nikita Khrushchov (1894-1971) (União Soviética), Winston Churchill (1874-1965) (Inglaterra), Charles de Gaulle (1890-1970) (França), Konrad Adenauer (1876-1967) (Alemanha), Amintore Fanfani (1908-1999) e Palmiro Togliatti (1893-1964) (Itália), Josip Broz Tito (1892-1980) (Iugoslávia), João XXIII (1881-1963) (Vaticano), David Ben-Gurion (1886-1973), Moshe Dayan (1915-1981) e Golda Meir (1898-1978) (Israel), Rei Hussein (1935-1999) (Jordânia), Gamal Abdel Nasser (1918-1970) (Egito), Léopold Senghor (1906-2001) (Senegal), Ahmed Ben Bella (1918) (Argélia), Patrice Lumumba (1925-1961) (Congo), Jawaharlal Nehru (1889-1964) (Índia), Mao Tsé-tung, (1893-1976) (China), Ho Chi Minh (1890-1969) e Nguyen Giap (1911) (Vietnã do Norte), Chiang Kai-shek (1887-1975) (Formosa).

Do lado de cá, na América Latina, havia um quadro de constante turbulência política e sede de inovação, do qual também emergiam novas lideranças que procuravam se sobrepor aos caudilhos tradicionais.

Esse movimento de emancipação dos anos cinqüenta durou pouco. Logo provocou reações das forças conservadoras que temiam o "avanço comunista", o que criou condições para que os Estados Unidos influenciassem a instauração de governos autoritários nas décadas de sessenta e setenta.

Esta turbulência política, por exemplo, aqui no Brasil, nos fez, em três meses, ter quatro presidentes.

Após o suicídio de Getúlio Vargas, em agosto de 1954, subiu à presidência o vice-presidente Café Filho (1899-1970), que nela permaneceu por dois meses, renunciando em função de sua saúde. Mais tarde, foi declarado impedido pelo Congresso quando tentou reassumir a presidência da República. Foi sucedido pelo presidente da Câmara dos Deputados, Carlos Luz (1894-1961), declarado impedido dois dias depois também pelo Congresso, em razão da pressão exercida pelo movimento militar liderado pelo marechal Lott (1894-1984). Através desse "golpe preventivo", foi preservada a continuidade democrática com a posse do presidente do Senado, Nereu Ramos (1888-1958), na presidência da República, que nela permaneceu por exatos dois meses e 21 dias, de 11 de novembro de 1954 a 31 de janeiro de 1955.

Após essa turbulência, garantiu-se a posse de Juscelino Kubitschek (1902-1976), em 1955, que presidiu o país até o final do mandato, representando um período de relativa calma e de democracia.

Em 1961, foi eleito Jânio Quadros (1917-1992), que renunciou poucos meses após a investidura. O vice-presidente João Goulart (1918-1976) assumiu a presidência, depois de muitas resistências, aceitando a mudança do regime constitucional para o parlamentarismo.

Foi deposto pelo golpe militar de 1964, liderado pelo marechal Castello Branco (1897-1967), que deu início à sucessão de presidentes da ditadura militar.

No final dos anos cinqüenta, na América Latina, as figuras de Fidel Castro (1926) e Ernesto "Che" Guevara (1928-1967) assumiram uma relevância especial com o sucesso da revolução cubana, em 1959.

Temerosos da disseminação da revolução cubana, os Estados Unidos adotaram uma política externa na região que estimulava a repressão aos movimentos políticos progressistas, fossem eles marxistas ou não. Através da CIA (1947), difundiram entre os militares latino-americanos a chamada Doutrina de Segurança Nacional, pela qual os próprios cidadãos de um país eram vistos como potenciais inimigos e ameaças à segurança. Utilizavam para isso, entre outros meios, a Escola das Américas (1946), situada no Panamá, onde foram treinados mais de 60.000 militares e policiais de 23 países da América Latina, sendo-lhes transmitidas informações sobre guerra na selva, guerra psicológica, inteligência militar, métodos de interrogatório com utilização de tortura e extorsão, além de técnicas de execução sumária.

Em conseqüência disso, diversos episódios de violência e de quebra institucional também se verificaram em outros países da América Latina, especialmente no Cone Sul (Brasil, Uruguai, Argentina, Paraguai e Chile).

No Brasil, como vimos, esse contexto resultou no golpe de 1964.

O Uruguai também sofreu este impacto. Na década de cinqüenta, inovou sua forma de governo, introduzindo o *Consejo Nacional de Gobierno* (1952-1967), um organismo constitucional colegiado composto por nove conselheiros eleitos por voto direto, que se alternavam anualmente na sua presidência. Nesta época, o país era considerado a Suíça da América, pela estabilidade democrática e neutralidade internacional que praticava.

Ao redor de 1955, no entanto, o país começou a sofrer uma profunda crise econômica, que resultou em diversos conflitos sociais e políticos.

No início da década de sessenta, surgiram movimentos paramilitares de esquerda e direita que convulsionaram o país: os Tupamaros (1960), de esquerda — cujo nome se refere ao líder Quechua Túpac Amaru II (1742-1781) que comandou a maior insurreição contra os espanhóis no século XVIII e foi por eles barbaramente executado —, e o *Escuadrón de la Muerte* e a *Juventud Uruguaya de Pie* (JUP), de direita.

Em 1973, o presidente constitucional Juan María Bordaberry (1928), com apoio das Forças Armadas, dá um golpe de Estado, fechando o Congresso uruguaio e impondo a Lei Marcial. O golpe foi bravamente resistido pela sociedade, especialmente trabalhadores sindicalizados, estudantes e professores universitários, que realizaram uma greve geral de quinze dias, a mais longa da história do país até então.

Até o ano de 1985, quando Julio María Sanguinetti (1936) toma posse como presidente constitucionalmente eleito, marcando a redemocratização do país, o Uruguai viveu também seu período de trevas, sob uma ditadura militar ferrenha que se valeu da perseguição, prisões indiscriminadas, tortura, assassinatos e terror de Estado contra a sociedade civil.

No Chile, considerado na época um país institucionalmente estável, Carlos Ibáñez (1877-1960), que já havia sido presidente anteriormente, entre 1927 e 1931, foi novamente eleito para o período de 1952 a 1958, sendo sucedido por Jorge Alessandri (1896-1986), que exerceu a presidência entre 1958 e 1964, e Eduardo Frei (1911-1982), cujo mandato se estendeu de 1964 a 1970.

Todos chegaram sucessivamente à presidência através de eleições democráticas, também disputadas por Salvador Allende (1908-1973), que conseguirá se eleger presidente, finalmente, em 1970, com ambiciosas propostas de reformas políticas.

Allende foi, mais tarde, em 1973, derrubado e morto pelas tropas de Augusto Pinochet (1915-2006), que instaurou uma das ditaduras mais ignominiosas do Cone Sul, durando até 1989.

No Paraguai, Alfredo Stroessner (1912-2006) tomou o poder em 1954 e instalou uma ditadura corrupta e cruel, mantendo-se no posto por trinta e cinco anos através de eleições fraudulentas nas quais se apresentava como candidato único, até ser derrubado por outro golpe militar, em 1989, quando fugiu para o Brasil, onde veio a falecer.

A Argentina merece uma descrição mais detalhada deste período de sua história, que é o pano de fundo da vida de Enrique Pichon-Rivière.

Lá, nesse mesmo período, houve uma sucessão de golpes de Estado e regimes políticos após a derrubada de Juan Domingo Perón e instalação da ditadura do General Aramburu (1905-1970), em 1955.

Seguiu-se a eleição de Arturo Frondizi (1908-1995) em 1958, deposto, preso e confinado por um golpe militar, em 1962, sendo sucedido por José María Guido (1910-1975), presidente do Senado.

O curto mandato de dois anos de José María Guido foi marcado por muitos enfrentamentos entre grupos opostos nas Forças Armadas argentinas, conhecidos como *azules* e *colorados*, vencidos ao final pelos primeiros, sob o comando de Juan Carlos Onganía (1914-1995), que foi nomeado ministro da Guerra.

José María Guido convocou eleições no ano de 1963.

Arturo Illia (1900-1983) foi eleito, para ser derrubado, em 1966, por seu ministro da Guerra, ainda o mesmo Onganía — à frente do que foi denominado de *Revolución Argentina* (1966-1973) — que assumiu *de facto* a presidência, instaurando mais uma ditadura militar no país.

Em julho de 1966, forças militares e policiais do ditador Juan Carlos Onganía invadiram e ocuparam cinco faculdades da UBA – Universidade de Buenos Aires, num episódio que ficou conhecido como a *Noche de los Bastones Largos* (1966). Muitos professores e intelectuais padeceram conseqüências, alguns afastados e postos em disponibilidade, como a psiquiatra Telma Reca de Acosta (1904-1979) — que, junto com Arminda Aberastury, foi uma das precursoras da psicoterapia infantil na Argentina. Outros se demitiram de seus postos, tendo ocorrido uma grande evasão de cérebros do país.

Em 1968, na esteira do Maio de 68 francês, a agitação política, sindical e estudantil argentina se alastra pelo país, indo desembocar, em 29 de maio de 1969, no episódio do *Cordobazo* (1969), rebelião popular espontânea ocorrida na cidade de Córdoba e que resultou na morte de 14 pessoas, dando início aos movimentos revolucionários armados na Argentina.

Entre outros eventos que sucederam ao *Cordobazo*, os Montoneros, naquele ano, seqüestraram e executaram o General Aramburu.

Montoneros era o nome de uma organização revolucionária armada, que reunia principalmente estudantes de classe média e alta, com ideologia nacionalista católica e peronista, aos quais se acrescentavam conteúdos do marxismo revolucionário latino-americano de Che Guevara e Fidel Castro. Suas origens remontam à ação católica (conservadora) e às atividades pastorais (progressistas e terceiro-mundistas) do sacerdote jesuíta Carlos Mugica (1930-1974), que atuava junto às populações mais pobres de favelas e cortiços e que foi assassinado pela AAA – *Alianza Anticomunista Argentina* (1973). Um dos dirigentes mais conhecidos dos Montoneros foi Mario Firmenich (1948), que depois de um longo exílio na Itália, México e Cuba, em 1983, foi capturado no Brasil e extraditado para a Argentina, onde foi julgado e condenado a trinta anos de prisão. Posteriormente, em 1990, o presidente peronista Carlos Menem (1930), eleito no ano anterior para seu primeiro mandato, o indultou, após alguma relutância.

Em 1970, a Junta Militar da *Revolución Argentina* encabeçada por Alejandro Lanusse (1918-1996), exigiu a renúncia de Onganía em decorrência da intensa agitação social e da ação dos grupos paramilitares.

Diante de sua recusa em deixar o poder, os chefes militares da *Revolución Argentina* derrubaram-no, substituindo-o por outro general, Marcelo Levingston (1920), na presidência *de facto* do país.

Levingston também não durou muito no cargo. A agitação sindical, a ação dos paramilitares de direita e esquerda e a pressão movida por Perón — exilado em Madri, Espanha — e seus aliados, criavam um clima político e social extremamente conturbado.

Menos de um ano depois, Levingston foi deposto pela Junta Militar, sendo substituído pelo próprio Alejandro Lanusse, que procurou uma saída política para a devolução do poder aos civis através do que denominou de *Gran Acuerdo Nacional* – GAN (1971), uma frustrada tentativa de criar um "peronismo sem Perón". Foi um período de muita violência, marcado por episódios sangrentos como o *Masacre de Trelew* (1972)[4].

Lanusse, pragmaticamente, revogou a proibição de funcionamento dos partidos políticos, restituindo-lhes os seus bens. Em 1971, repatriou também o cadáver de Eva Perón (1919-1952) — que, embalsamado pelos peronistas, fora seqüestrado, em 1955, por ordem do general Aramburu, da câmara ardente onde era mantido desde sua morte, em 1952, na sede da CGT – *Confederación General del Trabajo de la República Argentina* (1930). Depois de peripécias quase inacreditáveis, com a cumplicidade da Igreja Católica da Argentina e do próprio papa Pio XII (1876-1958), o corpo terminou sendo contrabandeado para Gênova, na Itália, para ser sepultado, por fim, numa tumba clandestina no Cemitério Maior de Milão[5]. Finalmente, em 1972, Lanusse convidou Perón a visitar o país.

Enfim, convocou eleições para o ano de 1973, da qual saiu eleito e empossado presidente da República Héctor Cámpora (1909-1980), representante de Perón na Argentina. Cámpora preparou o retorno de Perón ao país, o que ocorreu ainda no ano de 1973.

Na chegada do caudilho ao aeroporto de Ezeiza em Buenos Aires houve um confuso episódio de confrontação de grupos armados de Montoneros e sindicalistas da CGT. Foi o *Masacre de Ezeiza* (1973). Numa atitude de irresponsabilidade política e desrespeito à vida humana, atiravam indiscriminadamente sobre a massa de mais de dois milhões de pessoas que se postava nos gramados que margeiam a estrada que liga o aeroporto à cidade. Os conflitos se estenderam por todo o dia, resultando em cento e cinqüenta e seis mortos e quase quatrocentos feridos. Este episódio nunca foi objeto de uma investigação oficial.

---

[4] O *Masacre de Trelew* foi outro episódio típico daqueles anos. Após uma tentativa de fuga em parte fracassada, 16 presos políticos das *Fuerzas Armadas Revolucionarias* (FAR), *Ejército Revolucionario del Pueblo* (ERP) y *Montoneros*, se renderam diante de um juiz, imprensa e autoridades militares. Foram levados à base naval Almirante Zar, em Trelew, na Patagônia, e sumariamente executados.
WIKIPEDIA. Verbete: *Masacre de Trelew*.
Disponível *in* site:
http://es.wikipedia.org/wiki/Masacre_de_Trelew
Consultado em 01/02/2007.

[5] WIKIPEDIA. Verbete: *Eva Perón*.
Disponível *in* site:
http://es.wikipedia.org/wiki/Eva_Perón
e
http://pt.wikipedia.org/wiki/Eva_Perón
Consultado em 01/02/2007

Apesar da lealdade de Cámpora, Perón retira o apoio ao seu governo, o que o leva a renunciar à presidência ainda no ano de 1973, juntamente com seu vice-presidente, Solano Lima (1901-1984).

Raúl Lastiri (1915-1978), presidente da Câmara de Deputados, assume o governo e convoca imediatamente eleições, vencidas por Perón.

Com o retorno de Perón ao poder, em 1973, inicia-se outro confuso processo político.

O principal conselheiro e secretário particular de Perón, López Rega (1916-1989), conhecido como *El Brujo*[6], passa a exercer uma influência significativa na condução do processo político.

Peronista de direita, já durante o governo de Lastiri começou a organizar a AAA – *Alianza Anticomunista Argentina*, desviando recursos públicos para armar grupos paramilitares. Em decorrência das ações que comandou clandestinamente neste período, estima-se que foram praticados mais de 1.500 assassinatos, seqüestros e atos de terrorismo, com explosão de bombas e outros tipos de atentados, num crescendo de violência. López Rega perseguiu, implacavelmente, políticos, artistas e intelectuais de esquerda na Argentina, fazendo com que muitos deles procurassem refúgio, exilando-se no exterior.

Perón falece em 1974, em conseqüência de um edema pulmonar decorrente de seus problemas cardíacos. É sucedido por Isabelita Perón (1931), sua mulher, que havia sido com ele eleita para vice-presidente da República. Foi a primeira mulher a se tornar presidente da República de um país latino-americano.

O governo de Isabelita — profundamente influenciada por *El Brujo* — foi marcado por uma inflação galopante, aumento dos conflitos entre grupos paramilitares e o início do que veio a ser conhecido como "a guerra suja" na Argentina.

Esse processo resultará na deposição de Isabelita Perón pelo seu próprio ministro da Guerra, general Jorge Rafael Videla (1925), dando início ao sanguinário *Proceso de Reorganización Nacional* argentino, que durou de 1976 a 1983. Foi então criada uma junta militar composta pelo próprio Videla, como representante do Exército, pelo almirante Emilio Eduardo Massera (1925), da Marinha e pelo brigadeiro Orlando Ramón Agosti (1924-1997), da Força Aérea.

Foi o regime do terror, com violenta perseguição silenciosa contra todos os grupos, organizados ou não, que tinham em comum propósitos libertários, aí incluídos as instituições psicanalíticas e os grupos de esquerda. Através de prisões, torturas, seqüestros, execuções sumárias, desaparecimentos e outras inúmeras barbáries, o governo militar pretendia subjugar a sociedade civil.

O contexto desse extenso quadro geral — que propositalmente desenvolvemos até o fim da década de setenta — ilustra o quanto, nos anos cinqüenta, o otimismo predominava, para ser sucedido, no decorrer dos anos sessenta e setenta, por um verdadeiro anticlímax de terror político e ditaduras, que dominará os últimos anos de vida de Pichon-Rivière.

Foram tempos agitados, desafiantes, mas, também, muito perigosos de se viver.

---

[6] Em português, "*O Bruxo*".

Os antecedentes da *Experiencia Rosario*: a fundação do *Instituto Argentino de Estudios Sociales* – IADES

Retornemos, portanto, ao ano de 1949, quando foi fundado o Instituto Pichon-Rivière no consultório na *calle Copérnico*, a *Pequeña Salpêtrière*[7].

Nos anos cinqüenta, em consonância com o quadro internacional que já descrevemos, transpirava-se inovação, desejo de experimentação. Havia uma sólida crença de que, com o auxílio da ciência e da tecnologia, era chegada a hora de fazer tentativas novas para ousar mudar as condições de vida das pessoas e a própria história da humanidade.

O final da década de cinqüenta e início da de sessenta, foram também os anos em que Pichon alcançou seu maior renome e prestígio. Durante o Ano Mundial da Saúde, em 1960, por exemplo, presidiu o *II Congreso Argentino de Psiquiatría* (1960), em Mar del Plata.

A efervescência intelectual e ideológica desses tempos se fazia particularmente presente nas ciências humanas.

Foi um momento histórico singular para a antropologia, a sociologia, a economia, a política, convergindo de forma muito criativa para o campo da psicologia social.

Prevalecia, de um modo geral, nas ciências humanas de toda a América Latina, a orientação ideológica que se convencionou chamar de desenvolvimentista, de forte orientação marxista.

Foi no contexto deste caldo ideológico-cultural que Pichon e seu grupo desenvolveram, na *Pequeña Salpêtrière*, suas inovadoras atividades no campo da saúde mental e da psicologia social.

Resnik, a propósito, comenta:

> *"Pelo traço peculiar de ter tido uma excelente formação psiquiátrica e psicanalítica, e dada sua capacidade para integrar uma e outra, quase todos os membros da jovem associação psicanalítica assistiam as conferências de Enrique Pichon-Rivière. Como que num teatro, eu via desfilar entre a assistência da* Pequeña Salpêtrière*, A. Garma, A. Rascovsky, seu irmão L. Rascovsky, M. Langer e outros."*[8]

No caldeirão criativo da *Pequeña Salpêtrière* diversas correntes intelectuais se encontraram, ao mesmo tempo em que eram tomadas iniciativas pioneiras.

Foi neste momento que, em 1953, Enrique Pichon-Rivière fundou a Escola de Psiquiatria Social (1953) — ou *Primera Escuela de Psiquiatría Dinámica*, segundo Carpintero e Vainer, com sede na *Sociedad Científica Argentina*, na avenida Santa Fe[9] —, antecipando-se em alguns anos aos movimentos da antipsiquiatria e da luta antimanicomial.

---

[7] A respeito, consultar o breve relato que fazemos sobre Philipe Pinel, à p. 78.

[8] RESNIK, S. *Enrique Pichon Rivière. In* EGUÍA, R. (compilador) **Grandes Psicoanalistas Argentinos**. Buenos Aires – México: Lumen, 2001, p. 176.

[9] CARPINTERO, E. e VAINER, A. **Las huellas de la memoria I** – *Psicoanálisis y salud mental en la Argentina de los '60 y '70 – Tomo I: 1957 – 1969.* Buenos Aires: Topía, 2004, p. 247.

Visacovsky escreve a esse respeito:

"O modelo das comunidades terapêuticas chegou à Argentina no começo da década de 1960, e as primeiras traduções para o espanhol da obra de Jones chegaram nos anos seguintes[10]; no entanto, a conformação de um campo local denominado 'psiquiatria social' não constituiu um mero reflexo do que sucedia na Europa Ocidental e nos Estados Unidos. Na realidade, foram as transformações do sentido do 'social' as que incidiram diretamente na peculiaridade do campo na Argentina. O uso da noção de 'social' como qualidade de uma psiquiatria apareceu em 1953, quando Pichon-Rivière criou a Escola de Psiquiatria Social, com o propósito de ampliar a aplicação da psicanálise a outras áreas."[11]

Com a queda de Perón em 1955, iniciou-se um processo de renovação da vida universitária na Argentina, com a criação de novos cursos e uma vitalização do debate intelectual e ideológico.

Eram tempos de muita agitação, nos quais os estudantes reivindicavam a criação de novos cursos como os de sociologia e psicologia, maior independência científica na condução do ensino e autonomia administrativa da Universidade, procurando romper com a camisa de força imposta pelo regime peronista sobre a vida acadêmica.

Seguindo este movimento, na Faculdade de Filosofia e Letras da UBA – Universidade de Buenos Aires, foi reestruturado o Curso de Sociologia, em 1955, com o retorno à universidade do sociólogo italiano Gino Germani (1911-1979), que assumiu sua condução, já que estivera afastado durante o período peronista.

Paralelamente, José Bleger conseguiu criar em Rosario, em 1956, o primeiro curso de Psicologia da Argentina. Um ano mais tarde, em 1957, foi criado o Curso de Psicologia na UBA, inicialmente dirigido por Marcos Victoria (1902-1975), um psicólogo de linha tradicional que considerava a psicologia uma ciência auxiliar da medicina.

Por pressão dos estudantes, foi substituído pelo filósofo Enrique Butelman (1919-?), professor de Psicologia Social no Departamento de Sociologia dirigido por Gino Germani.

Butelman — posteriormente um dos fundadores do *Editorial Paidós* (1945), especializada em livros de psicologia e psicanálise, juntamente com Jaime Bernstein (1919-?) — introduziu um currículo para o curso, que incluía uma forte influência da corrente psicanalítica.

Veremos mais adiante, no capítulo *A Escola e os últimos vinte anos da vida de Pichon*[12], que este tipo de posicionamento em relação à psicologia resultará em sérios desdobramentos nos anos seguintes.

---

[10] JONES, M. **Psiquiatría tradicional, psiquiatría social y comunidad terapéutica**. In: *Psiquiatría Social Nº1*. Buenos Aires: Escuela, 1967, p. 12-24 e
JONES, M. **La psiquiatría social en la práctica**: *la idea de la comunidad terapéutica*. Buenos Aires: Americale. 1970.

[11] VISACOVSKY, S. **El Lanús** - *Memoria, Política y Psicoanálisis en la Argentina (1956-1992)*. Buenos Aires: Infomed, 2001.
Disponível *in* site: Igitur, da *University Library Utrecht*.
http://igitur-archive.library.uu.nl/dissertations/2002-0722-131839/full.pdf
Consultado em 24/09/2006.

[12] Ver a partir da p. 173.

José Bleger, a esta altura já conhecido pelo seu trabalho pioneiro em Santiago del Estero e Rosario e se transferindo para Buenos Aires, é incluído no corpo docente deste novo curso, vindo a exercer influência importantíssima na formação dos psicólogos argentinos.[13]

Bleger merece, aqui, uma referência especial, pelo destacado papel que exerceu no alicerce teórico das propostas de Pichon.

Nasceu em 1922 em Ceres, uma colônia judaica agrícola da Província de Santa Fe. Sendo neto de rabinos, militante comunista e possuidor de sólida formação intelectual, recebeu o apelido de *El Rabino Rojo*[14]. Foi em Rosario que fez a Faculdade de Medicina (1889) na *Universidad del Litoral*, graduando-se em 1946. Iniciou sua clínica psiquiátrica em Santiago del Estero, na província de mesmo nome, limítrofe com a do Chaco, ao norte, e a de Santa Fe, a leste, onde se situa a cidade de Rosario.[15]

Ainda como estudante, conheceu César Augusto Ottalagano, que ali já cursava medicina há três anos. Foi por influência deste colega veterano que Bleger entrou em contato com a obra freudiana e procurou Pichon-Rivière em Buenos Aires, para iniciar sua análise didática, tornando-se membro da APA em 1954. Posteriormente fez sua segunda análise com Marie Langer.

Foi titular da disciplina Teoria Geral das Neuroses no *Instituto de Psicoanálisis Ángel Garma*, ministrando aulas para os alunos do último ano de formação.

Bleger era membro do *Partido Comunista de la Argentina* (1918), sendo um leitor minucioso das obras de Karl Marx (1818-1883) e de Lênin.

Sua posição de honestidade e de independência intelectual foi muito corajosa para a época, representando uma ruptura com o pensamento stalinista oficial do partido. Por este caminho, descobriu Georges Politzer (1903-1942), cuja obra psicológica traduziu, acrescentando[16][17][18], a título de prólogo e apêndice, primorosos estudos sobre a relação entre a psicanálise e o materialismo dialético. Este percurso levou-o a publicar, em 1957, seu pequeno, mas brilhante trabalho, intitulado *Psicoanálisis y dialéctica materialista*[19].

A aproximação com o pensamento psicanalítico o fez rever a posição antipsicanalítica adotada pelos stalinistas na década de 1930 e que resultou na condenação da psicanálise como ciência burguesa por Stalin (1878-1953), em 1950. Denunciou, também, o anti-semitismo do regime soviético quando visitou a URSS no início da década de 1960.

---

[13] VISACOVSKY, S. *El Lanús - Memoria, Política y Psicoanálisis en la Argentina (1956-1992)*. Buenos Aires: Infomed, 2001.
Disponível *in* site: Igitur, da *University Library Utrecht*.
http://igitur-archive.library.uu.nl/dissertations/2002-0722-131839/full.pdf
Consultado em 24/09/2006.

[14] Em português, "*O Rabino Vermelho*".

[15] CARPINTERO, E. e VAINER, A. *Las huellas de la memoria I – Psicoanálisis y salud mental en la Argentina de los '60 y '70 – Tomo I: 1957 – 1969*. Buenos Aires: Topía, 2004, p. 183 a 193.

[16] POLITZER, G. *Psicología Concreta*. Buenos Aires: Jorge Alvarez, 1965.

[17] POLITZER, G. *Crítica de los Fundamentos de la Psicología: El Psicoanálisis*. Buenos Aires: Jorge Alvarez, 1966.

[18] POLITZER, G. *El Fin de la Psicología Concreta*. Buenos Aires: Jorge Alvarez, 1966.

[19] BLEGER, J. *Psicoanálisis y dialéctica materialista*.2ª ed. Buenos Aires: Paidós, 1963.

Em 1961 foi violentamente expulso do *Partido Comunista de la Argentina* – PCA, acusado de irracionalismo em função de sua vinculação com a psicanálise.

Em sua luta tanto no ambiente psicanalítico quanto no campo do marxismo e do comunismo foi, muitas vezes, acusado de ambigüidade. CARPINTERO, E. e VAINERassim comentam esta sua característica:

> *"(...) Entre dois fogos, Bleger ficava sempre no meio. Este foi seu drama."*[20]

Interlocutor incansável de Pichon, seu papel nem sempre foi devidamente reconhecido. Contribuiu com uma sólida formação intelectual e um invejável lastro cultural para estruturar e fundamentar conceitos que estavam sendo febrilmente elaborados sob a liderança de Pichon.

Foi por intermédio de Bleger que o grupo da *Pequeña Salpêtrière* se aproximou de Gino Germani. Do encontro de Pichon e Germani resultou a criação, em 1955, do *Instituto Argentino de Estudios Sociales* – IADES (1955).

O IADES, de um lado, ofereceu a oportunidade de embasar jurídica e institucionalmente as atividades do grupo. De outro, por seu caráter pluralista e eclético, ampliou sua influência no ambiente intelectual e acadêmico.

Este instituto promovia atividades variadas, entre as quais estavam incluídos não só os cursos desenvolvidos pela Escola de Psiquiatria Social, mas também estudos de opinião, enquetes sociais e outras iniciativas.

Ricardo Avenburg dá seu testemunho a respeito desta época:

> *"Era a época da criação do IADES (Instituto Argentino de Estudios Sociales): o interesse de Pichon estava francamente orientado ao campo sociológico para o qual fomos arrastados. Na realidade, sua concepção acerca da ciência em geral era que esta constituía uma unidade totalizadora que não era formada por compartimentos estanques, nos quais a psicanálise e a psiquiatria constituíam uma esfera particular; no que se refere especificamente às ciências humanas, o ser humano é um, enquanto totalidade, e deve ser abordado a partir de todas as perspectivas possíveis, e sendo um, ao mesmo tempo não é um indivíduo isolado mas um ser social que deve ser estudado em relação ao meio humano que o constitui e em seus distintos níveis de conduta. Deste modo nos arrancou (a seus discípulos) do âmbito do consultório e nos levou à rua, para bater na porta do endereço que nos cabia, para fazer uma pesquisa política, ou uma pesquisa sobre problemas sanitários, ou sobre algum produto comercial. O desenho da investigação era efetuado por Pichon com alguns colaboradores especializados, nós a realizávamos [o trabalho de campo] e a elaboração dos dados a fazíamos em conjunto."*[21]

Foi este o contexto que permitiu que um grupo de seus integrantes, liderados por Pichon, imaginassem um experimento social de amplo espectro, que veio a ser conhecido como a *Experiencia Rosario* (1958).

---

[20] CARPINTERO, E. e VAINER, A. *Las huellas de la memoria I* – Psicoanálisis y salud mental en la Argentina de los '60 y '70 – Tomo I: 1957 – 1969. Buenos Aires: Topía, 2004, p. 193.

[21] AVENBURG, R. *Enrique Pichon Rivière, sus enseñanzas a la luz de mi vínculo con él*. In *Actualidad Psicológica*. Buenos Aires: *Año XXI, N° 231, mayo 1996*, p. 13.

Apesar da falta de um registro sistemático, algumas informações básicas puderam ser recuperadas, dentre elas, a da própria data da realização do experimento. Fernando Fabris (1963) faz um relato pormenorizado, registrando que foi realizado entre os dias 27 a 29 de junho de 1958.[22]

Através da *Experiencia Rosario* — um verdadeiro laboratório social, em consonância com o que na época era considerado o que de mais moderno e científico existia no campo da psicologia social —, pretendia-se obter a validação das técnicas de grupos operativos que Pichon vinha pacientemente construindo desde os tempos de suas atividades no *Hospicio de las Mercedes*. Para sua realização, além do apoio do Departamento de Psicologia da *Universidad del Litoral* — em que se transformara o curso de Psicologia que Bleger havia criado naquela cidade —, contou-se com o suporte institucional da Faculdade de Medicina e da Faculdade de Ciências Econômicas também da *Universidad del Litoral*, em Rosario, e da Faculdade de Ciências Econômicas e do Instituto de Estatística, da Faculdade de Filosofia da UBA, de Buenos Aires. Na cidade de Rosario, outras instituições também aderiram ao experimento. Obteve-se a participação de um público heterogêneo, constituído por estudantes e professores universitários (de ciências econômicas, estatística, psicologia, filosofia, diplomacia, medicina, arquitetura e engenharia), autodidatas, boxeadores, pintores, corretores de seguros, estivadores do porto, comerciários, donas-de-casa e algumas prostitutas.[23] [24]

A *Experiencia Rosario* foi concebida, planejada e preparada no âmbito do IADES, sob a coordenação geral de Pichon, seu diretor. A preparação do evento comportou diversas atividades. Foi desenvolvida intensa articulação com as instituições que dela participaram. Providenciou-se sua divulgação: diversos cartazes com o anúncio do experimento e sua programação foram espalhados por toda Rosario. Cuidou-se, também, do treinamento da equipe que conduziria os diversos grupos, qualificando-a para a utilização de técnicas grupais de coordenação.

A realização da *Experiencia Rosario*

A *Experiencia Rosario*, como já foi dito, foi realizada em 1958, utilizando-se as instalações da Faculdade de Ciências Econômicas da *Universidad del Litoral*, na cidade de Rosario, Província de Santa Fe, localizada a 310 km de Buenos Aires.

Os registros deste experimento resultam de relatos verbais que, posteriormente, foram estruturados em artigos de autorias diversas.

---

[22] FABRIS, F. *Pichon Rivière, un viajero de mil mundos*. Buenos Aires: Polemos, 2007, p. 288.

[23] PICHON-RIVIÈRE, E., BLEGER, J., LIBERMAN, D., ROLLA, E. Técnica dos grupos operativos. *In* PICHON-RIVIÈRE, E. **O Processo Grupal**. Série Psicologia e Pedagogia. São Paulo: Martins Fontes, 1983, p. 87.
PICHON-RIVIÈRE, E., BLEGER, J., LIBERMAN, D., ROLLA, E. *Técnica de los grupos operativos. In* PICHON-RIVIÈRE, E. *El proceso grupal*. Buenos Aires: Nueva Visión, 1980, p. 107.

[24] CARPINTERO, e E. VAINER, A. *Los cambios sociales y culturales en la década del sesenta y el auge del psicoanálisis en la Argentina - Parte II - Enrique Pichón Rivière y la Experiencia Rosario*.
Disponível *in* site: *Topía - Psicoanálisis, Sociedad y Cultura - Topía Revista.*
http://www.topia.com.ar/articulos/inter-cambios2.htm
Consultado em 29/12/2005.

O principal deles foi escrito por Pichon em colaboração com Bleger, Liberman e Rolla e integra o seu livro *O Processo Grupal* [25].

A respeito da falta de registro sistemático da *Experiencia Rosario*, Fernando Ulloa escreve:

> *"Lamentavelmente, o desenvolvimento e, sobretudo, a análise posterior da mesma* [refere-se à *Experiencia Rosario*] *permaneceu dentro da tradição oral assinalada. Não cabe dúvida que esta falta de publicação sistemática é algo que nos alcança e responsabiliza a todos os que trabalhamos dentro das técnicas grupais operativas. É certo que se pode invocar algumas razões para explicar esta situação. O caráter novo e experimental destas técnicas é sentido ainda com certo grau de improvisação próprio de uma atividade precisamente sem demasiada tradição bibliográfica. Creio que isto contribui para postergar 'sempre um pouco mais' toda tentativa de escrever. Por outra parte, é um fato conhecido que a ênfase posta na operação tende a substituir a etapa de conceituação. Não obstante, foi precisamente Pichon-Rivière quem conseguiu o melhor nível de conceituação dentro das técnicas operativas, estabelecendo princípios fundamentais sobre as mesmas."* [26]

Na verdade, Pichon pouca importância dava a escrever textos, a tal ponto que nos legou apenas artigos escritos sempre com a colaboração de terceiros.

É ainda Ulloa quem comenta:

> *"Transcorridos vários anos desde a morte de Pichon-Rivière, cabe perguntar-se sobre a vigência psicanalítica de quem em vida não se preocupou muito em escrever seu pensamento de forma direta e pessoal, o que resulta em alguém mais conhecido 'de ouvido', pela boca de quem foram seus ouvintes."* [27]

Já Guillermo Vidal (1917 -2000), por ocasião da homenagem prestada a Enrique Pichon-Rivière, ainda em vida, no transcurso de seu sexagésimo aniversário, pela *Acta Psiquiátrica y Psicológica de América Latina*, por ele dirigida, escreveu:

> *"É difícil fazer um balanço final da obra pichoniana. Talvez pelo socratismo de Pichon, homem e obra correm inextrincavelmente unidos, e esta, transmitida oralmente através de seus discípulos mais próximos, muitas vezes arrastada pelas peripécias dele. As relações um tanto ambivalentes e equívocas fizeram o resto. Como resultado, aí está a obra do mestre: imensa,*

---

[25] PICHON-RIVIÈRE, E., BLEGER, J., LIBERMAN, D., ROLLA, E. Técnica dos grupos operativos. In PICHON-RIVIÈRE, E. **O Processo Grupal**. Série Psicologia e Pedagogia. São Paulo: Martins Fontes, 1983, p. 87.
PICHON-RIVIÈRE, E., BLEGER, J., LIBERMAN, D., ROLLA, E. *Técnica de los grupos operativos*. In PICHON-RIVIÈRE, E. **El proceso grupal**. Buenos Aires: Nueva Visión, 1980, p. 107.

[26] ULLOA, F. *E. Pichon-Rivière y la psicología social*. In Acta Psiquiátrica y Psicológica de América Latina, Buenos Aires: v. XIII N 4 – Diciembre de 1967, p. 351-352.

[27] ULLOA, F. **Pichon Rivière**: ¿Es la propia gravedad pasta esencial en la hechura teórica de un psicoanalista? In *Actualidad Psicológica*. Buenos Aires: Año XXI, Nº 231, mayo 1996, p. 11.
ULLOA, F. **Pichon Rivière**: ¿Es la propia gravedad pasta esencial en la hechura teórica de un psicoanalista?
Disponível *in* site: *portal El Sigma*.
http://www.elsigma.com/site/detalle.asp?IdContenido=3577
Consultado em 24/09/2006.

heterogênea, sedutora, de limites imprecisos, rica em vislumbres geniais, nem sempre definida em sua originalidade conceitual, pela falta da congruência doutrinária que dá impulso e continuidade aos grandes pensamentos."[28]

De fato, esta é uma questão problemática e capital para quem se dispõe a estudar a obra de Pichon.

A este propósito, em março de 1995, Joaquín Pichon-Rivière, ao prologar o *Diccionario de términos y conceptos de psicología y psicología social*, recorda uma história, contada por sua avó paterna, a respeito de um rapaz de origem guarani que procura na cidade de Goya um pintor e lhe solicita um retrato de seu pai recentemente falecido. O pintor lhe pede uma descrição detalhada do pai e combina com ele para receber a pintura terminada dentro de um mês. Quando o rapaz retorna e contempla o retrato pintado, começa a chorar, dizendo: coitado de meu pai! Quanto mudou em tão pouco tempo![29]

Utilizando-se desse relato anedótico, Joaquín denuncia as freqüentes distorções sofridas pela obra de seu pai, e observa:

"Nos últimos anos, algumas publicações sobre a obra, as idéias ou conceitos de Pichon-Rivière, fizeram-me sentir como o jovem guarani da história de minha avó: quanto mudaram em tão pouco tempo!"[30]

Seu outro filho, Marcelo, ao se referir às interpretações a respeito do porquê seu pai não escrevia, diz:

"Salvo na adolescência, quando compôs alguns poemas em francês, a meu pai nunca lhe interessou escrever. Não tinha qualquer paixão pela escrita. Os medíocres de sempre atribuíam a uma vida irregular, desordenada, essa falta de interesse. Não é a explicação correta. Quando se decide a reunir em dois volumes seus distintos artigos e conferências (Da psicanálise à psicologia social, 1971) o faz, antes de tudo, para deixar um testemunho, uma herança escrita. Mas sua paixão estava na palavra dita, na palavra compartilhada com o discípulo. Gostava de comparar sua atitude com a de Sócrates. Sua paixão, sua via de escape, era o ensino, a contínua aprendizagem, com e a partir de seus alunos e pacientes. Pensar e curar, dizer e interpretar, formavam uma mesma textura de palavras e gestos. Era sua terapia para enfrentar o terror pânico inerente à situação humana. Uma terapia ativa e transformadora, seu remédio de médico de povoado, para a loucura e a melancolia."[31]

O fato concreto é que, seja qual for a interpretação — se por opção existencial, por boemia ou por falta de oportunidade —, a inexistência de documentação representa um sério obstáculo.

---

[28] VIDAL, G. *El socratismo de Pichon*. Buenos Aires: *Acta Psiquiátrica y Psicológica de América Latina*, v. XIII N 4 – Diciembre de 1967, p. 345.

[29] PICHON-RIVIÈRE, J. et *alii*. *Diccionario de términos y conceptos de psicología y psicología social*. Buenos Aires: Nueva Visión, 1995, p. 11.

[30] PICHON-RIVIÈRE, J. et *alii*. *Diccionario de términos y conceptos de psicología y psicología social*. Buenos Aires: Nueva Visión, 1995, p. 11.

[31] PICHON-RIVIÈRE, M. *Prólogo. In* PICHON-RIVIÈRE, E. *Psicoanálisis del Conde de Lautréamont*. Buenos Aires: Argonauta, 1992, p. 10.

Por isso, realizar a escavação arqueológica de dados esparsos, analisando suas contradições, de forma a resgatar as informações relevantes e reconstruir pouco a pouco uma aproximação do que realmente aconteceu, para então tentar escrever um relato coerente da *Experiencia Rosario*, é um desafio sujeito a certa margem de erro. O resultado, no entanto, é primordial para preservar a memória e a transmissão deste momento fundante da teoria e da técnica dos grupos operativos.

Vamos nos ater aos fatos, para não incorrermos em equívocos e num retrato distorcido da *Experiencia Rosario*, merecedor de lamento semelhante ao do índio guarani referido na anedota de Joaquín Pichon-Rivière.

Pelo que sabemos, a equipe foi preparada por Pichon em Buenos Aires e foi desta cidade que partiram, todos juntos, numa viagem de trem até Rosario. Do grupo de viajantes faziam parte, além do próprio Pichon, José Bleger, Fernando Ulloa, Edgardo Rolla, César Ottalagano, David Liberman e outros.

Ottalagano nos contava do ambiente de ansiedade, entusiasmo e de espírito aventureiro, juvenil, que envolvia todo o grupo. Fizeram a viagem conversando sobre o que fariam, quase como se se tratasse de um grupo operativo itinerante.

Fernando Ulloa, em outro artigo em homenagem aos sessenta anos de Pichon, nos conta:

> *"(...) um dos colaboradores com pouca experiência e bastante ansiedade, expressando as dúvidas de todos, procurava nervosamente imaginar como seríamos recebidos ou despedidos. Pichon-Rivière comentou, dirigindo-se a ele: 'Se na estação de Rosario nos atirarem bosta, devemos partir deste importante dado para compreender como é Rosario frente a uma indagação como a que nos dispomos a fazer.' O comentário, metade risonho, metade sério, nos aliviou a todos."*[32]

É importante lembrar que esta ida a Rosario não decorreu de um acaso. A cidade tinha, para muitos dos integrantes deste grupo, certo sabor de retorno às origens. O próprio Pichon, Bleger, Ottalagano e outros lá estudaram e com ela guardavam vínculos muito fortes.

Esta viagem de trem assumia uma dimensão imaginária plena de muitos outros sentidos. Eram viajantes que retornavam de terras distantes cheios de novidades, eram pioneiros que desbravavam novas trilhas, eram filhos que retornavam ao torrão de origem, eram cientistas numa expedição, eram ativistas numa caravana de militantes agitadores.

A imagem do principal monumento de Rosario, o Memorial à Bandeira[33], evoca os versos do hino argentino proclamando liberdade.

Liberdade que nos faz lembrar de outra viagem pioneira, quando Freud chegava a Nova York, em 1909, para proferir conferências a convite da *Clark University*. Diante da estátua, na entrada do porto, fez um controvertido comentário, para Jung e Ferenczi, dizendo algo assim: "eles não sabem que lhes trazemos a peste".

---

[32] ULLOA, F. *E. Pichon-Rivière y la psicología social*. Buenos Aires: *Acta Psiquiátrica y Psicológica de América Latina, v. XIII N 4 – Diciembre de 1967*, p. 353.

[33] Foi nesse local, em Rosario, que, no dia 27 de fevereiro de 1812, o General Manuel Belgrano, comandante das tropas na Guerra da Independência (1810-1824) da Argentina contra a Espanha, hasteou pela primeira vez a recém-criada bandeira azul e branca da República Argentina.

Por tudo isso, as informações de que dispomos sobre a *Experiencia Rosario* são plenas de conteúdos míticos, como se se tratasse da criação de mais uma lenda dos *malones* da *Laguna del Iberá*, impregnada pelo imaginário dos beirais do Rio Paraná.

O número de participantes não é muito preciso. Segundo quem relata, acorreram ao evento entre quinhentas e mil pessoas, constituindo-se num público muito heterogêneo, como já nos referimos anteriormente.

Porém, se calcularmos os participantes a partir das informações do artigo escrito por Pichon, Bleger, Liberman e Rolla, o número mais provável situa-se em torno de duzentas a trezentas pessoas, considerando-se o funcionamento de quinze grupos com aproximadamente quinze a vinte membros cada um, aí incluídos coordenadores e observadores.[34]

Dos relatos que nos chegaram através de textos e descrições orais, podemos reconstruir com razoável aproximação o que ocorreu em 1958.

O experimento se desenrolou em três dias, num final de semana, e sua programação foi estruturada nas seguintes etapas:

1. **Exposição inicial**
No auditório da Faculdade de Ciências Econômicas reuniram-se os inscritos para ouvir a exposição inicial proferida pelo coordenador-geral, Enrique Pichon-Rivière. Em sua comunicação abordou a proposta da experiência, idéias relacionadas ao funcionamento dos grupos e ao papel de liderança.

2. **Primeira sessão dos grupos heterogêneos**
As pessoas foram então convidadas a se dividirem em pequenos grupos, cujos membros foram escolhidos ao acaso ou por ordem de chegada. Cada grupo contava com um coordenador e um ou dois observadores, que procuravam registrar os emergentes[35] da dinâmica. Funcionaram quinze grupos por quatro horas seguidas.
O papel do coordenador era o de facilitar o processo de discussão em grupo, favorecendo a dialetização dos conteúdos através da redução do montante de ansiedade mobilizado. A técnica, no caso, foi a da aplicação do conceito resultante da primeira lei da dialética, a da interpenetração dos contrários. Pichon dizia que era necessário superar as contradições dilemáticas para transformá-las em contradições dialéticas. A longa duração desses grupos, que funcionavam por quatro horas seguidas, resultava da aplicação da segunda lei da dialética, a da acumulação quantitativa. A expectativa era a de que, a partir desse enquadramento, o funcionamento dos grupos permitisse a emergência do salto de qualidade pressuposto na terceira lei da dialética, a da negação da negação.

3. **Reunião da equipe de coordenação**
Após o término desta primeira sessão dos grupos heterogêneos, Pichon reuniu a equipe de coordenadores e observadores para fazer um apanhado do funcionamento dos mesmos e dos principais emergentes que neles surgiram. Uma das observações relatadas neste momento foi o da interferência da demanda psicoterapêutica de alguns participantes no desenvolvimento da tarefa dos grupos.

---

[34] PICHON-RIVIÈRE, E., BLEGER, J., LIBERMAN, D., ROLLA, E. Técnica dos grupos operativos. *In* PICHON-RIVIÈRE, E. **O Processo Grupal**. Série Psicologia e Pedagogia. São Paulo: Martins Fontes, 1983, p. 89.
PICHON-RIVIÈRE, E., BLEGER, J., LIBERMAN, D., ROLLA, E. *Técnica de los grupos operativos*. *In* PICHON-RIVIÈRE, E. *El proceso grupal*. Buenos Aires: Nueva Visión, 1980, p. 109.

[35] Sobre os conceitos de emergente e existente, ver texto e notas na p. 98.

No grupo coordenado por Fernando Ulloa[36], por exemplo, compareceu uma mulher jovem, acompanhada de um grupo de amigos, que de certo modo monopolizou as atenções com as reclamações que fazia quanto à inexistência em Rosario de psicoterapeutas competentes para cuidar de seu caso.

Pichon deu orientações sobre a condução dos trabalhos, enfatizando a necessidade de subordinar as intervenções destinadas à dissolução das resistências e das mobilizações emocionais à realização da tarefa de aprendizagem grupal.

4. Segunda sessão dos grupos heterogêneos

Os grupos novamente se reuniram para mais uma sessão com duração de quatro horas, mantendo-se a mesma composição anterior, a cargo das mesmas equipes de coordenador e observadores.

Algumas mudanças já podiam ser notadas. Entre os participantes, observava-se maior integração e interlocução no tratamento dos temas, com menos confrontações paralisantes do trabalho. Nas equipes de coordenação e observação, havia mais acuidade na apreensão dos processos grupais e mais adequação nas intervenções dos coordenadores.

5. Segunda reunião da equipe de coordenação

Ao fim da segunda sessão dos grupos, reuniram-se novamente os coordenadores e observadores com Pichon. Houve a troca de informações sobre os emergentes[37] surgidos nos pequenos grupos, permitindo a confirmação de algumas das conclusões elaboradas no decorrer da primeira reunião da coordenação.

Os elementos surgidos no transcurso deste trabalho serviram a Pichon para preparar sua intervenção seguinte.

6. Segunda exposição de Pichon

A esta altura, reuniram-se novamente os participantes no auditório da Faculdade de Ciências Econômicas para ouvir mais uma exposição proferida por Pichon, na qualidade de coordenador geral do experimento.

Acorreram ao local mais pessoas, o que, por si mesmo, já era um fato importante: denotava o aumento do interesse, resultante da repercussão dos trabalhos. Os participantes faziam comentários com outras pessoas nos intervalos em que os grupos se dispersavam e a informação passava no boca-a-boca.

Outro aspecto importante observado foi a mudança da qualidade das interações: de um grupo de indivíduos, o público se transformara num grupo de participantes.

Em sua exposição, Pichon reuniu dados resultantes do trabalho realizado pela equipe de coordenação, oferecendo aos participantes do experimento a oportunidade de reconhecerem, a partir de sua própria experiência de participação, os elementos da dinâmica grupal que assinalava.

7. Reuniões de grupos homogêneos

Seguiu-se, então, um novo momento importante para a comprovação das propostas inerentes à técnica dos grupos operativos. Foram organizados doze grupos de constituição

---

[36] CARPINTERO, e E. VAINER, A. *Los cambios sociales y culturales en la década del sesenta y el auge del psicoanálisis en la Argentina - Parte II* - *Enrique Pichón Rivière y la Experiencia Rosario.*
Disponível *in* site: *Topía - Psicoanálisis, Sociedad y Cultura - Topía Revista.*
http://www.topia.com.ar/articulos/inter-cambios2.htm
Consultado em 29/12/2005.

[37] Sobre os conceitos de emergente e existente, ver texto e notas na p. 98.

homogênea, a saber: cinco grupos de Medicina Psicossomática, três de Psicologia, um de Boxeadores, um de Estatística, um de Pintura e um de Corretores de Seguros. Essas sessões de grupo também foram conduzidas por uma equipe composta por um coordenador e um ou dois observadores e funcionaram por um período de quatro horas.

8. **Terceira reunião da equipe de coordenação**
Como anteriormente, ao final das sessões dos grupos homogêneos a equipe de coordenação reuniu-se com Pichon para colocar em comum o material coligido no decorrer das dinâmicas.

9. **Exposição de encerramento**
No encerramento da *Experiencia Rosario*, reuniram-se mais uma vez todos os participantes — dos grupos heterogêneos e dos homogêneos — no auditório da Faculdade de Ciências Econômicas. Pichon fez, então, sua exposição final, tratando novamente dos processos dinâmicos dos grupos e do modo como realizaram sua tarefa. Foi neste momento formulado o que ficou conhecido como Lei Fundamental dos Grupos Operativos: "*Os grupos são tão mais produtivos quanto mais heterogêneos forem seus participantes e mais homogênea for sua dedicação à tarefa*".

Após o término do evento, o IADES articulou com o Instituto de Estatística da Faculdade de Ciências Econômicas a permanência de uma secretaria que prestava informações e mantinha o vínculo com a equipe em Buenos Aires.

Em 1960, em artigo publicado na *Acta Neuropsiquiátrica Argentina*, Pichon, com Bleger, Liberman e Rolla, assim informavam sobre os eventos que se sucederam à *Experiencia Rosario*:

> "*Durante este espaço de tempo [dois anos], espera-se a formação de grupos. Vários já funcionam. Já existe um grupo formado por estudantes portenhos que estudam em Rosario. Outro ficou integrado naquela cidade, disposto a trabalhar em enquetes sociais. Existem também outros, dispostos a operar frente a problemas concretos referentes à comunidade rosariana (entre eles há estudantes de medicina, arquitetura, estatística e engenharia), no terreno das relações humanas, das relações industriais e do ensino.*"[38]

A *Experiencia Rosario*: uma herança e um ícone

O grupo de psicanalistas idealistas que cercava o quixotesco Pichon, ao subir no trem que o levaria a Rosario, não tinha a mínima consciência, naquele momento, de que seu desvario entraria para a história.

Estava longe de ser um mero bando de loucos saídos do *Hospicio de las Mercedes* para tomar de assalto a histórica cidade de Rosario.

---

[38] PICHON-RIVIÈRE, E., BLEGER, J., LIBERMAN, D., ROLLA, E. Técnica dos grupos operativos. *In* PICHON-RIVIÈRE, E. **O Processo Grupal**. Série Psicologia e Pedagogia. São Paulo: Martins Fontes, 1983, p. 90.
PICHON-RIVIÈRE, E., BLEGER, J., LIBERMAN, D., ROLLA, E. *Técnica de los grupos operativos*. *In* PICHON-RIVIÈRE, E. **El proceso grupal**. Buenos Aires: Nueva Visión, 1980, p. 109.

Estavam na linha de frente dos novos métodos de pesquisa e intervenção psicossocial que começavam a ser desenvolvidos naquele momento e que marcariam as décadas seguintes.

Como bem disse Fernando Ulloa sobre este experimento:

> "(...) foi a marca mais precoce, para mim e para os que ali estávamos, das experiências comunitárias explícitas."[39]

Tratou-se, na verdade, de um ato fundante, inaugural, da transmissão da teoria e da técnica dos grupos operativos que, ao modo de um ícone, permanece até hoje em nossas práticas.

A partir da *Experiencia Rosario*, Pichon e seus companheiros sistematizaram o que hoje denominamos de didática operativa: de núcleo básico, interdisciplinar e grupal, instrumental e operacional e acumulativa. No capítulo intitulado *A Escola e os últimos vinte anos da vida de Pichon*[40] trataremos mais detalhadamente das técnicas didáticas operativas.

Deste experimento também resultou, posteriormente, a tradição da promoção das *Experiências Acumulativas de Grupos Operativos* como forma de oferecer, ao mesmo tempo, a vivência e a aprendizagem básica dos conceitos e das técnicas segundo os quais são conduzidos os grupos operativos.

---

[39] CARPINTERO, e E. VAINER, A. ***Los cambios sociales y culturales en la década del sesenta y el auge del psicoanálisis en la Argentina - Parte II*** - *Enrique Pichón Rivière y la Experiencia Rosario*.
Disponível *in* site: *Topía - Psicoanálisis, Sociedad y Cultura - Topía Revista*.
http://www.topia.com.ar/articulos/inter-cambios2.htm
Consultado em 29/12/2005.

[40] Ver p. 173 e seguintes.

O ENCONTRO COM O SURREALISMO E O RETORNO À EUROPA

Os acontecimentos relatados neste capítulo guardam simultaneidade com o período final de permanência de Pichon no *Hospicio de las Mercedes* e com a constituição do grupo da *Pequeña Salpêtrière*, comportando os anos que vão de 1941 a 1952. A reconstituição desse período é trabalhosa.

Os dados dos quais nos valemos foram obtidos de três fontes básicas. A primeira, o relato que o próprio Pichon fez a Vicente Zito Lema[1]. A segunda, a introdução e bibliografia de autoria de Aldo Pellegrini (1903-1973) em sua corajosa tradução das obras completas de *Os cantos de Maldoror*[2]. A terceira, a compilação e prólogo de Marcelo Esteban Pichon-Rivière, filho de Pichon, e nota do editor assinada por Mário Pellegrini, filho de Aldo Pellegrini, incluídas quando da publicação póstuma do livro de Pichon sobre o Conde Lautréamont[3].

Correndo o risco de abusar da paciência do leitor, apostamos mais uma vez na contextualização histórica para melhor localizar os diversos personagens a que nos referiremos neste capítulo.

Os antecedentes da relação de Pichon com o surrealismo

A trajetória de vida de Enrique Pichon-Rivière foi, em si mesma, surrealista.

Seu acidental nascimento em Genebra e a original condição de ser filho da tia de seus meio-irmãos, a imigração para a Argentina, a vida na fauna e na flora do Chaco periodicamente submerso por inundações, habitado por índios guaranis e gente rude, assolado por pragas de gafanhotos, povoado de jacarés, onças, embaralhado na polissemia de línguas e costumes, o uso de botas de alpinistas para cavalgar até à escola, a visão de seu pai dependurando no meio do mato, em um improvisado varal, as saudosas roupas de gala européias, as pescarias que com ele fazia nas lagoas da região, a amizade com Canoi, Madame Safo e as prostitutas de Goya e de Rosario, os saraus musicais organizados por sua mãe, as fortes amizades que constituiu ao chegar a Buenos Aires e se instalar na *Pensión del Francés*, tudo é, no seu conjunto, uma encadeada sucessão de fatos e situações sincréticas, ao mesmo tempo épicas e corriqueiras, carregadas de complexidades e de tragicomédias, de um incrível *nonsense*.

Não podemos nos esquecer de que seu pai, Alphonse Pichon, tinha grande admiração pelo poeta francês Arthur Rimbaud. Este fato, também integrante da vida cultural familiar de Pichon, aponta os rastros iniciais do tumultuado caminho pelo qual irá se interessar vivamente

---

[1] LEMA, V. *Conversaciones con Enrique Pichon-Rivière sobre el arte y la locura*. Buenos Aires: Cinco, 1989, p. 43 e ss.

[2] LAUTRÉAMONT, C. *Obras completas - Los Cantos de Maldoror – Poesias – Cartas*. Trad. PELLEGRINI, A. Buenos Aires: Boa, 1964.

[3] PICHON-RIVIÈRE, E. *Psicoanálisis del Conde de Lautréamont*. Buenos Aires: Argonauta, 1992.

pelo surrealismo e pela figura de seu mais dramático poeta maldito que foi o franco-uruguaio Isidore Ducasse, o Conde de Lautréamont.

O próprio Pichon estabelecia um paralelismo entre ambos:

> *"(...) E creio que entre Rimbaud e Lautréamont se podem estabelecer certas comparações, não só em relação às suas obras, como, igualmente, às suas vidas. Os dois escrevem muito jovens, são contemporâneos; Lautréamont nasceu apenas quatro anos antes e a morte de ambos é semelhante. O destino que escolhe Rimbaud é, praticamente, um suicídio, e também deve se ver como suicídio o fim de Lautréamont. Ambos tinham sido atingidos, desde muito cedo, pelo sofrimento, pela aventura e pelos 'céus longínquos'. Um, na África; o outro, no Rio da Prata..."*[4]

Aldo Pellegrini, no prólogo às obras completas de Lautréamont a que já nos referimos, também faz esta aproximação entre Rimbaud e Lautréamont, destacando que ambos

> *"(...) colocam a poesia no centro dos problemas fundamentais da existência. Ela logo se converte em um corpo vivo que respira e palpita independentemente da própria vida de quem o criou. Deixa de ser um objeto estético inerte. Cumpre uma função vital e, portanto, ética."*[5]

Pichon leu *Os cantos de Maldoror*[6], pela primeira vez, em sua adolescência, numa edição rara — a segunda edição, publicada na França em 1890[7], contendo os desenhos originais e um *fac-símile* de uma carta de Isidoro Ducasse[8].

Não fica claro como teve acesso a esse volume: se pertencia à biblioteca de seu pai, ou se o alcançou, à moda dos textos de Freud, em algum fundo de baú.

Esse encontro com Ducasse ocorreu em uma época em que o próprio surrealismo ainda não havia adquirido a repercussão que alcançou a partir de 1922, quando André Breton (1896-1966) e Francis Picabia (1879-1953) rompem com o movimento dadaísta e com sua principal figura, Tristan Tzara (1896-1963), como veremos mais adiante.

É notável como a aguda sensibilidade de Pichon, desde a adolescência, lhe permitiu identificar, em Ducasse, o precursor do movimento artístico e intelectual que iria, em pouco tempo, escandalizar e revolucionar toda a cultura ocidental.

Ducasse, o poeta sem rosto, desconhecido e estigmatizado, que se auto-rogou a praga do sinistro e pagou na vida o preço da pecha de portador de uma maldição supersticiosa.

---

[4] LEMA, V. *Conversaciones con Enrique Pichon-Rivière sobre el arte y la locura*. Buenos Aires: Cinco, 1989, p. 43 e 44.

[5] PELLEGRINI, A. *El conde de Lautréamont y su obra*. In LAUTRÉAMONT, C. **Obras completas** - *Los Cantos de Maldoror – Poesias – Cartas*. Trad. PELLEGRINI, A. Buenos Aires: Boa, 1964, p. 65.

[6] LAUTRÉAMONT, C. **Les chants de Maldoror**. Paris: Genonceaux, 1890.

[7] A referência à edição francesa de 1890 de Os Cantos de Maldoror nós a encontramos em PELLEGRINI, A. Bibliografia. In LAUTRÉAMONT, C. **Obras completas** - Los Cantos de Maldoror – Poesias – Cartas. Trad. PELLEGRINI, A. Buenos Aires: Boa, 1964, p. 299.

[8] LEMA, V. *Conversaciones con Enrique Pichon-Rivière sobre el arte y la locura*. Buenos Aires: Cinco, 1989, p. 43.

O Ducasse que, na primeira estrofe do Canto Primeiro de *Os cantos de Maldoror*, lançava a seguinte praga sobre o leitor:

> *"Queira o céu que o leitor, animado e momentaneamente tão feroz como aquilo que lê, encontre, sem desorientar-se, seu caminho abrupto e selvagem através dos lamaçais desolados destas páginas sombrias e cobertas de veneno; pois, a não ser que aplique à sua leitura uma lógica rigorosa e uma tensão espiritual equivalente, ao menos, à sua desconfiança, as emanações mortíferas deste livro impregnarão sua alma, como a água impregna o açúcar."*[9]

Pichon reconhecia, também, sua identificação com os principais elementos da biografia do poeta, já que ambos eram de origem francesa, ambos vivenciaram em suas infâncias uma grande odisséia, suas famílias viveram em um mundo desconhecido — os Pichon no Chaco argentino e os Ducasse no cerco de Montevidéu (1843-1851) pelas tropas de Rosas — e ambos foram marcados pelos fantasmas do mistério e da tristeza.[10]

Essa curiosidade intensa por Ducasse vai se desdobrar, alguns anos depois, em diversas iniciativas e propiciar encontros inusitados quando de sua viagem à Europa, em 1951.

O poeta Edmundo Montagne no *Hospicio de las Mercedes*

Outro fato incidental, que mais uma vez colocou o surrealismo em seu caminho, ocorreu no período em que trabalhava no *Hospicio de las Mercedes*.

Foi lá que teve ocasião de conhecer o poeta uruguaio Edmundo Montagne (1880-1941) e com ele passar horas conversando a respeito da obra *princeps* de Ducasse, o Conde de Lautréamont.

Edmundo Montagne estava internado no hospício, para se tratar de uma severa depressão. Era um paciente constantemente torturado pelas dúvidas existenciais e pelo problema moral do bem e do mal.

Montagne era uma pessoa diferenciada, de renome intelectual e artístico. Tinha uma obra poética extensa: *Frases rítmicas* (1900), *Versos de una juventud* (1909), *El fin del mundo* (1915), Huemac (1916), libreto da ópera de mesmo nome de Pascual De Rogatis (1880-1980) que estreou no Teatro Colón (1908), *Pordiosero de amor* (1917), *La cuyanita* (1918), *Tupá* (1919), *El cerco de pitas* (1920), *La perdida* (1920), *El bazar del iluso* (1921), *La guitarra del pueblo* (1921)[11]. Foi também editor da revista literária portenha A.B.C., que deixou de ser publicada em 1914[12].

---

[9] LAUTRÉAMONT, C. **Obras completas** - *Los Cantos de Maldoror – Poesias – Cartas*. Trad. PELLEGRINI, A. Buenos Aires: Boa., 1964, p. 71.

[10] LEMA, V. **Conversaciones con Enrique Pichon-Rivière sobre el arte y la locura**. Buenos Aires: Cinco, 1989, p. 49.

[11] **BIBLIOGRAFÍA DE LITERATURA ARGENTINA**.
Disponível *in* site: *Escuela de Trabajo Social de la Universidad de Costa Rica - Escuela de Hostória - Biblioteca Digital de Estudios Sociales*.
http://www.ts.ucr.ac.cr/%7Ehistoria/biblioteca/esociales/blit_argentina.pdf.
Consultado em 01/02/2007
e *OBRAS DE MONTAGNE, EDMUNDO*
Disponível *in* site: *Biblioteca Nacional de Maestros (BNM) do Ministerio de Educación, Ciencia y Tecnología de la Nación Argentina*.

Pichon procurou lidar com as obsessões e os conteúdos depressivos de Montagne, utilizando os elementos de identificação que ambos possuíam com a obra de Ducasse.

Edmundo havia publicado em *El Hogar* duas notas sobre Lautréamont, uma em 1925[13] e outra em 1928[14], com vários testemunhos a respeito do mesmo.

Em suas conversas, Pichon descobre que Edmundo era sobrinho de Dom Prudencio Montagne que, naquela época, era a única fonte viva de informação que restara, no Uruguai, sobre o Conde de Lautréamont[15].

Tudo leva a crer que Pichon e Montagne esboçaram o projeto de recuperar informações que permitissem construir um perfil mais completo sobre a história de Isidore Ducasse, que era muito fragmentada e desprezada. Montagne chegou a escrever a seu tio solicitando mais dados a respeito da família Ducasse[16].

Em sua resposta, Dom Prudencio Montagne informou ter conhecido o pai de Isidore, François Ducasse (1809-1889) e que, já no final de sua vida, ia com ele se encontrar, no *Hotel de las Pirámides*, em Montevidéu, uma ou duas vezes por semana, às quatro horas da tarde, para tomarem juntos o chimarrão. Prudencio Montagne e François Ducasse passeavam juntos e freqüentavam a *Cervecería Thiébaut*[17]. François também almoçava em família, aos domingos, com os Montagne[18] [19].

---

http://www.bnm.me.gov.ar/cgi-bin/wxis.exe/opac/?IsisScript=opac/opac.xis&dbn=BINAM&tb=aut&src=link&query=MONTAGNE,%20EDMUNDO&cantidad=&formato=&sala=.
Consultado em 01/02/2007.

[12] **EL TIEMPO**.
Disponível *in* site: *El Tiempo - Periódico Online - Servicios - 28/10/2006 – Efemérides.*
http://www.diarioeltiempo.com.ar/J2006/index.php?option=com_content&task=view&id=1023&Itemid=38
Consultado em 01/02/2007.

[13] MONTAGNE, E. *El Conde de Lautréamont, poeta infernal, ha existido. Su vida en Montevideo, su misterio, su libro execrable y genial.* Buenos Aires: El Hogar, 20 de noviembre de 1925, p. 11 e 12, 61 e 62.
Disponível *in* site: *Archivo Surrealista [documentos rioplatenses sobre Lautréamont].*
http://www.archivosurrealista.com.ar/Documentos4.html
Consultado em 1/10/2006.

[14] MONTAGNE, E. *El conde de Lautréamont. Revelación de la misteriosa persona del autor de los temibles "Cantos de Maldoror".* Buenos Aires: El Hogar, 30 de marzo de 1928, p. 10.
Disponível *in* site: *Archivo Surrealista [documentos rioplatenses sobre Lautréamont].*
http://www.archivosurrealista.com.ar/Documentos5.html
Consultado em 1/10/2006.

[15] PICHON-RIVIÈRE, E. *Vida e imagen del conde de Lautréamont.* In PICHON-RIVIÈRE, E. **Psicoanálisis del Conde de Lautréamont**. Buenos Aires: Argonauta, 1992, p. 23 e 24.

[16] PICHON-RIVIÈRE, E. *Vida e imagen del conde de Lautréamont.* In PICHON-RIVIÈRE, E. **Psicoanálisis del Conde de Lautréamont**. Buenos Aires: Argonauta, 1992, p. 24.

[17] PICHON-RIVIÈRE, E. *Notas para la biografía de Isidoro Ducasse, Conde de Lautréamont. In* PICHON-RIVIÈRE, E. **El proceso creador** – *Del psicoanálisis a la psicología social (III).* Buenos Aires:Nueva Visión, 1977, p. 37.

[18] PICHON-RIVIÈRE, E. *Vida e imagen del conde de Lautréamont.* In PICHON-RIVIÈRE, E. **Psicoanálisis del Conde de Lautréamont**. Buenos Aires: Argonauta, 1992, p. 24.

[19] LEMA, V. **Conversaciones con Enrique Pichon-Rivière sobre el arte y la locura**. Buenos Aires: Cinco, 1989, p. 53.

Por essa via, soube que Ducasse era uma criança linda, barulhenta, inquieta e insuportável[20]. Embora Pichon refira que Dom Prudencio conhecera Isidore, a diferença de idade entre ambos torna esta hipótese bastante improvável.[21]

O projeto comum de Pichon e Montagne foi, infelizmente, interrompido de forma trágica.

Poucos dias após reinternar-se no *Hospicio de las Mercedes,* depois de uma breve alta, Edmundo, então com sessenta anos, suicidou-se, em 24 de abril de 1941, enforcando-se com um lençol, durante a noite. Pichon havia conversado com ele na tarde do dia anterior[22].

Carlos A. Manus faz o seguinte comentário em um artigo com o sugestivo título *Los suicidios en la década infame y en el tango,* dando-nos uma visão mais ampla a respeito de diversos suicidas daqueles anos, entre os quais inclui Montagne:

> *"A década infame foi pródiga em suicidas notáveis: os argentinos Leopoldo Lugones[23] (18.2.38), Alfonsina Storni[24] (24.2.38), Lisandro de la Torre[25] (6.1.39), Enrique Méndez Calzada[26] (28.7.40), Víctor Juan Guillot[27] (23.8.40), Enrique Loncán[28] (30.9.40), Florencio Parravicini[29] (25.3.41) e Eduardo Jorge Bosco (30.12.43), e os uruguaios Horacio Quiroga[30] (19.2.37) e Edmundo Montagne (1941). Essas mortes responderam a causas pessoais ou ao clima amoral e de asfixia social e econômica dessa época de infâmia, corrupção e de miséria."[31]*

---

[20] PELLEGRINI, A. *El conde de Lautréamont y su obra. In* LAUTRÉAMONT, C. **Obras completas** - *Los Cantos de Maldoror – Poesias – Cartas.* Trad. PELLEGRINI, A. Buenos Aires: Boa, 1964, p. 11.

[21] PICHON-RIVIÈRE, E. *Vida e imagen del conde de Lautréamont.* In PICHON-RIVIÈRE, E. **Psicoanálisis del Conde de Lautréamont**. Buenos Aires: Argonauta, 1992, p. 23 e 24.

[22] A referência sobre a data de falecimento de Edmundo Montagne obtivemos em:
SCHEERER, T. **BILA - Lista Standard de Autores Latinoamericanos**.
Disponível in site: Philologische Fächergruppe - Romanistik - Romanische Literaturwissenschaft / Spanisch - Índice Biobibliográfico de autores latinoamericanos da Universität Augsburg.
http://www.philhist.uni-augsburg.de/lehrstuehle/romanistik/hispanistik/forschung/bila/bila_allgemein/stal2.html
Consultado em 01/02/2007
e em
MANUS, C. **Los suicidios en la década infame y en el tango**.
Disponível in site: El Club del Progreso (1852 – 2002).
http://www.clubdelprogreso.com/index.php?sec=04_05&sid=22&id=3134
Consultado em 28/01/2006.

[23] Leopoldo Lugones (1874-1938).

[24] Alfonsina Storni (1892 - 1938).

[25] Lisandro de la Torre (1868-1939).

[26] Enrique Méndez Calzada (1898-1940).

[27] Víctor Juan Guillot (1899-1940).

[28] Enrique Loncán (1892-1940).

[29] Florencio Parravicini (1876-1941).

[30] Horacio Quiroga (1878-1937).

[31] MANUS, C. *Los suicidios en la década infame y en el tango*.
Disponível *in* site: *El Club del Progreso* (1852 – 2002).
http://www.clubdelprogreso.com/index.php?sec=04_05&sid=22&id=3134
Consultado em 28/01/2006.

Salientamos, inclusive, que Edmundo Montagne e Horacio Quiroga, além de uruguaios, tiveram como amigo comum Julio Herrera y Reissig (1875-1910), que lhe pediu uma apreciação do primeiro livro de Quiroga, *Los arrecifes de coral* (1901), quando do fracasso de sua primeira edição.

Apesar dos muitos suicídios havidos nessa época, Pichon sentiu-se impactado com a perda deste paciente.

O que ocorreu a seguir, foi como se necessitasse elaborar os conteúdos transferenciais que o impregnaram durante seu atendimento. Como não podia deixar de ser, sentiu-se afetado e aprisionado pela "bruxaria" do que investigava.

No meio literário havia uma profecia, uma verdadeira superstição, que associava Ducasse e seus *cantos de Maldoror* a uma grande maldição. Corria à boca pequena que a desgraça se abatia sobre quem se deixasse seduzir por esse autor e sua obra. O castigo era a loucura e o suicídio.

Pichon, que já há muito se deixara seduzir por esse livro, decide, num primeiro momento, se debruçar sobre suas chaves ocultas. Sua intenção era a de "exorcizar a *lenda negra*", este clima de mau agouro, de apreensão, que envolvia a todos que se aproximavam desta obra.[32]

Identificava nesse conteúdo a presença do sinistro, tema brilhantemente tratado por Freud[33] e que era muito caro a Pichon[34] em função de suas vivências no Chaco, com suas lendas que envolviam o mistério, a tristeza, a morte.

Lembremo-nos de que uma das primeiras poesias de Pichon, com a qual abre seu livro *O Processo Grupal*, intitulada *Conhecimento da morte*[35], trata do luto no ambiente do Chaco.

O método que utilizou foi o de analisar os *cantos* como se fossem conteúdos associativos, trazidos por Ducasse para sessões analíticas. Era o mesmo método que Freud aplicou em seu trabalho sobre a *Gradiva de Jensen*[36] e que recomendava para a análise das obras de arte.

A segunda tarefa a que Pichon se propôs foi a de prosseguir suas investigações sobre a vida do Conde de Lautréamont, instigado o suficiente pelos relatos de seu paciente Edmundo quando lhe contara sobre seu tio, Dom Prudencio Montagne.

Em abril de 1946[37], Pichon dirige-se a Córdoba, capital da província argentina de mesmo nome, com a tarefa de obter mais informações sobre outro ramo da família Ducasse que ali se estabelecera.

---

[32] LEMA, V. *Conversaciones con Enrique Pichon-Rivière sobre el arte y la locura*. Buenos Aires: Cinco, 1989, p. 53.

[33] FREUD, S. [1919] **O Estranho** (*Das Unheimliche*). *In* Ed. Standard Brasileira das Obras Psicológicas Completas de Sigmund Freud. 1ª ed. v. XVII. Rio de Janeiro: Imago, 1976.

[34] PICHON-RIVIÈRE, E. *Lo siniestro en la vida y en la obra del conde de Lautréamont*. *In* PICHON-RIVIÈRE, E. **Psicoanálisis del Conde de Lautréamont**. Buenos Aires: Argonauta, 1992, p. 39.

[35] Essa poesia encontra-se transcrita neste livro, no capítulo Reminiscências da infância e fatos pitorescos da juventude, p. 58.

[36] FREUD, S. **A Gradiva de Jansen**. *In* Edição Standard Brasileira das Obras Psicológicas Completas de Sigmund Freud. 1ª ed. v. XVII. Rio de Janeiro: Imago, 1976.

[37] PICHON-RIVIÈRE, E. *Vida e imagen del conde de Lautréamont*. In PICHON-RIVIÈRE, E. **Psicoanálisis del Conde de Lautréamont**. Buenos Aires: Argonauta, 1992, p. 34 e 35.

Lá descobre o itinerário desse tronco dos Ducasse, que haviam imigrado para a Argentina pouco depois de François Ducasse ter-se estabelecido no Uruguai. Moleiros, na França, imigraram inicialmente para Mercedes — Província de Buenos Aires — e depois para Córdoba, onde reinstalaram o moinho de farinha — *Molino Ducasse* —, preservando a tradição familiar. Na cidade havia também uma avenida de nome Ducasse. Ainda hoje o *Molino Ducasse* é uma das referências turísticas e culturais da cidade, por se tratar de uma das primeiras edificações industriais nela erguidas.

O moinho, que pertencera inclusive a uma congregação de freiras, lhes custou dezoito mulas gordas.[38]

Todos os descendentes da linhagem Ducasse já haviam morrido.

Pichon-Rivière consegue localizar o herdeiro do moinho que se chamava Rafael Lozada Llanes e fora casado com Amelia Suárez Ducasse, falecida em 1937, sobrinha de Lautréamont.

Lozada, de início, foi bastante resistente à idéia de revolver a história da família. Na conferência em que Pichon relata este episódio, conta que Lozada estava sentado numa escrivaninha, em seu escritório no moinho, atrás da qual estavam pendurados retratos de homens sisudos e barbudos.

Segundo informações obtidas por Pichon, todos os homens da família Ducasse, a conselho do padrinho de Isidore e irmão de seu pai, Lucien Bernard Ducasse (?-1830), usavam barbas para que os índios os respeitassem.[39]

A impressão que lhe deu era a de uma espécie de conselho de família, preocupados em preservar o bom nome de todos, diante do risco de se tornarem públicas informações relativas ao seu membro maldito.

Enfim, Lozada permitiu a Pichon o acesso aos papéis da família trancados a sete chaves. Dirigiu-se solenemente a um grande cofre, que abriu, dele retirando outros menores, também chaveados.

Pichon neles encontrou retratos de família, certidões e cartas, algumas moedas de ouro francesas, argentinas e uruguaias, o testamento de François Ducasse, provas de suas viagens a Córdoba e à França, além de outras coisas, todas muito bem guardadas e preservadas.

Encontrou também duas cartas solicitando informações sobre a vida de Isidore Ducasse, uma de Ferdinand Alicot, e outra de Benjamin Péret (1899-1959).

Quando Pichon se refere a Ferdinand Alicot em seu artigo[40], nos parece que comete um equívoco. O nome do missivista em questão deveria ser François Alicot, um correspondente do jornal francês *La Dépêche du Midi*, que teve a sorte de descobrir o colega de liceu de Isidore Ducasse, Paul Lespés, obtendo dele um depoimento precioso, publicado

---

[38] PICHON-RIVIÈRE, E. *Notas para la biografía de Isidoro Ducasse, Conde de Lautréamont*. In PICHON-RIVIÈRE, E. **El proceso creador** – *Del psicoanálisis a la psicología social (III)*. Buenos Aires:Nueva Visión, 1977, p. 41.

[39] PICHON-RIVIÈRE, E. *Notas para la biografía de Isidoro Ducasse, Conde de Lautréamont*. In PICHON-RIVIÈRE, E. **El proceso creador** – *Del psicoanálisis a la psicología social (III)*. Buenos Aires:Nueva Visión, 1977, p. 42.

[40] PICHON-RIVIÈRE, E. *Notas para la biografía de Isidoro Ducasse, Conde de Lautréamont*. In PICHON-RIVIÈRE, E. **El proceso creador** – *Del psicoanálisis a la psicología social (III)*. Buenos Aires:Nueva Visión, 1977, p. 41.

em 1 de janeiro de 1928 no jornal *Mercure de France*. A respeito de François Alicot não se sabe quase nada, além de sua função de correspondente deste jornal do departamento de *Hautes-Pyrénées* (Altos-Pirineus), do qual Tarbes é, atualmente, a capital. O fato de haver escrito aos familiares de Isidore Ducasse em Córdoba é um dado interessante, que demonstra sua tentativa de dar continuidade à investigação sobre a vida do Conde de Lautréamont.[41][42]

Já Benjamin Péret foi um poeta francês surrealista e militante trotskista. Esteve no Brasil entre 1929 e 1931, viajando pelo Norte e o Nordeste do país, realizando pesquisas etnográficas. Junto com Mário Pedrosa (1901-1981), Livio Barreto Xavier (1900-1988) e Aristides da Silveira Lobo (1905-1968), em 1931, fundou no Rio de Janeiro a Liga Comunista do Brasil (1931), seção brasileira da Oposição Internacional de Esquerda (1923-1927) (trotskista). Foi expulso do país pelo governo de Vargas no final de 1931.[43]

Livio Xavier, por sua vez, é quem fará, anos mais tarde, em 1970, a apresentação da tradução brasileira de *Os cantos de Maldoror*, comemorativa do centenário da morte de Lautréamont e publicado pela Editora Vertente[44].

A carta de Benjamin Péret, na citação de Pichon, dizia o seguinte:

> *"Somos alguns escritores franceses de vanguarda (André Breton, Louis Aragon, Paul Éluard e eu) ferventes admiradores de seu grande tio, em que reconhecemos o maior gênio poético de todos os tempos".*[45]

André Breton, Louis Aragon (1897-1982), Paul Éluard (1895-1952) — pseudônimo literário de Eugène Emile Paul Grindel — e Benjamin Péret podiam ser considerados, na época, os principais autores surrealistas da França.

Foi, portanto, manuseando os papéis de Lozada, que Pichon investigou toda a cadeia genealógica de Isidore Ducasse, chegando até aos seus bisavós, sem encontrar propriamente nada sobre a pessoa do escritor maldito.

Nem nas cartas do pai de Isidore haviam referências a ele. Seu nome só aparecia nas certidões de nascimento, batismo e de óbito, sendo que na margem desta última estava escrito à mão que não foi feito inventário.

---

[41] TORRES, F. **La Dépêche du Midi**. Histoire d'un journal en république 1870-2000. Paris: Hachette, 2002.
Disponível in site: Histoires littéraires - Revue trimestrielle consacré à la littérature française des XIXème et XXème siècles.
http://www.histoires-litteraires.org/archi-cr/cr13.htm
Consultado em 29/03/2007.

[42] WILLER, C. Nota de rodapé a "Um Depoimento" *In* LAUTRÉAMONT. **Os cantos de Maldoror** – Poesias – Cartas (Obra completa). São Paulo: Iluminuras, 2005, p. 341.

[43] WIKIPEDIA. Verbete: **Benjamin Péret**.
Disponível *in* site:
http://pt.wikipedia.org/wiki/Benjamin_Péret
e
http://en.wikipedia.org/wiki/Benjamin_Péret
Consultados em 29/03/2007.

[44] WILLER, C. Nota sobre a Tradução e a Edição. *In* LAUTRÉAMONT. **Os cantos de Maldoror** – Poesias – Cartas (Obra completa). São Paulo: Iluminuras, 2005, p. 9.

[45] PICHON-RIVIÈRE, E. *Notas para la biografía de Isidoro Ducasse, Conde de Lautréamont*. *In* PICHON-RIVIÈRE, E. **El proceso creador** – Del psicoanálisis a la psicología social (III). Buenos Aires:Nueva Visión, 1977, p. 41.

Quem foi Isidore Lucien Ducasse

A esta altura, nosso leitor deve estar se perguntando a respeito de quem era e qual importância teve Isidore Lucien Ducasse, o Conde de Lautréamont.

De início podemos dizer que foi um poeta e escritor que nasceu no Uruguai, no dia 4 de abril de 1846, e morreu aos vinte e quatro anos na França, em 24 de novembro de 1870, às oito horas da manhã, segundo seu atestado de óbito.

No campo da literatura, foi admirado por simbolistas, vanguardistas e assumido pelos surrealistas como seu precursor, ao lado de Baudelaire (1821-1867), Rimbaud, Artaud (1896-1948) e outros. Tornou-se o símbolo da excentricidade e da rebeldia.

Faremos, então, uma breve síntese a respeito dos principais dados conhecidos de sua pessoa. Basearemos esse relato na conferência que Pichon[46] proferiu em Montevidéu sobre Lautréamont e na introdução que Aldo Pellegrini[47] fez preceder à publicação de suas obras completas e nas informações que Cláudio Willer inclui em sua tradução brasileira da obra de Ducasse[48].

François Ducasse, seu pai, nasceu em Bazet, cidade localizada a cinco quilômetros de Tarbes, na França. Foi conselheiro na Embaixada da França em Montevidéu, vivendo nesta cidade até sua morte, em 1889.

Era descrito como um homem elegante, de vasta cultura literária, cético e brincalhão, freqüentador dos meios diplomáticos e da elite social. Era possuidor de uma vasta biblioteca, tendo, certa vez, depositado alguns de seus livros no escritório do pai de Edmundo Montagne, quando de uma de suas viagens à Europa, em 1870.

Dentre estes livros — a mãe de Edmundo Montagne se recordava — estavam exemplares de Molière (1622-1673), Racine, Chateaubriand (1768-1848), Corneille, Voltaire (1694-1778) e Rousseau (1712-1778).

Após sua aposentadoria, François fundou em Montevidéu uma escola de língua francesa, onde dava cursos de filosofia, nos quais tratava das idéias positivistas de Auguste Comte e os conceitos morais de Edgar Quinet (1803-1875).[49]

Interessava-se por etnologia, chegando a empreender viagens ao norte da Argentina, além do Paraguai, Bolívia e Brasil, para estudar as tribos guaranis.

Numa das viagens ao Brasil, enamorou-se de uma bailarina do Rio de Janeiro, Rosário de Toledo, muito conhecida na cidade na época do Segundo Império. Ao ser abandonada por ele, enlouqueceu e morreu.

---

[46] PICHON-RIVIÈRE, E. *Vida e imagen del conde de Lautréamont*. In PICHON-RIVIÈRE, E. **Psicoanálisis del Conde de Lautréamont**. Buenos Aires: Argonauta, 1992.

[47] PELLEGRINI, A. *El conde de Lautréamont y su obra*. In LAUTRÉAMONT, C. **Obras completas** - *Los Cantos de Maldoror – Poesias – Cartas*. Trad. PELLEGRINI, A. Buenos Aires: Boa, 1964.

[48] WILLER, C. *In* LAUTRÉAMONT. **Os cantos de Maldoror** – Poesias – Cartas (Obra completa). São Paulo: Iluminuras, 2005.

[49] PICHON-RIVIÈRE, E. *Notas para la biografía de Isidoro Ducasse, Conde de Lautréamont*. In PICHON-RIVIÈRE, E. **El proceso creador** – *Del psicoanálisis a la psicología social (III)*. Buenos Aires: Nueva Visión, 1977, p. 36.

Após esse relacionamento amoroso, volta à França e à sua cidade natal, Tarbes, onde conhece uma servente da família, Celestine Jacquette Davezac (1820-1847), que nasceu em Sarguinet, pequena comunidade vizinha de Tarbes.

Retornou sozinho a Montevidéu. Poucos meses depois, Celestine desembarca também na capital uruguaia, em pleno sítio da cidade. Casam-se em 21 de fevereiro de 1846 e, dois meses após, em 4 de abril, nasce Isidore.

Cabe, aqui, uma breve referência ao cenário histórico uruguaio para introduzir o tema do cerco de Montevidéu que, como veremos, foi o ambiente conturbado no qual Isidore viveu seus cinco primeiros anos e é central em sua obra.

Uruguai, Argentina e o sul do Brasil, nos meados do século XIX, passavam por um processo extremamente tumultuado. As novas nações, que haviam conquistado a independência recentemente, procuravam definir não só suas formas de governo como, também, obter mais precisão em seus limites territoriais.

Após uma desgastante guerra contra a Argentina, o Império do Brasil, sob D. Pedro I (1798-1834), renunciou ao domínio da Província Cisplatina, dando origem, em 1828, à República Oriental do Uruguai.

Isso não impediu, no entanto, que continuassem a existir movimentos autonomistas, dos quais participou, inclusive, o guerrilheiro italiano, chamado de *herói de dois mundos*, Giuseppe Garibaldi (1807-1882) e Bento Gonçalves (1788-1847), para a criação da República Farroupilha de Piratini. Eram os *farrapos* — daí o nome de *Guerra dos Farrapos* (1835-1845) —, que pretendiam tornar independente o Rio Grande do Sul e Santa Catarina.

Na Argentina, havia a confrontação entre *federalistas*, encabeçados por Juan Manuel de Rosas (1793-1877), governador de Buenos Aires e os *unitários*, liderados pelo general Juan Lavalle (1797-1841) e figuras como Domingo Faustino Sarmiento (1811-1888).

Guerreavam entre si na busca de domínio territorial, onde Rosas procurava submeter as demais províncias à utilização do porto de Buenos Aires para a exportação de gado e carne salgada.

Os federalistas, também chamados de *caudillos* eram detentores de terras, criadores de gado, salineiros da Patagônia e proprietários do porto de Buenos Aires.

Os unitários eram proprietários de terras e criadores de gado das províncias ao norte e tinham como aliados os intelectuais urbanos, os *doctores*.

Os federalistas queriam dominar o comércio internacional, submetendo as demais províncias.

Domingo Sarmiento, figura controvertida e patrono da educação na América do Sul, atribuía aos *caudillos* a barbárie, e chamava seus correligionários, os unitários, de civilizados.

O Uruguai também estava convulsionado pelas lutas entre *blancos* e *colorados*.

Os *blancos* eram liderados pelo general Manuel Oribe (1792-1857), tendo como aliados os federalistas argentinos de Rosas.

Os *colorados* seguiam a liderança do general Rivera (1784-1854) e, por sua vez, tinham alianças com bandos argentinos e brasileiros. Seus aliados argentinos eram os *unitarios* e os brasileiros eram os *farrapos* de Garibaldi e Bento Gonçalves.

Esses grupos políticos mais se caracterizavam como bandos. Aliavam-se entre eles, independentemente das fronteiras nacionais, para forçarem a concretização de seus propósitos.

No meio de tudo isso, interagiam França e Inglaterra com suas forças navais e seus objetivos comerciais: negociavam com todos, intrigavam uns contra os outros, e procuravam estabelecer sua dominação econômica.

No Uruguai, o que ficou conhecido como o cerco de Montevidéu, que durou de 1843 a 1851, foram os eventos resultantes do confronto entre Rivera e Oribe.

Rivera, com base em falsas informações e acreditando na superioridade de seu exército, reuniu suas forças para atacar Oribe, sendo derrotado por ele na batalha de *Arroyo Grande,* em 1842.

Oribe, em conseqüência, perseguiu as tropas de Rivera até às proximidades de Montevidéu, onde estava instalado o *Gobierno de la Defensa*. Fixou seu governo insurgente, *el Gobierno de Cerrito*, em Cerrito de la Victoria, cidade a poucos quilômetros da capital. Com o auxílio de Rosas, sitiou Montevidéu por terra.

Rosas tentou também o sítio por mar. O cerco naval era pouco eficaz, de modo que os navios franceses e ingleses transitavam livremente pelos portos marítimos e fluviais, negociando com os dois lados. Ingleses e franceses valiam-se do princípio estabelecido na Conferência de Viena, entre 1814 e 1815, que lhes dava o direito à livre navegação também nos grandes rios[50], como o Rio da Prata, considerado um grande mar.

Foi neste caldo que ocorreu o evento do Cerco de Montevidéu, no contexto da *Guerra Grande* (1839 a 1851).

Esse sítio, à custa dos exageros românticos da época, resultou numa novela de autoria de Alexandre Dumas, filho (1824-1895), publicada em 1850 sob o título de *Montevideo o una Nueva Troya*, imagem que Lautréamont retoma, com freqüência em *Os cantos de Maldoror.*[51]

Esta obra de Dumas foi escrita quando o general uruguaio Pacheco y Obes (1809-1855) foi a Paris, enviado pelos *blancos*, para obter apoio mais explícito da França à sua causa. Com a intenção de mobilizar a opinião pública, o general relatou episódios do sítio de Montevidéu ao escritor que, a partir deles, construiu a novela, pouco fiel aos episódios históricos a que se refere.

Por isso, não é de se surpreender que, embora sob o sítio de Montevidéu, François Ducasse e, depois, Mme. Davezac, pudessem transitar entre Uruguai e França.

---

[50] HISTORIA DEL URUGUAY INDEPENDIENTE EN EL SIGLO XIX. **La "Guerra Grande" (1839 - 1851) y el "Sitio Grande"**.
Disponível in site: La Escuela Digital.
http://www.escueladigital.com.uy/historia/republica/guegrande.htm
Consultado em 8/10/2006.

[51] DUPREY, J. ***Alejandro Dumas, Rosas y Montevideo***
Disponível *in* site: *Archivo Surrealista [documentos rioplatenses sobre Lautréamont]*.
http://www.archivosurrealista.com.ar/Documentos3.html
e
http://www.archivosurrealista.com.ar/Documentos3b.html
Consultado em 8/10/2006.

Celestine Davezac falece em 10 de dezembro de 1847, quando seu filho tem apenas um ano e oito meses de idade. Apesar de, em sua certidão de óbito, constar que morreu de morte natural, foi unânime a opinião de que se tratou de um suicídio.

Na opinião de Pichon, tanto a morte trágica de sua mãe quanto os episódios vividos durante o sítio de Montevidéu, marcaram definitivamente a vida de Isidore.

Na conferência que proferiu em Montevidéu, em 1946, a convite do Instituto Francês de Estudos Superiores, por ocasião da comemoração dos cem anos de nascimento de Isidore Ducasse, Pichon-Rivière referia-se assim às suas vivências infantis:

"(...) A atmosfera sádica e traiçoeira do sítio, com suas desilusões, suas lutas intestinas, ressentimentos e deslealdades, configuraram suas primeiras experiências e sua concepção da vida. Quantas vezes terá ouvido contar o martírio sofrido por Mirquete e Etcheverry em mãos das forças de Oribe e de Rosas. Despojados de suas roupas — disse um cronista — receberam um golpe de lança e a seguir foram desfilados nus pelo acampamento onde se os fez objeto dos maiores ultrajes. Em seguida, foram amarrados pelos pés e mãos, abriram-lhes o corpo longitudinalmente, arrancaram-lhes as entranhas e o coração, e os mutilaram de forma vergonhosa. Arrancaram-lhes pedaços de pele das costas para fazer peias de cavalos e, por fim, cortaram-lhes as cabeças e as deixaram expostas no meio do campo. A história da Legião Francesa que interveio na defesa de Montevidéu, está cheia de cenas semelhantes. E junto a isso, a fome, a miséria, as negociatas, as acusações e a triste história da intervenção estrangeira no Rio da Prata, as missões inglesas e francesas, o entendimento secreto com as duas partes, as dificuldades do coronel Thiebaut, as matanças de franceses e a missão de Pacheco y Obes a Paris."[52]

Este extenso recorte histórico, como podemos ver, é essencial para a compreensão do contexto do nascimento e dos primeiros anos de vida de Isidore Ducasse, bem como suas reverberações em sua obra literária.

Em 1859 para uns[53], ou 1860 para outros[54], aos catorze anos, Ducasse é enviado à França para estudar no Liceu Imperial de Tarbes, a cidade de nascimento de seus pais, onde permanece até 1862.

Em seguida, transfere-se para o Liceu Imperial de Pau, cidade próxima a Tarbes, onde estuda até 1865.

Cláudio Willer levanta a hipótese de que, nesta época, Ducasse teria voltado ao Uruguai e em seguida, retornado à França para residir em Paris.

Os últimos cinco anos de vida de Ducasse, em Paris, são também pouco documentados, sendo objeto de múltiplas tentativas de reconstituição. Não fossem as cartas

---

[52] PICHON-RIVIÈRE, E. *Vida e imagen del conde de Lautréamont*. In PICHON-RIVIÈRE, E. **Psicoanálisis del Conde de Lautréamont**. Buenos Aires: Argonauta, 1992, 25.

[53] WILLER, C. *In* Prefácio: O Astro Negro. *In* LAUTRÉAMONT. **Os cantos de Maldoror** – Poesias – Cartas (Obra completa). São Paulo: Iluminuras, 2005, p. 14.

[54] PICHON-RIVIÈRE, E. *Vida e imagen del conde de Lautréamont*. In PICHON-RIVIÈRE, E. **Psicoanálisis del Conde de Lautréamont**. Buenos Aires: Argonauta, 1992, p. 26.

que escreveu, no esforço que empreendeu para a publicação de seu livro e poesias junto a editores franceses e belgas, nenhum documento restaria de sua vida.

Torna-se importante assinalar que Isidore Ducasse teve, ao longo destes dois séculos, diversos biógrafos. Cada qual à sua maneira, preencheu as numerosas lacunas que compõem a biografia do excêntrico poeta maldito.

Pichon, entre nós, foi quem se propôs, de maneira singular, a aproximar a análise dos conteúdos biográficos de Ducasse com sua obra poética. O resultado é o que vemos presente nas páginas de seu livro, publicado postumamente por seu filho, *Psicoanálisis del Conde de Lautréamont*.

Muitas controvérsias surgem, tendo origem no método utilizado para o preenchimento das lacunas documentais. Assim como Pichon utilizou *Os cantos de Maldoror* como relatos psicanalíticos de Lautréamont, seus biógrafos procuram sustentar suas hipóteses sobre referências às estrofes de seus *cantos*, a seus poemas e às poucas cartas que nos deixou, o que nem sempre é, necessariamente, um elemento seguro a respeito da realidade objetiva de sua vida.

Cláudio Willer assim se refere a esta questão:

"É mínima a informação documental a seu respeito: quase nada, além da certidão de nascimento, o atestado de óbito, algumas cartas, e o depoimento de um colega de liceu, Paul Lespés, publicado nesta edição."[55]

Nem por isso este esforço pode ser desmerecido, já que, intencionalmente, Ducasse esforçou-se por apagar os traços de sua vida.

Ducasse morreu durante o Cerco de Paris (1870-1871), ocorrido na Guerra Franco-Prussiana (1870-1871), na quinta-feira 24 de novembro de 1870, aos vinte e quatro anos.

Napoleão III havia declarado guerra à Prússia. Depois de uma campanha desorganizada e desastrosa, vê as tropas inimigas sitiarem a cidade. Paris está em plena efervescência política e a população dá vivas à República, prenunciando o surgimento da Comuna de Paris em 1871.

É neste ambiente de um novo sítio que Ducasse falece, sendo as versões sobre a causa de sua morte, mais uma vez, discordantes.

Alguns suspeitam de causas relacionadas a doenças infecciosas (escarlatina ou cólera), overdose, como conseqüência de saúde frágil, ou mesmo por suicídio.

Seu atestado de óbito foi lavrado por um delegado de polícia, tendo como testemunhas o proprietário do hotel em que vivia e um dos garçons. Foi enterrado no dia seguinte em sepultura temporária, da qual foi exumado no ano seguinte, não se tendo informações sobre o destino de seus restos mortais.[56]

Pichon, em decorrência de suas pesquisas em Córdoba, informa que consta do passaporte de François Ducasse, o pai de Isidore, em 1873, uma viagem a Paris.

Rafael Lozada Llanes afirmou, naquela época, que todos os pertences de Isidore Ducasse foram colocados em um baú de couro, depositado em um banco.

---

[55] WILLER, C. Prefácio: O Astro Negro. *In* LAUTRÉAMONT. **Os cantos de Maldoror** – Poesias – Cartas (Obra completa). São Paulo: Iluminuras, 2005, p. 13 e 14.

[56] PICHON-RIVIÈRE, E. *Vida e imagen del conde de Lautréamont*. In PICHON-RIVIÈRE, E. ***Psicoanálisis del Conde de Lautréamont***. Buenos Aires: Argonauta, 1992, p. 33 e 34.

A obra literária de Ducasse resume-se a *Os cantos de Maldoror*, algumas poesias e sete cartas que escreveu a amigos e intelectuais da época, um dos quais, Victor Hugo (1802-1885).[57]

Pichon resgata o poeta Ducasse: nem louco, nem demoníaco

Várias pessoas, tanto no Uruguai quanto na França, pesquisaram, em vão, mais documentos sobre Isidore, especialmente fotografias. Até aquele momento, permanecia um poeta sem rosto, instigando ainda mais o mistério a respeito de sua pessoa.

Finalmente, em 1924 (para Aldo Pellegrini e Enrique Pichon-Rivière) ou 1925 (para Marcelo Pichon-Rivière), os gêmeos e poetas uruguaios, Alvaro (1897-1971) e Gervasio (1897-1956) Guillot Muñoz, encontraram sua foto, na casa de uma parenta distante de Isidore, na qual ele parecia ter uns dezoito anos.

Para não fugir à regra, novamente a maldição de Lautréamont se faz presente.

Vários documentos dos Guillot Muñoz, incluindo a foto, foram apreendidos em uma diligência da polícia uruguaia, com caráter de repressão política. Mais tarde, quando estes documentos foram devolvidos, deu-se pela falta da fotografia.

Somente três pessoas, além dos irmãos Guillot Muñoz, tiveram a oportunidade de vê-la: Jules Supervielle (1884-1960), Pedro Leandro Ipuche (1889-1976) e o artista gravador Melchor Méndez Magariños (1895-1945).

Este último, diante do desaparecimento do original, tentou reconstituir de memória a imagem que vira na foto. O retrato que produziu foi recebido com reservas pelos demais. Méndez, pouco tempo depois, também pagou seu tributo à *lenda negra*, enlouquecendo.

Marcelo Pichon-Rivière comenta estes acontecimentos com as seguintes palavras:

> *"Antes e depois, nada. Os retratos imaginários dos surrealistas não fizeram mais do que aumentar esse enigma inquietante, parte fundamental da lenda negra".*[58]

Pichon não teve a sorte de conhecer a fisionomia de Ducasse. Marcelo Pichon-Rivière conta[59] que, só após a morte de seu pai, em 1977, Jean-Jacques Lefrère, que nasceu em Tarbes, na França, publicou o livro *Le visage de Lautréamont*[60], no qual inseriu o que considerou ter identificado, finalmente, como sendo o rosto de Isidore Lucien Ducasse[61].

---

[57] LAUTRÉAMONT. **Os cantos de Maldoror** – Poesias – Cartas (Obra completa). São Paulo: Iluminuras, 2005, p. 328.

[58] PICHON-RIVIÈRE, M. *Prólogo. In* PICHON-RIVIÈRE, E. **Psicoanálisis del Conde de Lautréamont**. Buenos Aires: Argonauta, 1992, p. 14.

[59] PICHON-RIVIÈRE, M. *Prólogo. In* PICHON-RIVIÈRE, E. **Psicoanálisis del Conde de Lautréamont**. Buenos Aires: Argonauta, 1992, p. 14-15.

[60] LEFRÈRE, J. **Le visage de Lautréamont** - Isidore Ducasse à Tarbes et à Pau. Paris: Horay, 1977.

[61] Esta foto está reproduzida no livro de PICHON-RIVIÈRE, E. **Psicoanálisis del Conde de Lautréamont**. Buenos Aires: Argonauta, 1992, p. 16 e também foi publicada em
MALDOROR: LE SITE
Site disponível:
http://www.maldoror.org/documents/photos/ducdecius.jpg
Consultado em 8/10/2006.

Durante a pesquisa que realizou, Jean-Jacques Lefrère conseguiu acesso a alguns integrantes da família e amigos de Ducasse.

A filha de um dos amigos mais próximos de Ducasse, Louise Dazet, informou, dentre outras coisas, que seu pai, Georges Dazet (1852-1920), era um dos seus melhores amigos no Liceu Imperial de Tarbes e que Isidore considerava a família Dazet sua segunda família. Seu pai, Jean Dazet, foi o tutor de Ducasse em Tarbes.

Georges Dazet é referido em diversos momentos de *Os cantos de Maldoror*. Carinhosamente tratado por Isidore, protegeu seu nome de acusações de homossexualismo, substituindo-o por apelidos que se referem a animais, o mais conhecido deles o de *polvo de olhar de seda*[62].

A única suposta foto de Ducasse foi identificada pela via da exclusão.

Jean-Jacques Lefrère e Louise Dazet encontraram no álbum da família — com fotografias tiradas entre 1858 e 1875 —, uma em especial. Após o reconhecimento de todos os figurantes, membros da família Dazet, sobraram duas pessoas.

A primeira era a de um homem, com mais ou menos quarenta anos e com barba, que seria François Ducasse, o pai de Isidore. A outra, um jovem moreno, postado ao lado de Georges Dazet, que Lefrère considerou ser Isidore Ducasse.

A autenticidade desta foto é questionável. Cláudio Willer, referindo-se a Leyla Perrone-Moisés em uma nota de pé de página, relata que apesar de ela ter incluído esta foto na capa do livro que publicou sobre Lautréamont, reconhece não haver provas suficientes que confirmem se tratar, de fato, da imagem genuína do poeta.[63]

Para dar seqüência aos numerosos acontecimentos surreais que envolvem toda essa história, acrescentemos agora a novela do desaparecimento e redescoberta do livro que Pichon-Rivière escreveu sobre Lautréamont.

Pichon, em 1941, quando ainda trabalhava no Hospicio de las Mercedes e elaborava o luto pela morte de seu paciente Edmundo Montagne, imaginou escrever uma psicanálise do conde de Lautréamont, tomando por base estrofes de *Os cantos de Maldoror*, tratando-as como material de sessão analítica.

Em 1946, depois de visitar Córdoba e recolher informações preciosas com Rafael Lozada Llanes a respeito de Ducasse, vai a Montevidéu, a convite do governo uruguaio, participar de um ciclo de conferências no Instituto Francês de Estudos Superiores, em comemoração ao centenário do nascimento de Lautréamont.

Foram proferidas, nesta ocasião, quinze conferências[64], que Pichon pretendia reunir em um livro, ao qual muitas vezes se referiu[65] sem nunca concretizar sua publicação.

---

[62] PICHON-RIVIÈRE, M. *Prólogo*. In PICHON-RIVIÈRE, E. **Psicoanálisis del Conde de Lautréamont**. Buenos Aires: Argonauta, 1992, p. 14.

[63] WILLER, C. Prefácio: O Astro Negro. In LAUTRÉAMONT. **Os cantos de Maldoror** – Poesias – Cartas (Obra completa). São Paulo: Iluminuras, 2005, p. 17.

[64] PICHON-RIVIÈRE, E. **Psicoanálisis del Conde de Lautréamont**. Buenos Aires: Argonauta, 1992, p. 17.

[65] Rosa López compilou referências que o próprio Pichon fez, em vida, à existência do texto destas conferências e de seu desejo de publicá-las em livro, das quais destacamos:
– Menção feita no artigo *Los dinamismos de la epilepsia*, como obra em elaboração, em 1943.
– Artigo publicado no *La Nación* em abril de 1946, sob o título: *Notas para la biografia de Isidoro Ducasse, Conde de Lautréamont*.

Marcelo Pichon-Riviére, em 1992, vinte e cinco anos depois da morte do pai, Enrique Pichon-Rivière, resgatou o material que reuniu, em parte, no livro intitulado *Psicoanálisis del Conde de Lautréamont*[66].

O processo de coligir este material foi contado em seu prólogo, por Marcelo, com as seguintes palavras:

> "Ao revisar os papéis também descobri que faltava grande parte do material; aulas inteiras haviam desaparecido para sempre. Alguma vez uma porta se entreabriu naquele tempo aprisionado e os papéis se deslizaram para fora e se transformaram em cinzas."[67]

Tal como Freud foi "encontrado" por Pichon num tropeção que deu em um caixote quando ensaiava uma peça de teatro em Goya, o "descrente" Marcelo Pichon-Riviére topou — também em caixas — com os originais deste mítico e inconcluso livro que acompanhou seu pai por todos estes anos.

É seu próprio filho que descreve sua descrença:

> "(...) Nunca o corrigiu para sua edição e ficou nas caixas, transformando-se em um texto completamente mítico, até o ponto que eu mesmo duvidei mais de uma vez de sua realidade corpórea. Imaginava uma infinidade de manuscritos ilegíveis e desconexos, que haviam servido de guia para suas conferências e que, lidos agora, não teriam nenhum valor."[68]

E mais adiante revê e conclui:

> "Quando comecei a trabalhar na edição do livro, deparei-me com uma ordem maior do que a que supunha. Conferências inteiramente batidas à máquina, fotografias e documentos. Mas, de outra parte, o texto estava sem revisar. Era como se o tempo tivesse sido aprisionado (...)".[69]

– Curso intitulado *Psicoanálisis del Conde de Lautréamont*, proferido no Instituto Francês de Estudos Superiores do Uruguai em setembro de 1946.
– Artigos diversos publicados entre os anos de 1946 e 1970 baseados nas conferências uruguaias.
– Vários testemunhos e referências relativos a Pichon-Rivière e ao Conde de Lautréamont e sua obra.
– O depoimento a Vicente Zito Lema, publicado em *Conversaciones con Enrique Pichon-Rivière sobre el arte y la locura*, em 1976.
– Capítulos diversos de *El proceso creador*, livro resultante do desmembramento em três volumes de *Del Psicoanalisis a la psicología social* do próprio Pichon.
LÓPEZ, R. *El estilo en la transmisión del psicoanálisis - Pichon Rivière: de Roberto Arlt a Lautréamont - Oscar Masotta: de Pichon Rivière a Lacan.*
Disponível *in* site: *PsicoMundo - Presentaciones de libros.*
http://www.psiconet.com/libros/presentaciones/estilo.htm
Consultado em 25/02/2006.

[66] PICHON-RIVIÈRE, E. **Psicoanálisis del Conde de Lautréamont**. Buenos Aires: Argonauta, 1992.
[67] PICHON-RIVIÈRE, M. *Prólogo. In* PICHON-RIVIÈRE, E. **Psicoanálisis del Conde de Lautréamont**. Buenos Aires: Argonauta, 1992, p. 13.
[68] PICHON-RIVIÈRE, M. *Prólogo. In* PICHON-RIVIÈRE, E. **Psicoanálisis del Conde de Lautréamont**. Buenos Aires: Argonauta, 1992, p. 10.
[69] PICHON-RIVIÈRE, M. *Prólogo. In* PICHON-RIVIÈRE, E. **Psicoanálisis del Conde de Lautréamont**. Buenos Aires: Argonauta, 1992, p. 13.

A iniciativa de seu filho caçula foi primordial.

O livro se inicia pela reunião de duas de suas conferências, *Vida e imagen del conde de Lautréamont* e *Lo siniestro en la vida y en la obra del conde de Lautréamont*, a primeira publicada em 1949, na revista argentina *Ciclo*[70] e a segunda, em 1947, na *Revista de Psicoanálisis* da APA e também, em 1971, em seu livro *El proceso creador*.

A novidade está na segunda parte do livro. É o texto completo de *Psicoanalisis del Conde de Lautréamont*, a análise pormenorizada — sua promessa cumprida — que Pichon empreendeu a partir das estrofes de *Os cantos de Maldoror*.

Não é nosso objetivo apresentar aqui, ao leitor, essa exaustiva análise feita por Pichon sobre *Os cantos*.

Queremos apenas registrar que esta obra é um convite à alquimia, à leitura, digamos, de uma peça literária, com todo o requinte estético de um homem culto e, sobretudo, rico de idéias, na qual examina algumas estrofes dos seis *cantos* com uma riqueza de elementos que vão desde seus conhecimentos de psicanálise e da história universal, até às mais importantes contribuições dos autores que compõem a galeria dos clássicos imortais.

Cabe aqui retomar a questão do método adotado por Pichon na análise de *Os cantos de Maldoror*.

É legítimo tomar a obra como expressão das associações de seu autor? Teria havido, da parte de Pichon, um abuso na consideração da obra de arte para sustentar suas teorizações a respeito da condição patológica ou não de Ducasse?

Recordemos que, a partir de suas leituras precoces do Conde de Lautréamont e da vivência do atendimento a Edmundo Montagne, Pichon se viu diante da *"lenda negra"*, atribuída a Ducasse, como uma maldição supersticiosa carregada de pragas e maus presságios.

Ao mesmo tempo, conferindo os biógrafos de Isidore Ducasse, percebeu a saída fácil que muitos adotaram, a exemplo de Rémy de Gourmont (1858-1915)[71] e Léon Bloy (1846-1917) — que chegava até a satanizá-lo —, ambos atribuindo-lhe a loucura como justificativa para as pechas que lhe conferiram[72].

Pichon-Rivière insurgiu-se contra esta maneira injusta e irresponsável de estigmatizar o autor para evitar o exame aprofundado da pluralidade de sentidos presentes em sua obra.

Utilizou-se, então, do recurso metafórico de convocar o artista ao palco do teatro grego, colocando-o em constante diálogo com o coro, ao qual recorre permanentemente.

Um dos pontos nodais, do qual partiu para desentranhar a análise dos *cantos*, foi a explicitação do que ele denominava de implícito — na linguagem freudiana, tornar consciente o inconsciente —, deixar o reprimido retornar. Uma erótica que ao mesmo tempo agredia e atemorizava, mas problematizava e questionava a moral do século XIX.

---

[70] REVISTA *CICLO*, Buenos Aires: N° 2., 1949. Apud PICHON-RIVIÈRE, E. *Vida e imagen del conde de Lautréamont*. In PICHON-RIVIÈRE, E. **Psicoanálisis del Conde de Lautréamont**. Buenos Aires: Argonauta, 1992, 17.

[71] WILLER, C. Prefácio: O Astro Negro. *In* LAUTRÉAMONT. **Os cantos de Maldoror** – Poesias – Cartas (Obra completa). São Paulo: Iluminuras, 2005, p. 19.

[72] PELLEGRINI, A. *El conde de Lautréamont y su obra. In* LAUTRÉAMONT, C. **Obras completas** - *Los Cantos de Maldoror – Poesias – Cartas*. Trad. PELLEGRINI, A. Buenos Aires: Boa, 1964, p. 15.

Por aí, resgata Isidore Ducasse do estigma da loucura a que foi condenado por seus contemporâneos.

Nas palavras de Pichon:

"Isidoro Ducasse não era um doente mental; esclareço isso imediatamente, para evitar qualquer confusão. Tinha sim, quando morreu aos vinte e quatro anos, traços epileptóides claros, mas sem delírios. Isso não exclui um comportamento algo especial, ao ponto que seus colegas de colégio o consideravam um pouco 'desligado' ou 'maluco', no sentido popular e amplo da expressão. Ou seja, essa figura típica do 'esquisito', com atitudes incomuns, às vezes até extravagantes, mas que não chegam ao extremo de serem consideradas patológicas ou francamente anti-sociais. (...) Os primeiros comentaristas de Lautréamont, desconcertados por uma obra tão complexa e surpreendente, elegeram o fácil caminho de considerá-lo um louco."[73]

Além do intelectual sofisticado, calava em sua análise a autoridade do médico psiquiatra e psicanalista.

O também médico André Breton, considerado um dos fundadores do surrealismo, aponta, de certa maneira, para esta mesma direção de Pichon ao olhar Isidore Ducasse.

Tal como os surrealistas franceses, Pichon evidenciou, na análise que fez, a estreita relação existente entre o real e o imaginário em Ducasse.

Breton viu a obra de Lautréamont integrando o que chamou de *estrela de três pontas*: poesia, psicanálise e revolução social, afirmando que o período entre guerras poderia ser considerado como a *época de Lautréamont, Freud e Trotsky*.[74]

De fato, na obra de Ducasse os surrealistas encontraram o fio condutor entre os mundos que até então estavam muito distantes. A ousadia foi, dentre inúmeras outras, a de transpor as aparências e arrombar o mundo da racionalidade, aproximando o objetivo e o subjetivo, a vigília e o sono, a realidade externa e interna, dando asas ao desejo, ao amor, e à loucura.

O poeta Marcelo Pichon-Rivière assim se refere a seu pai:

"Mas, com os anos, descobri que a fascinação de meu pai pelo sinistro era a fascinação do psicanalista, daquele que cura com as palavras. E também devo a ele a certeza de que os poetas se curam com a palavra, a outra, a que desliza pela página em branco. A palavra escrita.

Agora, não creio em poetas loucos e nem em loucos que possam ser poetas. Simplesmente, há poetas que margearam a loucura, apesar de ser poetas. Um poeta não poderia escrever se estivesse louco."[75]

---

[73] LEMA, V. *Conversaciones con Enrique Pichon-Rivière sobre el arte y la locura*. Buenos Aires: Cinco, 1989, p. 50.

[74] COUTO, J. **André Breton**: a transparência do Sonho. São Paulo: Brasiliense, 1984, p. 39.

[75] PICHON-RIVIÈRE, M. *El conde y el psicoanalista*. In *Actualidad Psicológica*. Buenos Aires: *Año* XII, N° 133, *junio* de 1987, p. 12.

Os médicos e o surrealismo

O surrealismo deve muito aos médicos.

A proximidade entre médicos e surrealismo não é mero acaso. Afinal, a loucura, o insólito e o *nonsense* inerentes à existência humana são formas expressivas que fazem parte integrante do cotidiano, quando nele se inclui a morte.

Não custa lembrar que, em 1924, na França, os médicos André Breton, Louis Aragon e Philippe Soupault (1897-1990), dentre outros, ao lançarem o *Manifesto Surrealista*, reivindicaram a herança para o movimento, de todos os que haviam, antes deles, rompido com os limites da literatura. Reclamavam portanto o reconhecido lugar de herdeiros de: Gérard de Nerval (1808-1855), Charles Baudelaire, Marquês de Sade (1740-1814), Arthur Rimbaud, Alfred Jarry (1873-1907) e também do Conde de Lautréamont.

As relações entre os surrealistas e Freud não foram das mais cordatas. Foram atravessadas por um alto grau de ambivalência e mútuas desconfianças.

Quando Breton, em 1921, vai a Viena conhecer Freud, com o objetivo de atraí-lo para ser o grande estandarte do surrealismo, retorna decepcionado, dizendo que não conseguira tirar dele mais do que comentários genéricos. Apesar desta frustração, Breton seguiu como um grande admirador do fundador da psicanálise, estreitando, cada vez mais, seu interesse e sua pesquisa sobre os sonhos, preconizada por Freud.

Freud, por sua vez, em carta ao escritor austríaco Stefan Zweig (1881-1942), em 20 de julho de 1938, confessa a desconfiança que sentiu naquela época:

"Porque até então eu me inclinava a considerar os surrealistas, que aparentemente me escolheram para santo padroeiro, como loucos rematados (digamos 95 por cento, como o álcool)."[76]

Apesar de o surrealismo argentino, nutrido pela vanguarda européia, nunca ter mencionado ou recorrido diretamente a Freud, como ocorreu na França, é inegável a presença de expoentes da psiquiatria e psicanálise em seu meio, e Pichon foi um deles.

A Argentina foi referida pelo movimento surrealista, quando os catalães Luis Buñuel e Salvador Dalí incluíram tangos na trilha sonora do primeiro filme surrealista, o *Un Chien Andalou* (1928), rodado em 1928. De outra parte, durante a década de quarenta, de uma maneira bem parecida com a dos franceses, os jovens intelectuais argentinos mergulharam na mesma inquietação dos acontecimentos que agitavam e efervesciam a França.

Muitas revistas foram criadas, organizados vários movimentos, saraus, encontros em livrarias e cafés, para onde se dirigiam jovens artistas plásticos, poetas, escritores, psiquiatras, psicólogos, psicanalistas, estudantes dos mais diversos cursos de graduação.

Pichon-Riviére estava profundamente inserido neste movimento intelectual e artístico da época. Foi em sua própria residência que foi fundado, em 1940, o movimento MADI, liderado pelo pintor e poeta uruguaio Carmelo Arden Quin (1913).

MADI significa Movimento, Abstração, Dimensão e Imaginação. O movimento contava, nos seus começos, com apenas dez participantes. Hoje, está disseminado pelo mundo inteiro e reúne mais de cem artistas de vários países. Sua proposta é a de romper com a geometria tradicional da arte, para fazê-la sair dos ângulos retos.

---

[76] FREUD, S. Carta 319. A Stefan Zweig. *In* FREUD, S. **Correspondência de Amor e outras cartas**. Rio de Janeiro: Nova Fronteira, 1982, p. 517.

No Brasil este movimento ganhou, recentemente, o Museu Internacional MADI (2005), localizado na cidade de Sobral, no Ceará.[77]

Salomón Resnik recorda:

"*Carmelo vivia em Paris desde 1948 e tinha fundado em Buenos Aires o grupo MADI em 1944, justamente na casa de E. Pichon Rivière. 'Hoje o movimento MADI é conhecido em diferentes países da América e da Europa, mas, naquela época, nos tomavam como um grupo de loucos e não tínhamos nenhuma possibilidade de encontrar uma galeria.' O grupo de Arden Quin estava vinculado a poetas, pintores e músicos integrantes de um movimento surrealista do qual eu mesmo participava.*"[78]

Será neste caldo de cultura que, anos mais tarde, em 1948, os médicos e renomados intelectuais Pichon-Riviére, Aldo Pellegrini, Elías Piterbarg e David Sussmann, fundam a revista *Ciclo*. Anos antes, em 1925 e 1926, publicaram duas edições da revista *Qué*, marco da introdução do surrealismo na Argentina.

A intenção inicial era a de constituir um espaço de escrita, para congregar poetas surrealistas, artistas plásticos e atrair os intelectuais argentinos para investigações e debates em torno deste tema.

A revista *Ciclo* teve também a função de permitir, a estes surpreendentes médicos, a publicação de seus textos sem nenhuma resistência e censura. Infelizmente, teve vida curta. Sobreviveu por apenas dois números.

Foram formados grupos de estudo, agitando como estandartes os poetas Roberto Arlt, Lautréamont, Rimbaud, Artaud, Gustave Flaubert (1821-1880), Armando e Enrique Discépolo, Sergio Enquin, os pintores Vicent Van Gogh (1853-1890), Pablo Picasso (1881-1973), Salvador Dalí, Joan Miró (1893-1983), Franco Di Segni (1904-1933), Oscar Capristo (1921) e outros.

Aldo Pellegrini, médico, escritor, poeta e crítico de arte, é tido, até hoje, nos meios intelectuais argentinos, como um importante integrante do movimento surrealista hispano-americano.

Além da revista *Ciclo*, em 1948, Pellegrini participou da fundação de duas outras revistas: *A partir de cero* em 1952 e *Letra y Línea* em 1953 e escreveu com Vicente Zito Lema o prólogo do livro de Artaud, *Van Gogh, el suicidado por la sociedad*[79], de 1947, no qual Artaud denuncia o suicídio que, segundo ele, foi imposto pela cultura e a civilização sobre o genial pintor holandês Van Gogh (1853-1890).

A propósito da existência, tanto no movimento surrealista francês quanto no argentino, de expoentes médicos, oriundos de várias especialidades, Mario Pellegrini, autor da *Nota del Editor* ao livro póstumo de Pichon e também filho de Aldo Pellegrini, confirma:

---

[77] **MUSEU INTERNACIONAL MADI DE SOBRAL**, (CE).
Disponível *in* site: Jornal Municipal da Prefeitura de Sobral – CE.
http://www.sobral.ce.gov.br/jornal/2005/julho/museu-madi.htm.
Consultado em 28/01/2007.

[78] RESNIK, S. *Enrique Pichon Rivière*. In EGUÍA, R. (compilador) **Grandes Psicoanalistas Argentinos**. Buenos Aires – México: Lumen, 2001, p. 177.

[79] PELLEGRINI, A. Antonin Artaud el enemigo de la sociedad. In ARTAUD, A. **Van Gogh, el suicidado por la sociedad**. Buenos Aires: Argonauta, 1981.

> *"Curiosa coincidência com o grupo surrealista francês, cujos principais membros fundadores (André Breton, Aragon, Soupault) se conhecem quando eram residentes em um hospital durante a guerra. Esta estranha associação entre poesia e medicina poderia ser explicada sobre a base de um mal-entendido, como o que vincula psicanálise e medicina, ou melhor, talvez, na ilusão comum de alcançar algum dia, e em um ponto distante, bater em retirada à morte."* [80]

Paris e o encontro com os psicanalistas mais famosos da época

No ano de 1951, Pichon, que já tinha sido presidente da APA em 1946, exercia novamente essa função. Participava também de outras instituições científicas e profissionais.

Foi com toda esta bagagem que, nesse mesmo ano, em companhia de sua então esposa, Arminda Aberastury, inicia sua viagem à Europa.

Neste ano de 1951, no ambiente psicanalítico, estavam acontecendo além da efervescência e tititis naturais nos diversos grupos de psicanalistas, várias reuniões científicas por toda a Europa.

Em Amsterdã, na Holanda, por exemplo, ocorria o XVII Congresso Internacional de Psicanálise (1951), sob a presidência de Leo Bartemeier (1895-1982)[81]. Em Paris, realizava-se a XIV Conferência dos Psicanalistas de Língua Francesa, e o endereço — *5, rue de Lille* — era o lugar mais famoso de Paris. Lá, Jacques Lacan (1901-1980) despontava como a grande *prima donna* da psicanálise francesa e, mais tarde, mundial. Em Londres, Melanie Klein e Anna Freud disputavam o lugar de herdeiras da teoria freudiana.

Logo após sua chegada a Paris, Pichon nos conta que, como fizera, cinco anos antes, em Córdoba, foi, já no primeiro dia, à busca do endereço do edifício em que morou o tutor de Isidore Ducasse nesta cidade, o *Monsieur* Davasse. A *rue de Lille*, número cinco, era o seu destino. Chegando lá, nada encontrou que pudesse reconstituir minimamente os passos do Conde.

No dia seguinte, iniciavam as atividades da Conferência dos Psicanalistas de Língua Francesa e Jacques Lacan e Enrique Pichon-Riviére abriram o congresso, expondo seus trabalhos.

---

[80] PELLEGRINI, M. *Nota del Editor*. In PICHON-RIVIÈRE, E. ***Psicoanálisis del Conde de Lautréamont***. Buenos Aires: Argonauta, 1992, p. 7.

[81] A fotografia oficial deste congresso mostra, dentre os presentes, as seguintes celebridades da psicanálise mundial: Jacques Lacan, Serge Lebovici, Jeanne Lampl-de-Groot, Marie Bonaparte, Ernest Jones, Anna Freud e Donald W. Winnicott.
ROUDINESCO, E. **Jacques Lacan**. Esboço de uma vida, história de um sistema de pensamento. São Paulo: Companhia das Letras, 1994, p. 388 a 389.

Lacan apresenta, nesta ocasião, seu trabalho *Intervention sur le transfert*, relato que posteriormente será publicado na *Revue Française de Psychanalyse*, em 1952, e nos *Ecrits*, em 1953[82]. Pichon, por sua vez, em caráter oficial, apresenta o trabalho, *Algunas observaciones sobre la transferencia en los pacientes psicóticos* que integrará seu livro *La psiquiatría, una nueva problemática* [83] e que também foi publicado na *Revue Française de Psychanalyse*[84].

Após o término das atividades, Lacan se aproxima de Pichon para conversarem um pouco e lhe entrega seu cartão de visitas, dizendo:

> *"Espero-o à noite para jantar em minha casa (...) Tenho uma surpresa para o senhor".*[85]

Conta-nos Pichon que ao olhar e ler no cartão — 5, rue de Lille — se surpreendeu, pois tratava-se do mesmo endereço em que estivera no dia anterior. Concluiu que essa era, para ele, a grande surpresa, mas não a premeditada por Lacan.

Dirigiu-se, então, nesta mesma noite, à residência de Lacan, percorrendo o caminho como se estivesse indo ao encontro do próprio Lautréamont.

Marcelo Pichon-Rivière relata do seguinte modo este clima de surpresa:

> *"Durante esta breve estadia, procurou pela casa de quem foi o tutor e administrador do Conde em Paris. Visitou o lugar e tirou fotografias. Dias depois, Jacques Lacan os convidou para jantar em sua casa. Foi uma dupla surpresa. Meu pai não sabia que nesta casa vivia Lacan, e Lacan ignorava que ali tinha vivido uma das poucas pessoas que esteve em contato com o poeta enquanto escrevia os Cantos de Maldoror."*[86]

A atmosfera surrealista estava presente. Lacan foi médico particular de Picasso, amigo de Salvador Dalí e André Breton, e escrevia, desde 1930, em alguns periódicos surrealistas. Mais: o ambiente era, de fato, lautréamoniano.

Durante o jantar, Pichon conheceu Tristan Tzara que, esta sim, era a surpresa que Lacan lhe preparara. Descobriu, então, que Tzara também morava no mesmo edifício.

Pichon expressava com estas palavras seu encanto com o momento:

> *"Lacan era um homem sensível, sutil, refinado, generoso. Ele conhecia minhas investigações sobre Lautréamont, podia compartilhar o duplo interesse que sua obra desperta, para a literatura e para a psicanálise, porque nela se encontram o sinistro com o maravilhoso".* [87]

Mas nem tudo foram flores nestes encontros.

---

[82] LACAN, J. **Escritos**. São Paulo: Perspectiva, 1978, p. 87.

[83] PICHON-RIVIÈRE, E. *Algunas observaciones sobre la transferencia en los pacientes psicóticos*. In PICHON-RIVIÈRE, E. **La Psiquiatría, una nueva problemática**. Buenos Aires: Nueva Visión, 1977, p. 366.

[84] *REVUE FRANÇAISE DE PSYCHANALYSE*. Paris: SPP, XVI, Nº 1-2, 1952.

[85] PICHON-RIVIÈRE, M. *Prólogo*. In PICHON-RIVIÈRE, E. **Psicoanálisis del Conde de Lautréamont**. Buenos Aires: Argonauta, 1992, p. 12.

[86] PICHON-RIVIÈRE, M. *El conde y el psicoanalista*. In *Actualidad Psicológica*. Buenos Aires: *Año* XII, Nº 133, *junio* de 1987, p. 12.

[87] PICHON-RIVIÈRE, M. *Prólogo. In* PICHON-RIVIÈRE, E. **Psicoanálisis del Conde de Lautréamont**. Buenos Aires: Argonauta, 1992, p. 13.

Lacan e Tzara, na avaliação de Pichon, tinham parcos conhecimentos a respeito do Conde de Lautréamont. Sabiam muito pouco do período histórico turbulento que o Uruguai viveu durante a época juvenil de Isidore Ducasse, forçando, talvez, a sua ida definitiva para a França aos 14 anos. Pichon reconhecia nesta noite, o apreço e carinho que os presentes tinham pela obra de Ducasse, mas tentou, no que pôde, diminuir o desconhecimento dos convidados.

Com Breton o encontro não foi muito diferente. Também convidado para ir até sua casa, conversaram durante boas horas sobre surrealismo, o Conde Lautréamont e sobre Antonin Artaud.

Artaud foi outro dos literatos malditos integrantes do movimento surrealista francês. Em 1937, devido a um incidente em que se envolveu em Dublim, quando de uma viagem à Irlanda, foi preso, deportado para a França e considerado louco, sendo internado em vários hospícios franceses

Pichon refere, em sua entrevista a Zito Lema[88], que, a pedido de André Breton, foi ao hospício visitar Artaud. Esta informação é inconsistente, porque Artaud, a essa altura, já havia falecido.

O provável é que Pichon tenha se encontrado com o Dr. Gaston Ferdière (1907-1990), psiquiatra responsável pelo Asilo de Rodez (~1840), que havia tratado de Artaud e com o qual teve intensa ligação.

Artaud manteve com o Dr. Ferdière larga correspondência. O médico reconheceu seu valor poético, mas com ele estabeleceu uma relação ambígua, submetendo-o, inclusive, à aplicação de eletrochoque, por considerá-lo delirante. Ferdière, em si mesmo — a considerar a intrigante biografia que Emmanuel Venet (1959) escreveu sobre ele — além de fascinado pelo surrealismo, era um psiquiatra *"insubmisso"* que *"tratava doentes e não as doenças"*[89].

Outra informação questionável fornecida por Pichon a Zito Lema é a de que tratou *do* Dr. Ferdière[90]. A impressão que dá é a de um erro de grafia: tratou *com* o Dr. Ferdière. Pichon esteve, sim, no Asilo de Rodez, após a morte de Artaud, e conversou longamente com o médico a respeito de seu famoso paciente e amigo, o poeta.

Desta conversa, pôde retirar elementos para sustentar sua opinião tanto sobre o psiquiatra quanto sobre a inadequação do tratamento oferecido a Artaud. Quanto ao psiquiatra, considerava-o tradicional e ortodoxo, mas um homem bondoso, que, por aí, compensava sua inadequação no tratamento dos conflitos de seu paciente.

Pela obra de Artaud, a opinião de Pichon se assemelhava ao que havia concluído a respeito de Lautréamont: não se tratava de um louco.

---

[88] LEMA, V. *Conversaciones con Enrique Pichon-Rivière sobre el arte y la locura*. Buenos Aires: Cinco, 1989, p. 159.
[89] VENET, E. *Ferdière, psychiatre d'Antonin Artaud*. Lagrasse: Verdier, 2006, p. 14.
[90] LEMA, V. *Conversaciones con Enrique Pichon-Rivière sobre el arte y la locura*. Buenos Aires: Cinco, 1989, p. 163.

Em suas palavras:

> *"Artaud não é poeta por sua demência. Ele é poeta em que pese sua demência, lutando, à sua maneira, contra ela. A loucura deteriora, impossibilita a verdadeira criação. A poesia, em Artaud, é sua união com os homens. A doença é o que o distancia, o destrói."*[91]

Voltando ao encontro entre Pichon-Rivière e Breton.

Diante da riqueza do bate-papo, Breton não teve dúvida: convidou Pichon a continuar a conversa, na noite seguinte, em um café na Place Blanche.

Lá chegando, Pichon nos conta que encontrou Breton

> *"(...) rodeado de outros poetas, pintores e escritores do movimento surrealista; entre eles, recordo, Benjamin Péret. Então, ali, em uma mesa, improvisei uma conferência sobre Lautréamont; durou várias horas. Eles ficaram assombrados, desconheciam quase tudo o que eu lhes contava, especialmente o relacionado com o sítio de Montevidéu e demais circunstâncias históricas, como também os pormenores concernentes à família Ducasse em Montevidéu e Argentina. Foi uma conferência rodeada de gente que amava Isidore Ducasse, totalmente informal quanto ao lugar, mas para mim mais significativa do que se houvesse dissertado na Academia de Ciências de Paris."*[92]

À medida que a troca de informações foi se fazendo, Pichon ficou impressionado, também, com o desconhecimento que os franceses tinham a respeito do poeta e dos eventos relacionados à sua infância no Uruguai.

Desconheciam, inclusive, a existência do livro escrito por Alexandre Dumas, o filho, sobre o sítio de Montevidéu, a pedido de militares uruguaios, e pago por eles, para sensibilizar a opinião pública européia a favor de sua causa.

De Paris, o casal Pichon e Arminda seguiu para Genebra, na Suíça, cidade natal de Pichon.

Lá, Pichon proferiu diversos cursos sobre o tratamento analítico de pacientes esquizofrênicos, tema tabu para a época. Dada a originalidade de suas idéias, recebeu vários convites para ali permanecer trabalhando.

Apesar de Pichon ser suíço de nascimento, nunca escondeu seu fascínio e amor por Buenos Aires, e jamais pensou em viver longe desta cidade. Foi assim que, apesar do convite lisonjeiro e tentador, decidiu não considerá-lo.[93]

Em seguida, dirigiram-se para Londres para se encontrarem com Melanie Klein.

---

[91] LEMA, V. *Conversaciones con Enrique Pichon-Rivière sobre el arte y la locura*. Buenos Aires: Cinco, 1989, p. 158.

[92] LEMA, V. *Conversaciones con Enrique Pichon-Rivière sobre el arte y la locura*. Buenos Aires: Cinco, 1989, p. 56.

[93] LEMA, V. *Conversaciones con Enrique Pichon-Rivière sobre el arte y la locura*. Buenos Aires: Cinco, 1989, p. 58.

Este encontro foi também muito importante para ambos. Arminda fez supervisão com Klein. Pichon também relata que, como Arminda, fez supervisão *"com Melanie Klein e outros analistas de grande experiência"*[94], nesta ocasião, porém não há dados que confirmem com quem o fez.

O casal se encontrou com as principais figuras da psicanálise inglesa da época, como Paula Heimann (1899-1982), Joan Rivière (1883-1962) e Herbert Rosenfeld (1909-1986), entre outros.

Arminda, como dissemos em capitulo anterior[95], tinha interesses mais do que especiais neste encontro com Melanie Klein, dada sua condição de psicanalista infantil e introdutora do pensamento e da obra kleiniana na Argentina.

Em 1955, o casal Pichon-Rivière faz sua última viagem conjunta à Europa, comparecendo ao XIX Congresso Internacional de Psicanálise (1955) realizado em Genebra, Suíça, sob a presidência de Heinz Hartmann (1894-1970).

Segundo depoimento de Resnik, lá se encontraram com Melanie Klein, Herbert Rosenfeld, Wilfred Bion, Hanna Segal (1918), Esther Bick (1911-1983) e outros.[96]

Herança lacaniana de Pichon na Argentina

Pichon voltou de Paris, em 1951, muito impressionado e entusiasmado com Lacan. Sua opinião sobre ele era particularmente favorável.

Em suas palavras:

"Lacan é um tipo simpaticíssimo, afetuoso, comunicativo, que sabe muito bem do que fala e até onde pode chegar com seu interlocutor. Nem todos têm esta imagem de Lacan, e creio compreender porque isso ocorre. Ele é um homem que desperta inveja e rivalidade.

Senti que meu diálogo com ele era profundo. Pudemos, em nossas conversas, tratar das coisas básicas da psicanálise, os temas que hoje emergem."[97]

Apesar de nunca terem se correspondido, encontraram-se algumas vezes, a última em 1969, em Paris, quando Pichon comparece ao Congresso Internacional de Psiquiatria Social (1969), no qual é nomeado relator oficial. Esta foi sua última viagem à Europa, realizada em companhia de Ana Quiroga.

---

[94] LEMA, V. **Conversaciones con Enrique Pichon-Rivière sobre el arte y la locura**. Buenos Aires: Cinco, 1989, p. 57.

[95] Quanto a este tema, referir-se ao tópico Arminda Aberastury, pioneira da psicanálise infantil, no capítulo Casamento, vínculos amorosos e família, p. 109.

[96] RESNIK, S. *Enrique Pichon Rivière. In* EGUÍA, R. (compilador) **Grandes Psicoanalistas Argentinos**. Buenos Aires – México: Lumen, 2001, p. 171.

[97] PICHON-RIVIÈRE, E. **Pichon-Rivière habla sobre J. Lacan**. *El artículo, en forma de entrevista, fue escrito por Pichon Rivière en base a un cuestionario previo. Extracto de la Revista Actualidad Psicológica*, Nº *12, diciembre de 1975.*
Disponível *in* site: *Espiral Dialéctica.*
http://www.espiraldialectica.com.ar/pr-lacan.htm
Consultado em 13/10/2006.

Sobre convergências e divergências de seu pensamento com o de Jacques Lacan, seus comentários mostravam o profundo respeito que ambos manifestavam entre si:

> *"Uniu-me a Lacan — dentre outras coisas — uma convicção militante em relação às imensas possibilidades criativas do pensamento freudiano. E falo de militância porque, neste momento, a criatividade no marco das sociedades psicanalíticas, significava enfrentamentos, combate, quiçá ruptura. De tudo isso sabíamos largamente Lacan e eu.*
>
> *Nosso encontro foi um 'amor à primeira vista'. Creio que Lacan me sentiu lacaniano, assim como eu o senti pichoniano. Não somos nem um nem o outro, mas Freud, o surrealismo e a cultura francesa foram as chaves de uma amizade imediata, que permanece inalterável no tempo."*[98]

A maior convergência que Pichon apontava entre seu pensamento e o de Lacan era a referência comum ao fundamento freudiano da existência de uma estrutura triangular básica. Para Pichon, a estrutura das relações vinculares não pode ser entendida sem a presença de um outro, o terceiro na estrutura triangular.

Pichon, de um modo inequívoco, e Lacan, nem tanto assim, remetem-se à formulação do outro generalizado de George Mead.

Para Pichon, este outro generalizado será o terceiro generalizado, que permitirá ao sujeito transitar das relações primárias para as secundárias e se inserir plenamente nas relações sociais.

Para Lacan, o Outro designa o Simbólico: o lugar da lei, da linguagem, do inconsciente, que determinará o sujeito em sua relação com o desejo.

As divergências conceituais mais profundas estavam no que Pichon denominava de idealismo lacaniano e em sua formulação a respeito da noção de desejo.

Para citar novamente suas próprias palavras:

> *"Não é esta a circunstância para tal polêmica, mas em princípio apontaria minha crítica ao idealismo lacaniano, a esse essencialismo que desliza em sua proposição da problemática do desejo. Proposição que se encontra impregnada da concepção hegeliana do sujeito, como primariamente, como essencialmente, desejante de desejos. Concepção que inclui a dialética, e nesse sentido permite compreender certos aspectos do desenvolvimento do sujeito, de sua historicidade, de seu caráter relacional, mas que escamoteia os fundamentos, as bases materiais dessa historicidade. Em conseqüência a própria historicidade é deixada de lado.*
>
> *Enquanto idealista, essencialista, lateraliza, para mim fundante, o inter-jogo necessidade–satisfação. Inter-jogo intrincado com o desenvolvimento das relações sociais, e que, no aqui e agora, está determinado e pautado, em última instância, a partir das relações sociais.*

---

[98] PICHON-RIVIÈRE, E. *Pichon-Rivière habla sobre J. Lacan*. El artículo, en forma de entrevista, fue escrito por Pichon Rivière en base a un cuestionario previo. Extracto de la Revista Actualidad Psicológica, Nº 12, diciembre de 1975.
Disponível *in* site: *Espiral Dialéctica*.
http://www.espiraldialectica.com.ar/pr-lacan.htm
Consultado em 13/10/2006.

> *Esse sujeito desejante, sujeito do desejo, é, antes de mais nada, sujeito da necessidade e só por isso sujeito do desejo. É a partir do conceito de necessidade que se esclarece o caráter social e historicamente determinado da essência do sujeito. É esse conceito que permite compreender a dialética sujeito–mundo. Abordar esse sujeito nas suas condições concretas de existência em sua cotidianidade."*[99]

Na verdade, o que está tácito nesta consideração de Pichon é, para além de uma crítica à concepção hegeliana do sujeito desejante de Lacan, o fundamento materialista dialético e histórico de sua concepção não só do sujeito, mas da própria psicologia e de sua particular leitura da psicanálise.

Isso fica evidente no relato que faz a respeito da pergunta que lhe foi formulada por Lacan:

> *"Em 1969, discutindo um trabalho meu, Lacan me perguntava: 'Pour quoi Psychologie Sociale, pour quoi pas psychanalise?' [Porque Psicologia Social, porque não psicanálise? – em francês no texto]. Creio que sua pergunta sintetiza as coincidências e as discrepâncias.*
>
> *O definir a psicologia, no sentido estrito, como social, significa que se enfatiza o problema do determinante, em última instância, dos processos psíquicos, o papel que cabe às relações sociais como condição de possibilidade da ordem humana, e, por conseguinte, do psiquismo.*
>
> *Lacan, ao entender que minha proposição era psicanálise, marcava a coincidência fundamental, já mencionada: a referente à gênese do sujeito no interior da estrutura vincular. O que eu insistia em caracterizar como psicologia social remete às diferenças que, a meu ver, existem entre a concepção do sujeito relacional da psicanálise, do sujeito relacional de Freud e Lacan, e a concepção do sujeito agente, produtor, protagonista da História, ao mesmo tempo produzido, configurado em sistemas vinculares e em tramas mais complexas de relações que propõe a Psicologia Social que postulamos."*[100]

De fato, Pichon localiza o sujeito na intersecção de duas dimensões históricas em constante interação dialética: a verticalidade e a horizontalidade.

A verticalidade é a dimensão histórica individual do sujeito, enquanto a horizontalidade é a dimensão histórica do grupo social a que pertence o sujeito.

---

[99] PICHON-RIVIÈRE, E. **Pichon-Rivière habla sobre J. Lacan**. *El artículo, en forma de entrevista, fue escrito por Pichon Rivière en base a un cuestionario previo. Extracto de la Revista Actualidad Psicológica*, Nº 12, diciembre de 1975.
Disponível *in* site: *Espiral Dialéctica*.
http://www.espiraldialectica.com.ar/pr-lacan.htm
Consultado em 13/10/2006.

[100] PICHON-RIVIÈRE, E. **Pichon-Rivière habla sobre J. Lacan**. *El artículo, en forma de entrevista, fue escrito por Pichon Rivière en base a un cuestionario previo. Extracto de la Revista Actualidad Psicológica*, Nº 12, diciembre de 1975.
Disponível *in* site: *Espiral Dialéctica*.
http://www.espiraldialectica.com.ar/pr-lacan.htm
Consultado em 13/10/2006.

O protagonismo histórico do sujeito se dá na medida em que assume a condição de produtor de seu destino, historicamente situado, tanto do ponto de vista individual quanto social.

O resultado desse protagonismo é a produção do novo, da mudança tanto individual quanto social, num processo dialético regido pela contraposição entre tese e antítese e sua superação numa síntese. A contraposição transformadora, ele a denominava de contradição dialética, e a contraposição estereotipada e imobilizadora, de contradição dilemática.

A sucessão de processos de estancamento e mudança, de círculo vicioso estereotipado e salto dialético transformador, resulta, do ponto de vista de Pichon, da capacidade de explicitação do implícito e da superação dos processos de resistência à mudança, tanto da ótica do indivíduo quanto dos grupos.

Disso advém uma sucessão de momentos sincrônicos (cada aqui e agora determinado), numa trajetória diacrônica (o resultado no decurso do tempo, do processo de mudança simultaneamente individual e grupal).

No entanto, a visão de Pichon sobre sincronia e diacronia não deve ser entendida como estruturalista, mas, sim, como a trajetória histórica de mudança resultante do enfrentamento e da superação das contradições dialéticas — o que ele denominava de movimento em espiral.

Dadas as circunstâncias históricas da repressão política sob a qual Pichon viveu grande parte de sua vida, pode-se aceitar sua opção de evitar declarar-se abertamente um marxista, apesar de se referir fundamentalmente ao materialismo histórico e ao marxismo como ideologia e visão de mundo.

Posição diferente adotou, nesta época, seu discípulo José Bleger, marxista e militante comunista convicto, que pagou altos preços pelo seu duplo compromisso com a psicanálise e com o comunismo. Neste caminho, numa posição ainda mais radical, Marie Langer também assumiu atitudes ideológicas mais explícitas, como psicanalista, marxista e feminista.

Essa atitude um tanto evitativa de Pichon fazia com que utilizasse freqüentes circunlóquios para explicitar seu pensamento: movimento em espiral dialética, obstáculo epistemofílico, resistência à mudança, superação do velho pelo novo, contradição dialética versus contradição dilemática, o uso freqüente da idéia de síntese dialética e mesmo a utilização de conceitos como o de sincronia e diacronia para expressar uma idéia de movimento que é muito mais consistente com uma concepção marxista que estruturalista.

De outro lado, é inegável que sua prática clínica e didática se estruturava a partir de uma concepção de práxis dialética, assumindo durante toda a sua existência uma posição solidária e revolucionária.

Ao mesmo tempo, essa atitude de pouca nitidez na explicitação de seu posicionamento ideológico fundamental representou um recurso de plasticidade, que lhe permitiu exercer um papel de ligação com correntes de pensamento muito diversificadas, como foi, por exemplo, o caso de Lacan.

Este posicionamento fez com que muitos o acusassem de heterodoxo, ou demasiadamente eclético.

No entanto, foi por este caminho, e em virtude desta extrema plasticidade, que foi capaz de pluralismo e de uma extraordinária capacidade de aproximação e de insuspeitadas sínteses entre correntes de pensamento, na aparência, irremediavelmente divergentes.

Foi assim, também, que o lacanismo, pelas mãos de Pichon, aportou e se difundiu na Argentina.

Pichon incentivou o jovem intelectual Oscar Abelardo Masotta (1930-1979), interessado na filosofia existencialista, na psicanálise, na fenomenologia e na literatura, a ler os textos de Lacan. Foi este o primeiro impulso para o surgimento do movimento lacaniano argentino, com todos os seus desdobramentos.

É assim que Masotta presta seu tributo a Pichon:

> *"Conheci Pichon pouco antes do enfraquecimento de sua saúde. De sua biblioteca, que não era avara nem rancorosa, saem como coelhos da cartola: seminários mimeografados de Jacques Lacan, dedicados por Lacan a Pichon, aos quais um mortal — este que lhes fala — jamais teria podido nem sonhado ter acesso algum dia e de outra maneira. É ele quem põe em minhas mãos os primeiros números de 'La Psychanalyse', quem, bondosamente, desce das estantes da biblioteca da Associação Psicanalítica revistas empoeiradas com material lacaniano, ele quem, finalmente, me convida a apresentar em sua escola os resultados de minhas leituras."*[101]

Em 1963 ou 1964, Masotta foi convidado por Pichon a proferir, no Instituto de Psicologia Social, a palestra *Lacan e o inconsciente no fundamento da filosofia*.[102]

Masotta, nesta época, também se encontrou com Juan-David Nasio (1942), que hoje vive em Paris, e juntos iniciaram os primeiros grupos de estudo sobre Lacan, a partir dos quais o movimento se difundiu.

Sem nunca ter sido lacaniano, Pichon, no entanto, é o pai do lacanismo argentino.

---

[101] MASOTTA, O. **Ensayos lacanianos**. Barcelona: Anagrama, 1976, p. 240.

[102] ROUDINESCO, E. e PLON, M. Verbete: Masotta, Oscar Abelardo (1930-1979). *In* ROUDINESCO, E. e PLON, M. **Dicionário de Psicanálise**. Rio de Janeiro: Jorge Zahar, 1998, p. 501 e 502.

A ESCOLA E OS ÚLTIMOS VINTE ANOS DA VIDA DE PICHON

Como fizemos em outros capítulos deste livro, com o objetivo de garantir a continuidade em nosso relato, faremos um pequeno recuo no tempo, para os idos de 1950. Deste modo, acreditamos que o leitor reconstituirá com maior facilidade a seqüência de acontecimentos e visualizará melhor este último período da vida de Enrique José Pichon-Rivière.

O intuito deste capítulo será o de integrar, para o leitor, um conjunto de fatos de grande importância que, embora já relatados numa seqüência cronológica em outros capítulos deste livro, se não configurados ao modo de um caleidoscópio, perderão o vigor necessário para o entendimento das determinações cruciais que envolveram tanto a vida de Pichon quanto a das instituições com as quais interagiu.

Recordemos que Pichon, após se desligar de suas atividades no *Hospicio de las Mercedes*, em 1948, montou sua clínica na *calle Copérnico*, em 1949, realizou sua viagem à Europa, em 1951, e criou, em 1958, a *Escuela Privada de Psiquiatría* na *Pequeña Salpêtrière*.

Ao mesmo tempo, participava ativamente da APA – *Asociación Psicoanalítica Argentina*, nela exercendo funções de analista didata e de professor no Instituto de Formação.

Este foi, sem dúvida, um período fértil de sua inventividade teórica, levando-o a fundar, em 1955, em colaboração com o sociólogo Gino Germani, outra instituição, o *Instituto Argentino de Estudios Sociales* – IADES.

Dentre as propostas desenvolvidas neste período, vimos que foi realizada, em 1958, a *Experiencia Rosario*, através da qual a teoria e a técnica dos grupos operativos foi definitivamente consolidada.

Lembremo-nos, também, de que, em 1956, Pichon e Arminda se divorciaram.

A deterioração da saúde e o conflito com a APA

Os últimos anos de seu casamento com Arminda foram sacudidos por experiências e demandas de toda ordem.

Pichon, que transitava de um quadro controlado de etilismo social para um alcoolismo francamente patológico, acrescentou ao uso de medicações antidepressivas também a ingestão de anfetaminas.

Isso lhe custou, no decorrer dos anos, diversas internações para se desintoxicar. Inclusive, foi durante uma dessas internações, como já relatamos, que Coca, sua segunda mulher, morreu em um acidente de carro, quando ia visitá-lo.

Janine Puget, que na época era uma das secretárias de Pichon na *Pequeña Salpêtrière*, relata do seguinte modo sua convivência com ele naqueles tempos:

> *"De alguma maneira, Enrique foi um transgressor como o são muitos criadores. Passou por cima ou desatendeu certas normas quando estas impediam o descobrimento ou a novidade. Como há pouco lhes dizia, algo disso aconteceu com suas inserções institucionais, posto que em algum momento elas lhe resultavam cerceadoras e tentava tomar contato com aquilo que se oculta por trás das normas. Era assim também em sua vida privada, dormindo de dia, pouco de noite e, como noctâmbulo, percorrendo aqueles lugares pouco transitados pela sociedade burguesa de sua época. Como sua secretária, também me coube ser noctâmbula, de alguma maneira alterando minha vida familiar, mas era impossível dizer-lhe não."* [1]

Nos anos seguintes, sua saúde se deteriorará cada vez mais.

Não obstante isso, em 1954, Pichon, juntamente com Madeleine Baranger, José Bleger, Marie Langer, Janine Puget, Gillou García Reinoso, Emilio Rodrigué, Raúl J. Usandivaras e Salomón Resnik, fundaram a AAPPG – *Asociación Argentina de Psicología y Psicoterapia de Grupo*.

É Salomón Resnik quem relata:

> *"Eu mesmo criei uma clínica junto a destacados colegas como Joel Zac, Jorge Winocur, Raúl Usandivaras e outros. Nela fundou-se, há quarenta anos,* a Asociación Argentina de Psicología y Psicoterapia de Grupo.*"* [2]

O objetivo da AAPPG, até hoje, é o de se constituir em *"um lugar de reunião para o intercâmbio de experiências e de produção teórica profunda"* [3]. É interessante notar que, diferentemente do que ocorreu com as instituições de grupo brasileiras (as diversas SPAGs – Sociedades de Psicoterapia Analítica de Grupo), a associação argentina não incluiu em seu nome o adjetivo psicanalítico.

A AAPPG, atualmente, ostenta, na seqüência de seu título, a expressão *Psicoanálisis de las Configuraciones Vinculares*, um traço significativo que remete, sem dúvida alguma, às referências grupais pichonianas.

As instituições de psicanalistas de grupo ocuparam um lugar bastante polêmico, fora das instituições psicanalíticas clássicas.

Além de sua finalidade precípua, ofereciam, por assim dizer, um espaço extra-institucional no qual se reuniam psicanalistas progressistas, para debater questões interditadas nas suas instituições de origem.

---

[1] PUGET, J. **Recordando a Pichon Rivière**. In *1ra Jornada de homenaje al Dr. Enrique Pichon Rivière*. Buenos Aires: *Primera Escuela Privada de Psicología Social, Octubre de 2000*.
Disponível in site: *Primera Escuela Privada de Psicología Social*.
http://www.psicologiasocial.esc.edu.ar/distancia/home_jornadas.php?pagina=1
Consultado em 30/11/2006.

[2] RESNIK, S. *Enrique Pichon Rivière*. In EGUÍA, R. (compilador) **Grandes Psicoanalistas Argentinos**. Buenos Aires – México: Lumen, 2001, p. 181.

[3] **AAPPG** - *Quiénes somos*.
Disponível *in* site: AAPPG - *Asociación Argentina de Psicología y Psicoterapia de Grupo*.
http://www.aappg.org.ar/presentacion.htm
Consultado em 5/11/2006.

Conferiam, sobretudo, justificativas plausíveis e legitimidade autônoma para discutirem "abertamente" questões relacionadas ao funcionamento dos grupos, aos conflitos de poder, à dinâmica das instituições, com seus embates ideológicos e políticos, refletindo a problemática que atravessava o movimento psicanalítico oficial.

Esta condição de independência, todavia, era meramente aparente, já que permaneciam "vigiadas" pela ortodoxia, em função da dupla inserção (duplo vínculo) destes psicanalistas que pertenciam a ambas as instituições.

A par desses conturbados processos institucionais e também dos dramáticos eventos pessoais vividos por Pichon — estamos falando particularmente das décadas de 50 e 60 —, a efervescência política no país tomava conta de todos os espaços sociais, assumindo ímpetos mais fortes nos ambientes universitários e intelectuais.[4]

Como já relatamos no tópico *Os antecedentes da* Experiencia Rosario*: a fundação do Instituto Argentino de Estudios Sociales – IADES*[5], foi a época da ditadura de Ongania, com a *Noche de los Bastones Largos*, em 1966 e, em 29 de maio de 1969, na esteira do maio de 68 francês, o episódio do *Cordobazo*.

Também na APA, que já sofria seus estremecimentos, esta ebulição se manifestou. Afinal de contas, além das características intrínsecas de seu próprio dinamismo interno, uma instituição psicanalítica participa da história da sociedade, da nação e do mundo no qual se insere.

A APA não escapou dessa inexorabilidade histórica. Não nos esqueçamos de que sua constituição, em 15 de dezembro de 1942 — ironicamente, dia em que o país se encontrava sob Estado de sítio —, deveu-se a um projeto explícito de salvação da psicanálise do vórtice nazista. Por uma outra trágica ironia do destino, durante as décadas de 1960 a 1980, ela quase sucumbirá diante dos tacões das ditaduras militares.

Neste período, também, eclodirá um processo de lutas entre diversos grupos de psicanalistas, que conturbará visceralmente a instituição.

A este respeito, assim escreve Avenburg:

"Era uma etapa muito conflitiva da APA, como disse, a separação dos Pichon coincidiu com uma crise institucional que quase levou a uma divisão; tanto Pichon, por um lado, como Arnaldo Rascovsky por outro (líderes de duas correntes contrapostas) falavam de federação. A visita de Ana Segal, proveniente da Inglaterra, junto com a emergência de uma nova geração de analistas didatas (Grinberg, Liberman, Mom) pôs 'ordem' nisso que parecia um caos. Para mim, essa 'ordem' foi um alívio: que a análise devesse ser levada a cabo com um número determinado de vezes por semana, que não houvesse contato extra-analítico entre analista e paciente, etc... A análise se transformou numa coisa 'séria', a instituição psicanalítica foi se fechando mais, impondo-se mais normas, e foi perdendo o caráter de massa espontânea, baseada fundamentalmente em laços libidinais, que caracteriza os momentos revolucionários, mais lúdicos, mais criativos, em minha opinião mais ricos,

---

[4] Para uma descrição mais detalhada, remeter-se aos tópicos O clima político e ideológico, no mundo e no Cone Sul, na segunda metade do século XX, na p. 124 e Os antecedentes da Experiência Rosario: a fundação do Instituto Argentino de Estudios Sociales – IADES, na p. 130.

[5] Ver à p. 130.

mas que às vezes custa suportar, sobretudo quando se é jovem, se está no começo de uma formação e com uma grande carga de angústia em busca de contenção, sentindo, ao mesmo tempo, que, por todos os lados, seu chão se move."[6]

Isto não é nenhuma novidade na vida das instituições psicanalíticas.

Como já vimos no início deste livro, Freud — e seu grupo de discípulos mais próximos — conduziu as instituições psicanalíticas e regulamentou a formação das novas gerações de psicanalistas segundo princípios de ortodoxia que geraram, em diversos momentos, grande insatisfação.

Impuseram uma exigência institucional, com uma hierarquia rígida na qual, na dinâmica das relações de poder, submetia — e subvertia — os vínculos transferenciais entre analistas didatas e demais membros das instituições, entrelaçando-os e confundindo-os.

Pichon não ignorava estas questões e, certamente, resistia a este tipo de formalização institucional. Aliás, este foi um dos pontos de convergência entre Lacan e Pichon.

Pichon era mais anárquico, protegia muito menos o lugar do analista, desidealizava este papel, deixando mais visível para o paciente as vicissitudes de sua condição humana.

Ainda conforme Ricardo Avenburg:

"Este foi, por sua vez, o começo da progressiva 'desinstitucionalização' de Pichon em relação à APA, assim como da desinstitucionalização, como estrutura formal, da psicanálise por ele praticada. Aqueles com os quais Pichon começou a polemizar deixaram de ser os 'psiquiatras clássicos' para ser os psicanalistas da APA e a psicanálise formal. Ele já estava de volta de um processo; nós, eu em particular, estávamos no caminho de ida. Para mim a APA era o lugar de formação e estava em um momento que requeria uma institucionalização formalizada (eu estava freqüentando os seminários)."[7]

Este conflito tinha momentos ríspidos. Ottalagano contava que Bleger chegou a passar mal — quase desmaiou — frente à dura argüição que Rascovsky lhe fez quando da apresentação de seu trabalho para se tornar membro titular da APA

De outro lado, as relações entre psicanalistas e marxistas, particularmente dos freudo-marxistas com os comunistas, desde os anos da década de 1920, sofreram diversas reviravoltas, resultando em severas e mútuas restrições entre as partes.[8]

Não vem ao caso, aqui, detalharmos os episódios desta contenda, que, por si mesma, justificaria um outro trabalho tão ou mais extenso que o presente. O fato é que este estado de coisas tornava o ambiente particularmente difícil para aqueles que, vinculados ao movimento psicanalítico, desejavam introduzir os princípios do materialismo dialético e histórico para uma releitura fundamental da obra de Freud.

---

[6] AVENBURG, R. **Enrique Pichon Rivière**, *sus enseñanzas a la luz de mi vínculo con él*. In *Actualidad Psicológica*. Buenos Aires: *Año XXI, N° 231, mayo 1996*, p. 13 e 14.

[7] AVENBURG, R. **Enrique Pichon Rivière**, *sus enseñanzas a la luz de mi vínculo con él*. In *Actualidad Psicológica*. Buenos Aires: *Año XXI, N° 231, mayo 1996*, p. 13.

[8] ROUDINESCO, E. e PLON, M. Verbete: freudo-marxismo. *In* ROUDINESCO, E. e PLON, M. **Dicionário de Psicanálise**. Rio de Janeiro: Jorge Zahar, 1998, p. 281.

O contrário também era verdadeiro, pois era quase impossível, para um militante comunista, introduzir elementos de uma crítica psicanalítica no ambiente do partido. Bleger pagou caro por isso, tendo sido expulso do Partido Comunista de la Argentina em 1961.[9]

A rigidez stalinista do ideário do partido comunista defendia a reflexologia e considerava a psicanálise burguesa e idealista.

A respeito, Roberto Manero Brito faz o seguinte relato sobre o posicionamento de Pichon:

> *"Enrique Pichon me dizia sempre que os reflexólogos podiam tudo dizer sobre nós e estar contra nós, mas quando alguém do Partido Comunista necessitava realmente um tratamento, corriam em busca da psicanálise. Nestes casos, Enrique os tratava gratuitamente, e com certa sensação de triunfo."*[10]

É inegável que, com o passar dos anos, conquistamos maior liberdade para tratar destes temas. Hoje, temos a possibilidade de fazer uma leitura mais abrangente deste período histórico, até para discriminar melhor as escolhas ideológicas e institucionais que fizeram Pichon e seus discípulos mais próximos, particularmente José Bleger e David Liberman, neste período.

Uma pergunta, talvez, nos ofereça a possibilidade de iniciarmos a abordagem deste tema.

Porque Enrique Pichon-Rivière, psicanalista, fundador da APA, didata e professor do Instituto de Formação, mal saído dos embates políticos no *Hospicio de las Mercedes,* cria, em 1958, a *Primera Escuela Privada de Psiquiatría,* na *Pequeña Salpêtrière,* que, mais tarde se tornará a *Escuela de Psiquiatría Social*?

De fato, a criação desta escola já caracterizava um prenúncio das crises que emergiriam nos anos seguintes.

Vista pelos olhos de hoje, parece óbvia a intenção de Pichon.

Ao se propor uma Escola de Psiquiatria Social, abria um espaço independente, crítico e criativo, de reflexão e ensino, que não conflitava diretamente com a sua instituição psicanalítica — submetida às políticas da IPA e defensora de uma postura teórica e de uma ideologia da qual já discordava de forma muito profunda. Como veremos, esta ruptura teórica e ideológica se aprofundará nos anos seguintes.

De certo modo, isso lhe permitia "correr por fora da raia", ou seja, seguir um caminho próprio, sem necessidade de justificar-se ou prestar esclarecimentos desnecessários às

---

[9] Com relação a este tema, um belo estudo que merece ser consultado é o de
ACANDA, J. ***La confluencia que se frustró***: Psicoanálisis y Bolchevismo.
Disponível *in* site: *Paginadigital.*
http://www.paginadigital.org/articulos/2003/2003prim/tecnologia/cu21-2pl.asp
Consultado em 29/01/2007
e
Disponível *in* site: *Portal de Filosofía y Pensamiento Cubanos - Colección Pensadores Cubanos de hoy.*
http://www.filosofia.cu/contemp/acanda002.htm
Consultado em 29/10/2006.

[10] BRITO, R. ***Las locuras de Pichon Rivière***.
Disponível *in* site: *Campo Grupal – Biblioteca de textos.*
http://www.campogrupal.com/locuras.html
Consultado em 29/11/2006.

autoridades institucionais da psicanálise, numa tácita solução de compromisso, sem ter que arredar pé da instituição maior, a APA.

Suas qualidades de médico psiquiatra, excelente professor e analista didata da APA eram, em si mesmas, mais do que suficientes para legitimar suas contraditórias opções.

Resnik se recorda desta época:

"Recordo que em 1953, quando terminava minha tese de psicanalista que versava sobre a síndrome de Cotard, Enrique Pichon-Rivière marcou comigo às dez da noite para ler e trabalharmos juntos até às cinco da manhã. Era um interlocutor e professor respeitoso e amigável, capaz de se entusiasmar quando o trabalho lhe interessava. Essa noite, esquecemo-nos de que se tratava de uma tese e trabalhamos juntos, inspirados muito mais por um interesse comum na enfermidade mental e diante da possibilidade de um enfoque psicanalítico útil e original. Pichon-Rivière me ajudou a desenvolver minhas próprias idéias. Graças a ele compreendi que um verdadeiro professor não é aquele que ensina, mas o que estimula ou desperta a aprendizagem. Não ensinar, mas, sim, melhor, provocar ou 'evocar' um sentimento de curiosidade e de assombro pela aprendizagem, foi um de seus princípios cardeais."[11]

De outro lado, do ponto de vista da Associação Psicanalítica, sua atividade na *Pequeña Salpêtrière* podia ser vista, até, como uma "confiável" forma de difusão da psicanálise. Muitos alunos que se aproximaram de Pichon, por esta via, terminaram se inscrevendo no Instituto de Formação da APA e se tornaram respeitados psicanalistas.

Apesar da intrínseca ambigüidade desta trajetória político-institucional, o conflito pôde ser evitado naquele momento. Era importante evitá-lo, principalmente, se levarmos em consideração que o grupo de discípulos que se reunia em torno de Pichon, ainda era institucionalmente muito frágil.

Na verdade, apesar da grande convergência ideológica entre eles, nunca chegaram a se articular, efetivamente, em função de objetivos político-institucionais, no interior da APA. Nunca se organizaram como um grupo insurgente e nunca se propuseram a "tomar o poder" na APA.

Esta era a atitude básica de Pichon. Aplicava, em sua prática, seus próprios ensinamentos. Usando sua própria linguagem, exercia sua tarefa, dissolvendo resistências para superar os obstáculos, evitando as confrontações estéreis, as contradições dilemáticas.

Ao lado disso, temos José Bleger que avançava em seus estudos sobre Georges Politzer e sua proposta de uma psicologia concreta, com sua crítica à psicanálise.

Desses estudos resultará não só a publicação, em 1958, de seu revolucionário livro *Psicoanálisis e dialéctica materialista*[12], como também as traduções das obras psicológicas de Politzer, em três tomos, nos anos seguintes.

---

[11] RESNIK, S. *Enrique Pichon Rivière*. In EGUÍA, R. (compilador) **Grandes Psicoanalistas Argentinos**. Buenos Aires – México: Lumen, 2001, p. 171-172.

[12] BLEGER, J. **Psicoanálisis y dialéctica materialista**.2ª ed. Buenos Aires: Paidós, 1958.

Em 1965, publica o primeiro tomo, *Psicología Concreta*[13], com extensos e valiosos prólogo e apêndice de sua autoria, e no ano de 1966, *Crítica de los fundamentos de la psicología: el Psicoanálisis*[14], e *El fin de la psicología concreta*[15], ambos também com apêndices de Bleger.

A atitude de Bleger, nesses tempos, era muito mais explícita do que a de Pichon, conduzindo a resultados, ao mesmo tempo, convergentes e bastante diferentes.

De um lado, conferiu-lhe, dentro da APA e no ambiente intelectual argentino, o reconhecimento de seu indiscutível valor intelectual, tanto como psicanalista quanto como marxista. De outro, fê-lo sofrer retaliações institucionais, seja no âmbito do partido, do qual foi expulso, seja no espaço institucional da APA, onde enfrentava oposições sérias da parte de setores mais conservadores, liderados por Arnaldo Rascovsky.

Sua posição, no entanto, era de rígida distinção dos espaços institucionais da psicanálise e da militância comunista. Diante de uma solicitação de formação analítica, costumava elucidar a demanda dizendo que, se o procuravam em seu consultório, era para fazer análise. Para formação marxista, que o procurassem no comitê do Partido Comunista. Com isso, dirimia qualquer ambigüidade.

A produção e publicação destes textos de Bleger, nestes anos, é um bom indício das preocupações e dos temas que circulavam nas discussões entre os participantes do grupo da *Pequeña Salpêtrière*.

Sinaliza, também, a razão pela qual procuraram criar um espaço institucional independente para o desenvolvimento de suas atividades, sem grande alarde e sem adotarem o rumo da ruptura com a instituição psicanalítica.

Bleger, no apêndice que escreve para a publicação da obra de Georges Politzer *El fin de la psicología concreta*, expressa bem o espírito que presidia o trabalho deste grupo:

"Não se trata de retomar Freud sem Freud, mas de retomar os aportes da psicanálise dentro de uma estrutura teórica e ideológica diferente. Não é uma tarefa contra Freud, mas para além de Freud." [16]

O tempo, e a repressão política decorrente das ditaduras que assolaram o Cone Sul, se encarregaram de apagar da memória a função sementeira deste grupo da *Pequeña Salpêtrière*.

Perdeu-se a noção das mútuas influências entre os participantes deste grupo (que, não esqueçamos, era plurinacional na sua formação, com argentinos, uruguaios, brasileiros e imigrantes europeus) e do papel que exerceram na criação de uma psicanálise com identidade própria, genuinamente latino-americana.

Este olvido imposto fez com que diversos episódios históricos fossem esquecidos, como, por exemplo, o fato de que Bleger, durante anos, ofereceu, em Porto Alegre, supervisão a psicanalistas brasileiros, deixando sua marca em sua formação. O próprio Pichon-Rivière, como já relatamos na introdução deste livro, esteve presente nesta cidade, em 1954,

---

[13] POLITZER, G. *Psicología Concreta*. Buenos Aires: Jorge Alvarez, 1965.

[14] POLITZER, G. *Crítica de los Fundamentos de la Psicología: El Psicoanálisis*. Buenos Aires: Jorge Alvarez, 1966.

[15] POLITZER, G. *El Fin de la Psicología Concreta*. Buenos Aires: Jorge Alvarez, 1966.

[16] BLEGER, J. *Psicoanálisis y dialéctica materialista*. 2ª ed. Buenos Aires: Paidós, 1963, p. 185 e 186.
BLEGER, J. Apéndice. *In* POLITZER, G. *Psicología Concreta*. Buenos Aires: Jorge Alvarez, 1965, p. 77.

proferindo cursos e palestras, recebendo também o título de membro honorário da Sociedade de Neurologia Psiquiatria e Neurocirurgia do Rio Grande do Sul (1938), hoje Sociedade de Neuro-Psiquiatria do Rio Grande do Sul[17].

As principais figuras desta época — Pichon, Bleger e Liberman — permaneceram vinculados ao movimento psicanalítico e às suas instituições até o fim de suas vidas. E o fizeram, não por submissão, mas pelo valor que atribuíam à herança intelectual de Freud, à qual não admitiam renunciar.

No entanto, a crise prenunciada manifestar-se-á de forma mais explícita nos anos seguintes, atingindo vigorosamente, a cada um deles, de distintas formas.

Há uma sincronia no entrelaçamento dos acontecimentos. Com todas as reviravoltas do ambiente, a vida continuava.

Após a ditadura de Juan Carlos Onganía, iniciada em 1966, o retorno de Juan Domingo Perón em 1973 e a deposição de sua sucessora, Isabelita Perón em 1976, iniciou-se um longo e ainda mais trágico período de trevas políticas. Foi o golpe militar que deu início à ditadura do general Jorge Rafael Videla, que comandou, até 1981, o chamado *Proceso de Reorganización Nacional*, que só terminará em 1983 com a eleição de Raúl Alfonsín.

Foram tempos duros, muito difíceis, de truculências de toda ordem e absoluto desrespeito ao valor da vida humana.

O grupo da *Pequeña Salpêtrière* e do IADES representava um desafio imenso para Pichon. No afã de avançar em suas investigações e na formulação de novas aberturas teóricas, atravessado ao mesmo tempo por seus conflitos pessoais, foi perdendo a necessária discriminação e mergulhando num processo que resultará na confirmação de preconceitos e severas restrições contra ele.

Ricardo Avenburg nos conta dois momentos distintos vividos por ele na relação analítica com Pichon:

O primeiro:

> *"Assim comecei minha análise. Nesta primeira etapa, Pichon era o que se podia chamar de um analista 'ortodoxo': escutava, interpretava, creio que não com muita freqüência (ainda que, sim, várias vezes em cada sessão) e, em geral, diante de minhas perguntas, ficava em silêncio, não recordo que suas interpretações tenham tido uma forma particular, eram comentários e reflexões sobre o que eu dizia. Começava e terminava as sessões pontualmente. Apesar dessa suposta ortodoxia, nunca o senti distante nem frio."*[18]

O segundo:

> *"Minha análise foi deixando de ter as características de 'ortodoxia' formal e foi se misturando com um diálogo sobre diversos temas, não só sobre a minha problemática, mas também sobre temas teóricos, comentários gerais,*

---

[17] **SOCIEDADE DE NEURO-PSIQUIATRIA DO RIO GRANDE DO SUL**.
Site disponível:
http://www.snnrs.com.br/
Consultado em 29/10/2006.

[18] AVENBURG, R. **Enrique Pichon Rivière**, sus enseñanzas a la luz de mi vínculo con él. In *Actualidad Psicológica*. Buenos Aires: *Año XXI, N° 231, mayo 1996*, p. 12.

material clínico, etc., coisa que por um lado me deixava muito contente e me fazia sentir muito orgulhoso de ter essa relação com Pichon, mas, por outro lado, sentia que eu com meus problemas ficava muitas vezes postergado, a expensas de suas próprias inquietudes e interesses pessoais."[19]

E testemunha, também, tanto a riqueza quanto o esgotamento de sua relação de aprendizagem com Pichon:

"A docência era desenvolvida como um diálogo, um fato vivo, e não uma mera repetição de conhecimentos cristalizados. Este era seu objetivo. Em que medida o conseguia? Chegado um momento de nossa formação, alguns de nós começamos a sentir que Pichon se repetia e que este diálogo começava a ser mais um mito que realidade. É difícil para mim e talvez me seja impossível avaliar em que medida esta impressão correspondia realmente às suas aulas ou a um momento iniludível de toda formação ao lado de um mestre: momento no qual minha relação com Pichon tinha chegado a seu limite, eu tinha que abrir meu próprio caminho e era seu diálogo comigo (não só o exterior, mas aquele diálogo interno que eu mantinha com ele) o que começava a se repetir."[20]

Em 1965, Pichon conhece a jovem Ana Pampliega de Quiroga, então com vinte e oito anos, que recentemente terminara seu curso de filosofia.

Escrevem juntos artigos sobre o cotidiano, publicados durante os anos de 1966 e 1967 na revista *Primera Plana*, de Jacobo Timerman (1923-1999).

Posteriormente, estes textos foram reunidos num livro, publicado em 1970, cujo título, *Psicología de la vida cotidiana*[21], parafraseava, numa crítica tácita, o texto freudiano *Psicopatologia da vida cotidiana*[22]. Pichon pretendia enfatizar a pluralidade adaptativa do existir humano, ao contrário de Freud que, a seu ver, exacerbava a dimensão patológica do homem.

Em 1966, Pichon sofre um sério revés, quando a APA lhe suspende a função de analista didata, embora ele próprio, apesar disso, não se retire da instituição.

Aqui, mais uma vez, os registros são parciais, divergentes, confusos e contraditórios. Não é um fato menor a suspensão da função didática de um psicanalista famoso, ainda mais se considerarmos que Pichon foi um dos fundadores da APA. Tratava-se, no mínimo, de um acontecimento escandaloso.

Seu impacto na vida pessoal de Pichon, inclusive, foi lastimável. Fragilizado pelo alcoolismo e pelo uso excessivo de medicações, perdeu pacientes, sofrendo, além da humilhação moral e do golpe narcísico, sério abalo financeiro.

---

[19] AVENBURG, R. **Enrique Pichon Rivière**, sus enseñanzas a la luz de mi vínculo con él. In *Actualidad Psicológica*. Buenos Aires: *Año XXI, Nº 231, mayo 1996*, p. 13.

[20] AVENBURG, R. **Enrique Pichon Rivière**, sus enseñanzas a la luz de mi vínculo con él. In *Actualidad Psicológica*. Buenos Aires: *Año XXI, Nº 231, mayo 1996*, p. 14.

[21] PICHON-RIVIÈRE, E. e QUIROGA, A. **Psicología da Vida Cotidiana**. São Paulo: Martins Fontes, 1998.
PICHON-RIVIÈRE, E. e QUIROGA, A. ***Psicología de la vida cotidiana***. Buenos Aires: Galerna, 1970.

[22] FREUD, S. [1901] ***A psicopatologia da vida cotidiana***. In Edição Standard Brasileira das Obras Psicológicas Completas de Sigmund Freud. 1ª ed. v. VI. Rio de Janeiro: Imago, 1969.

Rosa López se refere do seguinte modo aos comentários sobre este episódio de Emílio Rodrigué, que, na época, exercia a presidência da APA:

> "Emílio Rodrigué escreve um artigo[23] para o vigésimo aniversário de sua morte [de Pichon], no qual expressa:
>
> 'Enrique Pichon-Rivière foi meu mestre se pensamos que os verdadeiros mestres não têm discípulos. O mestre se 'anula' no momento da transmissão. Ele foi, como diz Ulloa, um mestre despreocupado de sê-lo.'
>
> Neste artigo diz que durante sua presidência da APA, pelo ano de 1966, e dado que Pichon era um membro moroso, fazia anos que não dava seminário na instituição, nem assistia a eventos, nem pagava, foi expulso de sua condição. Pergunta-se como não o nomearam Membro Honorário, ainda que a despeito dele mesmo, e se responde que 'no seio de uma instituição como a APA, ninguém, sem ânimo de ofender, é lúcido'."[24]

Carpintero e Vainer fazem outra citação de Rodrigué sobre o mesmo tema:

> "Creio que fui um bom presidente da APA e que só cometi um erro, mas foi um erro grave. O incluo nestas memórias por considerá-lo sintomático. Trata-se de Enrique Pichon-Rivière, o homem que poderia ser meu mestre. Enrique tinha uma grande ambivalência frente à APA; provavelmente sentia, creio que com razão, que havia sido maltratado pela Instituição. O problema é que não pagava as contribuições como sócio. Tampouco dava seminários e se mantinha distanciado da atividade científica. Seus atrasos [no pagamento de mensalidades] foram repetidas vezes tratados pela Comissão Diretiva. Como presidente, determinei que fosse suspenso de sua condição de analista didata. Hoje em dia, custa-me crer que tomei esta decisão. Sem ânimo de desviar a culpa, creio que minha atitude revela como se pode pensar mal dentro do clima institucional da APA. Era tão simples, me ocorre agora, nomeá-lo presidente honorário vitalício da instituição."[25]

Embora tardiamente, a APA fez sua reparação, na linha sugerida por Rodrigué: denominou de *Departamento de Psicosis "Dr. Enrique Pichon-Rivière"*[26] a uma de suas unidades de ensino e investigação — atualmente dirigida por Jorge García Badaracco (1924) —, que tem por objetivo "*o desenvolvimento do interesse pelo estudo e tratamento*

---

[23] RODRIGUÉ, E. *Las huellas de una vida*. Pequeño perfil de un gigante. Buenos Aires: *Diario Clarín, Cultura y Nación, jueves 17 de julio de 1997*, p. 6 e 7.

[24] LÓPEZ, R. *El estilo en la transmisión del psicoanálisis* - Pichon Rivière: de Roberto Arlt a Lautréamont - Oscar Masotta: de Pichon Rivière a Lacan.
Disponível *in* site: *PsicoMundo - Presentaciones de libros*.
http://www.psiconet.com/libros/presentaciones/estilo.htm
Consultado em 25/02/2006.

[25] RODRIGUÉ, E. *El libro de las separaciones*. Una autobiografía inconclusa. Buenos Aires: Sudamericana, , 2000, p. 115 apud CARPINTERO, E. e VAINER, A. *Las huellas de la memoria I* – Psicoanálisis y salud mental en la Argentina de los '60 y '70 – Tomo I: 1957 – 1969. Buenos Aires: Topía, 2004, p. 248.

[26] **DEPARTAMENTO DE PSICOSIS "DR. ENRIQUE PICHÓN RIVIÈRE"**.
Disponível *in* site: *APA - Asociación Psicoanalítica Argentina*.
http://www.apa.org.ar/insti_04_b.php?id=9
Consultado em 29/10/2006.

psicanalítico de pacientes psicóticos e de todos aqueles que se apresentam como muito dificilmente abordáveis através da psicanálise".

Já Elisabeth Roudinesco e Michel Plon se referem do seguinte modo a este episódio da retirada da função didática:

> *"Por volta de 1965, [Pichon] desinteressou-se da análise didática, mas o seu seminário, para o qual acorria a juventude, continua a lhe garantir um lugar incontestável de líder intelectual, apesar do álcool e dos medicamentos."[27]*

Os eminentes historiadores franceses escorregam, aqui, em parte, em suas próprias referências etnocêntricas e, noutra parte, na encruzilhada de desinformações que cercam o mito de Pichon. É discutível a afirmação que fazem de que Pichon *"desinteressou-se"* da análise didática. Com esta expressão, encobre-se a violência sobre ele exercida e a mágoa que sentia por tê-la sofrido. De outro lado, Pichon não ministrava, em Buenos Aires, seminários nos moldes lacanianos.

Oscar Masotta, em outro texto, assim se refere a este episódio, carregando de cores dramáticas:

> *"Houve em Buenos Aires — ele não morrera — uma panacéia para muitas demandas de saber: meu querido doutor Pichon-Rivière. (...) O freudo-marxismo fenomenológico de um, o 'informacionalismo' do outro, o institucionalismo de terceiros, tudo tinha partido de Pichon. E por outras razões, ou em outros níveis, também a Escola Freudiana. Quem não recorda quando Pichon dizia que o segredo de um esquizofrênico é aquilo do que na família não se fala, ou que havia que seguir suas pistas, mas para interpretá-lo como uma charada? Sua vida era uma verdadeira deriva e de alguma maneira sempre se tinha que ver com ela. (...) em uma época em que minha própria deriva me aproxima da sua. Quando, com o transcurso do tempo, Pichon lesiona seriamente sua saúde por um certo abuso do álcool e de drogas, não as pesadas nem as modernas, as de farmácia, o velho é inibido pela Associação Psicanalítica Argentina. Do que se pode reprová-los? Depois de ter-lhe oferecido assistência médica e psicanalítica, que mais podiam fazer? Como essas famílias demasiadamente estruturadas, ou talvez já demasiadamente torturadas internamente, às que nada ensina a produção de um louco. Desde então, a vida de Pichon pendeu sempre por um fio."[28]*

Masotta acerta, em sua ironia, quando denuncia a existência da patologia institucional que só encontrou saída na prática da violência sobre um dos seus membros mais proeminentes. A assepsia pretendida resultou na colocação da cabeça de Pichon na bandeja sagrada da instituição.

Não foi possível documentar a posição adotada por Arminda Aberastury frente ao ato praticado pela APA.

---

[27] ROUDINESCO, E. e PLON, M. Verbete: Pichon-Rivière, Enrique (1907-1977). *In* ROUDINESCO, E. e PLON, M. **Dicionário de Psicanálise**. Rio de Janeiro: Jorge Zahar, 1998, p. 593.

[28] MASOTTA, O. ***Ensayos lacanianos***. Barcelona: Anagrama, 1976, p. 240 a 242.

No entanto, o relato de Fernando Taragano na entrevista[29] a que já nos referimos anteriormente — e apesar de seu declarado antagonismo em relação a Arminda Aberastury — acrescenta alguns dados a respeito:

"(...) Naquela época, Pichon Rivière conduzia grupos numa sala do Hospital Moyano. *Incorporou-me à sua equipe, éramos por volta de 20 colaboradores. Por esta razão, deixa de dar cursos no hospício* [de las Mercedes] *e, uma vez por semana, apresentava uma aula de orientação psicodinâmica.*

Pouco depois entra um novo Chefe de Enfermaria, um psiquiatra muito bom, mas não amigo da psicanálise: ficamos sem as aulas de Pichon.

Transcorria o ano de 1957, quando lhe proponho dar um curso na APA. Em 1959, ministra um segundo curso. Deste primeiro curso é a Teoria do Vínculo. Do segundo, que creio que é a teoria mais importante de Pichon, realiza uma aplicação da Teoria do Vínculo aos distintos quadros mentais: depressão, histeria, fobia, etc.

[Pergunta] *Quando funda sua escola?*

[Resposta] *A APA, por pressões internas, decide retirar a autorização para Pichon Rivière dar seu curso. O curioso é que sua própria mulher, notavelmente oposta à sua teoria, também influi para que se tome essa decisão. Recordem que predominava a psicanálise kleiniana e eram muito ortodoxos, por isso não toleraram o enfoque de Pichon.*

Em 1950 organizou a fundação da Escuela de Psiquiatría Dinámica.*"*[30]

E, mais adiante, completa:

"(...) Continua com os problemas com a APA, lhe tinham tirado o título de Mestre Didata porque a teoria que tinha não era a que a APA queria; La Negra Aberastury foi a crítica mais severa que Pichon Rivière teve."[31]

O que é mais razoável concluir a respeito de todos estes relatos é que ocorreu um pouco de tudo: a deterioração de Pichon, decorrente do álcool e das anfetaminas, a podridão e rigidez institucional que se avolumava, a humilhação sofrida, o alheamento e a crescente indiferença de Pichon diante dos acontecimentos que o atingiam e a efervescência ideológica que atravessava a Argentina como um todo e, obviamente, também a APA, só para citarmos apenas alguns dos mais óbvios.

---

[29] Cf. nota à p. 103.

[30] TARAGANO, F. *Entrevista al Dr. Fernando Taragano (discipulo y amigo de Enrique Pichon Rivière) Paginas de Psicologia Social*. Buenos Aires: *mayo de 1995. In* MAZZILLI, R. **Material para Roberto y para quien guste....**
Disponível *in* site: hiperCorreio - Debates – Grupal.
http://debates.hipernet.ufsc.br/foruns/grupal/debates/mensagem.srv?o=a&n=6280&m=2692
Consultado em 21/02/2007.

[31] TARAGANO, F. *Entrevista al Dr. Fernando Taragano (discipulo y amigo de Enrique Pichon Rivière) Paginas de Psicologia Social*. Buenos Aires: *mayo de 1995. In* MAZZILLI, R. **Material para Roberto y para quien guste....**
Disponível *in* site: hiperCorreio - Debates – Grupal.
http://debates.hipernet.ufsc.br/foruns/grupal/debates/mensagem.srv?o=a&n=6280&m=2692
Consultado em 21/02/2007.

O comentário de Avenburg a respeito traz um pouco de tudo isso:

> *"Minha impressão é que, pelo menos até a época em que deixei de ter contato freqüente com ele (aproximadamente 1963), Pichon não conseguiu transcender o momento polêmico de seu conflito com a APA. Todos estávamos esperando sua síntese, o grande livro de Psiquiatria que não se decidia a escrever; ele continuava brigando com os psicanalistas e também brigando consigo mesmo, com sua úlcera, sua insônia e com o seu adormecer a qualquer momento, com sua dificuldade na emissão das palavras, ao mesmo tempo em que com todas as pessoas pelas quais se sentia traído. Era muito sensível a qualquer tipo de abandono; ou então ficava ressentido se alguém dizia algo previamente exposto por Pichon e não o citava, ou se algum aluno se distanciava dele."*[32]

Kesselman, a respeito do ostracismo a que foi relegado Pichon, comenta:

> *"Outro ponto diante do qual devemos refletir é que Pichon, de certa maneira, é um desaparecido. Confinaram-no em muitos aspectos à cripta do esquecimento: a universidade, as pós-graduações, em muitos debates, na maioria dos congressos, encontros e jornadas. Outras vezes se lembram dele com uma leveza tão grande que pareceria que se trata de um asséptico intelectual, ou a contraface: um bêbado perdido."*[33]

Taragano[34] realça sua solidão:

> *"[Pergunta] Como era esse 'mestre' como homem em sua vida cotidiana?*
>
> *[Resposta] Gostava de divertir-se, tinha o sentido do humor, gostava de ser o centro, evidentemente. Penso que um homem inteligente tem direito de estar no centro. Porque vou combater que fique no centro alguém que tem um nível de formação, intelectual, tão rico? Essa atitude que, às vezes, alguns criticavam, não a considero negativa, porque era um homem que dava. Não necessitava estar em cima de um estrado, dando uma aula, nem gostava de fazê-lo. Era generoso, tinha muita potência para desfrutar. Claro que tinha um estilo.*
>
> *Gostava de comer, gostava de beber, sobretudo de bater papo. Tinha um culto pela amizade, do qual muitos sairam beneficiados.*
>
> *Uma das queixas de Pichon Rivière era que dava muito e recebia pouco. Ele era generoso na ajuda, generoso na bibliografia, generoso nas recomendações.*
>
> *Queixava-se de que não recebia respostas. Aproveitavam-se muito dele. Ele dizia: 'é um negócio estar comigo'. Demorei muito para entendê-lo, mas tinha*

---

[32] AVENBURG, R. **Enrique Pichon Rivière**, sus enseñanzas a la luz de mi vínculo con él. In *Actualidad Psicológica*. Buenos Aires: Año XXI, N° 231, mayo 1996, p. 14.

[33] KESSELMAN, H. **Los estares de Pichon**. In Revista Desbordar, N° 5, septiembre de 1992. Disponível *in* site: *Campo Grupal – Biblioteca de textos.*
http://www.campogrupal.com/estares1.html
Consultado em 29/10/2006.

[34] Cf. nota à p. 103.

> *razão. Todo mundo saía beneficiado por ser aluno, por ser amigo, por ser discípulo de Pichon. Isso eu o vi também depois de sua morte.*
>
> *Nos três anos que viveu na clínica, as pessoas diziam que iam vê-lo constantemente, mas eu, que o via às vezes aos sábados, às vezes aos domingos, via que estava só e saíamos. Ele não tinha carro, nem sabia dirigir, e eu o carregava. Digo carregar, porque ele tinha muita necessidade de que se cuidasse dele.*
>
> *Fomos, muitas vezes, a diferentes lugares, passar um ou dois dias. Era um homem que estava muito só. Era um homem muito humano, muito generoso, e era um ser sofredor. Ele estava no vértice. E como todo homem que está no vértice, estava só. E começamos a descobrir um pouco que as pessoas que o rodeavam, não estavam ali por amizade, estavam um pouco pelo benefício... e, então, comecei a entender o que Pichon queria dizer, isso de 'é um negócio estar comigo'. Essa era a parte mais sofredora de Pichon."* [35]

Em 1970, Pichon publica seu aguardado livro *Del Psicoanálisis a la Psicología social*[36], pela Editorial Galerna, demonstração inequívoca de que, apesar dos pesares, continuava ativo e atinente ao seu projeto.

Não é, no entanto, o grande livro de psiquiatria a que se referia Avenburg. Reúne um conjunto significativo de artigos, escritos sempre em conjunto com alguns de seus colaboradores mais próximos e anteriormente publicados de forma dispersa, em que apresenta suas idéias fundamentais.

Visto de uma forma global, torna-se um livro repetitivo, no qual os mesmos temas básicos são abordados ao sabor das circunstâncias que motivaram a escrita dos textos originais. Não inova, nem integra, num conjunto teórico articulado, a concepção da nova psicanálise que postulava.

A edição francesa de *O processo grupal* tenta, em parte, superar este problema, reordenando os artigos e agrupando-os em quatro grandes temas: Prólogo, Grupos operativos, teoria e aplicação, Doença mental e psicoterapia de grupo e Anexos.

As propostas teóricas de Pichon e o alcance de seu pensamento exigem, no entanto, um aprofundamento maior. Como bem diz Kaës:

> *"No prefácio que redigi, em 1993, para introduzir na França a primeira coletânea de textos de Pichon-Rivière e os testemunhos de diversos de seus discípulos mais próximos, escrevia que uma aproximação crítica ao pensamento de Pichon-Rivière me parecia necessária, porque é um pensamento fundante."* [37]

---

[35] TARAGANO, F. *Entrevista al Dr. Fernando Taragano (discipulo y amigo de Enrique Pichon Rivière) Paginas de Psicologia Social*. Buenos Aires: *mayo de 1995*. In MAZZILLI, R. **Material para Roberto y para quien guste....**
Disponível *in* site: hiperCorreio - Debates – Grupal.
http://debates.hipernet.ufsc.br/foruns/grupal/debates/mensagem.srv?o=a&n=6280&m=2692
Consultado em 21/02/2007.

[36] PICHON-RIVIÈRE, E. *Del psicoanálisis a la psicología social*. Buenos Aires: Galerna, 1970.

[37] KAËS, R. Préface – Pour recontrer Pichon. *In* PICHON-RIVIÈRE, E. *Le processus grupal*. Ramonville Saint-Agne: Érès, 2004, p. XV e XVI.

A tentativa mais abrangente de apresentar articuladamente estas novas idéias, de novo, ficou a cargo de Bleger, que publicou, neste mesmo período, pela *Editorial Universitária* de Buenos Aires, seu excelente livro *Psicologia de la conducta*[38]. Não nos foi possível determinar a data desta primeira publicação.

Mais de um ano após a morte de Pichon, Fernando Taragano publicou, numa iniciativa mesclada de luto e culpa, o livro *Teoría del Vínculo*[39]. Em sua *Introdução*, Taragano explica que se trata de uma compilação das transcrições de fitas gravadas de doze aulas de um curso sobre "metodologia da entrevista" ministrado por Pichon-Rivière, entre outubro de 1956 e fins de janeiro de 1957, na APA.

Este livro, publicado como sendo de autoria de Pichon-Rivière, no entanto, não foi submetido, em vida, à sua apreciação. O próprio Taragano reconhece que adotou um critério pessoal na seleção do material, tomando "*como ponto de referência tudo aquilo que se relacionava com a teoria do vínculo*"[40]. Informa que as transcrições originais foram feitas em duas vias, uma delas entregue a Pichon, a quem prometera "*publicar algum dia seus trabalhos fundamentais*"[41]. Além disso, faz referência a um outro curso, ministrado também por Pichon na APA, em 1957, sobre "*psicopatologia e psiquiatria dinâmica*", cuja promessa de edição ainda não cumpriu.

Neste livro, algo mais do pensamento pichoniano pode ser depreendido, apesar de, como o próprio Taragano reconhece, Pichon talvez se incomodasse com

"*(...) a seqüência sóbria e direta que dei ao desenrolar de seu pensamento, já que ele gostava de ter a liberdade de ir e vir aonde quisesse, ainda que nunca perdesse de vista a idéia central condutora de seu pensamento.*"[42]

A efervescência institucional na APA terá muitos desdobramentos na década de 1970. De certo modo, a figura "recusada" de Pichon, ou a permanência insistente de sua lembrança, como de uma culpa latente — a marca da má consciência —, atravessará todo este período, sendo que muitos de seus amigos e discípulos foram protagonistas fundamentais dos eventos que se sucederam.

---

[38] BLEGER, J. **Psicologia da conduta**. 2ª Ed., Porto Alegre: Artmed, 1989.
BLEGER, J. *Psicologia de la conducta*. Buenos Aires: Paidós, 1977.

[39] PICHON-RIVIÈRE, E. **Teoria do vínculo**. Ed. TARAGANO, F. São Paulo: Martins Fontes, 1982.
PICHON-RIVIÈRE, E. *Teoría del vínculo*. Ed. TARAGANO, F. Buenos Aires: Nueva Visión, 1979.
PICHON-RIVIÈRE, E. *Théorie du lien* (Ed. TARAGANO, F.) *suivi de Le processus de création*. Ramonville Saint-Agne: Érès, 2004.

[40] TARAGANO, F. *Introdução. In* PICHON-RIVIÈRE, E. **Teoria do vínculo**. Ed. TARAGANO, F. São Paulo: Martins Fontes, 1982, p. 11.
TARAGANO, F. *Introducción. In* PICHON-RIVIÈRE, E. *Teoría del vínculo*. Ed. TARAGANO, F. Buenos Aires: Nueva Visión, 1979, p. 10.

[41] TARAGANO, F. *Introdução. In* PICHON-RIVIÈRE, E. **Teoria do vínculo**. Ed. TARAGANO, F. São Paulo: Martins Fontes, 1982, p. 9.
TARAGANO, F. *Introducción. In* PICHON-RIVIÈRE, E. *Teoría del vínculo*. Ed. TARAGANO, F. Buenos Aires: Nueva Visión, 1979, p. 7.

[42] TARAGANO, F. *Introdução. In* PICHON-RIVIÈRE, E. **Teoria do vínculo**. Ed. TARAGANO, F. São Paulo: Martins Fontes, 1982, p. 11 e 12.
TARAGANO, F. *Introducción. In* PICHON-RIVIÈRE, E. *Teoría del vínculo*. Ed. TARAGANO, F. Buenos Aires: Nueva Visión, 1979, p. 10.

Foi assim que, durante o XXVI Congresso Internacional de Psicanálise (1969), realizado no luxuoso Hotel Hilton, em Roma, Itália, sob a presidência de Van der Leeuw (1909-1985)[43] — o tema deste congresso era *Protesto e Revolução* — um grupo, composto principalmente por analistas radicados na Argentina, decidiu criar um movimento que recebeu o pretensioso nome de Plataforma Internacional[44]. Segundo Roudinesco e Plon, "*adotou por objetivo estender a revolta a todas as instituições psicanalíticas do mundo*"[45]. Era um grupo atuante no seio da APA, do qual participavam ativamente Marie Langer e Fernando Ulloa.

Os conflitos resultaram, em novembro de 1971, numa demissão coletiva da APA de didatas, membros efetivos e candidatos à formação, que seguiram, cada qual, trajetórias independentes.

Neste período, diversos outros acontecimentos sobrevirão.

No mesmo ano de 1971, formara-se outro grupo de analistas progressistas dentro da APA, que se intitulou Documento, do qual fazia parte José Bleger. Sua postura era de contestação de caráter sobretudo teórico. Propuseram alterações dos procedimentos da análise didática. Diante da recusa ao debate deste tema, este grupo também terminou rompendo com a instituição.

No entanto, Bleger diverge da ruptura e permanece vinculado à APA, decepcionando muitos de seus companheiros.

Carpintero e Vainer assim expõem o posicionamento de Bleger:

> "*Para Bleger, eles haviam deixado a psicanálise para dedicar-se à política com um 'terrorismo ideológico (que) consiste agora em impor o abandono da investigação, do desenvolvimento científico, em nome da revolução'. O centro de seu argumento era considerar que a APA, apesar de tudo, era sinônimo da psicanálise. Neste sentido, afirmava que 'parte dos que renunciaram à Associação psicanalítica (a rigor, à psicanálise) em prol da política, vão ser maus políticos, maus profissionais e maus intelectuais, que vão distorcer a estrutura dos movimentos de esquerda e, eventualmente, a construção de um Estado socialista'.*"[46]

O curioso é que, apesar da dureza do ato praticado pela APA sobre Pichon ao retirar-lhe a função de didata, ele também nunca se desligou da instituição. Permaneceu como membro até o fim de seus dias, apesar de ter sofrido, da parte de muitos, um afastamento doloroso.

Portanto, pode-se ver, na atitude de Bleger, a continuidade da mesma posição adotada por Pichon.

---

[43] VERHAGE-STINS, E. Verbete: Leeuw, Pieter Jacob Van der. *In* MIJOLLA, A. (dir. geral). **Dicionário Internacional da Psicanálise**. Rio de Janeiro: Imago, 2005, p. 1075 e 1076.

[44] VOLNOVICH, J. **Psicoanális argentino:** *treinta años sin Plataforma. Etats Généraux de la Psychanalyse, Archives Paris 2000.*
Disponível *in* site: *Les Etats Généraux de la Psychanalyse - Archives Paris 2000.*
http://www.etatsgeneraux-psychanalyse.net/mag/archives/paris2000/texte81.html
Consultado em 29/10/2006.

[45] ROUDINESCO, E. e PLON, M. Verbete: Argentina. *In* ROUDINESCO, E. e PLON, M. **Dicionário de Psicanálise**. Rio de Janeiro: Jorge Zahar, 1998, p. 34.

[46] CARPINTERO, E. e Vainer, A. **Las huellas de la memoria II** – *Psicoanálisis y salud mental en la Argentina de los '60 y '70 – Tomo II: 1970 – 1983*. Buenos Aires: Topía, 2005, p. 102 e 103.

Muitos outros psicanalistas que foram sensíveis aos questionamentos levantados por Plataforma e Documento seguiram esta mesma posição, inicialmente assumida por Pichon, que defendia a luta por mudanças na permanência dentro da instituição.

Volnovich assim relata o encontro com Joel Zac após a entrega da demissão do grupo Plataforma:

> *"Quando, no momento de entregar a demissão assinada por todos, quase na porta pela qual não voltaríamos a entrar, o Dr. Joel Zac nos parou, resignado, para ensaiar sua desculpa e sustentar sua posição: —'Eu estou de acordo com a crítica que vocês fazem, mas sou dos que pensam que há que lutar a partir de dentro.' Guillermo Bigliani lhe respondeu: — 'Sim, mas, sabe de uma coisa, Joel... estar dentro da Associação nestes momentos é estar fora da realidade'."*[47]

Certamente, no calor dos embates político-institucionais daquele momento, era muito difícil saber onde estava a realidade e onde começava o delírio onipotente. Ninguém, mais dramaticamente do que Pichon, sustentou a posição de não sair da APA, apesar dos radicalismos e dos esquerdismos característicos daquele momento e do duro golpe que a instituição lhe havia desferido.

Pichon, Bleger, Joel Zac, Liberman, Etchegoyen, Ferschtut, Ottalagano e muitos outros preferiram assumir uma posição, dentro da APA, a se colocarem radicalmente na oposição, fora dela.

Seguindo o relato dos múltiplos eventos deste período, em 1972 Pichon também receberá a notícia do falecimento abrupto e precoce de Bleger e do suicídio de Arminda.

Em vinte de janeiro de 1975, outro conflito se instalará na APA, sendo que, desta vez, outros amigos de Pichon estarão envolvidos.

Neste ano, aproximadamente dez analistas, quase todos didatas ou titulares, veteranos na prática clínica, constituem um grupo de estudos na APA, sob a denominação de *Ateneo Psicoanalítico*. Liderados por Horacio Etchegoyen, Guillermo Ferschtut, David Liberman e Joel Zac, tinham como propósito discutir, mais uma vez, temas relacionados à formação de analistas e à análise didática.

Novamente, a transmissão da psicanálise e seus reflexos nas relações de poder dentro da instituição psicanalítica transformam-se no fulcro dos debates.

Esta polêmica, por sinal, é um pólo recorrente e central de muitos outros conflitos e dissidências em instituições psicanalíticas em todo o mundo até hoje.

O conflito desaguará, dois anos depois, na criação de uma nova instituição psicanalítica na Argentina, a APdeBA – Associação Psicanalítica de Buenos Aires, que será reconhecida em julho de 1977, no XXX Congresso Internacional de Psicanálise (1977), em Jerusalém, Israel, sob a presidência de Serge Lebovici.

Nesta ocasião, desligaram-se da APA 38 membros titulares, 26 aderentes e 70 candidatos. Coincidentemente, esta cisão ocorreu no mesmo mês e ano da morte de Pichon.

---

[47] VOLNOVICH, J. **Psicoanálisis argentino:** treinta años sin Plataforma. Etats Généraux de la Psychanalyse, Archives Paris 2000.
Disponível *in* site: *Les Etats Généraux de la Psychanalyse - Archives Paris 2000*.
http://www.etatsgeneraux-psychanalyse.net/mag/archives/paris2000/texte81.html
Consultado em 29/10/2006.

Em síntese, a crise de Pichon com a APA não pode ser dissociada do contexto institucional e político que envolveu toda a sociedade argentina, o ambiente intelectual e o próprio movimento psicanalítico.

É verdade que a deterioração de sua saúde foi um componente importante deste processo — em seus últimos anos, vivia com o auxílio de uma sonda naso-gástrica presa à sua fronte e que, inclusive, prejudicava sua comunicação —, mas seria uma leviandade atribuir, simplesmente, ao alcoolismo e à drogadição, as dificuldades por ele enfrentadas neste período.

Até porque, seus problemas de saúde tinham uma dimensão muito mais ampla.

A este respeito, Ana Quiroga faz o seguinte comentário sobre as dificuldades que tinha Pichon para se comunicar:

> *"Pichon tinha uma certa disartria e alguns problemas de natureza neurológica e emocional, porque tinha muito pouca potência de voz em geral. Às vezes, quando estava de muito bom ânimo, ou algo assim, não durava muito tempo, mas me chamava por telefone e dizia um 'Alô' tão forte (...) que era surpreendente vindo de um homem que falava tão baixo... Para muitas pessoas era difícil escutar o que Enrique dizia. (...) Além disso, tinha um traço particular, que era o de que não movia praticamente a boca. Não articulava bem os sons. Comentando, às vezes, em família, escutei que todos os Pichon tinham esta característica, que não eram claros para articular."*[48]

Apesar de sua debilidade física, continuava lúcido e engajado em seus projetos, focados, neste momento de sua vida, principalmente, na consolidação da *Primera Escuela Privada de Psicología Social*.

Os pressupostos da criação da *Primera Escuela Privada de Psicología Social*

É no calor dos embates e da sucessão dessa multiplicidade de eventos complexos e contraditórios que Pichon, agora com a colaboração intensa de Ana Quiroga, irá transformar, em 1967, a antiga *Escuela de Psiquiatría Social,* que fundara em 1958, na *Primera Escuela Privada de Psicología Social*.

Essa transformação tem a característica de uma quase refundação da Escola e, como emergente[49] deste momento de sua vida, é carregada de uma pluralidade de sentidos.

Um primeiro dado significativo desta transformação é que ocorre um ano após o revés que lhe foi infligido pela APA, suspendendo-lhe o exercício da função didática.

Deste ponto de vista, Pichon se afirma, novamente, em toda a sua independência, ao criar seu próprio espaço pessoal de transmissão do conhecimento e de difusão de suas idéias. Não dependia da APA e nem de qualquer das instituições oficiais para exercer sua mestria e sua didática.

Nesse ponto, vemos outra convergência de posições entre Pichon e Lacan, no que diz respeito à transmissão e à autorização da prática psicanalítica.

---

[48] GAINZA, V. *Ana Quiroga dialoga con Violeta H. de Gainza*. Buenos Aires: Lúmen, 1998, p. 50 e 51.
[49] Sobre os conceitos de emergente e existente, ver texto e notas na p. 98.

Bastava, para legitimar-se nesse papel, dispor-se ele próprio a transmitir seu saber. Pichonianamente, se é que assim se pode dizer, autorizava-se ele próprio, e por si mesmo, no exercício de sua tarefa, numa práxis criadora e inovadora.

Ao denominar a nova escola como de psicologia social, definia esse campo científico, a partir de sua releitura da psicanálise de Freud. Para ele, a psicanálise só pode ser compreendida como alicerçada nos vínculos, o que o levou a concluir que toda psicologia (incluindo neste termo a psicanálise), no sentido estrito, é uma psicologia social.

Num trabalho que apresentou no Congresso Internacional de Psiquiatria Social (1969), em Londres, em agosto de 1969, e publicado no mesmo ano na *Revista Argentina de Psicología* (1968) (Ano I, nº 2, 1969), expressava esse compromisso com a prática e com a ampliação dos limites de sua proposta investigativa e didática.

Propunha uma abertura para a abordagem da psicologia social, orientada na direção de uma práxis constante, resultante da confrontação entre teoria e prática.

Concebia um modo de construção desta ciência num movimento incessante de experimentação e reflexão, de tal modo que os referenciais teóricos fossem constantemente submetidos à prova dos fatos, de forma a serem confirmados ou modificados, ou, como preferia expressar, ratificados ou retificados.

O resultado seria uma ciência em constante movimento dialético, numa espiral contínua.

Em suas próprias palavras:

"A psicologia social que postulamos aponta para uma visão integradora do 'homem em situação', objeto de uma ciência única, ou interciência, localizado em uma determinada circunstância histórica e social. Tal visão é alcançada através de uma epistemologia convergente, na qual todas as ciências do homem funcionam como uma unidade operacional, enriquecendo tanto o objeto do conhecimento como as técnicas destinadas à sua abordagem."[50]

Outra marca explícita na mudança de objeto era a de que não se tratava mais de uma escola de psiquiatria, mas, sim, de uma Escola de Psicologia Social.

Pichon, com uma só tacada, acertava em dois alvos. O primeiro, o de redefinir a psicanálise como psicologia social. O segundo, posicionando-se frente a um conflito profundo que atravessava o ambiente dos profissionais de saúde mental na Argentina.

De fato, essa mudança, por si mesma, é também carregada de um profundo sentido de insurgência diante dos modelos oficiais da época. Tanto as associações médicas, quanto a APA e o aparelho de Estado, convergiam na interdição aos psicólogos do exercício da psicanálise.

Recordemos que na época da criação do primeiro curso de psicologia na UBA, seu primeiro diretor, Marcos Victoria, considerava esta ciência como auxiliar da medicina.

---

[50] PICHON-RIVIÈRE, E. Estrutura de uma escola destinada à formação de psicólogos sociais. *In* PICHON-RIVIÈRE, E. **O Processo Grupal**. Série Psicologia e Pedagogia. São Paulo: Martins Fontes, 1983, p. 122. PICHON-RIVIÈRE, E. *Estructura de una escuela destinada a la formación de psicólogos sociales. In* PICHON-RIVIÈRE, E. ***El proceso grupal***. Buenos Aires: Nueva Visión, 1980, p. 149.

Um dos núcleos centrais dos conflitos que sacudiriam a APA naqueles anos, disfarçados sob o debate quanto aos critérios da formação e da função didática, era a crescente pressão exercida pelos psicólogos e outros profissionais para serem admitidos nas instituições psicanalíticas.

O leitor, a esta altura, deve se perguntar por que, então, existiam, dentro da APA, psicanalistas, inclusive didatas, não-médicos, como era o caso de Arminda Aberastury, Heinrich Racker e outros mais.

A tradição, desde Freud, era a da admissão dos chamados analistas leigos, dos quais não era exigida a condição de serem médicos. O que se requeria para ser analista era o cumprimento do famoso "tripé"[51] de formação, inaugurado no Instituto Psicanalítico de Berlim: submeter-se à análise didática, participar de seminários teóricos e treinamento clínico sob supervisão de um analista mais experiente.

Na Argentina, naqueles anos, começou a ocorrer um fenômeno de disputa de mercado pelos médicos, principalmente psiquiatras, que se negavam a admitir que profissionais não-médicos, mesmo os psicólogos, praticassem psicoterapia, inclusive de orientação psicanalítica.

Disfarçados sob o manto da defesa da boa prática da medicina e da proteção ao paciente, exageravam os riscos e exigiam a manutenção das atividades psicoterapêuticas sob o controle exclusivo dos médicos. Esqueciam-se de que o controle exclusivo pelos médicos das atividades psicoterapêuticas é, em si mesmo, também um grande risco, na medida em que podem introduzir um viés iatrogênico organicista, voltado predominantemente para o *pathos*, em detrimento do *logos* e do *ethos* inerentes à condição existencial.

Este fenômeno também ocorreu no Brasil, sem maiores conseqüências, já que as forças progressistas conseguiram bloquear o andamento da legislação que pretendia introduzir a prevalência dos médicos no campo da psicoterapia. No entanto, não estamos livres da recorrência de insanidades deste tipo, que, de tempos em tempos, ressurgem como fantasmas ameaçadores.

A APA, num primeiro momento, buscou uma tentativa de convivência, verdadeira solução de compromisso, incluindo em seus estatutos, em 1952, que:

> *"(...) ainda que a psicanálise se empregue preferentemente em pessoas enfermas com fins de obter sua cura, se utiliza às vezes também em pessoas psicossocialmente desadaptadas, com fins de assegurar sua readaptação. De acordo com isso, se admitem além de psicanalistas médicos, também psicanalistas não médicos (...) para poder ser psicanalista não-médico (exige-se) a conclusão de um curso universitário relacionado com o estudo do homem. Os psicanalistas não médicos têm a obrigação de limitar sua atividade à readaptação de pessoas psicossocialmente desadaptadas. Exige-se deles manter-se em contato permanente com um psicanalista médico para aconselhar-se com ele, sempre e quando apareçam em seus psicanalisandos problemas de índole médica."*[52]

---

[51] Sobre o "tripé" de formação analítica e o Instituto Psicanalítico de Berlim ver a p. 37.

[52] CARPINTERO, E. e VAINER, A. *Los cambios sociales y culturales en la década del sesenta y el auge del psicoanálisis en la Argentina - Parte I*.
Disponível *in* site: Topía - *Psicoanálisis, Sociedad y Cultura - Topía Revista*.

Os psicanalistas argentinos Enrique Carpintero e Alejandro Vainer explicitam as conseqüências humilhantes desse compromisso:

> *"As psicanalistas não-médicas eram geralmente mulheres casadas com médicos, as quais se sentiam mais protegidas ao compartilharem o mesmo consultório. Mas também havia homens da qualidade de Enrique Racker e Willy Baranger, para os quais se tornava mais difícil resolver esta situação, de per si humilhante."*[53]

Complementam relatando que esta solução de compromisso não apaziguou as corporações médicas e nem o Estado.

Como diz o velho ditado, em todos os casos semelhantes, quando se entrega um dedo, perde-se todo o braço.

Em maio de 1954, através da resolução 2282, o Ministro da Saúde Pública do governo de Perón, Ramón Carrillo (1906-1956), médico neurocirurgião, determinou que só médicos poderiam exercer a psicoterapia e a psicanálise, ficando os psicólogos reduzidos à condição de seus auxiliares, podendo, sob a supervisão dos médicos, aplicar testes psicométricos e desenvolver tarefas readaptativas.

A APA decidiu submeter-se a esta norma.

O impasse encaminhou-se para um escandaloso paradoxo: a própria Arminda Aberastury que, como vimos, não era médica, mas já ex-mulher de médico, em 1956, na condição de diretora do Instituto de Formação da APA, auxiliada pelos psicanalistas Fidias Cesio e Luis Rascovsky, redigiram o novo regulamento de formação, aprovado em assembléia, que estabeleceu a exclusividade, daí em diante, do exercício da psicanálise para médicos.

Aos antigos analistas não-médicos respeitou-se o direito adquirido.

Esta questão, que era tratada sob a capa de um problema teórico e de resguardo das boas práticas clínicas, na verdade, encobria uma luta mouca pelo controle de um mercado em crise.

A discussão, para disfarçar o caráter econômico subjacente, era postulada através de formulações teóricas — verdadeiras pílulas douradas — sobre a transmissão da psicanálise, as normas de análise didática e a prática da profilaxia.

Na época, os gabinetes clínicos sofriam queda na demanda de pacientes, em geral, enquanto os psicólogos que desejavam obter formação analítica constituíam um mercado crescente.

Foi daí que surgiu a expressão de "mercado negro" da psicanálise.

---

http://www.topia.com.ar/articulos/inter-psihisto.htm.
Consultado em 29/12/2005.

[53] CARPINTERO, E. e VAINER, A. *Los cambios sociales y culturales en la década del sesenta y el auge del psicoanálisis en la Argentina - Parte I*.
Disponível *in* site: Topía - *Psicoanálisis, Sociedad y Cultura - Topía Revista*.
http://www.topia.com.ar/articulos/inter-psihisto.htm.
Consultado em 29/12/2005.

Os psicanalistas que atendiam estes pacientes psicólogos defendiam sua entrada na instituição psicanalítica. Aqueles psicanalistas que não dependiam economicamente desta clientela, não viam problemas em ceder às imposições restritivas da corporação médica e do Estado.

A disputa por fatias de mercado e seus frutos econômicos passava por cima das questões centrais que estavam presentes naquele momento.

A verdadeira luta que deveria ser travada era, eminentemente, de caráter ideológico. Era a luta pela liberdade, pela garantia do livre exercício do pensamento e pelo respeito ao direito individual pelas opções políticas.

Era a própria ideologia da instituição psicanalítica — com seus procedimentos de exercício das relações de poder, seus métodos de construção de suas referências teóricas e suas conseqüências inevitáveis na relação entre analistas e analisandos — que tinha que ser mudada.

E era a ingerência indevida do Estado autoritário — que buscava controlar a prática dos profissionais de saúde e alcançar a submissão da população como um todo — que tinha que ser combatida.

Havia pouca consciência de que as únicas a ganharem com essa proposição eram a ditadura militar — que reintroduzia a cruel eugenia nazista, agora, sob o disfarce da assepsia das práticas psicoterapêuticas — e as forças corporativistas — que pretendiam açambarcar toda prática profissional sob seu jugo.

No entanto, o minueto dos jogos de poder e das racionalizações teóricas, alicerçado nos interesses econômicos imediatos dos psicanalistas, obnubilou qualquer consciência do problema maior que o momento histórico propunha.

Isso contaminou o ambiente e influenciou até — pasme-se — alguém como Bleger.

Bleger, em seu livro *Psicohigiene y Psicología Institucional*, no qual publica suas aulas do curso de higiene mental ministrado no segundo quadrimestre de 1965 na *Escuela de Salud Pública de la UBA*, assim se expressa sobre a questão:

> *"Quero esclarecer e sublinhar que a minha posição é a de que o psicólogo clínico, suficientemente preparado para isso, deve ser plenamente habilitado para poder desenvolver uma atividade psicoterapêutica, porque — entre outras razões — é, atualmente, o profissional melhor preparado, técnica e cientificamente, para dita tarefa; mas, ao mesmo tempo, creio que a carreira* [no sentido de profissão regulamentada] *de psicologia terá que ser considerada como um fracasso, a partir do ponto de vista social, se os psicólogos ficam exclusivamente e em sua grande proporção limitados à terapêutica individual."*[54]

No entanto, quando trata da questão específica da formação psicanalítica de psicólogos, sua posição é surpreendente:

> *"Em nosso país, como já se sabe, os psicólogos não podem ingressar no Instituto de Psicanálise e, portanto, não podem ser psicanalistas. De nenhuma maneira se soluciona o problema criando organismos encarregados de formar*

---

[54] BLEGER, J. **Psico-Higiene e Psicologia Institucional**. Porto Alegre: Artes Médicas, 1989, p. 20.
BLEGER, J. *Psicohigiene y Psicología Institucional*. Buenos Aires: Paidós, 1976, p. 26 e 27.

(direta ou indiretamente) psicanalistas silvestres. Há uma só classe de psicanalistas: os formados no Instituto de Psicanálise, e nós devemos ser os primeiros em não criar estruturas informais ou marginais.

Diz-se, com certa freqüência, que já existe um 'mercado negro' da psicanálise; isso é um fato que não podemos negar e que — em todo o caso — o melhor seria — se diz — institucionalizar a formação dos psicanalistas silvestres, dando com isso as melhores garantias possíveis para sua formação. Minha opinião é terminante no sentido de que isso não deve ser feito, inclusive que deve ser combatido. Temos perspectivas sociais (criadas e por criar) para o trabalho profissional dos psicólogos, que não têm nada a ver com a existência de um 'mercado negro' e, sim, têm a ver com as perspectivas racionais da higiene mental e da saúde pública."[55]

A bem da verdade — ressalvando um juízo apressado que resultaria numa injustiça contra Bleger — ele assumia posição de certo modo equânime em relação aos médicos, quando dizia:

"Vê-se, com muita freqüência, que o médico que inicia um tratamento psicanalítico se vê, tarde ou cedo, frente à alternativa ou ao conflito de, seguir com sua especialidade ou mudá-la pela de psicanalista. Não sei em que medida isto pode ser resultado de um certo proselitismo implícito do próprio psicanalista [com o qual o médico faz sua análise], mas sim, devemos ter cuidado em que a mudança, se se realiza, seja realmente genuína;mas que o ótimo seria — em grande proporção de casos — que o médico continue com sua própria especialidade, mas incorporando na mesma a dimensão psicológica em todo o seu trabalho, na relação médico-paciente, em sua atitude, na indagação e manejo das situações conflituosas, sem que isso signifique que se transforme em psicoterapeuta e abandone a sua especialidade."[56]

Esta posição de Bleger, vinda de quem vem, só pode ser entendida como o discurso explícito possível naquele momento da vida institucional da APA. Se se manifestasse de modo diferente, expressamente, fora dos muros da instituição, seria objeto de retaliações violentas — e quiçá — mais uma vez de expulsão, agora do movimento psicanalítico.

Pichon, ao contrário, assume, neste momento, a postura libertária, de completa abertura, muito mais revolucionária e explícita, com todos os riscos que isso implicava. Pudera: já não tinha muito mais a perder, chegava àquele ponto de não retorno que alicerça a coragem dos velhos.

---

[55] BLEGER, J. **Psico-Higiene e Psicologia Institucional**. Porto Alegre: Artes Médicas, 1989, p. 118.
BLEGER, J. *Psicohigiene y Psicología Institucional*. Buenos Aires: Paidós, 1976, p. 182 e 183.

[56] BLEGER, J. **Psico-Higiene e Psicologia Institucional**. Porto Alegre: Artes Médicas, 1989, p. 121.
BLEGER, J. *Psicohigiene y Psicología Institucional*. Buenos Aires: Paidós, 1976, p. 188.

Quando define *"para quem está voltada a Escola de Psicologia Social"*, escreve:

> *"A escola está aberta a todos aqueles que, sejam quais forem seus estudos e formação prévia, se interessem em realizar uma aprendizagem centrada na compreensão dos fenômenos de interação e na análise do processo social, particularmente naquilo que faz a relação entre a estrutura social e a vida psíquica."*[57]

Considerava que todo ser humano, pela sua própria condição existencial — que implica ter e viver sua própria experiência psicológica e de relacionamento com outros seres humanos — tem o direito inalienável de acesso ao conhecimento psicológico.

Veremos, adiante, que estruturou sua Escola observando rigorosamente este princípio.

Ao mesmo tempo, do ponto de vista teórico, parte para uma explicitação cada vez mais clara de sua ruptura com o pensamento psicanalítico tradicional, apesar de o ambiente político, dominado pela ditadura, dificultar imensamente a clara divulgação dessas idéias.

Em 1972, num outro texto escrito em colaboração com Ana Quiroga e intitulado *Del Psicoanálisis a la Psicología Social*, expõe com toda clareza sua posição teórica e ideológica.

Nele se define, ao mesmo tempo, como seguidor teórico da psicanálise, assume a proposta de uma leitura materialista histórica e dialética de seus fundamentos e rompe com os fundamentos instintivistas da teoria psicanalítica, propondo a constituição da subjetividade a partir de uma estrutura vincular alicerçada na emergência das necessidades.

Começa por pontuar esta relação do seguinte modo:

> *"Quando explicitamos os fundamentos nos quais se apóia nossa postulação de uma teoria da vida psíquica, assinalamos como ponto de partida a psicanálise e o materialismo histórico e dialético. No entanto, a explicitação não pode se deter aí."*[58]

Algumas linhas depois, neste artigo mais do que esclarecedor de seu posicionamento, afirma:

> *"(...) A psicologia social que postulamos como teoria da vida psíquica constitui, frente à psicanálise, um espaço teórico diferente, uma ótica distinta, uma modificação das premissas. Psicanálise e psicologia social não representariam, então, possibilidades de uma mesma teoria, mas sim aparelhos conceituais separados por divergências fundamentais, ainda quando uma empresta seus elementos à outra."*[59]

---

[57] PICHON-RIVIÈRE, E. e QUIROGA, A. **A psicologia social**. *In* PICHON-RIVIÈRE, E. e QUIROGA, A. **Psicología da vida cotidiana**. Trad. Berliner, C. São Paulo: Martins Fontes, 1998, p. 180.
PICHON-RIVIÈRE, E. e QUIROGA, A. *La psicología social*. *In* PICHON-RIVIÈRE, E. e QUIROGA, A. *Psicologia de la vida cotidiana*. Buenos Aires: Galerna, 1970, p. 205.

[58] PICHON-RIVIÈRE, E. e QUIROGA, A. *Del Psicoanálisis a la Psicología Social*
Disponível *in* site: *Espiral Dialéctica*.
http://www.espiraldialectica.com.ar/DelPaPS.htm
Consultado em 15/01/2007.

[59] PICHON-RIVIÈRE, E. e QUIROGA, A. *Del Psicoanálisis a la Psicología Social*.
Disponível *in* site: *Espiral Dialéctica*.
http://www.espiraldialectica.com.ar/DelPaPS.htm
Consultado em 15/01/2007.

O ponto de ruptura, em que ambas se distinguem, está na refutação da teoria instintivista. Em suas palavras:

> *"(...) O ponto de ruptura entre psicanálise e psicologia social passa pela teoria instintivista e pela concepção do homem e da história implícitas nela. A polêmica que colocamos aponta para uma das premissas básicas da qual partem os desenvolvimentos psicanalíticos, premissa que define o campo teórico da psicanálise. Referimo-nos ao pressuposto de que a vida psíquica se sustenta ou é a resultante da operação de forças instintivas inatas que caracteriza como: 'forças endosomáticas que têm um representante psíquico, carga energética, fator de motricidade que faz o organismo tender para um fim.'*
>
> *(...) O excluído, o oculto pela problemática definida a partir do reconhecimento do instinto como fundamento da vida psíquica, é a função do contexto histórico-social como determinante de tal processo.*
>
> *(...) É esse contexto histórico-social que fixa como determinante os limites nos quais se cumpre o processo de emergência e desenvolvimento da vida psíquica. A partir das premissas que definem o campo da problemática da psicologia social, é o mundo humano, a construção histórico-social e, mais especificamente, cada formação concreta, o que opera como conjunto de condições de produção e desenvolvimento do sujeito, na medida em que é também o conjunto de condições de produção e desenvolvimento da necessidade. O conceito de necessidade substitui, nesta colocação, a noção de instinto."*[60]

Aí está a proposta central, o próprio objeto da tarefa da Escola que ele cria.

Esta nova psicologia social — que rompe com a psicanálise, mas se mantém referente a ela, agora de uma perspectiva materialista histórica e dialética — quer, sem abandonar o espaço dos gabinetes psicanalíticos, arrombar suas paredes para ir ao encontro do *homem em situação* nos espaços concretos da vida cotidiana.

Bleger, anos antes, já havia delineado esta dimensão:

> *"A respeito, deixo de lado tudo o que significa este processo de ampliação, não só do ponto de vista estritamente metodológico, mas especialmente como passagem simultânea da terapia à psicoprofilaxia e à promoção de saúde; tudo o que nos levou a sentir-nos autorizados a agregar às duas variantes tradicionais da psicanálise (clínica e aplicada), uma terceira que denominei de psicanálise operativa."*[61]

Há que reconhecer que Ana Quiroga, naquele momento, foi muito corajosa ao se postar ao lado de Pichon e com ele assinar um artigo com o teor do que transcrevemos acima, considerada a perseguição movida pela ditadura militar contra a ideologia marxista.

---

[60] PICHON-RIVIÈRE, E. e QUIROGA, A. ***Del Psicoanálisis a la Psicología Social***.
Disponível *in* site: *Espiral Dialéctica*.
http://www.espiraldialectica.com.ar/DelPaPS.htm
Consultado em 15/01/2007.

[61] BLEGER, J. ***Psicoanálisis y dialéctica materialista***. 2ª ed. Buenos Aires: Paidós, 1958, p. 207.
BLEGER, J. Apéndice. *In* POLITZER, G. ***Critica de los Fundamentos de la Psicología***: El Psicoanálisis. Jorge Alvarez: Buenos Aires. 1966, p. 248.

A repressão político-ideológica enfrentada na condução da Escola

Além dos enfrentamentos com a APA, Pichon também teve que se confrontar com a perseguição política no governo de Isabelita Perón e com a ditadura militar de Videla, que a sucedeu.

Ana Quiroga assim relata as ameaças endereçadas a Pichon-Rivière nessa época:

"Pichon havia sido ameaçado em 1975 e já tínhamos bastante inquietação sobre o que podia acontecer. Obviamente, viveu isso como também o vivemos muitos argentinos, como uma tragédia. Depois sofreu situações pessoais de ameaça, houve um editorial em um jornal que provocou muita inquietação. Mas em um período em que as instituições tendiam a fechar ou a se auto-extinguir por temor, e onde creio que a estratégia era a de provocar temor para que as instituições se extinguissem por si mesmas, Pichon resistiu formidavelmente às tentativas que existiram aqui na escola. Trabalhávamos com a técnica que era a 'clínica do boato' e quando aparecia a notícia de que nós havíamos sido levados presos, ou que havia acontecido outra coisa, nós parávamos e perguntávamos de onde saiu, quem te disse, para ir encontrando qual era a fonte. Isso ajudava as pessoas e a nós também, é claro. Mas, para ele, foi muito duro, foi o último ano de sua vida e em condições muito duras."[62]

Gladys Adamson acrescenta alguns elementos que permitem visualizar melhor a perseguição sofrida por Pichon:

"Em 1975, vésperas do golpe militar e da ditadura sangrenta de Videla, Pichon foi ameaçado pela Triple A (grupo paramilitar de ultradireita que atuou, durante o governo de Isabel Perón, com o mesmo estilo dos Grupos de Comandos do Exército, os quais, durante o governo de facto, seqüestraram, fizeram desaparecer e mataram, com total impunidade, milhares de pessoas).

Através de chamadas telefônicas (como costumavam fazer), ordenaram-lhe fechar a Escola e sair do país. Pichon-Rivière, criado em uma cultura aguerrida, como a guarani de Corrientes, não fez caso da ameaça e a Escola continuou aberta. Julgou-se, de todas as maneiras, que, por precaução, durante a noite, não permaneceria em seu apartamento (a maioria dos seqüestros costumava ser noturna). Como eu vivia com minha filha pequena a duas quadras de distância, Ana Quiroga me consultou a respeito da possibilidade de que [ele] dormisse em meu apartamento. Pichon-Rivière estaria, durante o dia, em seu apartamento, trabalhando e, à noite, eu iria buscá-lo para levá-lo a jantar e depois dormir até de manhã, quando passariam para buscá-lo ao redor das 9. Isto implicava, para mim, que estava divorciada, separar-me de minha filhinha a quem não queria pôr em risco e que, portanto, iria viver temporariamente com seu pai."[63]

---

[62] PLUT, S. e KAZEZ, R. *La subjetividad y los grupos*. Reportaje a Ana P. de Quiroga. In *Actualidad Psicológica*. Buenos Aires: *Año XXI, N° 231, mayo 1996*, p. 18.

[63] ADAMSON, G. *Semblanza de Enrique Pichón Rivière*.
Disponível *in* site: *Poiésis - Revista electrónica de Psicología Social - FUNLAM.* N° 3 - Octubre 2001.

A característica fundamental que Pichon teve, durante toda a sua vida, foi a de ser um notívago convicto. Desde Canoi, em Goya, quando caminhavam juntos aprendendo as coisas da vida, passando pelas vigílias em que admirava Roberto Arlt escrevendo, seus passeios pela *calle Corrientes* nas livrarias e casas de tango, suas noites atravessadas escrevendo artigos com amigos, intimados à sua casa, altas horas da noite, até seus últimos anos, não deixou de vaguear pela noite.

A pergunta que se faz é: porque Pichon, diante de uma perseguição política tão ameaçadora, em que o esperado seria buscar uma maior proteção para si e para os mais próximos, preferia agir como ainda nos conta Adamson?

> *"Os poucos dias em que convivi com ele foram esgotantes. Nosso itinerário podia ser, um pouco mais ou menos, o seguinte: ao cair da noite, sempre tinha uma conferência, ou uma reportagem, ou uma vernissage onde se esperava sua crítica, depois íamos jantar no Edelweis, seu restaurante favorito, em seguida às livrarias da calle Corrientes, depois a um café e, finalmente, a percorrer Buenos Aires de carro: 'leva-me a tal calle de [do bairro de] Belgrano, e depois a tal lugar e depois a outro e outro e outro'. Haviam-me recomendado que cuidasse para que Pichon se deitasse cedo, mas, cada vez que eu insinuava que já era hora de regressar, ele batia com a bengala contra o assoalho do carro e ordenava ir a um novo lugar. Às cinco da manhã, chegávamos, finalmente, ao apartamento, e me convidava: 'Você não quer supervisar a aula sobre Narcisismo?', 'Sim, Pichon, mas, agora?', 'Sim', e começávamos novamente. Pedia-me livros da biblioteca, consultávamos mitos gregos: 'Leia'. Às seis e meia da manhã, ia para a cama, não sem dar uma volta na biblioteca e levar vários livros, dos mais variados temas. Às nove, passavam para buscá-lo, se bem que fosse difícil levantá-lo, o fazia, trabalhava todo o dia e, à noite, começava de novo!"*[64]

Pichon se recusava a ceder. Não se protegia, apesar das instâncias dos que o cercavam. Tratar-se-ia da notória coragem dos velhos, para quem vale mais manter uma atitude altaneira do que preservar a própria vida? Ou era, simplesmente, como muitos preferiram pensar, um ato irresponsável de um boêmio intemperante?

O clima persecutório existente naquela época, resultante deste quadro político repressivo, aparece também num relato de Sergio Rousseaux.

> *"Em outra oportunidade, também em supervisão, observo que a porta do consultório está aberta e me ofereço para fechá-la. Pichon observa: por quê? Estamos falando de política?"*[65]

De fato, naquela época, as discussões políticas só podiam ocorrer em ambientes fechados, protegidos dos ouvidos onipresentes das forças repressivas.

---

http://www.funlam.edu.co/poiesis/Edicion003/poiesis3.Adamson.htm.
Consultado em 17/03/2007.

[64] ADAMSON, G. *Semblanza de Enrique Pichón Rivière*.
Disponível *in* site: *Poiésis - Revista electrónica de Psicología Social - FUNLAM*. Nº 3 - *Octubre 2001*.
http://www.funlam.edu.co/poiesis/Edicion003/poiesis3.Adamson.htm.
Consultado em 17/03/2007.

[65] ROUSSEAUX, S. **Homenaje al Dr. Enrique Pichon Rivière en el 10º aniversario de su fallecimiento**. In *Actualidad Psicológica*. Buenos Aires: Año XII, Nº 133, junio 1987, p. 16.

Surgiu, nesse momento, outra oportunidade para protegê-lo. Foi Adamson quem cedeu o apartamento vago de seu irmão, para que lá vivesse:

> *"Sucedeu, então, que meu irmão mais novo foi trabalhar no Brasil e seu apartamento ficou desocupado, o que me fez oferecê-lo como lar temporário para Pichon, que o utilizou durante o tempo que se julgou prudente."*[66]

Apesar da saúde frágil e de tantos obstáculos que se interpunham a seus projetos, ainda assim conservou uma vigorosa força de resistência.

O nome: *Primera Escuela Privada de Psicología Social*

Na denominação de *Primera Escuela Privada de Psicología Social*, no mínimo, nos inquieta a presença dessas duas palavras — Primera e Privada — incluídas em seu nome.

Este tema não foi tratado por Pichon em seus textos, permanecendo como uma incógnita instigante, uma pergunta que, inevitavelmente, nos causa estranheza quando ouvimos pela primeira vez o nome completo da Escola.

Porque a instituição por ele criada não foi denominada, simplesmente, de *Escuela de Psicología Social*?

A palavra *Privada* tem sentido óbvio: o de ser uma instituição particular. É paradoxal sua ligação com o tema psicologia social no enfoque materialista histórico e dialético.

Tratava-se de uma iniciativa pessoal, legitimada exclusivamente sobre o seu desejo de transmitir conhecimento, sem qualquer pretensão de se vincular, seja ao sistema oficial de ensino do Estado argentino, seja ao movimento psicanalítico. É como se dissesse: "aqui, ensino eu", saindo do mal-estar das ambigüidades que sofreu.

Era uma instituição de transmissão de conhecimento que rompia radicalmente com o modelo das instituições psicanalíticas clássicas.

Os alunos, uma vez concluída sua formação, não se vinculavam à Escola. Não permaneciam "associados" a ela nem, sob qualquer forma, eram por ela "autorizados", "certificados", "regidos" ou "supervisionados".

Em outros termos, uma proposta de ensino radicalmente insurgente e anárquica, absolutamente libertária, no estilo mais característico de Pichon.

Deste ponto de vista, é difícil compreender, nos dias atuais, a posição adotada pela *Primera Escuela Privada de Psicologia Social* quanto à regulamentação pelo Estado argentino da profissão de *Técnico superior en análisis e intervención en los campos grupal, institucional y comunitario*.[67]

É de se indagar se Pichon haveria concordado com este tipo de compromisso.

---

[66] ADAMSON, G. *Semblanza de Enrique Pichón Rivière*.
Disponível *in* site: *Poiésis - Revista electrónica de Psicología Social - FUNLAM*. Nº 3 - Octubre 2001.
http://www.funlam.edu.co/poiesis/Edicion003/poiesis3.Adamson.htm.
Consultado em 17/03/2007.

[67] Para mais informações a respeito, consultar:
PRIMERA ESCUELA PRIVADA DE PSICOLOGIA SOCIAL
Site disponível:
http://www.psicologiasocial.esc.edu.ar/inscript.html.
Consultado em 29/11/2006

Todos os que vivemos os amargos tempos da ditadura militar sabemos do risco que esta atitude comporta. Conferir ao Estado o direito de regular a prática de uma profissão libertária — como é o caso da de psicanalista ou de operador social — é abdicar dos princípios fundamentais das liberdades democráticas. Os argentinos, particularmente, como já relatamos antes, foram dos que mais sofreram com tais interferências.

Hélio Pellegrino (1924-1988), o saudoso psicanalista brasileiro, falava da perversão da lei, do ponto de vista das instituições, em seu excelente artigo sobre a relação entre pacto edípico e pacto social[68]. De fato, o Estado, de mal-necessário pode, num átimo, se transformar num mal-mais-do-que-necessário... E a história não nos oferece qualquer garantia de que outras nuvens sombrias não despenquem sobre nossas cabeças, no horizonte de nosso futuro.

A outra palavra intrigante, *Primera*, incluída na denominação da Escola, também merece reflexão.

Quando denominamos uma instituição de primeira, é tácito e pressuposto uma seqüência, isto é, que possam existir outras: uma segunda, uma terceira e, assim por diante.

Pichon, que fundou a APA e era conhecedor profundo dos meandros do movimento psicanalítico, colocou em marcha, dessa maneira, um processo de divulgação e disseminação de suas idéias, já iniciado desde os tempos da *Pequeña Salpêtrière*.

De fato, já em 1966 ou 1967, uma segunda Escola foi fundada, a *Escuela de Psicología Social de Tucumán*. Logo depois, foi fundada em Rosario a *Escuela de Psicología Social de Rosario* — da qual participou Carlos Guerin (1930-2003) —, que não sobreviveu por muito tempo. Seguiram-se, nos anos seguintes, a criação de outras Escolas, tanto em Buenos Aires quanto em outras províncias argentinas. Anos mais tarde, mais Escolas foram fundadas também no exterior.

A divulgação das idéias de Pichon no Brasil, deve muitíssimo a Rodolfo Bohoslavsky (1942-1977), que ministrou um primeiro curso na USP em 1975, tendo como tema a abordagem clínica em orientação vocacional. Neste mesmo ano, decide viver no Brasil, transferindo-se para cá em 1976, dividindo seu tempo entre São Paulo e Rio de Janeiro. Neste período, ministrou alguns seminários sobre psicologia social operativa, expondo de modo sistemático e fundamentado as principais idéias do pensamento pichoniano. Faleceu em São Paulo em 14 de abril de 1977, ao sofrer um acidente vascular cerebral, resultado de complicações de uma miocardite que o obrigara a se internar com urgência[69]. Seu livro, *Orientação Vocacional – A Estratégia Clínica*[70] recebeu um lisonjeiro prólogo de José Bleger.

Em Buenos Aires, a *Escuela* cresceu a ponto de, poucos anos depois, contar com mais de mil alunos inscritos em seus quatro anos de formação de observadores e coordenadores de grupos operativos.

---

[68] PELLEGRINO, H. Pacto edípico e pacto social. *In* Py, L. (org.) **Grupo sobre grupo**. Rio de Janeiro: Rocco, 1987, p. 195.

[69] PENTEADO, W. Apresentação à edição brasileira. *In* BOHOSLAVSKY, R. **Orientação vocacional** – A Estratégia clínica. São Paulo: Martins Fontes, 1977, p. IX.

[70] BOHOSLAVSKY, R. **Orientação vocacional** – A Estratégia clínica. São Paulo: Martins Fontes, 1977.
BOHOSLAVSKY, R. ***Orientación vocacional** – La Estrategia Clínica*. Buenos Aires: Nueva Visión, 1971.

A divulgação e apresentação da proposta da Escola

O crescimento da *Escuela* deveu-se, em grande parte, à estratégia utilizada por Pichon na divulgação de sua proposta.

Pichon dizia que só se aprende sobre grupos, em grupos. Deste modo, toda a estratégia de divulgação da Escola estava sustentada em atividades grupais.

Realizava duas diferentes atividades de divulgação prévias: palestras informativas e promoção de experiências acumulativas sobre grupos operativos.

A primeira delas, a promoção de palestras informativas sobre a Escola, realizadas em dias diversos, permitia aos participantes obter informações gerais sobre seu funcionamento e interagir com professores e membros da equipe docente.

Estas reuniões, em geral, tinham o desenho de uma apresentação — uma palestra —, com espaço para formulação de perguntas, seguida de um grupo operativo para elaborar os emergentes[71] mobilizados pela informação transmitida.

Durante estas palestras também era divulgada a realização da Experiência Acumulativa de Grupos operativos, a outra e mais importante atividade de promoção do curso oferecido pela Escola.

A Escola promovia, anualmente, uma Experiência Acumulativa de Grupos Operativos, seguindo a tradição da *Experiencia Rosario*[72], durante a qual os participantes tinham a oportunidade de uma aprendizagem vivenciada da teoria e da técnica dos grupos operativos.

Tratava-se de uma atividade concentrada, em geral promovida em um fim de semana, entre uma sexta-feira à noite e o sábado durante todo o dia. De um modo geral, compareciam a seminários deste tipo entre cem e trezentas pessoas.

A Experiência era estruturada em três sessões de transmissão de conhecimento e elaboração da aprendizagem e uma sessão final de avaliação do experimento.

Cada uma das sessões de transmissão de conhecimento e elaboração da aprendizagem era organizada de um modo especial.

Iniciava-se com uma aula, com duração de aproximadamente uma hora, segundo o modelo tradicional de uma atividade de ensino, onde um professor apresentava de forma ordenada e didática os conceitos fundamentais da teoria e da técnica dos grupos operativos. Durante a aula, havia espaço para formulação de perguntas por parte dos alunos.

A seguir, os participantes eram distribuídos em diversos grupos de aproximadamente dezoito pessoas, sendo que a constituição desses grupos era fixa durante todo o experimento.

A participação no grupo de elaboração pressupunha assistir à aula, ou seja, não se admitia que o aluno se integrasse na dinâmica sem ter presenciado a aula em que a informação era transmitida.

Os grupos de elaboração da aprendizagem eram coordenados por uma equipe composta por um coordenador e dois ou três observadores. Sua duração era, também, de uma hora.

---

[71] Sobre os conceitos de emergente e existente, ver texto e notas na p. 98.
[72] Ver o capítulo A Experiência Rosario a partir da p. 123.

Ao final da reunião de grupo, a equipe de coordenação (coordenador e observadores) se reunia para a elaboração do material surgido durante a dinâmica e preparação de uma síntese.

Em seguida, as diversas equipes se reuniam em conjunto com o Responsável pela Coordenação da Experiência. O material emergente[73] resultante das dinâmicas dos diversos grupos era revisado e elaborado. Nesta reunião o responsável pela coordenação geral da Experiência estava presente no papel de observador.

Seguia-se, então, outra reunião, desta vez entre o Responsável pela Coordenação da Experiência e o professor da aula seguinte, assistida pelo Supervisor da Dinâmica, agora no papel de observador. A estratégia da transmissão da informação era assim elaborada, considerando os emergentes surgidos nos grupos de elaboração da aprendizagem.

Ao final das três sessões de transmissão da informação era realizada uma sessão especial de avaliação da Experiência Acumulativa.

Formava-se um grande grupo, reunido em círculo, com a presença de todos os participantes, coordenadores, observadores, professores, supervisor da dinâmica e coordenador geral do evento.

Solicitava-se aos participantes que falassem do que viveram durante todo o experimento. A reunião era coordenada pelo Responsável da Experiência que, durante o seu desenvolvimento, assinalava e interpretava aspectos do processo grupal.

Esta avaliação, num primeiro momento, permitia aos participantes o intercâmbio de seus testemunhos pessoais. Num segundo momento, evidenciava como, em conjunto, vivenciaram o processo de aprendizagem construído por todos, transformando-os de um grupo de indivíduos num grupo de participantes.

A organização, o funcionamento e a estratégia didática da Escola

A organização, o funcionamento e a estratégia didática que Pichon implementou em sua Escola representam a resposta criativa que ofereceu aos dilemas que atravessavam o ambiente psicanalítico e da saúde mental na Argentina, como descrevemos no subtítulo anterior.

Bem a seu modo, foi do ponto de vista da práxis que realizou uma magnífica síntese, redesenhando completamente o famoso "tripé"[74] de formação psicanalítico. Para isso, fez valer toda a experiência que adquiriu como psiquiatra, psicanalista didata, professor e supervisor de profissionais de saúde mental em processo de treinamento e formação.

O primeiro aspecto interessante a ressaltar na forma de organização da Escola era o modo de inscrição do aluno.

Pichon, como já dissemos, pretendia que sua Escola estivesse aberta e acessível a todo aquele que, independentemente de sua formação prévia, desejasse aprender sobre o encontro humano e a relação entre os processos sociais e a vida psíquica.

---

[73] Sobre os conceitos de emergente e existente, ver texto e notas na p. 98.
[74] Sobre o "tripé" de formação analítica e o Instituto Psicanalítico de Berlim ver a p. 37.

Não queria uma instituição elitista. Ao contrário, desejava realizar uma experiência que, já em suas bases, fosse claramente democrática.

Para tornar prático este princípio, adotou o critério da fila.

A inscrição na Escola se fazia em um dia previamente divulgado e a inscrição para a seleção dos candidatos seguia rigorosamente a ordem de chegada. Formava-se uma fila diante da Escola.

Com essas atividades prévias, portanto, o dia de abertura das inscrições para o novo ciclo de formação oferecido pela Escola era muito bem divulgado.

Assim, não é de se estranhar que a fila se formasse — e por pessoas razoavelmente informadas a respeito da proposta do curso —, concretizando a proposição de acesso democrático defendida por Pichon.

Os novos alunos eram atendidos na secretaria da Escola e recebiam um questionário que devia ser preenchido.

Vê-se, aqui, uma reminiscência das fichas de admissão dos pacientes no *Hospicio de las Mercedes* e da preocupação que Pichon tinha com a apreensão da demanda institucional do ponto de vista diagnóstico do paciente.

Este questionário recolhia, além das informações básicas relacionadas à identificação do futuro aluno, elementos sobre sua origem familiar e social, sua formação acadêmica prévia, sua atividade profissional e seus interesses pessoais na procura que manifestava pela aprendizagem da psicologia social.

O pedido de inscrição na Escola, portanto, era tratado como um emergente[75] da vida do candidato. As informações fornecidas eram examinadas dentro de uma proposição clássica de anamnese. O objetivo fundamental era o de estabelecer a correlação entre a demanda de aprendizagem e a história de vida da pessoa.

Caso os encarregados da seleção considerassem necessário, o candidato a aluno poderia ser convidado a uma entrevista complementar.

O curso, propriamente dito, tinha a duração de quatro anos.

Os dois primeiros anos eram dedicados à nucleação básica dos conceitos fundamentais da psicologia social operativa, o terceiro ano ao treinamento de observação de grupos e o quarto ano à capacitação na coordenação de grupos.

O aluno que iniciava seu processo de aprendizagem no primeiro ano participava, a cada dia de aula (que se realizava uma vez por semana) de duas atividades fundamentais, organizadas de forma semelhante à das sessões de transmissão da informação das Experiências Acumulativas.

A primeira, era assistir à aula, ministrada em moldes tradicionais. A assistência a ela era condição obrigatória para participar do grupo de elaboração da aprendizagem, a atividade seguinte.

Os grupos de elaboração da aprendizagem tinham também uma constituição fixa. Eram compostos por aproximadamente dezoito pessoas. A coordenação ficava a cargo de uma equipe constituída de um coordenador — membro da equipe docente da Escola — e dois ou

---

[75] Sobre os conceitos de emergente e existente, ver texto e notas na p. 98.

três observadores — em sua maioria alunos do terceiro ano, em estágio de aprendizagem de observação de grupos.

Do ponto de vista da organização docente, a Escola tinha uma estrutura formal em que autoridades e responsabilidades eram claramente definidas.

Havia uma Direção Geral e, para cada um dos quatro anos de duração do curso, um Responsável do Ano e um Supervisor do Ano. Como apoio havia a secretaria e uma estrutura administrativa, encarregadas, inclusive, da reprodução e da distribuição da transcrição das aulas aos alunos.

Ao Responsável do Ano cabia a estruturação dos tópicos teóricos a serem transmitidos durante o ano e a articulação da estratégia de sua exposição. Era também de sua responsabilidade a escolha dos diversos professores que iriam ministrar as aulas, segundo o programa previamente elaborado. Respondia, ainda, pelo desempenho das atividades letivas do seu ano perante a Direção Geral.

O Supervisor do Ano era o principal assistente do Responsável do Ano. Tinha por encargo a escolha dos coordenadores dos grupos dentre os membros docentes da Escola. Além disso, distribuía os alunos do terceiro ano, como observadores, entre as diversas equipes de coordenação. Era de sua competência requisitar outros docentes da Escola para complementar as equipes de coordenação, quando necessário.

A interação entre Responsável do Ano e Supervisor do Ano era essencial para a implementação da estratégia da didática operativa proposta por Pichon.

De acordo com o momento da tarefa, intercambiavam entre si as funções de coordenação e observação, constituindo uma verdadeira equipe operativa de coordenação do ano.

O processo de implementação dessa estratégia, em si, era composto por distintos momentos.

No primeiro momento, etapa de planificação, o Responsável do Ano se reunia com o professor da próxima aula, para estruturar a apresentação dos conteúdos, levando em consideração os emergentes[76] resultantes do processo de aprendizagem. Nesta reunião, o Supervisor do Ano funcionava como observador.

No momento seguinte, o professor, durante a aula, depositava a informação no grupo de alunos, de acordo com a estratégia previamente estabelecida. É importante considerar que estas aulas possuíam uma riqueza que as diferenciavam de outras aulas tradicionais. O professor, durante sua exposição, dentre outras coisas, podia se valer de elementos surgidos da dinâmica dos grupos para utilizá-los como exemplos. As aulas eram gravadas e depois transcritas, para que os alunos dispusessem de cópias já no próximo dia de atividades.

Ao término da aula, seguiam-se os grupos de elaboração da aprendizagem, sem a presença do professor. Eram conduzidos pelas equipes coordenador-observadores, com a tarefa de trabalhar os conteúdos mobilizados pela informação depositada, permitindo aos participantes a reconstrução do conhecimento através de sua vivência grupal. Esses grupos eram coordenados segundo a técnica dos grupos operativos.

---

[76] Sobre os conceitos de emergente e existente, ver texto e notas na p. 98.

Imediatamente após o término do grupo, cada equipe de coordenação se reunia para realizar a tarefa denominada de elaboração pós-grupo. A dinâmica do grupo era então revista, baseando-se nas anotações dos observadores. Ao final, elaborava-se uma síntese escrita, que descrevia a abertura, o desenvolvimento e o encerramento do grupo, com os principais emergentes[77] surgidos na dinâmica. Esta etapa funcionava também como atividade didática para os alunos do terceiro ano, cuja tarefa era a de aprender a observar grupos.

Na seqüência, todas as equipes de coordenação se reuniam com o Supervisor do Ano. Nesta reunião, o Responsável do Ano exercia o papel de observador. A tarefa era, então, a de reunir os emergentes surgidos nos diversos grupos, para serem cotejados e correlacionados. Obtinha-se um panorama geral dos elementos presentes no processo de aprendizagem. O Supervisor do Ano, diante desses emergentes, fazia considerações, recomendando modos de abordagem dos conteúdos presentes nas dinâmicas e sua articulação com a tarefa de aprendizagem.

Voltava-se, então, à primeira etapa, à reunião de planificação que descrevemos acima, com o Responsável do Ano, o professor da aula seguinte, observada pelo Supervisor do Ano, dando prosseguimento ao processo.

Apesar de exaustiva, esta descrição da organização, funcionamento e estratégia didática da Escola, é importante para evidenciar como a arquitetura das atividades didáticas concretizava, na prática, a espiral dialética tão cara a Pichon.

Na verdade, o processo de aprendizagem, conduzido desta forma, transformava-se em algo vivo, empolgante, capaz de integrar o pensar com o sentir, no agir, numa práxis criativa e enriquecedora.

Foi desta forma muito concreta que Pichon redesenhou e reinventou o "tripé"[78] de formação analítico.

Voltaremos, logo a seguir, a este tema fundamental. Antes, no entanto, devemos completar a descrição geral do curso oferecido pela Escola criada por Pichon.

A estrutura do curso de psicologia social que a Escola oferecia, como dissemos, pressupunha quatro anos de duração.

Os dois primeiros anos, de nucleação básica, seguiam o modelo descrito até agora.

No terceiro ano, os alunos eram convidados a aprender a observar grupos.

Para permitir o desenvolvimento adequado desta etapa da aprendizagem, os terceiranistas eram incluídos nas equipes de coordenação e observação dos grupos de elaboração da aprendizagem do primeiro e do segundo ano.

Havia, portanto, a necessidade de uma mudança fundamental na forma de organização da tarefa. Os alunos do terceiro ano compareciam duas vezes por semana na Escola.

Continuavam a ter seu "dia de aula" fixo, uma vez por semana e estavam presentes, também, no "dia de aula" do grupo que observavam.

Neste terceiro ano de formação de observadores de grupo, a estrutura de funcionamento era muito semelhante à dos demais anos. Participavam de uma aula teórica, na qual eram abordados temas específicos surgidos da tarefa de observação dos grupos dos

---

[77] Sobre os conceitos de emergente e existente, ver texto e notas na p. 98.
[78] Sobre o "tripé" de formação analítica e o Instituto Psicanalítico de Berlim ver a p. 37.

primeiros anos. Participavam, também, do grupo operativo de elaboração da aprendizagem, nos moldes já descritos.

Já no desempenho de sua tarefa de observadores dos grupos dos dois primeiros anos, participavam do trabalho relacionado à elaboração pós-grupo e das reuniões com o Supervisor do Ano. Essas atividades, por si mesmas, significavam uma acumulação de experiência e aquisição de conhecimento, provenientes de uma prática realimentadora da tarefa de aprendizagem que lhes competia desenvolver durante o ano.

Havia um duplo ganho no processo de participação na tarefa de aprendizagem dos grupos observados. Como observadores do primeiro ou do segundo anos, assistiam novamente às aulas ministradas. Era um reforço de aprendizagem, não desprezível, que sempre lhes oferecia novas perspectivas e elementos complementares para a sua formação teórica.

No quarto ano, a tarefa de aprendizagem era a de coordenação de grupos. A arquitetura das atividades, agora, sofria uma nova adaptação, embora mantida a mesma estrutura de base.

Iniciava-se com uma aula que tinha por conteúdo temas relacionados à função de coordenação. A seguir, no grupo de elaboração, os alunos se revezavam no papel de coordenação, com a presença do coordenador da equipe docente da Escola. Exercia a função de observador e, ao término do grupo, formulava considerações técnicas sobre o desenvolvimento da coordenação realizada pelo aluno, nos moldes de uma supervisão.

A reinvenção do "tripé" na formação grupal

Ao final desta exposição, resta-nos retomar o tema da reinvenção do "tripé"[79] de formação analítico proposto por Enrique Pichon-Rivière.

Trata-se de um aspecto muito importante, já que esta proposta, ao mesmo tempo em que rompe com estereótipos que se cristalizaram no ambiente psicanalítico clássico, enriquecendo a perspectiva da formação, comporta, também, alguns pontos que merecem uma reflexão mais acurada.

O leitor, a esta altura, teve a oportunidade de acompanhar o modo concreto como se desenrolava o processo de aprendizagem na Escola fundada por Pichon.

A participação nas aulas, a intensa interação em grupos de elaboração da aprendizagem realizada e a integração posterior nas equipes de coordenação cumpria, de um modo inteiramente novo, com o modelo de formação. Neste modelo, os critérios de análise pessoal, participação em seminários teóricos e supervisão da prática clínica formulados nos primórdios do movimento psicanalítico, no Instituto Psicanalítico de Berlim, estavam presentes.

De fato, havia uma certa aproximação entre a participação ativa nas aulas com a proposição dos seminários teóricos tradicionais. Porém, o resultado da proposição pichoniana era muito mais dinâmico, criativo e vivo no processo de ensino e aprendizagem, a famosa *ensinagem* referida por Bleger[80].

---

[79] Sobre o "tripé" de formação analítica e o Instituto Psicanalítico de Berlim ver a p. 37.

[80] BLEGER, J. Grupos operativos no ensino. *In* **Temas de Psicologia** – entrevista e grupos. São Paulo: Martins Fontes, 1993, p. 59.
BLEGER, J. *Grupos operativos en la enseñanza*. In **Temas de Psicología** *(Entrevista y grupos)*. Buenos Aires: Nueva Visión, 1979, p. 61.

A participação intensa em grupos, durante os quatro anos de formação "sobrecumpria" o critério tradicional da prática supervisionada. O acúmulo de experiências vivenciais de grupo, com a intervenção técnica de coordenadores mais experientes, constituía-se num repertório de alternativas de abordagem, essenciais para a prática de coordenação de grupos.

O ponto delicado reside em saber se a participação nos grupos de elaboração da aprendizagem era suficiente para substituir o critério da terapia pessoal, condição necessária do "tripé"[81] clássico de formação.

Pichon reconhecia que, no grupo operativo de aprendizagem, uma função terapêutica se realizava, embora a terapia não fosse seu objetivo principal.

A esse respeito escrevia:

"Outro tema que desenvolveremos extensamente em relação ao grupo operativo, é se se trata ou não de um grupo terapêutico, entendendo que toda conduta desviada surge de um transtorno da aprendizagem, de um estancamento na aprendizagem da realidade. O grupo operativo, na medida em que permite aprender a pensar, permite vencer, através da cooperação e da complementaridade na tarefa, as dificuldades da aprendizagem. Quer dizer que o grupo operativo ajuda a superar o estancamento, enriquecendo o conhecimento de si e do outro na tarefa, de onde é terapêutico no sentido que permite a superação de transtornos na aprendizagem, no pensar, no contato com a realidade.

A terapia não é o objetivo principal do grupo operativo de aprendizagem, mas algumas de suas conseqüências podem ser consideradas terapêuticas na medida em que instrumenta o sujeito para operar na realidade."[82]

Apesar de não haver dúvida de que todo processo de aprendizagem é também um processo terapêutico, resta ainda saber se essa dimensão terapêutica associada à aprendizagem é condição suficiente para a formação de um operador social, apto a intervir e coordenar grupos os mais diversos, inclusive os terapêuticos propriamente ditos.

Há uma óbvia insuficiência nesta outra perna do "tripé" clássico, principalmente se considerarmos o que o próprio Pichon aspirava do ponto de vista da qualificação deste operador social:

"Ou seja, ser psicólogo social é ter um ofício que deve ser aprendido, já que não se nasce com essa possibilidade. Somente depois de ter resolvidas suas próprias ansiedades e perturbações na comunicação com os demais é que poderá alcançar uma correta interpretação dos conflitos alheios. Na medida em que o sujeito dispõe de um bom instrumento de trabalho pode resolver incertezas e inseguranças; só então é um operador social eficiente."[83]

---

[81] Sobre o "tripé" de formação analítica e o Instituto Psicanalítico de Berlim ver a p. 37.

[82] PICHON-RIVIÈRE, E. O Conceito de ECRO. *In* PICHON-RIVIÈRE, E. **O Processo Grupal**. São Paulo: Martins Fontes, 2005, p. 253.
PICHON-RIVIÈRE, E. *El Concepto de ECRO*. *In* PICHON-RIVIÈRE, E. **El proceso grupal**. Buenos Aires: Nueva Visión, 2006, p. 218;

[83] PICHON-RIVIÈRE, E. e QUIROGA, A. A psicologia social. *In* PICHON-RIVIÈRE, E. e QUIROGA, A. **Psicología da vida cotidiana**. Trad. Berliner, C. São Paulo: Martins Fontes, 1998, p. 3.
PICHON-RIVIÈRE, E. e QUIROGA, A.

Ora, esse *bom instrumento de trabalho*, seja do ponto de vista da psicologia social, seja da psicanálise, pressupõe o prévio enfrentamento da própria história individual do sujeito, a abordagem de seus próprios conflitos e a aprendizagem de como lidar com os mecanismos de defesa que se constituíram em sua vida psíquica, em conseqüência de sua mútua adaptação ao meio.

Não se trata de idealizar o psicanalista ou o operador social. A proposição não é a de chegar a um "nirvana" que resulte na suspensão dos conflitos que a vida, inexoravelmente, comporta.

O que autoriza alguém a compartilhar dos conflitos de outras pessoas é que, no mínimo, tenha previamente percorrido as sendas tortuosas do enfrentamento de suas próprias defesas.

A terapia pessoal, seja individual ou em grupo, é fundamental para a formação de um psicanalista ou de um operador social. Mais ainda: ela seria essencial, também, na formação de todo aquele que deve exercer funções de liderança, seja qual for sua profissão: médico, engenheiro, advogado, administrador, professor, jornalista, arquiteto, e assim por diante.

Em última análise, a primeira — e a mais fundamental — ferramenta de que nos valemos, em nossa atividade profissional, somos nós mesmos. Essa é a dimensão psicoprofilática que faz parte intrínseca da proposta de Pichon.

O fato indiscutível é que Pichon teve a vantagem de desenvolver sua proposta num ambiente cultural que privilegiava de forma especial a psicanálise e a psicoterapia. Até hoje a Argentina é reconhecida como um dos centros em que a psicanálise é mais divulgada e incorporada na vida cotidiana das pessoas.

Em razão disso, os alunos da Escola encontravam, no ambiente em que viviam, muitas oportunidades de realizar sua análise pessoal — individual, ou em grupos.

Esta proposição, se, sob um aspecto, possuía a vantagem de não incentivar a criação de vínculos transferenciais de caráter terapêutico entre alunos e membros da equipe docente da Escola, de outro permitia que, em muitos casos, a não exigência de análise pessoal resultasse em formação deficiente.

Esse déficit provocou, de um lado, a criação de uma imagem de coordenador de grupo como a de um facilitador de segunda classe, na linha do que dizia Avenburg:

> *"O coordenador do grupo não necessita ter conhecimentos sofisticados, sua função é simplesmente a de um guarda de trânsito (nesta época ainda não havia semáforos nas ruas) e seu objetivo é o de manter a comunicação em permanente circulação. Os papéis, o de coordenador inclusive, devem ser intercambiáveis em função da tarefa; toda liderança é funcional e não deve cristalizar-se."*[84]

Outro desdobramento desse déficit de formação foi o da pouca riqueza e criatividade que o pensamento pichoniano teve após seu desaparecimento.

---

[84] AVENBURG, R. **Enrique Pichon Rivière**, *sus enseñanzas a la luz de mi vínculo con él*. In *Actualidad Psicológica*. Buenos Aires: *Año XXI, Nº 231, mayo 1996*, p. 14.

A respeito, a própria Ana Quiroga comenta:

> *"Não sei se há autores pós-pichonianos, nem creio que Enrique os buscasse. Pichon era um semeador de idéias e de inquietudes. Também é verdade que Pichon fez escola, mas no sentido de que cada um seguisse investigando distintas linhas ou distintos caminhos a partir de certos conceitos centrais dele.*
>
> *(...) e poderia dizer também que há uma grande quantidade de pessoas que foram influenciadas pelo pensamento de Pichon, como Bauleo, Kesselman, e outros mais, mas que sejam pichonianos puros é mais difícil."*[85]

Enrique José Pichon-Rivière manteve-se na direção de sua Escola até os últimos dias de sua vida.

Seus dois últimos anos e sua morte

A partir de 1975 sua saúde se agrava.

Três discos em sua mesa de cabeceira, um aparelho de som da marca Winco. A companhia era musical: Louis Armstrong (1901-1971) — o Satchmo e Jonah Jones. *Spirituals* e o som de New Orleans.[86]

Cinco pneumonias, perda de quarenta quilos de peso, um rosto delgado ostentando uma barba grisalha, esta é a imagem iconográfica disseminada de Enrique José Pichon-Rivière dessa época.

Ana Quiroga, a pessoa mais próxima neste momento de sua vida, assim comenta as distorções que resultaram dela:

> *"É difícil de sintetizar como era Pichon, porque era uma pessoa multifacetada. Às vezes há uma espécie de clichê ou de maquete que está muito simbolizada nesta figura de Pichon muito magra, com barba, essa figura meio de Quixote. Esta imagem, na realidade, pertence a uma época final de Pichon, a seus últimos anos, com sua enfermidade, quando teve cinco pneumonias e perdeu quase quarenta quilos. Conseqüentemente, seu rosto mudou totalmente, mas há muitas outras versões."*[87]

Esse Pichon esquálido, com o rosto marcado pela doença, sonda gástrica presa por um esparadrapo no alto de sua testa, deixou seu registro indelével na memória das pessoas. Várias versões sobre sua doença também surgiram nesta época, em decorrência deste estado de debilidade física. Além de lhe terem atribuído um quadro de graves distúrbios gástricos, também houve muitas referências ao câncer.

---

[85] PLUT, S. e KAZEZ, R. *La subjetividad y los grupos*. Reportaje a Ana P. de Quiroga. In *Actualidad Psicológica*. Buenos Aires: *Año XXI, N° 231, mayo 1996*, p. 18.

[86] GAINZA, V. *Ana Quiroga dialoga con Violeta H. de Gainza*. Buenos Aires: Lúmen, 1998, p. 85 e 86.

[87] PLUT, S. e KAZEZ, R. *La subjetividad y los grupos*. Reportaje a Ana P. de Quiroga. In *Actualidad Psicológica*. Buenos Aires: *Año XXI, N° 231, mayo 1996*, p. 15.

É, novamente, Ana Quiroga, quem esclarece o mal de que Pichon sofria e a causa de sua morte:

> *"Ele morreu de uma parada cardíaca e há pessoas que dizem que Pichon tinha câncer e não é correto. Sua mudança física tinha a ver com um problema neurológico que provocara o não funcionamento do reflexo de glote. Quando isso acontece, a comida pode ir para o pulmão, causando pneumonias, porque a comida no pulmão se deteriora e provoca uma infecção. Foi assim, ao ponto de que Pichon comia alimentos sólidos e não podia ingerir líquidos, razão pela qual usava permanentemente uma sonda naso-gástrica. Vivia em condições muito adversas, mas havia recuperado sua capacidade de trabalhar, e de trabalhar em clínica. O que não podia, era dar aulas, porque a voz não saía. Nestas condições, pensava-se: que amor pela vida e pelo trabalho!"*[88]

Os últimos anos de sua existência foram de grandes enfrentamentos e dificuldades. Pichon se viu diante de desafios significativos. De uma parte, encontrava-se debilitado fisicamente pela doença. De outra, o quadro político e social da Argentina caminhava a passos largos para um *nonsense* de violência e de ditadura das mais cruéis, com ameaças que se voltavam contra ele próprio, sua Escola e seus mais íntimos amigos. Foram os anos do início da ditadura de Videla.

Janine Puget também comenta sobre estes tempos vividos por Pichon:

> *"Em uma fala anterior, dizia que eu me perguntava o que teria sido de Enrique durante a ditadura. Algo podemos imaginar, já que foi ameaçado em razão de um importante documento que escreveu em 1975 com Ana Quiroga sobre o estudo das estratégias desestabilizantes para derrubar governos constitucionais, abordando a época prévia a 66 e a de 75-76. Este escrito deveria ser tomado como texto atual e levar a novas ampliações para reconhecer alguns invariantes e prevenir fatos sociais nefastos. Isso pode fazer-nos suspeitar que Enrique tivesse que imigrar novamente ou, simplesmente, teria sido mais um desaparecido. Seu caráter revolucionário e pensante poderia tê-lo transformado em uma ameaça para governos que fomentam a submissão, a passividade e a abolição do pensamento. No momento da aparição de tal documento, houve só ameaças, e não passou disso, e, talvez, a morte, lhe tenha evitado um destino trágico."*[89]

A Argentina vivia sob constante Estado de sítio e as reuniões grupais eram terminantemente proibidas, vistas como subversivas e um risco potencial contra a ordem vigente.

Pichon jamais se curvou frente à tirania. Diante da tragicidade dantesca do contexto social que o envolvia e o atingia, foi capaz de reunir energias e coragem para resistir bravamente.

---

[88] PLUT, S. e KAZEZ, R. *La subjetividad y los grupos*. Reportaje a Ana P. de Quiroga. In *Actualidad Psicológica*. Buenos Aires: Año XXI, Nº 231, mayo 1996, p. 18.

[89] PUGET, J. *Recordando a Pichon Rivière*. In *1ra Jornada de homenaje al Dr. Enrique Pichon Rivière*. Buenos Aires: *Primera Escuela Privada de Psicología Social, Octubre de 2000*.
Disponível in site: *Primera Escuela Privada de Psicologia Social*.
http://www.psicologiasocial.esc.edu.ar/distancia/home_jornadas.php?pagina=1
Consultado em 30/11/2006.

Vicente Zito Lema é, sob todos os títulos, merecedor de nossa maior admiração por ter registrado com fidelidade, amizade, respeito e carinho, o mais consistente relato historiográfico de Pichon.

Ao final de seu livro, num capítulo intitulado *Despedida demorada* — que escreveu no exílio, em Amsterdã, alguns anos após a morte de seu entrevistado —, exprime com magnífica dramaticidade poética aquele momento, oferecendo-nos seu testemunho destes duros últimos tempos que conviveu com Pichon:

> *"A morte crescia ao nosso lado. Podíamos percebê-la, inclusive, nos gestos e silêncios. A morte já não era, unicamente, os mortos que se amontoavam em valas, que se fundiam com pedras em fossas marinhas ou se confundiam em grandes tumbas sem nome e negadas. Não, a morte também habitava, condescendente, o coração dos vivos.*
>
> *Entenda-se bem: não digo que fôssemos, com Pichon, os únicos que mantínhamos naquele momento a consciência desperta diante do terror (...). Creio, simplesmente, que nossa precária resposta pessoal era a de compartilhar uma dor e uma impotência que nos transbordava. E nisso havia uma opção pela vida — nunca na história do país tão depreciada — e uma afinidade ideológica que nutria nossa amizade e gerava o fraternal socorro."*[90]

No entanto, um contexto pessoal e social como este cobra seu preço. Quem a vida inteira se perguntara sobre a morte, de repente, se via diante da inexorabilidade dela.

Sua luta foi travada em várias direções. O notívago, angustiado por sua própria claustrofobia, se confrontava com sua tristeza, suas perdas, sua depressão, sua solidão, seu imenso desamparo e, ao mesmo tempo, enfrentava inimigos poderosos que o ameaçavam concretamente, na externalidade.

O lenitivo que procurou foi a presença de amigos. Preocupava-se em preservá-los. Advertia-os, instava para que procurassem refúgio seguro. Era plenamente consciente do quadro externo que os cercava.

Uma vez mais, recorremos ao relato de Zito Lema:

> *"Também — como esquecê-lo? — preocupava-se afetuosamente por mim. Quando de minha expulsão da Universidade e do fechamento de nossa revista Crisis, entre bombas e seqüestros, insistia abertamente comigo para que saísse, ao menos por um tempo, do país. Via em minha passividade diante do perigo, em minha resignação para aceitar o que me pudesse acontecer, os sintomas do desmoronamento de minhas defesas psíquicas, a busca patológica de um castigo expiatório."*[91]

E, mais adiante, recorda a frase que Pichon sempre lhe repetia:

> *"Não existe outro compromisso mais importante do que o que temos com a vida."*[92]

---

[90] LEMA, V. *Conversaciones con Enrique Pichon-Rivière sobre el arte y la locura*. Buenos Aires: Cinco, 1989, p. 171.

[91] LEMA, V. *Conversaciones con Enrique Pichon-Rivière sobre el arte y la locura*. Buenos Aires: Cinco, 1989, p. 172.

[92] LEMA, V. *Conversaciones con Enrique Pichon-Rivière sobre el arte y la locura*. Buenos Aires: Cinco, 1989, p. 173.

Quem conhecia Pichon mais de perto, manifestava um constante espanto diante dos paradoxos que sua complexa figura reunia.

Zito Lema, por exemplo, ressaltava o cuidado que ele mantinha com sua aparência, mesmo quando se encontrava em condições de saúde tão precárias:

> *"Fascinava-me sua preocupação em cuidar, nesse estado, de sua elegância, por manter à distância as servidões da doença. Digamos que, até o final, queria dançar um tango com a morte, sem que se notassem suas mãos umedecidas. Menos, ainda, o mau hálito. E saboreando, em cada pausa da orquestra, uma taça de champanhe e seu grosso tabaco de cachimbo."*[93]

Já Moffatt relata o medo da morte e da solidão que o assombrava. A descrição que faz de sua necessidade de companhia é comovente:

> *"Recordo-me que quando começou com o medo de morrer, não podia dormir. Então te dizia: 'venha esta noite em casa, porque vamos fazer um artigo para não sei que congresso'; e bem, você ia. Agarrava um papel todo escrito, onde não se entendia nada, um lápis e, por aí, te pedia: 'Olha, procura para mim um livro de capa verde' e te dava todas as características do livro e você se punha a procurar. Imagine, Pichon tinha livros até na banheira do apartamento da calle Melo, era uma confusão, e você buscava e buscava e buscava e dali a pouco, lhe dizia: 'Ché, Enrique, não encontro' e ele insistia, 'não, continue procurando que vai aparecer'. E depois me dei conta que te fazia procurar livros para que você não dormisse, para que o acompanhasse. Por aí, ele dormia um pouquinho e se você também caia adormecido, calcule que poderia ser quatro ou cinco da manhã, em seguida se despertava e tornava a te perguntar: 'não encontrou o livro? Anda, procura que assim fazemos o artigo, o faremos juntos'."*[94]

Não era senilidade, nem demência. Era o homem que lutava desesperadamente pela vida, por sua obra, numa busca dramática de transcendência sobre a morte. Bem de acordo com seu estilo, era a teoria posta em prática, já que, para ele, a única superação possível da perda e da morte estava na capacidade de criar, recriar e transformar.

Ana Quiroga confirma esta idéia:

> *"Eu acredito que Pichon lutou muito heroicamente para sustentar-se com dignidade até o último momento e numa situação física muito difícil, que o tornava muito dependente. Poder trabalhar o havia revitalizado muito."*[95]

Sua luta era travada ininterruptamente, já que sua fragilidade aumentava a olhos vistos.

---

[93] LEMA, V. *Conversaciones con Enrique Pichon-Rivière sobre el arte y la locura*. Buenos Aires: Cinco, 1989, p. 172.

[94] KLAPPENBACH, H. *Diálogo con Alfredo Moffatt*. In Actualidad Psicológica Buenos Aires: Año XII, Nº 133, junio 1987, p. 24.

[95] PLUT, S. e KAZEZ, R. *La subjetividad y los grupos*. Reportaje a Ana P. de Quiroga. In Actualidad Psicológica. Buenos Aires: Año XXI, Nº 231, mayo 1996, p. 18.

É Zito Lema, novamente, quem nos dá um vívido quadro desse instante:

> *"Tinha diante de mim um homem que quase era uma fumaça que se desvanecia. Que já, mais do que uma voz ou murmúrio, mostrava um som de planta seca, de animal que agoniza e, apesar de tudo, imensamente belo, despedia-se do mundo com amor, desafiando-me a continuar vivendo."*[96]

Não lhe faltou o apoio de alguns amigos mais fiéis. Ottalagano nos contava que chegou a participar de uma lista que arrecadava recursos para auxiliar Pichon. Quem organizou esta coleta foi Fernando Taragano, na época em que "internou"[97] Pichon no Hotel Alvear[98]. E Ulloa relata um acontecimento confirmando que, além de enfrentar com galhardia suas dificuldades econômicas, procurava responder com dignidade à solidariedade que lhe era oferecida.

> *"Pichon tinha adoecido gravemente. Eu contribuí com algum dinheiro para seu atendimento médico. Tempos depois, surpreendeu-me com um presente valioso para mim. Uma escultura pascoense, um Kabakaba.*
>
> *O diálogo foi mais ou menos este: 'Saldemos dívidas' — disse-me. 'Eu, pela ajuda que me deste, você, porque esta figura, para teu consultório, lembrará o que eu lhe dei'.*
>
> *Alguém, esquecido por ele, lhe trouxera da França o Kabakaba. Presenteava-me, sem remorso, de acordo com seus filhos, afirmou, dando tom familiar ao presente."*[99]

Jose Töpf expressa sua indignação:

> *"Obviamente, morreu pobre. Fundou a Associação Psicanalítica Argentina, mas foram escassíssimos os analistas que o acompanharam a seu túmulo. Suas idéias nutriram os cursos de psicologia do país, mas eles tampouco estiveram ali. Em sua vida, também foi um solitário rodeado de gente."*[100]

Quinze dias antes de sua morte, Pichon-Rivière recebeu uma homenagem que excepcionalmente uma pessoa recebe em vida.

Foi um evento para comemorar a chegada dos seus setenta anos.

---

[96] LEMA, V. **Conversaciones con Enrique Pichon-Rivière sobre el arte y la locura**. Buenos Aires: Cinco, 1989, p. 173.

[97] Cf. à p. 113.

[98] TARAGANO, F. *Entrevista al Dr. Fernando Taragano (discipulo y amigo de Enrique Pichon Rivière) Paginas de Psicologia Social*. Buenos Aires: *mayo de 1995*. In MAZZILLI, R. **Material para Roberto y para quien guste...**
Disponível *in* site: hiperCorreio - Debates – Grupal.
http://debates.hipernet.ufsc.br/foruns/grupal/debates/mensagem.srv?o=a&n=6280&m=2692
Consultado em 21/02/2007.

[99] ULLOA, F. **Pichon Rivière de Buenos Aires**. In *Actualidad Psicologica*. Buenos Aires: *Año XII, N° 133, junio de 1987*, p. 20.

[100] TÖPF, J. **Cuando el conocimiento es también una ética**. In *Actualidad Psicologica*. Buenos Aires: Año XXI, N° 231, mayo de 1996, p. 20.

Gladys Adamson, diretora da *Escuela de Psicología Social del Sur*, de Quilmes, faz uma descrição detalhada da cerimônia:

"Em princípios de julho festejou-se 'os primeiros 70 anos do mestre' no Teatro Sha. Foi um evento muito concorrido. O teatro estava repleto. Passou pelo palco, para render-lhe homenagem, uma diversidade de pessoas realmente notável: poetas, psiquiatras, psicólogos sociais, psicanalistas, atores, comentaristas esportivos, compositores de tango, artistas plásticos. Estavam Federico Luppi, Homero Espósito, Ulises Barrera. Recebeu telegramas e cartas vindas do exterior, que foram lidas ao microfone (Tato Pavlovsky, Salomón Resnik, Hernan Kesselman). Foram interpretadas cenas de peças de teatro, lidos poemas de Maldoror do Conde de Lautréamont, apresentaram-se conjuntos de música, atores recitaram poemas, houve palavras de homenagem de muitos de seus alunos, etc. Foi um belo ato que se desdobrou, qual imensa e viva colagem, com uma intensidade e uma heterogeneidade que fazia jus a seu estilo. Estava plasmada, ali, sua influência na cultura argentina, não somente no campo específico da psiquiatria, ou da psicanálise, ou da psicologia social.

Recordo a cena final: E. Pichon-Rivière, de pé, apoiado no palco, olhando para a platéia que ovacionava e aplaudia interminavelmente. Era a cena do homem e sua obra: sua figura delgada, já frágil, mas firme, sustentando de pé, receptivo, serenamente, o que seus discípulos expressavam em sua homenagem.

Toda a festividade teve a emoção de uma despedida. Todos o sabíamos. Aos quinze dias, morria: em 16 de julho."[101]

Pichon faleceu durante a noite de 15 para 16 de julho de 1977. Seu corpo foi encontrado na manhã seguinte, sobre o leito em que dormia, por sua secretária, Marta Lazzarini.

A situação política que cercava o momento da morte de Pichon era bastante delicada. No ambiente psicanalítico, como vimos, ele foi um divisor de águas, o que fez com que muitos procurassem permanecer afastados dele. Outros, apesar de vinculados a ele, viviam ameaças no âmbito social e político, o que tornava qualquer proximidade perigosa.

As ausências sentidas em seu funeral, às vezes creditadas ao ostracismo a que fora relegado, levando-se em conta a homenagem que recebera poucos dias antes, podem ser melhor explicadas se consideradas as ameaças concretas que recaíam sobre muitas das pessoas ligadas a ele.

---

[101] ADAMSON, G. *Biografia de Enrique Pichon Rivière*.
Disponível *in* site: EPSISUR Escuela de Psicología Social del Sur.
http://www.epsisur.org.ar/psicologia_social/enrique_pichon_riviere/biografia_de_enrique_pichon_riviere.asp
Consultado em 28/02/2007.

O próprio Zito Lema expõe seu embaraço:

> *"Pichon morreu em meados de 1977. Eu não fui a seu enterro. Sabia que era perseguido. Ainda que, talvez, pudesse ter ido e não quis. (É difícil entender nossos atos em dias de lutos abundantes e de feridas que se amontoam)."*[102]

Dez anos depois, Sergio Rousseaux relembra o enterro no cemitério de Olivos, em Buenos Aires:

> *"Num domingo destemperado de julho, faz dez anos, nos despedíamos de Enrique Pichon-Rivière. Apesar de que só se passaram dez anos, minha recordação deste dia é confusa. Foi em Olivos — petit et vieux cimetière de ma ville? A surpresa, apesar de tudo, a emoção, a presença ausência da morte. Um eco longínquo da voz, creio que de Raquel Soifer, dizendo: adeus, velho ... velho querido, não poderia assegurar. Talvez um eco próprio de algo dito em voz baixa, ou talvez não pronunciado. Talvez, algo que só posso dizer agora. Que desejo escrever agora.*
>
> *Ah! Ia esquecendo: obrigado por tudo."*[103]

Enrique José Pichon-Rivière nasceu em 25 de junho de 1907 e faleceu em 16 de julho de 1977.

Setenta anos de vida, de destemida coragem.

Uma vida fértil que escoou, inundou e desaguou. Tal como o fluxo de um rio, desde a nascente em Genebra e as primeiras aprendizagens de sua fantástica infância no Chaco, percorrendo o Paraná dos encontros e desencontros, com suas marcas de descobertas, amores e tragédias, até seu sepultamento no estuário do Rio da Prata.

---

[102] LEMA, V. ***Conversaciones con Enrique Pichon-Rivière sobre el arte y la locura***. Buenos Aires: Cinco, 1989, p. 169.

[103] ROUSSEAUX, S. ***Homenaje al Dr. Enrique Pichon*** Rivière ***en el 10º aniversario de su fallecimiento***. In *Actualidad Psicológica*. Buenos Aires: *Año XII, Nº 133, junio 1987*, p. 16.

EPÍLOGO

No decorrer deste livro relatamos os acontecimentos vividos pela paradoxal figura de nosso biografado, Enrique José Pichon-Rivière.

Esperamos ter oferecido, principalmente ao público brasileiro, mas não só para ele, a intensa aventura de acompanhá-lo no que representou no cenário da psicanálise, da psiquiatria e da psicologia social na América Latina.

Apesar de muito conhecido, foi se evidenciando um homem estranhamente desconhecido.

Uma trajetória em espiral — para utilizar a imagem que lhe era tão cara — iniciada em Genebra, atravessando regiões recônditas da Argentina, desembocando em Buenos Aires, retornando várias vezes ao velho continente para sempre voltar a esta cidade que tanto amava, onde termina seus dias.

Acompanhamos seu percurso e vimos como, no decorrer de sua vida, foi construindo seu destino. Um homem, ao mesmo tempo genial e boêmio, provocador, criador de idéias fortes, mas que, de certo modo, parecia não se levar tão a sério.

Um homem triste, que, brincando, exorcizava sua própria melancolia. Um trágico que se desdramatizava, mergulhando no cotidiano, no contato com as coisas simples da vida. Um solitário, apesar de sempre cercado de muita gente, fascinado pelo mistério de viver. Um apaixonado pelo desconhecido. Um irrequieto, insubmisso, desafiador: um homem corajoso.

Acreditamos que nossa principal contribuição, neste livro, foi a de reunir depoimentos e informações que estavam dispersos, articulando-os num relato biográfico com certa coerência narrativa, embora saibamos que a vida de uma pessoa sobrepassa, em muito, os limites de qualquer tentativa de ordenação, como se existisse um roteiro inscrito *a priori*.

Nossa pesquisa foi escorrendo por entre falas e recordações de amigos, declarações de colegas, lembranças de alunos e supervisionandos, histórias de pacientes, impressões de familiares e, sobretudo, das próprias entrevistas e escritos deixados por Pichon.

Na medida do possível, procuramos contextualizar essa escavação arqueológica. Muitas vezes, tivemos que segurar nosso leitor numa determinada descrição de época. Queríamos que as preciosidades recolhidas de nossa peneira fossem restauradas pedaço por pedaço, até que a reconstituição do cenário permitisse uma visualização de sua arrebatadora figura.

Nossa escolha se encaminhou, apesar de nós mesmos, para explicitar a dramaticidade vivida por nosso protagonista, açoitado por incontáveis tempestades e tormentas, mas firme no leme de sua trajetória embriagada pela inalcançável captura do novo que, por definição, sempre escapa.

Não evitamos revelar ao leitor seus traços marcantes de irreverência escandalosa, de genialidade, de rebeldia, de arrogância, de ambigüidade, de autodestrutividade, em contraposição a uma imensa ternura, delicadeza, generosidade, refinamento, perdida desproteção e fragilidade.

EPÍLOGO

Um Pichon maldito. Não é por acaso que a descoberta da maldição do Conde de Lautréamont foi, para ele, a revelação radical do inexorável absurdo da condição humana.

Mas, também, um Pichon mal dito, mal contado, mal referido, mal compreendido.

Um Pichon que nos deixou uma proposta desafiante, uma obra que para uns é inacabada, incompleta. Para outros, deixou um corpo teórico fundado em base sólidas, que permite novas aberturas.

Rompeu com o pensamento psicanalítico clássico quando se recusou a aceitar a teoria dos instintos, introduzindo uma proposta de releitura das idéias de Freud a partir de um ponto de vista materialista dialético. Desenhou, em grandes traços, o caminho possível para esta releitura.

Tendo sido um grande semeador de novas idéias, um pensador radicalmente antidogmático, um desbravador criativo de novos caminhos teóricos, deixou um legado ainda a ser muito trabalhado.

Em algumas de suas formulações, seu pensamento é bastante condensado, exigindo grande esforço dos que se proponham a dar continuidade a ele.

O que vemos, com freqüência, são movimentos de repetição na apropriação de sua teoria, carecida, ainda, de desdobramentos rigorosos e criativos, na direção que apontou.

Escreveu pouco?

Essa questão, reiterada tantas vezes, não implicaria um preconceito contra a tradição da transmissão oral?

Reunia em torno de si platéias numerosas, que se envolviam na sua naturalidade de narrador do conhecimento, ao modo de um bom contador de histórias. Afinal, foi essa a noção de aprendizagem que nos legou. O riso, a anedota, o bom humor, era o melhor caminho para este maiêutico que não se cansava de jogar conversa fora, numa construção sempre aberta para falar do não-falado, no que de melhor apreendeu de Freud: os chistes são a via de mão-dupla do inconsciente.

Sabemos que a transmissão escrita também corre o risco perigoso de se deixar aprisionar pelo pensamento oficial, incorrendo em circularidades repetitivas que mais atendem ao conhecimento instituído do que agregam algo novo ao avanço da ciência.

Seus textos, em grande maioria, foram escritos em parceria com seus discípulos e companheiros, direcionados a atender demandas específicas, em oportunidades datadas: aulas, seminários, congressos, conferências, solenidades especiais.

Um esteta fascinado pela arte. Comparecia a vernissages, concertos, apresentações teatrais, saraus de poesias. Um amante perdido da noite portenha, do tango, do jazz e um exímio dançarino de boleros.

Trabalhou até o fim de sua vida. Acossado, ao mesmo tempo, pela fragilidade de sua saúde e pela brutalidade da repressão ideológica daqueles tempos, não teve mais a energia necessária para a produção do "grande livro" que seus contemporâneos dele esperavam.

Essa esperança, essa falta, esse anseio, permanecerá aberta. É a palavra que ficará sempre em aberto.

Este é seu verdadeiro legado.

ANEXO I

Enrique Pichon Rivière
— Meu testemunho —

Samuel Arbiser

Meu contato pessoal com Enrique Pichon-Rivière foi ocasional e fragmentado. Nem me analisei com ele nem fui seu discípulo dileto. Apesar desta limitação, entendo que marcou de forma decisiva e duradoura minha trajetória e meu pensamento como psicanalista. A maior parte de minha própria produção escrita gira em torno de seus ensinamentos.

Transcorriam os primeiros anos da década de 70. Ele já era uma personalidade muito reconhecida — com certa aura mítica — quando apareceu no serviço de psicopatologia do *Hospital Ramos Mejía* com funções de supervisor, professor e conselheiro institucional. Nesta época, Enrique Pichon-Rivière atravessaria a última década de sua vida e eram indissimuláveis os sinais de sua saúde decadente; muitas vezes era vencido pela sonolência, e exigia um esforço entendê-lo devido a sua disartria. Eu era mais um jovem profissional do conjunto, e estava, como a maioria de meus colegas, dando os passos iniciais de minha prática clínica.

A chefe da sala era a já falecida Dra. Blanca Montevechio, que havia conseguido criar um clima amistoso e familiar entre os numerosos médicos, psicólogos e psicopedagogos que compunham o dito serviço. De acordo com o mencionado clima, os membros do serviço organizavam, com alguma freqüência, eventos sociais, dos quais também participava Enrique, como um colega a mais; assim, simplesmente, como um igual. Compartilhando da mesa pude escutá-lo discorrer e trocar opiniões sobre futebol, tango, arte e política; além de psiquiatria e psicanálise.

A palavra "simplesmente" merece um comentário no que diz respeito, de uma parte, ao contexto histórico, e de outra a uma das características diferenciais, em minha apreciação, de sua singular personalidade. A partir da queda do peronismo em 1955, ocorria no país uma espécie de "abertura" cultural, e a psicanálise ocupava um lugar relevante nesta abertura. Grandes áreas da sociedade ficavam admiradas diante da nova prática e disciplina de vanguarda. Os psicanalistas com algum renome, nesta época, eram venerados e reverenciados no imaginário de amplos setores da classe média com aspirações culturais, assim como nos meios universitários e, mais precisamente, naqueles que, como eu, pretendíamos tornar-nos psicanalistas. Sem intenção de crítica, não se pode desconhecer que alguns dos psicanalistas consagrados que conheci nessa época "se achavam"[1] (se me permitem essa expressão

---

[1] NT – no original, a expressão usada é "*se la creían*".

coloquial); não podiam subtrair-se de assumir o papel de impostada superioridade que seus entusiastas admiradores lhes atribuíam. Vivíamos uma época na qual a psicanálise se erguia como uma ciência central e excludente. Conseqüentemente era compreensível, no contexto de tanto fervor, que muitos se instalassem comodamente nesse pedestal oracular e desfrutassem dos "incensos", o que agora, à distância, me desperta um sorriso de benigna indulgência.

Em contraste, Pichon não era enquadrável nos moldes estereotipados dos colegas de sua época. Não se notava superioridade alguma nem vaidade por sua sabedoria e por seu reconhecido papel de mestre. Tampouco sustentava a psicanálise como ciência excludente, mas a incluía como uma peça importante na construção do ECRO, junto a outras disciplinas como a Teoria da Comunicação, a Teoria de Campo, dentre outras. Sua atitude de mestre era conseqüente com sua concepção do ensino como um processo dialético ou, se se quiser, uma maiêutica socrática, e não como um exercício de poder ou superioridade.

Sua noção de ECRO (Esquema Conceitual, Referencial e Operativo) espelha em grande medida seus traços pessoais e o enraizamento que nele tinha o respeito pelas fontes populares do conhecimento. Daí seu interesse pelo futebol, o tango, a arte e a política, nos quais adquirem forma expressiva as problemáticas cotidianas e imediatas das pessoas ou, segundo as palavras de Freud, o "infortúnio ordinário"[2]. Sem pretender estender-me no mencionado ECRO — que resgata a idéia marxista e sartreana de *práxis* — cabe reafirmar que implica a aprendizagem e o conhecimento através da experiência concreta na ação, "a tarefa" ou, por extensão, nas vicissitudes da própria vida, apontando para o *situacional*, a *operatividade* e o *conceitual*, enquanto instrumental e despojado de solenidade e de rigidez dogmática.

É impossível, para mim, discernir quanto do descrito até aqui sobre Enrique deriva dessa breve experiência pessoal com ele, quanto do conhecimento prévio de seus ensinamentos, ou quanto de minhas próprias elaborações posteriores de tais ensinamentos ao longo de minha trajetória como psicanalista.

Antes do encontro pessoal no Hospital que relatei, já me havia encontrado com seu pensamento através da mão de Nicolas Espiro, um erudito psicanalista que conhecia sua obra e pensamento de forma bem pormenorizada. Em meados da década de 60, em meu desempenho como psicoterapeuta grupal, no mencionado Hospital, encontrava-me confuso e desorientado, buscando uma referência teórica que desse conta desta prática particular.

Meus conhecimentos e as fontes acessíveis da teoria e da técnica provinham da psicanálise individual. Ao tentar aplicá-los ao grupo terapêutico, não podia subtrair-me do sentimento de estar forçando tanto o objeto de indagação ou o instrumento da indagação. Em outros termos: ou fazer de conta que o indivíduo e o grupo eram intercambiáveis, ou que a teoria da técnica dava para tudo. Debatia-me entre múltiplas perguntas: sobre quem operava a terapia, sobre cada um dos membros ou sobre a entidade "grupo"? A quem escutava, a cada paciente ou estes traziam retalhos de um discurso total que devia ser entendido como "associação livre"? O que se devia fazer com os sonhos dos integrantes, eram produto de cada um deles ou do grupo? E a transferência? E assim muitas perguntas mais...

Os mais conhecidos autores psicanalíticos da época que praticavam esta modalidade de terapia se voltavam para um ou outro extremo do dilema. *Verbi gratia*, para os cultores da escola inglesa — nessa época prevalecente em nosso meio — tratava-se de fazer psicanálise

---

[2] Segundo a rebuscada tradução de José Luis Etcheverry da coleção das obras completas da Amorrortu.

do grupo. Em troca para a maioria dos autores norte-americanos tratava-se de fazer psicanálise *em* grupo. Foi então que, em auxilio a minhas atribulações, chegaram de maneira providencial as idéias e experiências de Pichon sobre os "grupos operativos", através do anteriormente nomeado Nicolás Espiro — ele mesmo um criativo pensador. Com a orientação deste último desenvolvemos — junto com outros colegas — um novo modelo de psicoterapia grupal, derivado do modelo dos grupos operativos. E o chamamos de psicoterapia grupal centrada na tarefa.

Deste modo, abriu-se para nós uma fresta para sairmos do dilema. A tarefa do grupo terapêutico consistia na busca da cura, objetivo coletivamente perseguido pelos membros. Este objetivo comum cria uma relação de interdependência entre os membros que, por sua vez, desencadeia a interação entre eles.

Nesta interação cada um põe em jogo os recursos disponíveis da personalidade que podem em seguida ser decodificados através da compreensão psicanalítica, uma vez que se elucidam as dinâmicas grupais. Deste modo tanto o conjunto como cada um dos integrantes são igualmente prioritários e mutuamente interdependentes. Em contraste com a maioria dos psicanalistas dessa época, Pichon atreveu-se e optou pela interdisciplina, articulando a psicanálise com a teoria de campo de Kurt Lewin e com a teoria da comunicação, para assim dar conta das dinâmicas grupais, por um lado, e da forte implicação do mal-entendido na patologia mental, pelo outro.

Este primeiro contato com as idéias de Enrique Pichon-Rivière não foi gratuito; provocou em mim uma profunda e decisiva comoção na totalidade de minha visão psicanalítica, visão frutífera e duradoura até o presente. Nunca mais pude prescindir de entender o psiquismo humano de outra forma que não fosse na sua essência grupal; e a noção de "grupo interno" foi-se impondo para mim quase como uma necessidade teórica incontornável; necessidade que se foi concretizando em um ponderável número de trabalhos durante vários anos, a partir de umas suas poucas e dispersas referências escritas.

Esta noção, no meu entender, é a chave central de seu pensamento e constitui a peça axial que permite articular a psicanálise com a psicologia social, ou, parafraseando o título de suas obras compiladas: *da psicanálise à psicologia social*. E concluo que graças a esta noção, a queda-de-braço dilemática entre as determinações socioculturais e as intrapsíquicas acaba se neutralizando: os distintos aspectos de nosso psiquismo se ativam ou se desativam de acordo com as condições que o mundo externo prescreve.

Mas devo reconhecer ainda uma poderosa influência posterior pichoniana por via indireta, não só do já várias vezes mencionado Nicolás Espiro, como, também, através de seus mais dotados discípulos e continuadores, como José Bleger, David Liberman, Willy e Madeleine Baranger, Ricardo Horacio Etchegoyen, Ricardo Avenburg, dentre muitos outros; cada qual com uma valiosa obra própria que completava, folgadamente, muitas linhas abertas que o lembrado Enrique havia deixado inconclusas.

Da mão de todos eles pude percorrer, assim, o caminho de volta, a saber: *da psicologia social à psicanálise*; e mover-me com comodidade e com liberdade em ambas as direções.

Não sou o único beneficiário de tal influência pichoniana; suspeito que esta impregnou e fertilizou a maior parte dos psicanalistas argentinos e muitos outros latino-americanos. A recente leitura de um bastante recomendável artigo de Guillermo Ferschtut intitulado *Configuraciones. Más allá del pensamiento representacional. Trascendencia e inmanencia*, produziu em mim uma impressão impactante ao comprovar que, desde o ponto de partida filosófico, altamente abstrato, Guillermo convergia também no pano de fundo do pensamento pichoniano.

O caráter testemunhal destas páginas deixa de lado a obrigação de pormenorizadas referências bibliográficas e de fazer maior justiça à extensão da influência do pensamento pichoniano em nosso meio. Limitei-me somente à minha experiência como psicanalista, mas não desconheço a transcendência e a amplitude de sua fértil marca na psiquiatria, na psicologia social e na cultura em geral.

Janeiro de 2007

ANEXO II

Enrique Pichon Rivière através do tempo[1]
— Paris, Maio de 2007 —

Salomón Resnik

Farei de início o itinerário de meu relacionamento com Enrique Pichon-Rivière, recuperando certos aspectos de seus aportes teóricos e clínicos e, em particular, no que concerne este livro[2] sobre a teoria do vínculo e o processo criador.

É difícil traduzir a palavra "vínculo", em latim *"vínculum"*[3] significa ligação ou laço, mas para o autor há implicações estruturantes e fundantes no modelo das relações de objeto internas ou externas.

Tive a sorte de estar ligado e vinculado a ele desde o início dos anos 40, quando a vida cultural de Buenos Aires se desenvolvia como outrora em Paris, não somente na Universidade mas nos cafés da *calle Corrientes*.

A *calle Corrientes* com suas esquinas de encontro era o *vinculum* intelectual e imprevisível da cidade (para mim, a psicanálise, como a vida, é uma aventura infinita...).

Conheci Enrique dando suas conferências no hospital psiquiátrico quando eu era estudante de medicina e psicólogo de crianças delinqüentes, começava minhas peripécias de formação analítica e de psicoterapeuta de crianças.

---

[1] Ao nos enviar sua contribuição — em francês no original —, o autor nos escreveu as seguintes palavras:
"Caros amigos:
Eis meu escrito sobre Pichon-Rivière, que espero lhes seja útil para sua publicação.
Trata-se de uma modificação e complemento de um artigo precedente que serviu de prefácio para a edição francesa de sua obra*.
Ao seu dispor.
Salomón Resnik
15/05/2007"
* PICHON-RIVIÈRE, E. **Théorie du lien** (Ed. TARAGANO, F.) **suivi de Le processus de création**. Ramonville Saint-Agne: Érès, 2004, p. 7 a 12.

[2] NT – As diversas utilizações que Resnik faz, no decorrer desta sua contribuição, à palavra "livro", devem ser entendidas como referindo-se ao livro de Pichon por ele prefaciado e publicado na França.

[3] Encontrei em Leibniz a noção de *"Vinculum Substantiale"* ligada à unidade substancial dos corpos e de seu papel no *"totum"* essencial. O problema do *"totum"* essencial é o de estabelecer a substancialidade do corpo, uma unidade em si mesma. O corpo é concebido como um conjunto de mônadas ou substâncias simples, que são realidades primitivas individuais e que não constituirão um todo verdadeiro e substancialmente uno a não ser que um laço, ou *"vinculum"* a ele se agregue e permita ligá-lo às outras identidades corporais. Isso implica que, para Leibniz, como ulteriormente para E. Pichon-Rivière, a realidade essencial e integral é relacional.
Ver BOEHM, A. *Le 'vinculum substantiale' chez Leibniz*. Paris: J. Vrin, , 1962.

Estar ao lado de Pichon-Rivière era uma experiência de aprendizagem contínua.

Eu o encontrava não somente no hospital e no instituto de psicanálise quando de minha formação, mas também tarde da noite nas livrarias e nos cafés, no eixo estruturante da cidade que era a *calle Corrientes*.

Enrique Pichon-Rivière, nascido em Genebra em 1907, tornou-se um portenho típico (um personagem característico da cultura da cidade).

Sua família se instalou primeiramente no Chaco em 1910, quando ele tinha três anos, ao norte da Argentina.

Ele tomou contato assim com uma população indígena muito importante e até aprendeu a língua Guarani.

Depois ele se transfere para a Província de Corrientes onde permanecerá, na cidade de Goya, até seus dezessete anos.

Aos dezoito anos, inicia seus estudos de medicina em *Rosario*, segunda cidade da Argentina, (ele gostaria também de fazer antropologia), mas cai doente de pneumonia.

Retorna então à casa de seus pais e vai continuar seus estudos em Buenos Aires.

De um ponto de vista da antropologia social, há desde esta época uma confrontação entre culturas diferentes que introduz certa complexidade em sua existência. Mas guardou sempre laços com a cultura francesa. Ele falava e escrevia perfeitamente sua língua de origem: seu *vinculum* permaneceu fiel à sua biografia.

Um dos lugares onde se o encontrava muitas vezes nos últimos anos era uma livraria francesa, no centro da cidade, sábado ao meio-dia, na *calle Viamonte*, próximo da *calle Florida* (na época uma das artérias principais). Na esquina, havia um café onde se podia encontrar também Aldo Pellegrini, um médico e importante crítico de Arte Moderna com o qual ele criou uma revista de arte, *Ciclo* (o comitê diretor compreendia o Dr. Elías Piterbarg e David Sussmann, todos os dois médicos). Eu fazia parte dos jovens "vinculados" no espírito da revista que tinha orientação surrealista com implicações na *Art Nouveau*.

O processo criativo o fascinava sempre, e, em particular, a noção de objeto estético ao qual se faz referência neste livro.

Sua nostalgia da Europa permanecia muito viva; é nos anos 50 que ele fez sua primeira viagem à Europa e em particular a Paris, sua cidade-luz inspiradora. É lá que ele fará contato com vários psicanalistas, entre os quais Lacan. Ele se surpreenderá ao saber que Lacan morava no edifício no qual o Conde de Lautréamont tinha vivido.

Enrique sempre foi fascinado pelo personagem de Isidore Ducasse. Eu freqüentei um curso sobre o poeta na Escola de Altos Estudos Franceses de Buenos Aires, em 1946. Entre as pessoas que assistiam estava, naturalmente, Willy Baranger e sua mulher Madeleine, em formação analítica como eu.

Seu interesse pela psicanálise está ligado em grande parte a seu próprio luto cultural e a seu contato com este outro mundo (Isidore Ducasse, objeto de sua paixão se fazia chamar Lautréamont que foneticamente se pode traduzir por "*l'autre monde*" [o outro mundo]).

É nesse outro mundo no qual estava a Argentina, no inconsciente de suas florestas e dentro da selva viva que era Buenos Aires, que ele descobre a psicanálise.

Lendo Freud, antes mesmo de entrar na universidade, ele fica fascinado pelo discurso sobre o inconsciente, e esta fascinação perdurará durante todos os seus estudos de medicina[4].

É durante seus estudos de medicina que descobre "a morte petrificada do cadáver" que o inquieta. Ele teve muito cedo o desejo de encontrar o segredo da vida e da morte, não através da abertura das velhos ataúdes solitários[5], mas através dos espaços desconhecidos que ele encontrou ladeando o mundo da loucura. O estado melancólico do morto-vivo o intriga e um dos trabalhos de Freud que o afeta vivamente é *O Estranho* (1919). *Das unheimliche*, título original do artigo, significa o não familiar do cotidiano. Em espanhol, corresponde à *Lo siniestro* [O sinistro].

É nesta dimensão que eu o imagino e que eu o encontro em meus pensamentos, caminhando durante suas noites de insônia neste labirinto linear que era a *calle Corrientes* de Buenos Aires.

Como outrora em Madri e em Paris, é nas ruas e nos cafés que se encontravam as pessoas de culturas e de raças diferentes, migrantes, imigrantes, exilados, espíritos errantes, que trocavam entre si suas idéias e preocupações segundo o ritmo nostálgico do tango. Conforme Pichon-Rivière e Ana Taquini, minha mulher, uma das razões pelas quais a psicanálise teve tal repercussão na Argentina e em Buenos Aires está ligada à filosofia do tango, com seu aspecto ao mesmo tempo depressivo, nostálgico e criativo (reparador no sentido kleiniano).

Enrique Pichon-Rivière amava o tango, a vida noturna e os encontros múltiplos nos cafés.

Eu o imagino vagando e "divagando" em seus sonhos durante seus passeios onde eu mesmo, jovem ave noturna, o encontrava.

Minhas verdadeiras universidades eram esses encontros aventureiros nos cafés de Buenos Aires. A *calle Corrientes* era uma condensação de diferentes lugares da Europa, mas com uma fisionomia muito pessoal. As livrarias ficavam abertas até duas horas da manhã e nos anos 40, podia-se encontrar Enrique na livraria Corcel ou Perlado. Eu tive a oportunidade de aí encontrar Macedonio Fernández, que inspirou, em parte, a obra de Borges.

Sobre a depressão do tango, Enrique alicerçava toda a psicopatologia da depressão de base, introduzida na psiquiatria por W. Griesinger[6], sobre a qual eu voltarei mais tarde.

Qual era a fascinação de Enrique Pichon-Rivière pela psicose? Eu estou convencido, depois de tê-lo acompanhado como aluno e amigo desde os anos 40 e também em sua clínica privada, que ele via na fragilidade de um ser destroçado, uma humanidade em crise. Como se a crise da Humanidade, ela própria, se exprimisse em toda sua universalidade metafísica através das ideologias delirantes dos psicóticos.

---

[4] Acabo, eu mesmo, seguindo a inspiração de Enrique Pichon-Rivière, de escrever recentemente um livro sobre o tema *Biografia do Inconsciente** (Edições Dunod, Paris, 2006) no qual me interessei pela História e o destino do inconsciente em nossa cultura. É evidente que Freud foi bem-sucedido ao utilizar esta noção de uma maneira clínica que lhe é própria. Com Pichon-Rivière partilhei um jogo surrealista, o objeto "encontrado" que consiste em descobrir os lados visíveis e invisíveis da aventura analítica na poética do cotidiano.
* RESNIK, S. *Biographie de l'inconscient*. Paris: Dunod, 2006.

[5] NT – No texto original, Resnik utiliza a expressão "*l'ouverture des anciens cercueils solitaires*", numa alusão à poesia juvenil de Pichon que transcrevemos à p. 58.

[6] GRIESINGER, W. **Mental pathology and therapeutics**. New York: William Wood, 1882.

O psicótico tenta reconstruir um novo mundo depois do dilúvio. Sua dificuldade é de voltar à vida e negociar com a realidade. Um fenômeno que ele percebeu e que eu mesmo consegui descrever é aquele do "traumatismo da cura": um de meus últimos artigos publicado na *Revue Française de Psychothérapie de Groupe* em 2005.

Os psicóticos são particularmente frágeis e sensíveis.

Na crise psicótica, os pacientes traumatizados ou desiludidos pela vida que não podem mudar, tentam atacar e destruir o laço que os liga em parte ao cotidiano, para criar novos laços com o universo.

Há alguns dias, um garoto de 12 anos, que eu via pela primeira vez, olhava ao redor de si, a cabeça voltada para cima. Eu lhe perguntei: "O que você procura?" Ao que me respondeu: "As moléculas se perdem em minha cabeça e percorrem o universo".

Esta criança, como outras, vinha à minha consulta por causa de suas dificuldades de pensar, quero dizer, de utilizar os laços de todo o conhecimento.

O que fascinou Enrique Pichon-Rivière, assim como a mim, um de seus primeiros alunos, é o universo metafísico do psicótico e suas inquietudes ontológicas: eu estou vivo? Eu estou morto? Eu sou um morto-vivo? Eu sou um robô cujas pilhas estão descarregadas? Eu não tenho portanto escolha. Ou sentir a vida e a dor e o prazer por vezes intolerável, ou posso voltar ao meu estado de congelamento[7] ou metalização anteriores.

Isto não significa que todo paciente psicótico seja um artista ou um filósofo. Mas os fundamentos de suas inquietudes ontológicas, em razão da perda de sua capacidade de sentir e pensar, o levam a procurar novos caminhos, novos laços e de novas dimensões da existência. A perda destes laços primordiais e a procura de novos lugares de ancoragem se manifestam sob o modo de uma nova concepção do mundo.

É na transferência que a perda do laço habitual é colocada em evidência quando a presença do outro, o analista, sugere ao inconsciente do paciente sua dificuldade em estabelecer conexões humanas, e portanto associativas. O paciente psicótico pode estabelecer laços de natureza mecânica, mas não de natureza humana, porque sua "humanidade" e seu sentir estão em crise.

Enrique Pichon-Rivière foi para mim um grande mestre, um amigo e funcionalmente um pai que me guiou desde o início de minha carreira psiquiátrica e psicanalítica. Restabelecer uma conversação com ele nessa ocasião é um privilégio para mim. Eu tinha 20 anos quando comecei assistir suas conferências em Buenos Aires.

Em conversar há "versar"[8]: Enrique Pichon-Rivière é também o representante na Argentina da antiga psiquiatria francesa, que por sua minúcia fenomenológica lembra os grandes semiólogos psiquiatras franceses. Entre os autores que ele mencionava, são sobretudo J. Seglas e J. Cotard que marcaram sua prática. Não é por acaso que escrevi minha tese sobre a síndrome da negação descrita por Cotard. Ele admirava em Lacan, sua tentativa de integrar a psiquiatria à psicanálise.

---

[7] RESNIK, S. *Glacial Times: A Journey through the World of Madness*. The New Library of Psychoanalysis, London: Routledge - Institute of Psychoanalysis, 2005.

[8] NT – Versar no sentido de verter.

Para ele, uma relação muito estreita existia entre sua profissão e a vida. Esta atitude teve uma enorme influência sobre meu desenvolvimento e sobre minha autenticidade na vida pessoal e profissional.

Tive a sorte de ser seu aluno e um de seus principais colaboradores. É este pioneiro da análise da psicose que me iniciou no pensamento de Melanie Klein.

Em 1955, assistindo ao congresso de psicanálise de Genebra, em companhia de Enrique e Arminda Pichon Rivière, nós encontramos Melanie Klein, Herbert Rosenfeld, Bion, Hanna Segal, Esther Bick e outros. Eu tinha decidido me mudar para Londres, estimulado por Pichon Rivière, a fim de completar minha formação. Eu mesmo já era psicanalista na Argentina.

Enrique Pichon-Rivière escreveu, em 1947, um notável artigo intitulado "*Psicanálise da esquizofrenia*"[9].

Entre os psiquiatras clássicos, ele estava entusiasmado por W. Griesinger, do qual falei mais acima, que introduzira a noção de depressão de base e a *Einheit Psychose* (psicose única). Ele tomou estes conceitos como ponto de partida para compreender o pensamento de Freud e de Abraham.

A depressão de base aparece como um elemento pós-traumático, desencadeando uma regressão profunda do eu aos pontos de fixação oral e anal, respectivamente característicos da psicose esquizofrênica e da paranóia.

Griesinger considerava que, a partir da depressão de base, tomava lugar portanto uma espécie de regressão, que determinava em cada qual uma reação diferente.

No fundo, segundo "Griesinger-Pichon", havia uma "psicose única", e os diferentes quadros clínicos da psicopatologia apareciam como em reação regressiva frente a uma situação traumática. Pichon Rivière juntava, portanto, o pensamento de Griesinger, sobre a depressão de base, à noção de regressão de Freud, tentando desenvolvê-los como um quadro nosográfico completo e dinâmico.

A depressão de base se liga também, no pensamento de Pichon-Rivière, à idéia de um luto patológico. Ele considera o artigo de Freud *Luto e Melancolia* (1915) fundamental, assim como os trabalhos de Melanie Klein sobre esse tema.

Pichon-Rivière estimava que os psicóticos poderiam desenvolver tanto uma transferência positiva quanto negativa, e que a compreensão delas é essencial. O Dr. David Liberman e eu próprio (em Buenos Aires no fim dos anos 40) fomos os precursores da abordagem psicanalítica da psicose sob a direção de Pichon-Rivière.

Nós já nos interessávamos pela escola kleiniana, mas também pelas contribuições do Dr. Knight da *Menninger Clinic* em Topeka (Califórnia), assim como pelos trabalhos de Frieda Fromm-Reichmann na *Chestnut Lodge* (Washington).

Na época nós estávamos também fascinados pelas experiências de John N. Rosen[10], publicadas em 1946. Seus estudos com os psicóticos agudos eram fascinantes, mas considerados "perigosos". Ele se identificava na transferência aos objetos persecutórios do paciente psicótico, que ele transformava em objeto bom, adotando uma atitude antes de tudo

---

[9] *REVISTA DE PSICOANÁLISIS*. Buenos Aires: APA, 5, Nº 2, 1947, p. 293.
[10] ROSEN, J. **Direct Analysis**, Selected Papers. New York: Grune & Stratton, 1946.

"sedutora". Sua análise da transferência negativa era de certa maneira negada e invertida em uma espécie de contratransferência erotomaníaca.

Em 1950 a senhora Sechehaye publica[11] seu livro sobre a realização simbólica, que então nos parece interessante, mas muito centrado sobre a transferência positiva e a sedução materna.

Posteriormente, os trabalhos de Harold Searles[12] (*Chestnut Lodge*) sobre a transferência e contratransferência psicóticas, partindo de certas idéias de Margareth Mahler (transferência simbiótica), conduzirão à compreensão global da transferência na psicose.

Depois de meu contato em Genebra com o grupo kleiniano de Londres, e de um ano sabático em Paris, onde colaborei em *Saint Anne* com o Dr. Daumézon, decidi retomar minha análise pessoal com Herbert Rosenfeld em Londres em 1958. Ao mesmo tempo, assisti os seminários e fiz supervisões com Melanie Klein, Bion e Hanna Segal, como também com E. Bick, com quem segui minha formação de psicanalista infantil.

Estou convencido de que a psicanálise da psicose da criança e do adulto depende também da personalidade do terapeuta, capaz ou não de conter e de digerir a contratransferência psicótica. Bion falava da "capacidade de *rêverie* materna" à qual eu agregaria, em associação com o Dr. Flavio Nose, de Verona, a importância da capacidade de *rêverie* paterna (função estruturante e organizadora do que é contido na transferência materna).

O esquema de referência de Enrique Pichon-Rivière é, para mim, uma imagem aberta que deve se adaptar à personalidade de cada um, e, nesta nova homenagem, quero testemunhar minha amizade e minha admiração por aquele que foi meu mestre.

---

[11] Sechehaye, M. *Journal d'une schizophréne*. Paris: PUF: 1950.
[12] Searles, H. Collected papers on schizophrenia and related subject. London: The Hogarth Press, 1965.

ANEXO III

Entrevista do Dr. Mauricio Knobel

Concedida em seu consultório, em Campinas - SP, em 13 de outubro de 2006,
a Marilucia Melo Meireles e Marco Aurélio Fernandez Velloso.

O Dr. Mauricio Knobel consentiu em nos receber em seu consultório, na cidade de Campinas – SP, no início da tarde do dia 13 de outubro de 2006. Esta entrevista teve a duração de aproximadamente uma hora e meia.

O Dr. Mauricio Knobel é médico psiquiatra e psicanalista argentino, naturalizado brasileiro em 1985. Reside em Campinas, SP, desde 1976, quando foi convidado pelo reitor Zeferino Vaz (1908-1981) para re-organizar o Departamento de Psicologia Médica e Psiquiatria da Faculdade de Ciências Médicas da UNICAMP. Em 1993, recebeu o título de professor emérito desta universidade.

Em sua formação analítica, submeteu-se a análise com Ángel Garma e foi aluno de seminários ministrados por Enrique Pichon-Rivière no *Instituto de Psicoanálisis da APA – Asociación Psicoanalítica Argentina* (hoje, *Instituto Ángel Garma*).

Teve, também, Arminda Aberastury como sua supervisora oficial. Tornou-se um de seus amigos mais próximos e com ela escreveu muitos artigos e livros sobre a psicanálise da infância e adolescência.

Por considerarmos que o depoimento que nos prestou tem um valor histórico importante, resolvemos editá-lo a partir da transcrição do registro de áudio, submetendo-o, posteriormente, à aprovação do Dr. Knobel, para publicá-lo como apêndice documental deste trabalho.

Cabe aqui registrar nosso agradecimento ao Dr. Knobel.

Objetivos da entrevista

Iniciamos nossa conversa com o Dr. Mauricio Knobel procurando delimitar com clareza os objetivos da entrevista.

Comunicamos sobre nosso interesse em obter informações complementares para preencher lacunas a respeito da biografia de Enrique José Pichon-Rivière.

Relatamos como surgiu a idéia do trabalho e as dificuldades que temos superado, já que encontramos muitas informações incompletas e mesmo contraditórias. Acontecimentos, através dos relatos, terminam distorcidos segundo o ponto de vista dos diversos porta-vozes. Disso resulta, às vezes, duplicidade ou ausência de datas ou, mesmo, relatos sobre um dado evento ocorrendo em locais diferentes.

Manifestamos nosso ponto de vista de que, passados cem anos de nascimento e trinta anos da morte de Pichon, justifica-se plenamente a elaboração de um trabalho mais estruturado que registre esta história.

Esclarecemos ao Dr. Knobel que, ao escrever este trabalho, optamos por uma investigação independente, longe do calor das vicissitudes emocionais, das alianças de grupos com interesses divergentes e das leviandades de juízo dos depoimentos de ocasião. Evitamos, da mesma forma, os constrangimentos nos contatos pessoais com familiares, pessoas próximas ou outras eventuais testemunhas dos acontecimentos que relatamos.

A entrevista

KNOBEL: Minha relação com Pichon começou como aluno do Instituto. Ele era um professor, aliás eu diria, o melhor dos professores. Realmente porque ensinava, tinha uma capacidade didática fantástica. Uma empatia maravilhosa, muito simpático, muito agradável trabalhar com ele. E ele tinha uma característica que eu estimo, assim, um pouco jovial, uma coisa que parecia que não levava a sério, mas ensinava muito bem. Fazia umas brincadeiras com os alunos. Quando um aluno perguntava uma coisa que já devia saber, coisa básica da psicanálise, ele falava: 'eu não vou te responder por que isso é uma coisa que você tinha que começar de novo o primeiro ano'. Gargalhada de todo mundo, mas era o estilo dele.
Ele falava também: 'vocês escutem. Escutem melhor. A função do analista realmente é escutar, não é falar. A gente fala em conferência, palestra, aulas, um pouco. Mas o principal é escutar. A gente escuta que alguma coisa vai aprender.'
Esse era o estilo dele. Eu o conheci nesta época.
Depois, eu conheci um pouco mais a intimidade da vida dele, através de Arminda Aberastury e de outros colegas do Instituto.
Porque minha supervisora oficial de psicanálise foi Arminda Pichon-Rivière. Aí está a fotografia que é a última, aí acima [das estantes], eu com Arminda.
Ficamos muito, muito amigos. E com os filhos também.
Eu tinha um sítio fora de Buenos Aires, em Pilar, e Arminda vinha muitas vezes. No fim de semana, ficava conosco. Arminda não ficava em Buenos Aires.
Tanto assim que quando ela faleceu... vocês já conhecem esta história. O Quino, o Joaquín, na segunda-feira, me ligou em casa e me perguntou se a mãe tinha passado o fim de semana conosco, porque ele não conseguia localizá-la. Eu disse: Não, não, esse fim de semana não veio. Aí eles se preocuparam mais e me chamaram de novo, à tarde. Então eu fui com Quino e com ... o outro...

MARILUCIA: O Marcelo?

KNOBEL: Não. O Marcelo não, o Enrique. O Marcelo era mais retraído um pouco, ele estava mais com suas literaturas, poesias, etc. É mais jornalista, queria ser mais jornalista ou escritor.

	E aí eles me dizem: 'Vamos à casa dela. Vamos ver o que está acontecendo.' E aí fomos juntos. Realmente tivemos que forçar a porta, pois ela já estava morta. Preparou sua morte.
MARILUCIA:	Existem muitos relatos em torno desse momento da vida da Arminda. O que o senhor tem de informação dessa época da vida dela?
KNOBEL:	Olha. Desse momento, posso dizer que, antes disso, ela já entrou em depressão. Ela tinha vitiligo e era muito vaidosa. Quando o vitiligo foi avançando, ela conseguia disfarçar, com a roupa, assim [fez um gesto com as mãos de cobrir o pescoço]. Mas, depois vem o verão e ela então não tolerava.

Muitas vezes, eu e a minha esposa, — quem ficou mais amiga dela era a minha esposa —, falamos com ela: por que ela não fazia sua terapia, sua análise?

E ela respondeu assim para a gente: 'como é que eu vou fazer análise com os que foram meus discípulos? Eu conheço a vida de cada um dos membros da sociedade psicanalítica. Então como vou... não posso me abrir com a pessoa que eu já conheço.'

E depois recomendamos... Ela tentou uma análise com Cárcamo que não deu certo.

E até isso, acho, eu me pergunto, foi um erro dela? Porque tentou análise com Marie Langer, e entre ela e Marie Langer não havia muita empatia, aparentemente, pelo menos, não? Apesar de sempre ter existido cordialidade entre elas, não é? Mas não era para fazer análise... |
MARCO:	Eu ouvi falar que nos últimos anos ela começou a sofrer de Parkinson. É verdade?
KNOBEL:	Não. Nunca teve.
MARCO:	Há uma questão interessantíssima. Nós encontramos três datas de falecimento dela: uma de 13 de novembro, outra 24 de novembro e outra 24 de dezembro.
KNOBEL:	A morte dela? Dezembro não foi, com certeza. Agora, novembro... 13 ou 24 de novembro é provável. Digo que é mais provável porque, uma referência, era a época que ela teria que estar dando seminário e ela parou, lamentavelmente. Mas não foi fim de ano. Porque no fim de ano, eu me lembro, participamos de uma festa, reuniões, estas coisas, e ela já não estava.
MARILUCIA:	E estes relatos em torno de um cerimonial que ela teria feito, antes de cometer o suicídio? O senhor sabe de alguma informação?
KNOBEL:	Eu vi, eu estava lá. Eu entrei com o filho e vimos o cadáver, e vimos esta... Bem, não foi um cerimonial... Bom, mas foi também, um tipo de cerimonial.

Porque alguém já me perguntou se ela tinha vestido especialmente. Não, não. Ela estava na cama, dela, no quarto dela.

Agora, o que, sim... O quarto dela [ele desenha com o dedo, sobre a mesa, a planta do quarto e da sala] estava aqui, e aqui estava uma sala ao lado, uma sala de jantar. |

	Então, o que ela fez de cerimonial foi preparar copos com algum medicamento, provavelmente Haloperidol, uma coisa assim. Bem... porque nós chegamos a ver alguns copos que estavam ainda cheios, e outros estavam vazios e outros menos um pouco, não é? Isso ela preparou, se vê, antes de ir dormir. Então era uma coisa a averiguar.
MARCO:	E eram licores, com os remédios?
KNOBEL:	Não, eram copos com alguma coisa diluída. Pois tinha uma cor, não? Depois umas pessoas pensavam que era licor. Mas ela não era de beber.
MARCO:	Eram medicamentos diluídos.
KNOBEL:	Sim.
MARILUCIA:	Ela foi encontrada depois de quantos dias?
KNOBEL:	Nós calculamos que ela deve ter feito isso na sexta e nós a encontramos na segunda à tarde.
MARILUCIA:	O corpo ainda estava conservado?
KNOBEL:	Sim. Sim. Estava, sim, bem conservado. Sim. Um pouco revolta [revolvida].
MARILUCIA:	A Elisabeth Roudinesco, no dicionário de Psicanálise, afirma que Arminda Aberastury era melancólica. Ela usa esta expressão melancólica, para marcar bem esta estrutura depressiva dela. O senhor confirma isso?
KNOBEL:	Concordo, concordo. Posto que ela escolhia, assim, poucas pessoas. Nós éramos das poucas pessoas que ela freqüentava. Nós respeitávamos esse traço de caráter dela. Então ela vinha, podia ficar, almoçava ou jantava conosco, e aí ela ia dormir, não havia problema. Não?
MARILUCIA:	E depois da separação dela do Pichon ...
KNOBEL:	Aí, aí, veio um problema muito grave. A propósito, eu sigo, continuo pensando que esse episódio da separação nunca foi superado por ela.
MARCO:	E parece que pelo Pichon, também não.
KNOBEL:	E nem pelo Pichon. Penso que, pelo Pichon, menos ainda. Pelo Pichon, menos ainda... Bom. Antes disso... Porque, aí, tem que ver o casal, não? Eles trabalhavam... na mesma... No mesmo imóvel estava o consultório. E... aparentemente, não iam mal. Até que Pichon começou a beber e a usar anfetaminas. Porque isso...
MARCO:	Ele usava também Tofranil, não?
KNOBEL:	Usava antidepressivos, vários, vários, vários. Uma das queixas que Arminda sempre tinha era que seus principais discípulos — agora isso era um critério dela, um julgamento dela — porque ela se queixava, claro, reclamava, porque... os principais discípulos de Pichon eram Rolla, Liberman e Bleger. E ela se queixava sempre: 'Olha, os três principais discípulos que ele tinha não ajudaram a Pichon. Não?' Isso era o que ela considerava.

Por quê? Porque, curiosamente, porque os três também eram psiquiatras. Então, aí, ela mais irritada ficava com eles.

E ele foi internado, duas, três vezes, quando ainda estava junto com ela. Então ela ficava com raiva. 'E como eles não se ocupam de quem foi o mestre deles?', dizia.

Ela considerava que... não sei, que, talvez... Ela esperava mais... É possível. Não é?

Mas era nocivo, acentuava a depressão dela. Acentuava muito.

MARCO: Falando nesta questão do Pichon, Ulloa quando se refere a estes últimos anos, e ao uso da sonda gástrica, fala de uma cirurgia que o Pichon teria feito.

KNOBEL: Desse episódio não me lembro.

O problema começou... era que ele, com esse problema da droga e da bebida, aí ele começou ... Às vezes ele, a gente não o via por um mês... seis semanas... Muita gente não sabia o que ele fazia.

Talvez possa ser que fez uma cirurgia... Era, aparentemente, um homem sadio. Com um senso de humor fantástico. Era quase o pólo oposto dela. Não?

E ela se queixava muito disso.

MARCO: Mas no fundo, ele também era um depressivo.

KNOBEL: Ah. Claro, claro.

Por isso também essa tendência a brincadeiras.

Tenho um exemplo de uma brincadeira que ficou marcada, na época. Tínhamos um colega, mais ou menos da idade de Pichon, que era muito mulherengo. E então, quando podia ver uma jovem bonita, ou qualquer coisa, ele ia. Os mais velhos conheciam isso. E Pichon preparou, segundo o que eu me lembro, e era o que se comentava, uma armação. Ele mandou, não sei, um bilhete com 'eu quero te ver', ou alguma coisa assim. E depois marcou um encontro em Palermo. Esse colega se entusiasmou e foi. Só que lá estavam vários colegas: Ottalagano, Tallaferro, Pichon naturalmente, e outros mais. Estavam todos esperando. Aí ele apareceu lá, ficou andando, e eles escondidos por ali. [risos] Até que saíram. 'Oh! Que você está fazendo aqui?' Foi uma gozação terrível. [risos] Todo mundo sabia o que ele estava fazendo. E ele quis disfarçar isso. Mas esse era o espírito de Pichon. Era de fazer essas coisas. É, tinha muitas outras piadas.

Agora, a produção dele... Na minha percepção, o melhor livro dele foi o que saiu em três tomos, *Del psicoanálisis a la psicología social*[486].

Esse é o livro em que ele expõe muito bem. Acontece que neste livro ele realmente coloca tudo o que ele pensava, e pensava bem.

Eu me lembro, o último capítulo do volume três, que é *Psicanálise da Criança*. Olha, é o melhor resumo, mas resumo que não é resumo, porque é uma aula, ou uma conferência de psicanálise da criança. Maravilhoso, maravilhoso!

---

[486] PICHON-RIVIÈRE, E. ***Del psicoanálisis a la psicología social***. Buenos Aires: Galerna, 1970.

Agora, um influenciava o outro, não?

Mas, claro, com Arminda... Ele cedeu. Ele cedeu é uma forma de dizer. Ele permitiu que... Ele era chefe de serviço no *Hospicio de las Mercedes*, hoje *Hospital Borda*. Ele namorava com ela e a convidou a fazer análise, porque não tinha consultório para crianças.

Então, no pavilhão dele, que o chefe era o próprio Pichon, ele a convidou. Havia um banheiro que estava no final. Um banheiro, essas construções antigas, com quarenta leitos, e no fundo estava o banheiro. E aí, por indicação de Pichon, esse banheiro se transformou em uma sala de ludoterapia, uma sala analítica.

Então, o vaso sanitário foi coberto com madeiras assim [descreve com o gesto], era a mesinha onde ela brincava com as crianças. Isso foi inspiração de Pichon.

Foi Pichon que falou com ela, vamos trabalhar... Tem que começar de alguma forma. Era a filosofia dele: tudo tem que começar de alguma forma. Nunca ouvi uma negação, uma atitude negativa dele, muito pelo contrário. Muito aberto aos desafios.

MARCO: Aliás há outra contradição que nós encontramos. Uma, na entrevista nas *Conversaciones* com o Zito Lema, Pichon diz que o primeiro atendimento de crianças que Arminda fez foi no consultório. Outro relato já fala que isso aconteceu na Liga de Higiene Mental, mas parece que o relato mais verdadeiro é o do Pichon, não? O que o senhor acha?

KNOBEL: [interrompendo] Não, foi no consultório. Foi no consultório. Aí é que ele viu a necessidade de que ela praticasse mais, porém ela tinha poucos pacientes. Então, aí no hospital, existiam pacientes.

Então Pichon, eu penso que Pichon foi o grande mestre dela. Não?

Faz pouco tempo, uma psicóloga de Buenos Aires que escreveu um livro[487] que eu ainda não recebi, apesar de que eu contribuí um pouco, claro, me perguntava, por exemplo, 'de onde tira a Arminda, como ela propõe essa entrevista prévia, essa entrevista bem detalhada que ela fazia com a mãe da criança e quando podia com a própria criança?'

Desculpe-me falar, mas para mim é fácil dizer que ela foi esposa, amante, aluna de Pichon e começou a trabalhar intensamente aí.

Porque no hospital psiquiátrico sempre existe uma ficha, que tem que ser preenchida e isso se fazia, basicamente. E Pichon explicava, até nas aulas que ele dava, porque a entrevista é importante, a entrevista é importante. Inclusive alguém reparou que Pichon seguia, um pouco, Winnicott não? A famosa entrevista terapêutica, não? E Arminda não era psiquiatra e nem era psicóloga!

MARILUCIA: Ela era pedagoga.

KNOBEL: Pedagoga, e onde vai tirar tudo isso, essa informação? Do hospital: era a ficha do hospital, claro, bem aperfeiçoada.

---

[487] Trata-se de Silvia Fendrik, e de seu livro:
FENDRIK, S. *Psicoanalistas de niños* – La verdadera historia – 3. Arminda Aberastury y Telma Reca. Buenos Aires: Letra Viva, 2006.

MARILUCIA: Quando Arminda se casa com Pichon, e o Pichon com estas idéias, muito, eu diria, avançadas, ele vai abrindo caminhos...

KNOBEL: Claro...

MARILUCIA: Ele fez essa marca. Eu fico pensando que o casal tinha então essa característica em comum.

KNOBEL: Ah, se tinha...

MARILUCIA: De um lado, ele pioneiro. Agora, o Pichon sempre se considerou um analista de criança, mas, efetivamente, ele nunca atendeu crianças... Não?

KNOBEL: Nunca atendeu, que eu saiba.

MARILUCIA: Ele fez supervisão com a Melanie Klein, ou foi só Arminda?

KNOBEL: Arminda. Arminda quem fez a supervisão com ela.

MARILUCIA: Ele não chegou a fazer essa supervisão?

KNOBEL: Não, não [faz uma pausa]. Arminda nunca mencionou isso.

MARILUCIA: E a relação da Arminda com a segunda esposa do Garma?

KNOBEL: A Betty?

MARILUCIA: A Betty.

KNOBEL: Era, eu diria que era cordial. Com quem ela tinha problemas, problemas profissionais, diferença de posições, era com Telma Reca de Acosta. Telma Reca era médica psiquiatra, terapeuta de crianças, que criou toda uma escola baseada no que aprendeu nos Estados Unidos. Então, era uma psiquiatra americana, no sentido etiológico [risos] e, claro, eu me lembro de uma anedota que contavam. Arminda, numa mesa redonda, falou da causa evolutiva, segundo a psicanálise. Telma Reca perguntou: 'Mas, como você sabe que a criança tem desejos sexuais e essas coisas, porque eu nunca observei.' E Arminda respondeu: 'porque eu pergunto' [risos].
Telma Reca, com uma formação mais norte-americana — que têm uma ideologia protestante puritana —, não perguntava 'essas coisas'.
E isso também é de Pichon. Eu às vezes começo falando de *La Negra*, Arminda Aberastury, mas termino falando de Pichon.
Um tem muito do outro. Foi uma convivência muito intensa, muito amorosa. No início, a relação foi muito boa e muito produtiva, tanto para um quanto para o outro. Essas supervisões que ela fazia...

MARCO: Nós vimos que o senhor escreveu um obituário sobre Arminda. O senhor tem uma cópia desse obituário?

KNOBEL: Vocês vêem? Tudo vazio, [aponta ao seu redor para as estantes vazias]. Eu doei seis mil livros que eu tinha, a metade para a UNICAMP e a metade para a PUC.

MARILUCIA: A PUC daqui, de Campinas?

KNOBEL: Sim. Foi uma péssima idéia porque agora eu estou sem alguns dos livros. Mas mexer com a papelada me custou uma bronquite alérgica que ainda estou tratando [risos]. Agora, isso é o que eu tenho [aponta para a estante, às suas costas, com alguns poucos livros], alguns livros, sei lá, que já tinham vindo... e fica assim.

MARILUCIA: E já estão catalogados os livros na biblioteca?

KNOBEL: Estão sendo catalogados. Eu recebi da PUC a lista [pega a lista em suas mãos]. Você vê, material que eu xeroquei, relatórios de livros, catálogos, teses, obras de referência, isso tudo.

MARILUCIA: Então já estão catalogados.

KNOBEL: É já estão catalogados, ou sendo catalogados. Agora eles vão abrir um espaço na biblioteca, nas duas bibliotecas, com meu nome para ... fazer... Foi uma doação importante.

Marilucia: Claro.

MARCO: Deixe-me fazer outra pergunta. Temos pouca informação sobre a segunda mulher de Pichon, a Coca. A ponto de não sabermos nem mesmo seu nome completo. O senhor a conheceu?

KNOBEL: Eu a conheci, quando fui apresentado a ela, porém não tive intimidade. O próprio Pichon não a apresentava muito.

MARCO: O Otallagano me contou que ele encontrou a Coca na casa de Pichon e teve a sensação de ser uma pessoa, ele dizia, um pouco doente. Dava a impressão de uma pessoa enferma.

KNOBEL: Essa minha observação não tem muito valor porque a vi muito pouco, duas vezes acho, e realmente era uma pessoa que se afastava, não se comunicava. [silêncio]
Agora a outra mulher..., a Ana Quiroga, é uma figura importante na vida de Pichon. Muito, muito importante. Ela deu muito apoio a ele, mas cobrou muito. Ela ficou como dona da Escola Pichon-Rivière. Acho que a Escola continua... e ela como diretora.
Para muita gente, depois do divórcio, ela se apresentava como a mulher de Pichon. A herdeira, digamos assim, da Escola e tudo. Até que ficou como herdeira mesmo. Para os que, eu diria, talvez, com preconceito..., porque a gente gostava muito de Pichon, não? [pausa]

MARILUCIA: O senhor chegou a trabalhar no *Hospicio de las Mercedes*?

KNOBEL: Eu sim, porque eu cheguei antes da ditadura de Ongania e, por concurso, cheguei a ser professor adjunto de psiquiatria. Então isso implicava trabalhar no hospital.

MARCO: Ditadura...

KNOBEL: A primeira parte da ditadura a gente agüentou [refere-se à ditadura de Ongania], mas, depois, aí foi o ano setenta e seis [já era Isabelita], quando eu fui ameaçado e aí eu resolvi sair, mais por causa dos filhos, adolescentes na época. Outubro de setenta e seis.

MARILUCIA: O senhor veio para o Brasil em setenta e seis?

KNOBEL: Sim, porque já fiquei com medo. Um dia meu filho mais velho, que já estava por começar a universidade — nós já falávamos sobre isso — veio e disse: 'pai você tem razão. Hoje passaram uns parapoliciais, que estavam em uns carros verdes', um verde que era a cor [dos serviços de segurança], verde[488]... e seqüestraram um companheiro de meu filho que estava fazendo a guarda com uniforme e tudo, em frente a Palermo... Sumiu... Ai eu pensei: tenho que sair...

E depois o segundo filho, que é psicólogo... Agora, os dois, curiosamente, vivem em Barcelona. E foi uma grande coisa. Meu segundo tinha nascido quando eu era residente nos Estados Unidos. Então, tinha o passaporte americano. Quando vinha a polícia e parava um grupo de jovens, pediam documentos e quando ele apresentava seu passaporte americano, diziam: 'você vai embora, vai'. E os outros, alguns sempre ficavam. Eu morria de medo. Aí, eu me correspondi com o professor catedrático de psiquiatria da Faculdade de Medicina da Universidade de Barcelona que era o professor Obiols, já falecido. [silêncio]

MARILUCIA: Seus dois filhos são psicólogos?

KNOBEL: Não. Um é medico, é médico infectologista e o outro é psicólogo. E tem uma escola de psicoterapia de criança. Não sei se você conheceu Ocampo, uma psicóloga famosa, que tem um livro sobre...

MARILUCIA: Maria Luisa Ocampo?

KNOBEL: Maria Luisa Ocampo. Agora estão juntos, são sócios, muito simpáticos, também.

MARILUCIA: O senhor falou da Marie Langer.

KNOBEL: Ah! a Marie Langer...

MARILUCIA: A Marie Langer. Os quatro fundadores da APA foram o Garma, o Cárcamo, o Pichon e o Rascovsky. A Marie Langer, ora é citada como também uma fundadora da APA, ora não. Em sua opinião, ela participou mesmo da fundação, ou ela chegou depois?

KNOBEL: Ela chegou depois. Mas claro, é como toda coisa, chegou depois mas eram tão poucos... que quem chegava era praticamente fundador. Começavam logo a trabalhar e a difundir. Agora, realmente, a principal figura na fundação da APA foi Garma. Garma foi analista de Pichon.

MARILUCIA: O senhor também se analisou com Garma?

KNOBEL: Eu me analisei com Garma.

MARILUCIA: A Arminda também.

KNOBEL: A Arminda também.

MARILUCIA: Os pioneiros se analisaram com Garma.

MARCO: Há um contexto na historia da psicanálise argentina que, para mim, fica muito confuso, que é o surgimento da APdeBA e dos movimentos Documento e Plataforma.

KNOBEL: Esse [Documento, Plataforma] foi um movimento que durou pouco. Publicaram alguns livros de psicanálise marxista... É um grupo

---

[488] Referência aos automóveis Ford Falcon verdes, utilizados pelos serviços de segurança.

interessante. É um grupo bem formado, mas, mais fiel à ideologia marxista do que a qualquer outra coisa. Então, Marie Langer foi uma das fundadoras. Pode-se considerar que foi uma das fundadoras.

MARCO: Do Plataforma?

KNOBEL: Não sei, da APA, sim.

MARCO: Quer dizer, quando ela foi para o México, ela continuou com o movimento do Grupo Plataforma? Não é?

KNOBEL: Ah! Sim... Sim, Era um grupo de esquerda, com muita fidelidade ideológica.

MARCO: Agora a APdeBa...como é que foi a história?

KNOBEL: A APdeBA... foi uma história... Lamentavelmente eu considero que os psicanalistas não conseguem resolver seus conflitos. Não conseguimos [risos] resolver nossos conflitos e aí surgem novos conflitos. Porque a APdeBA surge de uma eleição, na APA, para presidente. Aí se apresentou Ferschtut [Guillermo Ferschtut] de um lado e, de outro, Szpilka, Jaime Szpilka. Ferschtut considerava ser o mais antigo, etc. Considerava que tinha que ser ele o eleito, com o grupo mais antigo que o apoiava: Liberman estava com ele, Grinberg. E aí, vêm as eleições e ganha Szpilka. Era muito mais novo que todos eles e aí eles não aceitaram e fundaram a APdeBA.

MARCO: Entendi.

KNOBEL: Não tinha nenhuma ideologia específica. Uns se consideravam continuadores da APA e outros consideravam que a verdadeira psicanálise estava nesse outro grupo. Nada de ordem ideológica, mais pessoal, uma coisa muito pessoal.

MARILUCIA: Voltando a Pichon. O senhor chegou a participar da *Experiencia Rosario*?

KNOBEL: Não. [silêncio]

MARILUCIA: Vou fazer uma pergunta ao senhor, bem feminina. A Arminda Aberastury depois da separação de Pichon, nunca teve outro tipo de relacionamento, não se casou novamente?

KNOBEL: Casou.

MARILUCIA: Com quem?

KNOBEL: Casou-se — ou simplesmente passaram a viver juntos, não sei... — com um médico que tinha um laboratório de radiografia, essas coisas. Dr. Aslan. É o pai de Carlos Mario Aslan, que está na APA. Era um médico. Ficaram um ano casados. Casou-se com uma festinha. Ela escolheu justamente alguém que não tinha nada a ver com psicanálise.

MARCO: O primeiro nome dele, qual era?

KNOBEL: O primeiro nome dele, não me lembro, porque todo mundo o chamava de Dr. Aslan. Agora, Carlos Mario, que está na APA, era filho dele e é um brilhante psicanalista.

MARCO: É, As...

KNOBEL: A s l a n [soletrando]

MARCO: Isso eu não sabia... Ottalagano dizia que os últimos anos do casamento de Pichon e Arminda foram muito conturbados, que havia traições de parte a parte.

KNOBEL: Provavelmente, porque, no último período, eu sei que Arminda ficava muito brava com Pichon. Tinham discussões sérias, muito fortes. E Pichon agüentou o que ele podia agüentar. Não foi doloroso só para Arminda. Foi dolorosa a separação. Ele ficou mal.

MARCO: Nós estamos pensando em relatar o suicídio de Arminda de uma forma cuidadosa, delicada, respeitosa, mas factual.

KNOBEL: Claro.

MARCO: Porque isso não foi feito até hoje.

KNOBEL: Não, e foi distorcido...

MARCO: Teve muita distorção. Então estamos pensando em escrever isso, contar a verdade.

KNOBEL: Porque eu sou *testigo* [testemunha], realmente, inicial.

MARCO: Eu sabia que o senhor era testemunha...

KNOBEL: Porque fui eu que entrei, com o filho, no dormitório. Forçamos a porta para entrar...

MARCO: Eu sabia disso. Essa é uma das razões fundamentais para entrevistá-lo...

KNOBEL: Eu já ouvi uma história, de que ela estava vestida como uma noiva e ...

MARCO: Mas ela foi ao cabeleireiro antes.

KNOBEL: Ela ia sempre ao cabeleireiro! Sexta-feira era dia de cabeleireiro!

MARCO: Ela dispensou as pessoas?

KNOBEL: Dispensou? Bom, ela fugiu. Ou seja, ela se trancou no quarto. Porque todas as pessoas com as quais ela tinha relação foram consultadas, depois, pelos filhos. Ninguém podia [no sentido de não disporem dela] dar informação. 'Não, aqui não esteve, aqui não esteve'. E foi aí que os filhos se alarmaram.

MARCO: Eu ouvi dizer, em um dos relatos que me fizeram, que foi uma paciente que tinha sessão com ela, quem primeiro deu pela sua falta.

KNOBEL: Não. Pode ser, não sei. Não poderia afirmar. Até vizinhos que costumavam vê-la entrar e sair...

MARILUCIA: Ela morava em casa ou apartamento?

KNOBEL: Apartamento. Quando estava com Pichon morava em casa, na *calle Copérnico*.

Marco: A da *Copérnico* era uma casa?

KNOBEL: Uma casa, tipo destas casas de Alto Palermo.

MARILUCIA: E a da *Coronel Díaz*?

KNOBEL: Era um apartamento.

MARCO: Lembrei-me de mais um dado sobre o qual gostaria de perguntar. Disseram-me que, no fim da vida de Pichon, passavam um livro de ouro entre os alunos para ajudá-lo na manutenção de despesas médicas.

KNOBEL: Bom, ele era ajudado. Agora, despesas médicas, praticamente, ele não tinha. Porque era conhecido por todo o mundo e era médico. Em Buenos Aires ainda existe o critério de que, de médico, não se cobra, exceto em psicanálise...

MARCO: Exceto os psicanalistas... [risos]

KNOBEL: Os psicanalistas cobram tudo. Mas Pichon, talvez, nas internações, sim. Eu não pertencia ao grupo que fazia esta contribuição.

MARCO: Mas tem sentido, faz sentido isso? De as pessoas colaborarem?

KNOBEL: Sim. Colaboravam para o sustento dele.

MARCO: Para o sustento dele...

KNOBEL: Claro. Nesta época ele já não trabalhava mais. Foi um golpe, um duro golpe para ele, quando foi proibido de exercer a função didática. Porque ele era didata. Estava com paciente e tudo, e a APA suspendeu sua função de didata.

MARCO: Como é que foi esse episódio?

KNOBEL: Uma denúncia de um aluno, de um paciente, de que ele ficava dormindo nas sessões. Esse paciente sentiu que ele estava dormindo, um paciente já com muito tempo de análise com Pichon. Sentiu que estava dormindo, virou-se e a cabeça de Pichon [fez o gesto do queixo apoiado sobre o peito]... Virou-se e viu que ele estava dormindo. Então levantou-se do divã devagarzinho, devagarzinho... Antes dele sair Pichon acordou. 'Onde você está indo?', perguntou. 'Mas o senhor está dormindo', respondeu o paciente. 'Então volta aqui, vamos analisar isso', disse Pichon.
Essa é a versão que eu ouvi, não posso afirmar, porque não testemunhei. [pausa]

KNOBEL: Eu fui também colaborador do Bleger, no Instituto de Psicanálise.

MARCO: Como era o Bleger?

KNOBEL: Bleger era uma pessoa muito interessante. Era alto, esguio, assim. Era um perfeito psicanalista. Rigoroso. E tinha outra coisa, o partido comunista.
Eu entrei na docência do Instituto e fui adjunto do Bleger. Ele era titular, dava Teoria Geral das Neuroses. Era a disciplina do último ano da formação. E Bleger era rigoroso. Dizia: 'Mauricio prepara isso, prepara aquilo. Aqui precisamos complementar algo'.
E ele faleceu quando eu era adjunto. E me encontrei, de repente, com alunos do último ano de psicanálise, de formação psicanalítica. E eu os consultei, lógico, porque eram praticamente colegas. 'Se vocês preferem que outro venha, com mais experiência, é lógico, não? Eu não tenho inconveniente. Ao contrário, eu me sinto um pouco não tão capacitado para assumir um cargo que estava nas mãos do Bleger, a quem eu respeitei muito e de quem gosto muito.'

	Bleger tinha aquela coisa muito especial. Vinha gente consultar com ele e falavam com ele. Ele contava assim. Ele perguntava: 'porque me procuram, a mim, como analista?' Era uma pergunta quase inicial. Então ele respondia, ele nos contava. Ele respondia, 'olha, você comigo pode fazer psicanálise, aqui eu sou psicanalista. Agora, se você quer educação marxista, então vem me procurar no comitê.' [risos]
MARCO:	O Ottalagano me relatou uma conversa em que o Bleger contou para ele que, na época do processo, saía do consultório e ia para uma esquina qualquer de Buenos Aires, esperava passar um furgão, entrava dentro deste furgão, tinha os olhos vendados e era então levado a algum lugar que ele não sabia onde, num aparelho Montonero. Lá atendia um seu paciente. Depois, entrava de novo neste furgão, tinha de novo os olhos vendados e era deixado em outro lugar de Buenos Aires, de onde, então, voltava para o consultório. E Ottalagano lhe perguntou: 'até quando você vai continuar com isso?' E ele respondeu: 'até quando eu agüentar'. Esta historia ficou muito marcada para mim, quando Ottalagano me contou. É interessante que a Clara [Rappaport, a coordenadora da coleção], no início, estava propondo uma biografia do Bleger. Mas eu disse que eu não via condições de escrever uma biografia do Bleger, porque não tenho nada.
KNOBEL:	Não. Tem, tem sim. Ele começou com narcoanálise, ele fazia Pentotal, e o paciente dormindo, com doses pequenas, ele fazia psicanálise do paciente, o paciente associava dormindo. Ele começou com isso, quando ele ainda morava no interior.
MARCO:	Em Rosario?
KNOBEL:	Não, em Santiago del Estero, antes de Rosario, antes de ser psicanalista.
MARCO:	Ottalagano me contou que encontrou com ele em Rosario, ainda como alunos da Faculdade de Medicina, e que ele tinha encaminhado o Bleger para Pichon.
KNOBEL:	Claro, ele se analisou com Pichon. Ele, Liberman e Rolla.
MARILUCIA:	O Bleger faleceu em Buenos Aires?
KNOBEL:	Sim, muito jovem. O filho dele agora é analista. Nós sempre rimos, quase por maldade, mesmo, da relação de Ulloa com Marie Langer. Porque ficamos sabendo, alguém comentou, que num aniversário de Marie Langer, que, como Ulloa que era muito amigo também, deu de presente para Marie Langer um pônei caríssimo. Bom, esse é o pessoal da esquerda, não? [risos].
MARCO:	A Lili era chamada de o 'pecado pequeno-burguês' do Bleger.
KNOBEL:	É, a gente é muito mais simples do que o mito.

REFERÊNCIAS BIBLIOGRÁFICAS E ELETRÔNICAS

Bibliografia:

ABERASTURY, A. **Psicanálise da Criança** – teoria e técnica. 5ª ed. Porto Alegre: Artes Médicas, 1987.

ABERASTURY, A. e KNOBEL, M. **La adolescencia normal**. Biblioteca del educador contemporánea. Buenos Aires: Paidós, 1976.

_____, **Teoría y técnica del psicoanálisis de niños**. Biblioteca de Psiquiatría psicopatología y psicosomática. Buenos Aires: Paidós, 1972.

ABERASTURY, A e SALAS, E. **La paternidad**. Buenos Aires: Kargieman, 1978.

ABERASTURY, A et alii. **Adolescencia**. 3ª ed. Buenos Aires: Kargieman, 1976.

_____, **Aportaciones al psicoanálisis de niños**. Buenos Aires: Paidós, 1977.

ALMOYNA, J. **Dicionário de espanhol-português**. Porto: Porto Editora, 1977.

ANDRADE, M. **Paulicea Desvairada**. São Paulo: Landmark, 2003.

ARTAUD, A. **Van Gogh, el suicidado por la sociedad**. Buenos Aires: Argonauta, 1981.

AVENBURG, R. **Enrique Pichon Rivière, sus enseñanzas a la luz de mi vínculo con él**. In Actualidad Psicológica. Buenos Aires: Año XXI, Nº 231, mayo 1996, p. 12 a 14.

BALÁN, J. **Cuéntame tu vida**. Una biografía colectiva del psicoanálisis argentino. Buenos Aires: Planeta Espejo de la Argentina, 1991.

BERMANN, G. **La salud mental y la asistencia psiquiátrica en la Argentina**. Buenos Aires: Paidós, 1965.

BLEGER, J. *Apéndice*. In POLITZER, G. **Critica de los Fundamentos de la Psicología**: El Psicoanálisis. Buenos Aires: Jorge Alvarez. 1966.

_____, *Apéndice*. In POLITZER, G. **Psicología Concreta**. Buenos Aires: Jorge Alvarez. 1965.

_____, **Psicoanálisis y dialéctica materialista**. 1ª ed. Buenos Aires: Paidós, 1958.

_____, **Psicoanálisis y dialéctica materialista**. 2ª ed. Buenos Aires: Paidós, 1963.

_____, **Psico-Higiene e Psicologia Institucional**. Porto Alegre: Artes Médicas, 1989.

_____, **Psicohigiene y Psicología Institucional**. Buenos Aires: Paidós, 1976.

_____, **Psicologia da conduta**. 2ª ed. Porto Alegre: Artmed, 1989.

_____, **Psicologia de la conducta**. Buenos Aires: Paidós, 1977.

_____, **Temas de Psicologia** – entrevista e grupos. São Paulo: Martins Fontes, 1993.

_____, **Temas de Psicología** (Entrevista y grupos). Buenos Aires: Nueva Visión, 1979.

BOEHM, A. **Le 'vinculum substantiale' chez Leibniz**. Paris: J. Vrin, 1962.

BOHOSLAVSKY, R. **Orientação vocacional** – A Estratégia clínica. São Paulo: Martins Fontes, 1977.

_____, **Orientación vocacional** – La Estrategia Clínica. Buenos Aires: Nueva Visión, 1971.

BRIGNOLI, L. **Francisco Ferrer y Guardia**. Un revolucionario que no hay que olvidar. Bergamo: Vulcano, 1993.

CAMPOS, J. Apresentação à edição brasileira. *In* ABERASTURY, A. **Psicanálise da Criança** – teoria e técnica. 5ª ed. Porto Alegre: Artes Médicas, 1987.

CARPINTERO, E. e VAINER, A. **Las huellas de la memoria I** – *Psicoanálisis y salud mental en la Argentina de los '60 y '70 – Tomo I: 1957 – 1969.* Buenos Aires: Topía, 2004.

_____, **Las huellas de la memoria II** – *Psicoanálisis y salud mental en la Argentina de los '60 y '70 – Tomo II: 1970 – 1983.* Buenos Aires: Topía, 2005.

CESIO, F. **La gesta psicoanalítica en América Latina**. Buenos Aires: La Peste, 2000.

COUTO, J. **André Breton**: a transparência do Sonho. São Paulo: Brasiliense, 1984.

CYTRYNOWICZ, M. e CYTRYNOWICZ, R. **História do Departamento de Psicanálise do Instituto Sedes Sapientiae**. São Paulo: Narrativa-Um, 2006.

DORIA, R. Verbete: Cárcamo, Celes Ernesto. *In* MIJOLLA, A. (dir. geral). **Dicionário Internacional da Psicanálise**. Rio de Janeiro: Imago, 2005.

ETCHEGOYEN, H. Verbete: Racker, Heinrich. *In* MIJOLLA, A. (dir. geral). **Dicionário Internacional da Psicanálise**. Rio de Janeiro: Imago, 2005.

FABRIS, F. *Pichon Rivière, un viajero de mil mundos*. Buenos Aires: Polemos, 2007.

FENDRIK, S. *Psicoanalistas de niños* – La verdadera historia – 3. Arminda Aberastury y Telma Reca. Buenos Aires: Letra Viva, 2006.

FERREIRA, A. Novo Aurélio Século XXI: o dicionário da língua portuguesa. Rio de Janeiro: Nova Fronteira, 1999.

FERRER, E. e GARMA, A. *Arminda Aberastury, aproximación a su vida y obra*. In "**Homenaje a Arminda Aberastury**". Revista de Psicoanálisis. Buenos Aires: APA, XXX, Nº 3/4, 1973.

FOKS, G. Verbete: Liberman, David. *In* MIJOLLA, A. (dir. geral). **Dicionário Internacional da Psicanálise**. Rio de Janeiro: Imago, 2005.

FREUD, S. [1891] *La afasia*. Buenos Aires: Nueva Visión, 1973.

_____, [1893] **Estudos sobre histeria**. *In* Ed. Standard Brasileira das Obras Psicológicas Completas de Sigmund Freud. v. I. Rio de Janeiro: Imago, 1974.

_____, [1895] **Projeto para uma psicologia científica**. *In* Ed. Standard Brasileira das Obras Psicológicas Completas de Sigmund Freud. 1ª ed. v. I. Rio de Janeiro: Imago, 1974.

_____, [1900] **Interpretação dos Sonhos**. *In* Ed. Standard Brasileira das Obras Psicológicas Completas de Sigmund Freud, 1ª ed. v. IV e V. Rio de Janeiro: Imago, 1974.

_____, [1901] **A psicopatologia da vida cotidiana**. *In* Ed. Standard Brasileira das Obras Psicológicas Completas de Sigmund Freud. 1ª ed. v. VI. Rio de Janeiro: Imago, 1969.

_____, [1905] **Três ensaios sobre a teoria da sexualidade**. *In* Ed. Standard Brasileira das Obras Psicológicas Completas de Sigmund Freud. v. VII. Rio de Janeiro: Imago, 1972.

_____, [1906] **A Gradiva de Jansen**. *In* Ed. Standard Brasileira das Obras Psicológicas Completas de Sigmund Freud. 1ª ed. v. XVII. Rio de Janeiro: Imago, 1976.

_____, [1919] **O Estranho** *(Das Unheimliche)*. *In* Ed. Standard Brasileira das Obras Psicológicas Completas de Sigmund Freud. 1ª ed. v. XVII. Rio de Janeiro: Imago, 1976.

_____, [1938]   **Carta 319**. A Stefan Zweig. In Correspondência de Amor e outras cartas. Rio de Janeiro: Nova Fronteira, 1982.

GAINZA, V.   ***Ana Quiroga dialoga con Violeta H. de Gainza***. Buenos Aires: Lúmen, 1998.

GARMA, A.   ***Sadismo y Masoquismo en la Conducta humana***. Buenos Aires: Nova, 1969.

_____, Los suicidios. In GARMA, A. ***Sadismo y Masoquismo en la Conducta humana***. Buenos Aires: Nova, 1969.

GARMA, A. e RASCOVSKY, L.   ***Psicoanálisis de la Melancolía***. Buenos Aires: APA-El Ateneo, 1948.

GRIESINGER, W.   ***Mental pathology and therapeutics***. New York: William Word, 1882.

GROSSKURTH, P.   **O círculo secreto**: o círculo íntimo de Freud e a política da psicanálise. Rio de Janeiro: Imago, 1992.

JASINER, G. e WORONOWSKI, M.   ***Para Pensar a Pichon***. Buenos Aires: Lugar, 1992

JONES, M.   **Psiquiatría tradicional, psiquiatría social y comunidad terapéutica**. In Psiquiatría Social Nº 1. Buenos Aires: Escuela, 1967.

_____, **La psiquiatría social en la práctica:** la idea de la comunidad terapéutica. Buenos Aires: Americale, 1970.

KAËS, R.   Préface – Pour recontrer Pichon. In PICHON-RIVIERE, E. **Le processus grupal**. Ramonville Saint-Agne: Érès, 2004, p. I a XVI.

KLAPPENBACH, H.   **Diálogo con Ana Quiroga**. Pichon Rivière entre la psicología social, el proceso de aprendizaje y Lacan. In Actualidad Psicológica. Buenos Aires: Año XII, Nº 133, Junio de 1987.

_____, **Diálogo con Alfredo Moffatt**. In Actualidad Psicológica. Buenos Aires: Año XII, Nº 133, Junio de 1987.

KNOBEL, M.   **Arminda Aberastury**. (Obituario). In Revista Argentina de Psiquiatría y Psicología de la Infancia y de la Adolescencia. Buenos Aires: ASAPPIA/Paidós, Año 4, numero 2, Septiembre 1973, p. 192-200.

LACAN, J.   **Escritos**. Perspectiva: São Paulo, 1978.

LALANDE, A.   **Vocabulaire Technique et Critique de la Philosophie**. 7ª ed. Paris: Presses Universitaires de France, 1956.

LAUTRÉAMONT   **Os cantos de Maldoror** – Poesias – Cartas (Obra completa). São Paulo: Iluminuras, 2005.

LAUTRÉAMONT, C.   **Les chants de Maldoror**. Paris: Genonceaux, 1890.

_____, **Obras completas** - Los Cantos de Maldoror – Poesías – Cartas. Trad. PELLEGRINI, A. Buenos Aires: Boa, 1964.

LEFRÈRE, J.   **Le visage de Lautréamont** - Isidore Ducasse à Tarbes et à Pau. Paris: Horay, 1977.

LEMA, V.   ***Conversaciones con Enrique Pichon-Rivière sobre el arte y la locura***. Buenos Aires: Cinco, 1989.

MALDAVSKY, D. Lista cronológica de la obra de Arminda Aberastury. In "**Homenaje a Arminda Aberastury**". Revista de Psicoanálisis. Buenos Aires: APA, XXX, Nº 3/4, 1973, p. 1077 a 1093.

MASOTTA, O.   **Ensayos lacanianos**. Barcelona: Anagrama, 1976.

MIJOLLA, A. (dir. geral)   **Dicionário Internacional da Psicanálise**. Rio de Janeiro: Imago, 2005.

O'DONNELL, M.   Verbete: Perestrello, Danilo. *In* MIJOLLA, A. (dir. geral). **Dicionário Internacional da Psicanálise**. Rio de Janeiro: Imago, 2005.

OLIVEIRA, C.   **História da Psicanálise** – São Paulo (1920-1969). São Paulo: Escuta – Fapesp, 2006.

PELLEGRINI, A.   Antonin Artaud el enemigo de la sociedad. In ARTAUD, A. ***Van Gogh, el suicidado por la sociedad***. Buenos Aires: Argonauta, 1981.

_____, *Bibliografía. In* LAUTRÉAMONT, C. **Obras completas** - *Los Cantos de Maldoror – Poesías – Cartas*. Trad. PELLEGRINI, A. Buenos Aires: Boa, 1964.

_____, *El conde de Lautréamont y su obra. In* LAUTRÉAMONT, C. **Obras completas** - *Los Cantos de Maldoror – Poesías – Cartas*. Trad. PELLEGRINI, A. Buenos Aires: Boa, 1964.

PELLEGRINI, M.   *Nota del Editor. In* PICHON-RIVIÈRE, E. **Psicoanálisis del Conde de Lautréamont**. Buenos Aires: Argonauta, 1992.

PELLEGRINO, H.   Pacto edípico e pacto social. *In* PY, L. (org.) **Grupo sobre grupo**. Rio de Janeiro: Rocco, 1987.

PENTEADO, W.   Apresentação à edição brasileira. *In* BOHOSLAVSKY, R. **Orientação vocacional** – A Estratégia clínica. São Paulo: Martins Fontes, 1977.

PERESTRELLO, M.   Verbete: Brasil. *In* MIJOLLA, A. (dir. geral). **Dicionário Internacional da Psicanálise**. Rio de Janeiro: Imago, 2005.

PICHON-RIVIÈRE, A.   ***La muerte de un hermano***. Buenos Aires: Paidós, 1976.

PICHON-RIVIÈRE, E.   ***La Psiquiatría, una nueva problemática***. Buenos Aires: Nueva Visión, 1977.

_____, *Algunas observaciones sobre la transferencia en los pacientes psicóticos*. In PICHON-RIVIÈRE, E. ***La Psiquiatría, una nueva problemática***. Buenos Aires: Nueva Visión, 1977.

_____, ***Del psicoanálisis a la psicología social***. Buenos Aires: Galerna, 1970.

_____, **O Processo Grupal**. Série Psicologia e Pedagogia. São Paulo: Martins Fontes, 1983.

_____, **O Processo Grupal**. Série Psicologia e Pedagogia; São Paulo: Martins Fontes, 2005.

_____, ***El proceso grupal***. Buenos Aires: Nueva Visión. 1980.

_____, ***El proceso grupal***. Buenos Aires: Nueva Visión. 2006.

_____, Discépolo: um cronista de seu tempo. *In* PICHON-RIVIÈRE, E. **O Processo Grupal**. Série Psicologia e Pedagogia. São Paulo: Martins Fontes, 1983.

_____, *Discépolo: un cronista de su tiempo. In* PICHON-RIVIÈRE, E. ***El proceso grupal***. Buenos Aires: Nueva Visión, 1980.

_____, O Conceito de ECRO. *In* PICHON-RIVIÈRE, E. **O Processo Grupal**. São Paulo: Martins Fontes, 2005.

_____, *El Concepto de ECRO. In* PICHON-RIVIÈRE, E. ***El proceso grupal***. Buenos Aires: Nueva Visión. 2006, p. 218.

_____, Emprego de Tofranil na psicoterapia individual e grupal. *In* PICHON-RIVIÈRE, E. **O Processo Grupal**. Série Psicologia e Pedagogia. São Paulo: Martins Fontes, 1983.

_____, *Empleo del Tofranil en psicoterapia individual y grupal*. In PICHON-RIVIÈRE, E. **El proceso grupal**. Nueva Visión, Buenos Aires. 1980.

_____, *Entrevista em "Primera Plana"*. In PICHON-RIVIÈRE, E. **O Processo Grupal**. Série Psicologia e Pedagogia. São Paulo: Martins Fontes, 1983.

_____, *Entrevista en Primera Plana*. In PICHON-RIVIÈRE, E. **El proceso grupal**. Buenos Aires: Nueva Visión, 1980.

_____, Estrutura de uma escola destinada à formação de psicólogos sociais. In PICHON-RIVIÈRE, E. **O Processo Grupal**. Série Psicologia e Pedagogia. São Paulo: Martins Fontes, 1983.

_____, *Estructura de una escuela destinada a la formación de psicólogos sociales*. In PICHON-RIVIÈRE, E. **El proceso grupal**. Buenos Aires: Nueva Visión, 1980.

_____, **El proceso creador** – Del psicoanálisis a la psicología social (III). Buenos Aires: Nueva Visión, 1977.

_____, *Notas para la biografía de Isidoro Ducasse, Conde de Lautréamont*. In PICHON-RIVIÈRE, E. **El proceso creador** – Del psicoanálisis a la psicología social (III). Buenos Aires: Nueva Visión, 1977.

_____, **Psicoanálisis del Conde de Lautréamont**. Buenos Aires: Argonauta, 1992.

_____, *Lo siniestro en la vida y en la obra del conde de Lautréamont*. In PICHON-RIVIÈRE, E. **Psicoanálisis del Conde de Lautréamont**. Buenos Aires: Argonauta, 1992.

_____, *Vida e imagen del conde de Lautréamont*. In PICHON-RIVIÈRE, E. **Psicoanálisis del Conde de Lautréamont**. Buenos Aires: Argonauta, 1992.

_____, **Teoria do vínculo**. Ed. TARAGANO, F. São Paulo: Martins Fontes, 1982.

_____, **Teoría del vínculo**. Ed. TARAGANO, F. Buenos Aires: Nueva Visión, 1979.

_____, **Théorie du lien** (Ed. TARAGANO, F.) **suivi de Le processus de création**. Ramonville Saint-Agne: Érès, 2004.

_____, Vínculo e teoria dos três D (depositante, depositário e depositado). Papel e status. In PICHON-RIVIÈRE, E. **Teoria do vínculo**. Ed. TARAGANO, F. São Paulo: Martins Fontes, 1982.

_____, Vínculo y teoría de las tres D (depositante, depositario y depositado). Rol y status. In PICHON-RIVIÈRE, E. **Teoría del vínculo**. Ed. TARAGANO, F. Buenos Aires: Nueva Visión, 1979.

_____, *Historia de la psicosis maníacodepresiva*. In GARMA, A. e RASCOVSKY, L. **Psicoanálisis de la Melancolía**, Buenos Aires: APA-El Ateneo, 1948.

PICHON-RIVIÈRE, E., BLEGER, J., LIBERMAN, D., ROLLA, E. Técnica dos grupos operativos. In PICHON-RIVIÈRE, E. **O Processo Grupal**. Série Psicologia e Pedagogia. São Paulo: Martins Fontes, 1983.

_____, *Técnica de los grupos operativos*. In PICHON-RIVIÈRE, E. **El proceso grupal**. Buenos Aires: Nueva Visión, 1980.

PICHON-RIVIÈRE, E. e QUIROGA, A. **Psicología da vida cotidiana**. São Paulo: Martins Fontes, 1998.

_____, **Psicología de la vida cotidiana**. Buenos Aires: Galerna, 1970.

_____, A psicologia social. In PICHON-RIVIÈRE, E. e QUIROGA, A. **Psicologia da Vida Cotidiana**. Trad. Berliner, C. São Paulo: Martins Fontes, 1998.

_____, *La psicología social*. In PICHON-RIVIÈRE, E. e QUIROGA, A. **Psicología de la vida cotidiana**. Buenos Aires: Galerna, 1970.

_____, Inundações: As reações psicológicas em face do desastre. *In* PICHON-RIVIÈRE, E. e QUIROGA, A. **Psicologia da Vida Cotidiana**. São Paulo: Martins Fontes, 1998.

_____, *Inundados: las reacciones psicológicas ante el desastre*. *In* PICHON-RIVIÈRE, E. e QUIROGA, A. **Psicología de la vida cotidiana**. Buenos Aires: Galerna, 1970.

_____, Contribuições à didática da Psicologia Social. *In* PICHON-RIVIÈRE, E. **O Processo Grupal**. Série Psicologia e Pedagogia. São Paulo: Martins Fontes, 1983.

_____, *Aportaciones a la didáctica de la psicología social*. *In* PICHON-RIVIÈRE, E. **El proceso grupal**. Buenos Aires: Nueva Visión, 1980.

PICHON-RIVIÈRE, J. et alii. *Diccionario de términos y conceptos de psicología y psicología social*. Buenos Aires: Nueva Visión, 1995.

PICHON-RIVIÈRE, M. *El conde y el psicoanalista*. In *Actualidad Psicológica*. Buenos Aires: Año XII, Nº 133, junio de 1987.

_____, *Prólogo*. In PICHON-RIVIÈRE, E. **Psicoanálisis del Conde de Lautréamont**. Buenos Aires: Argonauta, 1992.

PLUT, S. e KAZEZ, R. **La subjetividad y los grupos**. Reportaje a Ana P. de Quiroga. In *Actualidad Psicológica*. Buenos Aires: Año XXI, Nº 231, mayo 1996.

POLITZER, G. **Crítica de los Fundamentos de la Psicología**: El Psicoanálisis. Buenos Aires: Jorge Alvarez, 1966.

_____, **El Fin de la Psicología Concreta**. Buenos Aires: Jorge Alvarez, 1966.

_____, **Psicología Concreta**. Buenos Aires: Jorge Alvarez. 1965

PONTES, J. e VELLOSO, M. **Relatório reservado**. São Paulo: Mimeo, 1992.

QUIROGA, A. **Proceso de constitución del mundo interno**. Buenos Aires: Cinco, 1985.

_____, *Prólogo*. In JASINER, G. e WORONOWSKI, M. **Para Pensar a Pichon**. Buenos Aires: Lugar, 1992.

RESNIK, S. **Glacial Times**: A Journey through the World of Madness. The New Library of Psychoanalysis. London: Routledge - Institute of Psychoanalysis, 2005.

_____, **Biographie de l'inconscient**. Paris: Dunod, 2006.

_____, Verbete: Enrique Pichon Rivière. *In* EGUÍA, R. (comp.) **Grandes Psicoanalistas Argentinos**. Buenos Aires – México: Lumen, 2001.

REVISTA ARGENTINA DE PSIQUIATRÍA Y PSICOLOGÍA DE LA INFANCIA Y DE LA ADOLESCENCIA. Buenos Aires: ASAPPIA/Paidós, Año 4, numero 2 - Septiembre 1973.

REVISTA BRASILEIRA DE PSICANÁLISE. Noticiário: Arminda Aberastury. São Paulo: v. VI n. 3/4, 1972.

REVISTA CICLO. Buenos Aires: Nº 2, 1949.

REVISTA DE PSICOANÁLISIS. Buenos Aires: APA, 5, Nº 2, 1947.

REVISTA DE PSICOANÁLISIS. "Homenaje a Arminda Aberastury". Buenos Aires: APA, XXX, Nº 3/4, 1973.

REVUE FRANÇAISE DE PSYCHANALYSE. Paris: SPP, XVI, Nº 1-2, 1952.

RODRIGUÉ, E. *El libro de las separaciones. Una autobiografía inconclusa*. Buenos Aires: Sudamericana, 2000, apud CARPINTERO, E. e VAINER, A. **Las huellas de la memoria I – Psicoanálisis y salud mental en la Argentina de los '60 y '70 – Tomo I: 1957 – 1969**. Buenos Aires: Topía, 2004.

REFERÊNCIAS BIBLIOGRÁFICAS E ELETRÔNICAS

_____, *Las huellas de una vida*. Pequeño perfil de un gigante. Buenos Aires: *Diario Clarín, Cultura y Nación, jueves 17 de julio de 1997.*

ROSEN, J. **Direct Analysis**, *Selected Papers*. New York: Grune & Stratton, 1946.

ROUDINESCO, E. e PLON, M. **Dicionário de Psicanálise**. Rio de Janeiro: Jorge Zahar, 1998.

_____, ***Diccionario de psicoanálisis***. Buenos Aires: Paidós, 1988.

_____, Cronologia. *In* ROUDINESCO, E. e PLON, M. ROUDINESCO, E. e PLON, M. **Dicionário de Psicanálise**. Rio de Janeiro: Jorge Zahar, 1998.

_____, Verbete: Aberastury, Arminda (1910-1972). *In* ROUDINESCO, E. e PLON, M. **Dicionário de Psicanálise**. Rio de Janeiro: Jorge Zahar, 1998.

_____, Verbete: Argentina. *In* ROUDINESCO, E. e PLON, M. **Dicionário de Psicanálise**. Rio de Janeiro: Jorge Zahar, 1998.

_____, Verbete: Freud, Schlomo Sigismund, dito Sigmund (1856-1939). *In* ROUDINESCO, E. e PLON, M. **Dicionário de Psicanálise**. Rio de Janeiro: Jorge Zahar, 1998, p. 272 a 279.

_____, Verbete: Freudo-marxismo. *In* ROUDINESCO, E. e PLON, M. **Dicionário de Psicanálise**. Rio de Janeiro: Jorge Zahar, 1998.

_____, Verbete: Garma, Angel né Angel Juan Garma Zubizarreta (1904-1993). *In* ROUDINESCO, E. e PLON, M. **Dicionário de Psicanálise**. Rio de Janeiro: Jorge Zahar, 1998.

_____, Verbete: Masotta, Oscar Abelardo (1930-1979). *In* ROUDINESCO, E. e PLON, M. **Dicionário de Psicanálise**. Rio de Janeiro: Jorge Zahar, 1998.

_____, Verbete: Pichon-Rivière, Enrique (1907-1977). *In* ROUDINESCO, E. e PLON, M. **Dicionário de Psicanálise**. Rio de Janeiro: Jorge Zahar, 1998.

ROUDINESCO, E. **Jacques Lacan**. Esboço de uma vida, história de um sistema de pensamento. São Paulo: Companhia das Letras, 1994.

ROUSSEAUX, S. **Homenaje al Dr. Enrique Pichon Rivière en el 10º aniversario de su fallecimiento**. In *Actualidad Psicológica*. Buenos Aires: Año XII, Nº 133, junio 1987.

SALAS, E. Verbete: Aberastury, Arminda, dita "La Negra". *In* MIJOLLA, A. (dir. geral). **Dicionário Internacional da Psicanálise**. Rio de Janeiro: Imago, 2005.

SEARLES, H. *Collected papers on schizophrenia and related subject*. London: The Hogarth Press, 1965.

SECHEHAYE, M. ***Journal d'une schizophréne***. Paris: PUF: 1950.

STITZMAN, J. **Conversaciones con R. Horacio Etchegoyen**. Buenos Aires: Amorrortu, 1998.

TARAGANO, F. Introdução. *In* PICHON-RIVIÈRE, E. **Teoria do vínculo**. Ed. TARAGANO, F. São Paulo: Martins Fontes, 1982.

_____, *Introducción. In* PICHON-RIVIÈRE, E. ***Teoría del vínculo***. Ed. TARAGANO, F. Buenos Aires: Nueva Visión, 1979.

TÖPF, J. **Cuando el conocimiento es también una ética**. In *Actualidad Psicológica*. Buenos Aires: *Año XXI, Nº 231 – mayo de 1996.*

ULLOA, F. **E. Pichon-Rivière y la psicología social**. Buenos Aires: *Acta Psiquiátrica y Psicológica de América Latina, v. XIII N 4, Diciembre de 1967.*

_____, ***Pichon Rivière de Buenos Aires***. In *Actualidad Psicológica*. Buenos Aires: *Año XII, Nº 133, junio de 1987.*

_____, **Pichon Riviére:** ¿*Es la propia gravedad pasta esencial en la hechura teórica de un psicoanalista?* In *Actualidad Psicológica*. Buenos Aires: Año XXI, Nº 231, mayo 1996.

_____, Prólogo. In CARPINTERO, E. e VAINER, A. **Las huellas de la memoria I** – *Psicoanálisis y salud mental en la Argentina de los '60 y '70 – Tomo I: 1957 – 1969*. Buenos Aires: Topía, 2004.

VEGH, I.   **Carta abierta a Enrique Pichon Rivière**. In *Actualidad Psicológica*. Buenos Aires: Año XII, Nº 133, junio 1987.

VENET, E.   *Ferdière, psychiatre d'Antonin Artaud*. Lagrasse: Verdier, 2006.

VERHAGE-STINS, E. Verbete: Leeuw, Pieter Jacob Van der. *In* MIJOLLA, A. (dir. geral). **Dicionário Internacional da Psicanálise**. Rio de Janeiro: Imago, 2005.

VEZZETTI, H.   **Pasado y Presente**. *Guerra, dictadura y sociedad en la Argentina*. Buenos Aires: Siglo Veintiuno, 2003.

VIDAL, G.   *El socratismo de Pichon*. Buenos Aires: Acta Psiquiátrica y Psicológica de América Latina, v. XIII N 4, Diciembre de 1967.

WILLER, C.   Nota de rodapé a "Um Depoimento". *In* LAUTRÉAMONT. **Os cantos de Maldoror** – Poesias – Cartas (Obra completa). São Paulo: Iluminuras, 2005.

_____, Nota sobre a Tradução e a edição. *In* LAUTRÉAMONT. **Os cantos de Maldoror** – Poesias – Cartas (Obra completa). São Paulo: Iluminuras, 2005.

_____, Prefácio: O Astro Negro. *In* LAUTRÉAMONT. **Os cantos de Maldoror** – Poesias – Cartas (Obra completa). São Paulo: Iluminuras, 2005.

Sites consultados:

AAPPG - **Quiénes somos**.
Disponível *in* site: AAPPG - *Asociación Argentina de Psicología y Psicoterapia de Grupo*.
http://www.aappg.org.ar/presentacion.htm
Consultado em 5/11/2006.

ACANDA, J.   **La confluencia que se frustró:** *Psicoanálisis y Bolchevismo*.
Disponível *in* site: *Paginadigital*.
http://www.paginadigital.org/articulos/2003/2003prim/tecnologia/cu21-2pl.asp
Consultado em 29/01/2007.

_____, **La confluencia que se frustró:** *Psicoanálisis y Bolchevismo*.
Disponível in site: *Portal de Filosofía y Pensamiento Cubanos - Colección Pensadores Cubanos de hoy*.
http://www.filosofia.cu/contemp/acanda002.htm
Consultado em 29/10/2006.

ADAMSON, G.   **Biografía de Enrique Pichon Rivière**.
Disponível *in* site: *EPSISUR Escuela de Psicología Social del Sur*.
http://www.epsisur.org.ar/psicologia_social/enrique_pichon_riviere/biografia_de_enrique_pichon_riviere.asp
Consultado em 28/02/2007.

_____, *Semblanza de Enrique Pichón Rivière*.
Disponível *in* site: *Poiésis - Revista electrónica de Psicología Social - FUNLAM. Nº 3 - Octubre 2001*.
http://www.funlam.edu.co/poiesis/Edicion003/poiesis3.Adamson.htm.
Consultado em 17/03/2007.

AdePRO **Asociación de Psicoanálisis de Rosario**.
Site disponível:
http://www.campopsi.com.ar/AsociaciondePsicoanalisisdeRosario/
Consultado em 21/02/2007.

APU **Asociación Psicoanalítica del Uruguay**.
Site disponível:
http://www.apuruguay.org/
Consultado em 02/04/2007.

BIBLIOGRAFÍA DE LITERATURA ARGENTINA.
Disponível *in* site: *Escuela de Trabajo Social de la Universidad de Costa Rica - Escuela de Historia - Biblioteca Digital de Estudios Sociales*.
http://www.ts.ucr.ac.cr/%7Ehistoria/biblioteca/esociales/blit_argentina.pdf.
Consultado em 01/02/2007.

BRITO, R. **Las locuras de Pichon Rivière**.
Disponível *in* site: *Campo Grupal – Biblioteca de textos*.
http://www.campogrupal.com/locuras.html
Consultado em 29/11/2006.

CALDAS, S. e BARBOSA, O. **Chão de Estrelas**.
Disponível *in* site: Projecto Natura da Universidade do Minho.
http://natura.di.uminho.pt/~jj/musica/html/brasil-chaoDeEstrelas.html
Consultado em 10/10/2006.

CARPINTERO, e E. VAINER, A. **Los cambios sociales y culturales en la década del sesenta y el auge del psicoanálisis en la Argentina** - *Parte I*.
Disponível *in* site: *Topía - Psicoanálisis, Sociedad y Cultura - Topía Revista*.
http://www.topia.com.ar/articulos/inter-psihisto.htm.
Consultado em 29/12/2005.

_____, **Los cambios sociales y culturales en la década del sesenta y el auge del psicoanálisis en la Argentina - Parte II** - *Enrique Pichón Rivière y la Experiencia Rosario*.
Disponível *in* site: *Topía - Psicoanálisis, Sociedad y Cultura - Topía Revista*.
http://www.topia.com.ar/articulos/inter-cambios2.htm
Consultado em 29/12/2005.

CLUBE CAPO DE MENDOZA.
Site disponível:
http://www.geocities.com/capodemendoza/page4.html
Consultado em 10/10/2006.

COLONIA MONTES DE OCA **La antesala del infierno**.
Disponível *in* site: *OscuroSol*.
http://www.oscurosol.com.ar/Investigaciones/MontesdeOca.htm
Consultado em 21/02/2007.

COLONIA NACIONAL DR. MANUEL MONTES DE OCA
Disponível *in* site: *Ministerio de Salud – Presidencia de la Nación.*
http://www.msal.gov.ar/htm/site/org_des_MONTES.asp
Consultado em 21/02/2007.

CUETO, E. **Entrevista a Hugo Vezzetti.**
Disponível *in* site: *El Sigma.com.*
http://www.elsigma.com/popup/index.jsp?idContent=5732
Consultado em 28/2/2006.

DEPARTAMENTO DE PSICOSIS "DR. ENRIQUE PICHÓN RIVIÈRE"
Disponível in site: APA - *Asociación Psicoanalítica Argentina.*
http://www.apa.org.ar/insti_04_b.php?id=9
Consultado em 29/10/2006.

DIÁRIO CLARÍN
Site disponível:
http://weblogs.clarin.com/puebloapueblo/archives/2007/04/la_maldicion_de_la_lechuza_en_los_esteros_del_ibera.html
Consultado em 10/04/2007.

DUPREY, J. **Alejandro Dumas, Rosas y Montevideo**
Disponível *in* site: *Archivo Surrealista [documentos rioplatenses sobre Lautréamont].*
http://www.archivosurrealista.com.ar/Documentos3.html
e
http://www.archivosurrealista.com.ar/Documentos3b.html
Consultado em 8/10/2006.

EDUCAR El portal educativo del Estado argentino
Disponível *in* site:
http://www.educ.ar/educar/superior/biblioteca_digital/verdocbiblio.jsp?url=S_BD_PROYECTOAMEGHINO/BOR.HTM&contexto=superior/biblioteca_digital/
Consultado em 17/09/2006.

EL TIEMPO
Disponível *in* site: *El Tiempo - Periódico Online - Servicios - 28/10/2006 – Efemérides.*
http://www.diarioeltiempo.com.ar/J2006/index.php?option=com_content&task=view&id=1023&Itemid=38
Consultado em 01/02/2007.

ETCHEGOYEN, H. e ZYSMAN, S. **Melanie Klein en Buenos Aires.** Comienzos y desarrollos.
Disponível *in* site: ALHP - *Asociación Latinoamericana de Historia del Psicoanálisis.*
http://www.alhp.org/foro20.htm
Consultado em 28/12/2005.

FABRIS, F. **Pichon Rivière a comienzos de los años `30** - Antecedentes lejanos del Pichon Rivière fundador de una psicología definida como social.
Disponível *in* site: *Espiral Dialéctica.*
http://www.espiraldialectica.com.ar/EPR1930.htm
Consultado em 21/02/2007.

FERSCHTUT, G. *De los siete anillos a la cadena infinita*. Psicoanálisis Año 2002 - Vol. XXIV, Nº 1/2.
Disponível *in* site: APdeBA – Asociación Psicoanalítica de Buenos Aires.
http://www.apdeba.org/publicaciones/2002/01-02/pdf/ferschtut.pdf
Consultado em 28/2/2006.

FOKS, G. *Obituary: Elizabeth (Betty) Garma (1918-2003)*.
Disponível *in* site: AIHP-IAHP - Association Internationale d'Histoire de la Psychanalyse *(International Association of the History of Psychoanalysis)*.
http://www.aihp-iahp.com/Main/Histoire/Items/35En.htm
Consultado em 27/12/2005.

FUNDACIÓ FRANCESC FERRER I GUARDIA.
Site disponível:
http://www.laic.org/
Consultado em 10/10/2006.

GRAHAM, R. *Los Malones (1870)*.
Disponível *in* site: *Federación Gaucha de Buenos Aires*.
http://www.tradiciongaucha.com.ar/Tradiciones/Malones.htm
Consultado em 10/04/2007.

GUIMÓN, J. *Ángel Garma: Otro Fundador Vasco*.
Disponível *in* site: *Avances en Salud Mental - Revista Internacional On-line, Vol.4, N. 2 - Julio 2005*.
http://www.bibliopsiquis.com/asmr/0402/garmaPROLOGO.pdf
Consultado em 20/02/2006.

HISTORIA DE APA
Disponível *in* site: *APA – Asociación Psicoanalítica Argentina*.
http://www.apa.org.ar/insti_02.php
Consultado em 10/11/2006.

HISTORIA DEL URUGUAY INDEPENDIENTE EN EL SIGLO XIX. La "Guerra Grande" (1839 - 1851) y el "Sitio Grande"
Disponível *in* site: *La Escuela Digital*.
http://www.escueladigital.com.uy/historia/republica/guegrande.htm
Consultado em 8/10/2006.

HISTÓRICO DA SBPSP
Disponível *in* site: SBPSP – Sociedade Brasileira de Psicanálise de São Paulo.
http://www.sbpsp.org.br/default.asp?link=hist3
Consultado em 27/2/2006.

HOMENAGEM PÓSTUMA AO DR. CESAR AUGUSTO OTTALAGANO (21/05/1915 - 15/01/2005)
Disponível *in* site: InterPsic.
http://www.interpsic.com.br/homenagem/ottalagano.html
Consultado em 04/04/2006.

KESSELMAN, H. *Los estares de Pichon*. In Revista Desbordar, Nº 5, septiembre de 1992.
Disponível *in* site: *Campo Grupal – Biblioteca de textos*.
http://www.campogrupal.com/estares1.html
Consultado em 29/10/2006.

LÓPEZ, R.   *El estilo en la transmisión del psicoanálisis* - Pichon Rivière: de Roberto Arlt a Lautréamont - Oscar Masotta: de Pichon Rivière a Lacan.
Disponível *in* site: PsicoMundo - Presentaciones de libros.
http://www.psiconet.com/libros/presentaciones/estilo.htm
Consultado em 25/02/2006.

MALDOROR: *LE SITE*
Site disponível:
http://www.maldoror.org/documents/photos/ducdecius.jpg
Consultado em 8/10/2006.

MANUS, C.   *Los suicidios en la década infame y en el tango.*
Disponível *in* site: El Club del Progreso (1852 – 2002).
http://www.clubdelprogreso.com/index.php?sec=04_05&sid=22&id=3134
Consultado em 28/01/2006.

MARIETÁN, H.   *Hospital Neuropsiquiátrico José T. Borda.* 1995.
Disponível *in* site: Semiologia Psiquiátrica y Psicopatia - Sitio del Dr. Hugo Marietan.
http://www.marietan.com/material_historia/Hospital_Borda.htm
Consultado em 17/09/2006.

MAZZILLI, R.   *Material para Roberto y para quien guste....*
Disponível *in* site: hiperCorreio - Debates – Grupal.
http://debates.hipernet.ufsc.br/foruns/grupal/debates/mensagem.srv?o=a&n=6280&m=2692
Consultado em 21/02/2007.

MONTAGNE, E.   *El Conde de Lautréamont, poeta infernal, ha existido.* Su vida en Montevideo, su misterio, su libro execrable y genial. Buenos Aires: *El Hogar, 20 de noviembre de 1925*, p. 11 e 12, 61 e 62.
Disponível *in* site: Archivo Surrealista [documentos rioplatenses sobre Lautréamont].
http://www.archivosurrealista.com.ar/Documentos4.html
Consultado em 1/10/2006.

_____, *El conde de Lautréamont*. Revelación de la misteriosa persona del autor de los temibles "Cantos de Maldoror". Buenos Aires: *El Hogar, 30 de marzo de 1928*, p. 10.
Disponível *in* site: Archivo Surrealista [documentos rioplatenses sobre Lautréamont].
http://www.archivosurrealista.com.ar/Documentos5.html
Consultado em 1/10/2006.

MUSEU INTERNACIONAL MADI DE SOBRAL, (CE).
Disponível *in* site: Jornal Municipal da Prefeitura de Sobral – CE.
http://www.sobral.ce.gov.br/jornal/2005/julho/museu-madi.htm.
Consultado em 28/01/2007.

OBRAS DE MONTAGNE, EDMUNDO
Disponível *in* site: Biblioteca Nacional de Maestros (BNM) do Ministerio de Educación, Ciencia y Tecnología de la Nación Argentina.
http://www.bnm.me.gov.ar/cgi-bin/wxis.exe/opac/?IsisScript=opac/opac.xis&dbn=BINAM&tb=aut&src=link&query=MONTAGNE,%20EDMUNDO&cantidad=&formato=&sala=.
Consultado em 01/02/2007.

OLIVEIRA, C. **A implantação do movimento psicanalítico na cidade de São Paulo.**
Disponível *in* site: Estados Gerais da Psicanálise de São Paulo. São Paulo, 2000.
http://www.geocities.com/HotSprings/Villa/3170/CamenLuciaValadares.htm
Consultado em 23/2/2006.

OUTES, D. **Braulio Aurelio Moyano** (1906-1959). In *Electroneurobiología Vol. 2 (1), junio 1995*, p. 103.
Disponível *in* site: *Gobierno de la ciudad de Buenos Aires - Hospital Neuropsiquiátrico "Dr. José Tiburcio Borda" - Laboratorio de Investigaciones Electroneurobiológicas Y revista Electroneurobiología.*
http://electroneubio.secyt.gov.ar/Outes-Braulio_Aurelio_Moyano_1906-1959.htm
Consultado em 20/09/2006.

PICCININI, W. **História da Psiquiatria** - Antonio Carlos Pacheco e Silva (1898-1988).
Disponível *in* site: *Psychiatry On-line Brazil.*
http://www.polbr.med.br/arquivo/wal0704.htm
Consultado em 27/2/2006.

PICHON-RIVIÈRE, E. e QUIROGA, A. **Del Psicoanálisis a la Psicología Social.**
Disponível *in* site: *Espiral Dialéctica.*
http://www.espiraldialectica.com.ar/DelPaPS.htm
Consultado em 15/01/2007.

PICHON-RIVIÈRE, E. **Pichon-Rivière habla sobre J. Lacan**. *El artículo, en forma de entrevista, fue escrito por Pichon Rivière en base a un cuestionario previo. Extracto de la Revista Actualidad Psicológica, Nº 12, diciembre de 1975.*
Disponível *in* site: *Espiral Dialéctica.*
http://www.espiraldialectica.com.ar/pr-lacan.htm
Consultado em 13/10/2006.

PONTE, C. **Médicos, psicanalistas e loucos**: uma contribuição à história da psicanálise no Brasil. [Mestrado] Fundação Oswaldo Cruz, Escola Nacional de Saúde Pública; 1999.
Disponível *in* site: Fiocruz – textos de teses.
http://portalteses.cict.fiocruz.br/transf.php?script=thes_cover&id=000080&lng=pt&nrm=iso
Consultado em 28/2/2006.

PRIMERA ESCUELA PRIVADA DE PSICOLOGIA SOCIAL
Site disponível:
http://www.psicologiasocial.esc.edu.ar/inscript.html.
Consultado em 29/11/2006.

PUGET, J. **Recordando a Pichon Rivière**. In *1ra Jornada de homenaje al Dr. Enrique Pichon Rivière. Buenos Aires: Primera Escuela Privada de Psicología Social, Octubre de 2000.*
Disponível *in* site: *Primera Escuela Privada de Psicología Social.*
http://www.psicologiasocial.esc.edu.ar/distancia/home_jornadas.php?pagina=1
Consultado em 30/11/2006.

PUIG, I.   **Historia del Psicoanálisis en la Argentina**.
              Disponível *in* site: *Asociación Argentina de Psiquiatras. Dinámica – Revista de Psiquiatría Dinámica y Psicología Clínica. Dinámica V.*
              http://www.aap.org.ar/publicaciones/dinamica/dinamica-5/tema-2.htm
              Consultado em 10/11/2006.

RESEÑA HISTÓRICA
              Disponível *in* site: *Hospital Psicoasistencial Interdisciplinario "José Tiburcio Borda"*.
              http://www.drwebsa.com.ar/borda/rhis.htm
              Consultado em 5/11/2006.

REVISTA DE LETRAS DE LA BIBLIOTECA NACIONAL, octubre de 2005.
              Disponível *in* site: *ABANICO*.
              http://www.abanico.edu.ar/2005/10/discepolo.autobiografia.htm.
              Consultado em 16/01/2007.

RIGONATTI, S.   **Revista de Psiquiatria Clínica**.
              Disponível *in* site: *SciELO Brazil - The Scientific Electronic Library Online*.
              http://www.scielo.br/scielo.php?pid=S0101-60832004000500002&script=sci_arttext&tlng=pt
              Consultado em 15/12/2005.

ROSARINOS.COM.   **Nuestro Portal - Efemérides Tangueras**
              Site disponível:
              http://www.rosarinos.com/modules.php?name=Sections&sop=viewarticle&artid=288&secid=24
              Consultado em 16/01/2006.

SALAS, E.   Verbete: Aberastury, Arminda. In **Diccionario biográfico**.
              Disponível *in* site: *Redpsicología. Biblioteca de psicología y ciencias afines. Módulo 309. Psicología: Diccionario biográfico*
              http://www.galeon.com/pcazau/309-dic-bio.htm
              Consultado em 14/10/2006.

SANMARTINI, G. **Caso Dreyfus, provas falsas e linchamento moral**.
              Disponível *in* site: Observatório da Imprensa, 31/08/2004.
              http://observatorio.ultimosegundo.ig.com.br/artigos.asp?cod=292MCH004
              Consultado em 15/11/2005.

SCHEERER, T.   **BILA - Lista Standard de Autores Latinoamericanos**.
              Disponível *in* site: *Philologische Fächergruppe - Romanistik - Romanische Literaturwissenschaft / Spanisch - Índice Biobibliográfico de autores latinoamericanos da Universität Augsburg*.
              http://www.philhist.uni-augs-burg.de/lehrstuehle/romanistik/hispanistik/forschung/bila/bila_allgemein/stal2.html
              Consultado em 01/02/2007.

SLUZKI, C.   **105a. Memoria, Recuerdos y Transformaciones del Lanús:** Homenaje al maestro.
              Disponível *in* site: Dr. Carlos Sluzki.
              http://www.sluzki.com/?articles&id=105a_S
              Consultado em 10/11/2006.

SOCIEDADE DE NEURO-PSIQUIATRIA DO RIO GRANDE DO SUL.
Site disponível:
http://www.snnrs.com.br/
Consultado em 29/10/2006.

TARAGANO, F. *Entrevista al Dr. Fernando Taragano (discípulo y amigo de Enrique Pichon Rivière)*. Buenos Aires: *Páginas de Psicología Social*, mayo de 1995. In MAZZILLI, R. **Material para Roberto y para quien guste....**
Disponível *in* site: hiperCorreio - Debates – Grupal.
http://debates.hipernet.ufsc.br/foruns/grupal/debates/mensagem.srv?o=a&n=6280&m=2692
Consultado em 21/02/2007.

TORRES, F. **La Dépêche du Midi.** *Histoire d'un journal en république 1870-2000.* Paris: Hachette, 2002.
Disponível *in* site: *Histoires littéraires - Revue trimestrielle consacré à la littérature française des XIXème et XXème siècles.*
http://www.histoires-litteraires.org/archi-cr/cr13.htm
Consultado em 29/03/2007.

ULLOA, F. **Pichon Rivière:** *¿Es la propia gravedad pasta esencial en la hechura teórica de un psicoanalista?*
Disponível *in* site: *portal El Sigma.*
http://www.elsigma.com/site/detalle.asp?IdContenido=3577
Consultado em 24/09/2006.

VALDÉS, S. **Memorias de un psiquiatra.**
In *Electroneurobiología*, vol. 14 (2), 2006, p. 3.
Disponível *in* site: *Gobierno de la ciudad de Buenos Aires - Hospital Neuropsiquiátrico "Dr. José Tiburcio Borda" - Laboratorio de Investigaciones Electroneurobiológicas Y revista Electroneurobiología.*
http://electroneubio.secyt.gov.ar/Memorias_de_un_psiquiatra.doc
Consultado em 20/09/2006.

VIGNOLI, T. **Homenagem a uma guerreira da luz.**
Disponível *in* site: Kplus, Editora Komedi.
http://kplus.cosmo.com.br/materia.asp?co=34&rv=Literatura
Consultado em 15/12/2005.

VISACOVSKY, S.**El Lanús** - *Memoria, Política y Psicoanálisis en la Argentina (1956-1992).* Buenos Aires: Infomed, 2001.
Disponível *in* site: *Igitur, da University Library Utrecht.*
http://igitur-archive.library.uu.nl/dissertations/2002-0722-131839/full.pdf
Consultado em 24/09/2006.

VOLNOVICH, J. **Psicoanálisis argentino: treinta años sin Plataforma.** Etats Généraux de la Psychanalyse, Archives Paris 2000.
Disponível *in* site: *Les Etats Généraux de la Psychanalyse - Archives Paris 2000.*
http://www.etatsgeneraux-psychanalyse.net/mag/archives/paris2000/texte81.html
Consultado em 29/10/2006.

REFERÊNCIAS BIBLIOGRÁFICAS E ELETRÔNICAS

WIKIPEDIA Verbete: **Academia Militar das Agulhas Negras**.
Disponível *in* site:
http://pt.wikipedia.org/wiki/Academia_Militar_das_Agulhas_Negras
Consultado em 10/10/2006.

_____, Verbete: **Agustín Pedro Justo**.
Disponível *in* site:
http://es.wikipedia.org/wiki/Agustín_Pedro_Justo
Consultado em 15/09/2006.

_____, Verbete: **Benjamin Péret**.
Disponível *in* site:
http://pt.wikipedia.org/wiki/Benjamin_Péret
e
http://en.wikipedia.org/wiki/Benjamin_Péret
Consultados em 29/03/2007.

_____, Verbete: **Caso Dreyfus**.
Disponível *in* site:
http://pt.wikipedia.org/wiki/Caso_Dreyfus
Consultado em 10/10/2006.

_____, Verbete: *Écoles militaires de Saint-Cyr Coëtquidan*.
Disponível *in* site:
http://fr.wikipedia.org/wiki/École_spéciale_militaire_de_Saint-Cyr
e
http://es.wikipedia.org/wiki/Escuela_Militar_Especial_de_Saint-Cyr
Consultado em 10/10/2006.

_____, Verbete: *El Mundo (Argentina)*.
Disponível *in* site:
http://es.wikipedia.org/wiki/El_Mundo_(Argentina)
Consultado em 15/09/2006.

_____, Verbete: *Esteros del Iberá*.
Disponível *in* site:
http://es.wikipedia.org/wiki/Esteros_del_Iberá
Consultado em 10/04/2007.

_____, Verbete: **Eva Perón**.
Disponível *in* site:
http://es.wikipedia.org/wiki/Eva_Perón
e
http://pt.wikipedia.org/wiki/Eva_Perón
Consultado em 01/02/2007.

_____, Verbete: **Imipramina**.
Disponível *in* site:
http://pt.wikipedia.org/wiki/Imipramina
Consultado em 5/11/2006
e
http://es.wikipedia.org/wiki/Imipramina
Consultado em 5/11/2006.

258

_____, Verbete: ***Masacre de Trelew***.
Disponível *in* site:
http://es.wikipedia.org/wiki/Masacre_de_Trelew
Consultado em 01/02/2007.

_____, Verbete: **Pearl Harbor**.
Disponível *in* site:
http://pt.wikipedia.org/wiki/Pearl_Harbor
e
http://es.wikipedia.org/wiki/Pearl_Harbor
Consultado em 28/09/2006.

ÍNDICES REMISSIVOS

As referências ao texto foram organizadas em dez diferentes índices remissivos, para facilitar a consulta.

São eles:

A - Acontecimentos e personalidades vinculados a Enrique José Pichon-Rivière.
B - Surrealismo: eventos e personalidades.
C - Psicanalistas, psiquiatras, psicólogos, psicólogos sociais, médicos e cientistas.
D - Referências institucionais.
E - Eventos científicos.
F - Publicações.
G - Figuras históricas e personagens de destaque.
H - Referências a fatos históricos.
I - Referências geográficas.
J - Vocabulário geral

A - Acontecimentos e personalidades vinculados a Enrique José Pichon-Rivière

Alphonse e Josephine (pais)
  Alphonse Pichon (?-1922)
  p. 17, 43, 44, 45, 47, 49, 50, 51, 52, 53, 55, 56, 58, 69, 143
  Josephine Pichon de la Rivière
  p. 17, 43, 45, 47, 52, 64, 65, 92
Ana Pampliega de Quiroga (1937)
p. 20, 57, 61, 63, 67, 86, 90, 97, 100, 105, 107, 109, 113, 116, 118, 119, 120, 121, 167, 181, 190, 196, 197, 198, 208, 210, 211, 213, 236
  Família Márquez
  p. 120
  Pío Quiroga
  p. 120
Arminda Aberastury de Pichon-Rivière (1910-1972), "La Negra"
p. 18, 19, 20, 35, 79, 84, 105, 106, 107, 108, 109, 110, 111, 112, 113, 114, 115, 116, 118, 127, 163, 166, 167, 173, 183, 184, 189, 192, 193, 227, 229, 230, 231, 232, 234, 235, 237, 238, 239
  Família Aberastury
  p. 105
  Federico Luis Aberastury
  p. 105

Fedora Aberastury (1914-1985)
p. 105
Francisco Fernández
p. 105
Marcelo Aberastury
p. 105
Mario Aslan
p. 114, 238
Máximo Aberastury
p. 105
Suicídio
p. 20, 114, 115, 116, 117, 118, 189, 231, 239
Coca Carrió (?-1964)
p. 19, 20, 118, 119, 173, 236

Enrique José Pichon-Rivière (1907-1977)
p. 17, 18, 19, 20, 21, 22, 23, 24, 25, 30, 35, 37, 38, 39, 40, 43, 44, 45, 46, 47, 49, 50, 51, 52, 53, 55, 56, 57, 58, 59, 60, 61, 62, 63, 64, 65, 66, 67, 68, 69, 70, 71, 72, 73, 74, 75, 77, 79, 80, 81, 82, 83, 84, 85, 86, 87, 88, 89, 90, 91, 92, 94, 95, 96, 97, 98, 99, 100, 101, 102, 103, 104, 105, 106, 107, 108, 109, 111, 112, 113, 114, 115, 116, 117, 118, 119, 120, 121, 123, 127, 129, 130, 131, 132, 133, 134, 135, 136, 137, 138, 139, 140, 141, 143, 144, 145, 146, 147, 148, 149, 150, 151, 154, 155, 156, 157, 158, 159, 160, 161, 162, 163, 164, 165, 166, 167, 168, 169, 170, 171, 173, 174, 175, 176, 177, 178, 179, 180, 181, 182, 183, 184, 185, 186, 187, 188, 189, 190, 191, 195, 197, 198, 199, 200, 201, 202, 203, 204, 205, 206, 207, 208, 209, 210, 211, 212, 213, 214, 215, 216, 217, 218, 219, 220, 221, 223, 224, 225, 226, 227, 228, 229, 230, 232, 233, 234, 235, 236, 237, 238, 239, 240, 241

Alguns eventos de sua vida
  Antecedentes em Genebra
  p. 17, 19, 43, 45, 49, 55
  Barcelona e o fuzilamento de Ferrer
  p. 17, 21, 46, 47, 49
  Imigração para a Argentina
  p. 17, 45, 46, 47, 49, 55
  Permanência em Florencia e Bella Vista
  p. 17, 49, 50, 55, 56, 57, 69, 70, 143, 145, 148, 216, 224
    As viagens de Alphonse
    p. 56
    Encontro com a onça
    p. 56
    Praga de gafanhotos
    p. 50, 56, 143
  Permanência em Goya
  p. 17, 18, 51, 52, 58, 59, 60
    Colégio Nacional de Goya
    p. 52
    El "Francesito"
    p. 51, 61, 69
    Escola Normal de Goya
    p. 17, 58
    Escola Profissional de Goya
    p. 52
    O eco de Numa Soto
    p. 57
    Partido Socialista de Goya (~1920)
    p. 60, 65
    Prática do futebol, natação, tênis, ciclismo e boxe
    p. 58
    Prostíbulo de Goya
    p. 67
      Canoi, o porteiro
      p. 18, 58, 59, 60, 71, 143, 199
      Madame, a cafetina
      p. 60
    Sportivo Benjamín Matienzo (~1920)
    p. 60
  Permanência em Rosario
  p. 18, 52, 60, 65
    Prostíbulo de Rosario
    p. 60
      Madame Safo, a cafetina
      p. 60, 143
  Reminiscências da infância e juventude
  p. 55
  Vida em Buenos Aires
    A "bronquitica"
    p. 74
    Amizade com Discépolo
    p. 68
    Asilo de Torres, "Open Door"
    p. 18, 58, 70, 73, 74, 75
  Casamento
  p. 79, 105, 106, 112, 114, 166, 167, 173, 175, 232, 235, 239
  Chegada a Buenos Aires
  p. 18, 60, 61, 65
  Comitê de Ajuda à Espanha Republicana
  p. 64
  Disartria
  p. 190, 219
  Episódios pitorescos
  p. 71, 106, 108, 113, 148
  Experiencia Rosario (1958)
  p. 19, 102, 107, 123, 130, 133, 134, 135, 137, 138, 140, 141, 173, 175, 202, 238
  Hospicio de las Mercedes
  p. 77
    Assassinato do Dr. Lecube
    p. 18, 86, 87, 88, 89
    Chefe de Serviço
    p. 18, 87, 91, 107, 234
    Edmundo Montagne, o poeta
    p. 145, 146, 147, 148, 157, 159
    Grupos com enfermeiros
    p. 80, 81, 82, 83, 84, 89
    Introdução da ECT
    p. 92, 94, 95, 96
    Sala de admissão
    p. 80, 81, 90
    Sala de la Edad Juvenil
    p. 18, 19, 89, 90, 91, 92, 101, 106
  IADES - Instituto Argentino de Estudios Sociales (1955)
  p. 19, 39, 130, 133, 134, 140, 173, 175, 180
    Escuela Privada de Psiquiatría (1958)
    p. 19, 39, 130, 131, 133, 177, 184, 190
  Jornalismo
  p. 70, 71, 75
    "Sinsombrerismo"
    p. 71
  Kabakaba
  p. 214
  Os "primeiros 70 anos do mestre"
  p. 215
  Pensión del Francés
  p. 18, 37, 61, 62, 63, 64, 143
  Pequeña Salpêtrière (1948)
    Clínica da calle Copérnico
    p. 39, 81, 101, 123, 124, 130, 133, 143, 173, 174, 177, 178, 179, 180
    Instituto Pichon-Rivière (1949)
    p. 19, 39, 81, 99, 101, 123, 130, 201
  Prática psicanalítica
  p. 102, 103, 104
  Primera Escuela Privada de Psicología Social (1967)
  p. 20, 65, 75, 80, 101, 120, 174, 190, 200, 211, 236
    Escuela de Psicología Social de Rosario
    p. 201
    Escuela de Psicología Social de Tucumán
    p. 201
    Retirada da função de didata
    p. 20, 40, 181, 183, 184, 188, 190, 240
  Visita a Paris, Lacan e o surrealismo
    Amizade com Jacques Lacan
    p. 19, 41, 163, 164, 165, 167, 168, 169, 170, 171, 176, 190, 224, 226
    Café de la Place Blanche
    p. 166
    Escola Freudiana
    p. 183
Artigos e livros
  Del Psicoanálisis a la Psicología social
  p. 70, 119, 146, 149, 150, 151, 186, 196, 197, 233
  Discépolo: um cronista de seu tempo
  p. 67, 68
  El proceso creador
  p. 70, 146, 149, 150, 151, 158, 159
  El proceso grupal
  p. 58, 67, 68, 69, 86, 96, 97, 98, 134, 135, 138, 140, 148, 186, 191, 208
  Historia de la Psicosis Maniacodepresiva
  p. 99
  La psiquiatría, una nueva problemática
  p. 164
  Lo siniestro en la vida y en la obra del conde de Lautréamont
  p. 148, 159
  Psicoanálisis del Conde de Lautréamont
  p. 21, 136, 143, 146, 147, 148, 151, 154, 155, 156, 157, 158, 159, 163, 164
  Psicología de la vida cotidiana
  p. 57, 61, 63, 116, 120, 181, 196, 208
  Teoría del vínculo
  p. 89, 184, 187
  Vida e imagen del conde de Lautréamont
  p. 159
Poesias juvenis
  Connaissance de la mort
  p. 58, 148
  Rencontre avec la femme noire
  p. 59
Predileções
  Bolero
  p. 67

Futebol
p. 67, 73

Jazz
p. 67, 109

Surrealismo
p. 19, 55, 143, 144, 145, 160, 161, 162, 164, 165, 166, 168, 224, 225

Tango
p. 18, 62, 65, 66, 67, 68, 69, 105, 199, 213, 215, 218, 219, 220, 225

Filhos

Enrique Alfonso Pichon-Rivière
p. 106, 116, 230

Joaquín "Quino" Pedro Pichon-Rivière
p. 106, 111, 116, 136, 137, 230

Marcelo Esteban Pichon-Rivière (1945)
p. 19, 21, 106, 136, 143, 156, 157, 158, 160, 164, 230

Tia e irmãos

Elizabeth de la Rivière
p. 45

Simona, Antonieta, Pedro, Luis e Juan
p. 45

B - Surrealismo: eventos e personalidades

Aldo Pellegrini (1903-1973)
p. 143, 144, 145, 147, 151, 156, 159, 162

Alexandre Dumas, filho (1824-1895)
p. 153, 166

Montevideo o una Nueva Troya
p. 153

Alexis-Edouard-Georges Dazet (1852-1920)
p. 157

Alfred Jarry (1873-1907)
p. 161

Alvaro Guillot Muñoz (1897-1971)
p. 156

André Breton (1896-1966)
p. 144, 150, 160, 161, 163, 164, 165, 166

Antonin Artaud (1896-1948)
p. 151, 162, 165, 166

Van Gogh, el suicidado por la sociedad
p. 162

Aristides da Silveira Lobo (1905-1968)
p. 150

Benjamin Péret (1899-1959)
p. 149, 150

Carmelo Arden Quin (1913), Carmelo Heriberto Alves
p. 161, 162

Charles Pierre Baudelaire (1821-1867)
p. 151, 161

Cláudio Willer
p. 150, 151, 154, 155, 157, 159

David Sussmann
p. 162, 224

Donatien Alphonse François de Sade (1740-1814), Marquês de Sade:
p. 161

Edgar Quinet (1803-1875)
p. 151

Edmundo Montagne (1880-1941)
p. 145, 146, 147, 148, 151, 157, 159

Editor da revista literária A.B.C.
p. 145

Obra literária
p. 145

Elías Piterbarg
p. 162, 224

Francis-Marie Martinez Picabia (1879-1953)
p. 144

Franco Di Segni (1904-1933)
p. 162

François Alicot (Ferdinand Alicot)
p. 149

Gaston Ferdière (1907-1990)
p. 165

Gérard de Nerval (1808-1855)

Gérard Labrunie
p. 161

Gervasio Guillot Muñoz (1897-1956)
p. 156

Guillot Muñoz, hermanos
p. 156

Gustave Flaubert (1821-1880)
p. 162

Isidore Lucien Ducasse (1846-1870), Conde de Lautréamont
p. 19, 22, 144, 145, 146, 147, 148, 149, 150, 151, 154, 155, 156, 157, 159, 160, 161, 163, 165, 166, 215, 218, 224

Amelia Suárez Ducasse (?-1937)
p. 149

Celestine Jacquette Davezac (1820-1847)
p. 152, 153, 154

François Ducasse (1809-1889)
p. 146, 149, 151, 153, 155, 157

Jean Dazet
p. 157

Liceu Imperial de Pau
p. 154

Liceu Imperial de Tarbes
p. 154, 157

Louise Dazet
p. 157

Lucien Bernard Ducasse (?-1830)
p. 149

Molino Ducasse
p. 149

Monsieur Davasse
p. 163

Os cantos de Maldoror
p. 19, 143, 144, 145, 146, 147, 148, 150, 151, 153, 154, 155, 156, 157, 159, 164, 215

Paul Lespés
p. 149, 155

Rafael Lozada Llanes
p. 149, 150, 155, 157

Jean-Jacques Lefrère
p. 156

Le visage de Lautréamont
p. 156

Jean-Jacques Rousseau (1712-1778)
p. 151

Jean-Nicholas Arthur Rimbaud (1854-1891)
p. 55, 143, 144, 151, 161, 162

Joan Miró i Ferrà (1893-1983)
p. 162

José "Pepín" Bello Lasierra (1904)
p. 37

José María Hinojosa Lasarte (1904-1936)
p. 37

Jules Supervielle (1884-1960)
p. 156

Julio Herrera y Reissig (1875-1910)
p. 148

Louis Aragon (1897-1982)
p. 150, 161

Luis Buñuel Portolés (1900-1983)
p. 37, 161

Un Chien Andalou
p. 161

Manifesto Surrealista (1924)
p. 30, 161

Mário Pedrosa (1901-1981)
p. 150

Mário Pellegrini
p. 143, 162, 163

Melchor Méndez Magariños (1895-1945)
p. 156

Molière (1622-1673), Jean-Baptiste Poquelin
p. 151

Movimento MADI
p. 161, 162

　Museu Internacional MADI (2005)
　p. 162

Oscar Capristo (1921)
p. 162

Pablo Ruiz Picasso (1881-1973)
p. 162, 164

Pascual De Rogatis (1880-1980)
p. 145

　Ópera Huemac
　p. 145

Paul Éluard (1895-1952), Eugène Emile Paul Grindel
p. 150

Pedro Garfias (1901-1967)
p. 37

Pedro Leandro Ipuche (1889-1976)
p. 156

Philippe Soupault (1897-1990)
p. 161

Pierre Corneille (1606-1684)
p. 45, 151

Prudencio Montagne, dom
p. 146, 147, 148

Rémy de Gourmont (1858-1915)
p. 159

Salvador Domingo Felipe Jacinto Dalí i Domènech (1904-1989)
p. 37, 161, 162, 164

Un Chien Andalou
p. 161

Sergio Enquin
p. 162

Stefan Zweig (1881-1942)
p. 161

Tristan Tzara (1896-1963), Sami Rosenstock
p. 144, 164, 165

Victor-Marie Hugo (1802-1885)
p. 156

Vincent Willem van Gogh (1853-1890)
p. 162

Voltaire (1694-1778), François Marie Arouet
p. 151

C - Psicanalistas, psiquiatras, psicólogos, psicólogos sociais, médicos e cientistas

Abraham Arden Brill (1874-1948)
p. 29

Adelheid Koch (1896-1980)
p. 30, 31

Alberto Tallaferro
p. 19, 101, 123, 233

Alcyon Baer Bahia (1911-1974)
p. 38

Alejandro Vainer
p. 100, 114, 130, 132, 133, 134, 139, 141, 182, 188, 192, 193

Alfred Adler (1870-1937)
p. 26, 38

Alfredo Carlos Moffatt
p. 213

Aloysius "Alois" Alzheimer (1864-1915)
p. 93

Amilcar Lobo Moreira da Silva (1939-1997)
p. 35

Ana Kaplan
p. 18, 101, 123

Ana Taquini-Resnik
p. 225

Angel Fiasché
p. 18

Ángel Juan Garma Zubizarreta (1904-1993)
p. 19, 27, 35, 36, 37, 38, 39, 64, 84, 99, 105, 106, 109, 111, 130, 229, 235, 237

　La realidad y el ello en la esquizofrenia
　p. 38

　Psicoanálisis de la Melancolia
　p. 99

Aniceto Figueras
p. 19, 101, 123

Anna Freud (1895-1982)
p. 107, 163

Antonio Austragésilo Vasconcelos Arruda (1878-1935)
p. 33

António Caetano de Abreu Freire Egas Moniz (1874-1955)
p. 93

Antonio Carlos Pacheco e Silva (1898-1988)
p. 29, 94

Armando Bauleo
p. 18, 210

Arnaldo Rascovsky (1907-1995)
p. 19, 38, 39, 99, 130, 175, 176, 179, 237

Arthur Ramos de Araújo Pereira (1903-1949)
p. 33

　Primitivo e loucura
　p. 33

Arturo Ameghino
p. 79

Blanca Montevechio
p. 219

Braulio Aurelio Moyano (1906-1959)
p. 87

Carl Gustav Jung (1875-1961)
p. 26, 38, 137

Carl Müller-Braunschweig (1881-1958)
p. 34

Carlos Guerin (1930-2003)
p. 201

Carlos Mario Aslan
p. 238

Carmen Lucia Montechi Valladares De Oliveira
p. 29, 30

Celes Ernesto Cárcamo (1903-1990)
p. 27, 35, 38, 39, 99, 231, 237

Célia Sodré Dória (1916-1977), "Madre Cristina"
p. 32

César Augusto Ottalagano (1915-2005)
p. 18, 23, 91, 101, 107, 108, 123, 132, 137, 176, 189, 214, 233, 239, 241

Charles Odier (1886-1954)
p. 38

Clara Regina Rappaport (1946)
p. 21, 241

Daniel Widlöcher
p. 118

Danilo Perestrello (1916-1989)
p. 19, 102, 123

Darcy Mendonça Uchoa (1907-2003)
p. 31

David Liberman (1920-1983)
p. 18, 19, 36, 101, 123, 135, 137, 138, 140, 175, 177, 180, 189, 221, 227, 232, 238, 241

David Maldavsky
p. 110, 112

David Ramos
p. 32

David Zimmerman
p. 112

Diego de García Reinoso
p. 18, 102, 123

Domício Arruda Câmara
p. 33

Domingo Cabred (1859-1929)
p. 73

Donald Woods Winnicott (1896-1971)
p. 163, 234

Durval Bellegarde Marcondes (1899-1981)
p. 27, 28, 29, 30, 31, 33

Edgardo Rolla
p. 18, 19, 39, 101, 123, 134, 135, 137, 138, 140, 232, 241

Eduardo "Tato" Alejo Pavlovsky (1933)
p. 215

Eduardo J. Salas
p. 110, 115

Eduardo Kalina
p. 110

Elena Evelson
p. 19, 101, 123

Elfriede Susana Lustig de Ferrer (1930-2004)
p. 107, 110

Elisabeth "Betty" Good Rasmussen de Garma (1918-2003)
p. 109, 110, 235

   Caso clínico de Pedrito
   p. 109

Elisabeth Roudinesco (1944)
p. 27, 36, 115, 163, 171, 176, 183, 188, 232

Emil Kraepelin (1856-1926)
p. 93

Emílio Rodrigué
p. 174, 182

Emmanuel Venet (1959)
p. 165

Enrique Butelman (1919-?)
p. 131

Enrique Carpintero
p. 100, 114, 130, 132, 133, 134, 139, 141, 182, 188, 192, 193

Enrique Ferrari Hardoy
p. 39

Eric Trist (1909-1993)
p. 82

Erich Fromm (1900-1980)
p. 38

Ernest Jones (1879-1958)
p. 26, 27, 28, 30, 33, 34, 39

Ernesto La Porta
p. 35

Ernst Simmel (1882-1947)
p. 34

Estela Remus Araico
p. 102, 123

Esther Bick (1911-1983)
p. 167, 227

Fábio Hermann (?-2006)
p. 32

Felix Boehn (1881-1958)
p. 34

Fernando A. Fabris (1963)
p. 45, 67, 71, 74, 112, 134

Fernando Allende Navarro (1890-1981)
p. 36

Fernando de Oliveira Bastos
p. 94

Fernando Emilio Taragano
p. 89, 103, 112, 113, 119, 184, 185, 187, 214

Fernando Octavio Ulloa (1924)
p. 18, 39, 100, 108, 113, 135, 137, 139, 141, 188

Fidias R. Cesio
p. 101, 123, 193

Flavio Nose
p. 228

Flávio Rodrigues Dias (1899-1994)
p. 31

Florencio Brumana
p. 79

Fortunato Ramírez (?-1999)
p. 101, 123

Francisco Franco da Rocha (1864-1933)
p. 27, 28, 33

Françoise Marette-Dolto (1908-1988)
p. 38

Frank Julian Philips (1906-2004)
p. 31, 32

Frieda Fromm-Reichmann (1889-1957)
p. 38

Gela Rosenthal
p. 110

Georg Walther Groddeck (1866-1934)
p. 38

George Herbert Mead (1863-1931)
p. 18, 40, 82, 86, 168

Georges Daumézon (1912-1979)
p. 228

Georges Politzer (1903-1942)
p. 40, 132, 178, 179, 197

   El Fin de la Psicología Concreta
   p. 132, 179

   Psicología Concreta
   p. 132, 179

Gesel Sterling
p. 32

Gilberta "Gillou" de García Reinoso
p. 18, 102, 110, 123, 174

Gino Germani (1911-1979)
p. 19, 39, 131, 133, 173

Gladys Adamson
p. 198, 199, 200, 215

Gonzalo Bosch (1885-1967)
p. 79, 94, 100

Granville Stanley Hall (1844-1924)
p. 26

Gregorio Bermann (1894-1972), "Dom Gregorio"
p. 19, 118, 119

Gregorio Marañón y Posadillo (1887-1960)
p. 37

Guillermo Bigliani
p. 189

Guillermo Ferschtut (1932-2007)
p. 20, 23, 26, 39, 189, 221, 238

Guillermo Vidal (1917 -2000)
p. 135

Hanna Segal (1918)
p. 167, 227, 228

Hans Sachs (1881-1947)
p. 26

Harold Searles
p. 228

Harry Stack Sullivan (1892-1949)
p. 20

Héctor Piñero
p. 79

Heinrich "Enrique" Racker (1910-1961)
p. 19, 101, 123, 192, 193

Heinz Hartmann (1894-1970)
p. 167

Heládio Francisco Capisano
p. 31

Helena Besserman Viana (1931-2002)
p. 35

Hélio Pellegrino (1924-1988)
p. 201

Henri Lefèbvre (1901-1991)
p. 83

Henri Wallon (1879-1962)
p. 40

Herbert Rosenfeld (1909-1986)
p. 167, 227, 228

Hernan Kesselman
p. 18, 185, 210, 215

Hugo Vezzetti (1944)
p. 22

Ignacio Matte-Blanco (1908-1955)
p. 36

Iracy Doyle Ferreira (1911-1956)
p. 35

Isaias Hessel Melsohn (1921)
p. 32

Jacques-Marie-Émile Lacan (1901-1980)
p. 19, 40, 41, 90, 100, 158, 163, 164, 165, 167, 168, 169, 170, 171, 176, 182, 190, 224, 226

  Ecrits
  p. 164

  Intervention sur le transfert
  p. 164

Jaime Bernstein (1919-?)
p. 131

Jakob Klaesi (1883-1980)
p. 93, 95

James Strachey (1887-1967)
p. 33

Janine Puget
p. 19, 45, 65, 66, 75, 101, 123, 174, 211

Jean-Martin Charcot (1825-1893)
p. 93, 99

Joan Riviere-Hodgson Verral (1883-1962)
p. 167

João Gomes Mariante
p. 31

João José Barbosa Quental
p. 33

Joel Zac
p. 18, 101, 123, 174, 189

John Nathan Rosen
p. 227

John Rickman (1891-1951)
p. 34

Jorge García Badaracco (1924)
p. 182

Jorge Mario Mom (1922-1997)
p. 18, 101, 123, 175

Jorge Winocur
p. 174

José Bleger (1922-1972)
p. 18, 19, 20, 35, 89, 101, 123, 131, 132, 133, 134, 135, 137, 138, 140, 170, 174, 176, 177, 178, 179, 180, 187, 188, 189, 194, 195, 197, 201, 207, 221, 232, 240, 241

  El fin de la psicologia concreta (tradução)
  p. 179

  Psicoanálisis y dialéctica materialista
  p. 132, 178, 179, 197

  Psicohigiene y Psicología Institucional
  p. 194, 195

  Psicologia de la conducta
  p. 89, 187

José Carneiro Ayrosa
p. 33

José Fernandes Pontes (1915-2005)
p. 31, 32

José Guimón
p. 36, 37

José Luis Etcheverry
p. 220

José Remus Araico (1922)
p. 102, 123

José Tiburcio Borda (1869-1936)
p. 77, 78, 79

Jose Töpf
p. 214

Juan Carlos Volnovich (1941)
p. 114, 188, 189

Juan Obiols
p. 237

Juan Rof Carballo (1905-1994)
p. 38

Juan-David Nasio (1942)
p. 171

Judith Seixas Teixeira de Carvalho Andreucci (?-2001)
p. 31

Jules Cotard (1840-1889)
p. 178, 226

Jules Seglas (1856-1939)
p. 226

Juliano Moreira (1873-1933)
p. 27, 33

Julio Aray (1935)
p. 110

Júlio Campos
p. 115

Júlio Pires Porto-Carrero (1887-1936)
p. 27, 33

Julius Wagner von Jauregg (1857-1940)
p. 93

Karen Horney (1885-1952)
p. 37

Karl Abraham (1877-1925)
p. 26, 37, 227

Kurt Zadek Lewin (1890-1947)
p. 18, 38, 40, 82, 90, 221

Ladislas Joseph von Méduna (1896-1964)
p. 93

Laertes Ferrão
p. 32

Leão Cabernite
p. 35

Leo Bartemeier (1895-1982)
p. 163

Leo Kanner (1894-1981)
p. 18

Leon Grinberg (1921)
p. 31, 32, 175, 238

Lídia Forti
p. 110

López Lecube (?-1937)
p. 18, 79, 86, 87, 88, 89

Luciana Bohn de Matte
p. 110

Lucio Bini (1908-1964)
p. 94

Luis Galvão
p. 32

Luis Rascovsky
p. 99, 130, 193

Luisa Augusta Rebeca "Rebe" Gambier de Álvarez de Toledo (1915-1990)
p. 19, 101, 110, 123

Lygia Alcântara Amaral (1911-2003)
p. 31

Madeleine "Madé" Coldefy de Baranger
p. 18, 36, 102, 123, 174, 221, 224

Manfred Joshua Sakel (1900-1957)
p. 93

Manoel Munhoz
p. 31

Marcelle "Marcela" Spira (1910-2006)
p. 102, 123

Marcos Victoria (1902-1975)
p. 131, 191

Margareth Jones Gill (1897-1982)
p. 31, 32

Margareth Schomberger Mahler (1897-1985)
p. 228

Marguerite Sechehaye-Burdet (1887-1964)
p. 228

María Haydée "Chiche" Castellaro de Pozzi
p. 118

Maria Luisa Siquier de Ocampo
p. 237

Maria Teresa Muñoz Mom
p. 18

Marialzira Perestrello (1916)
p. 19, 38, 102, 123

Marie "Mimi" Glass Hauser de Langer (1910-1987)
p. 19, 35, 39, 109, 130, 132, 170, 174, 188, 231, 237, 238, 241

Marie Léon Bonaparte (1882-1962), princesa
p. 38, 163

Mario Aslan
p. 114, 238

Mário Martins
p. 35

Mark Burke (1900-1975)
p. 33, 34

Marta Lazzarini
p. 215

Matthias Heinrich Göering (1879-1945)
p. 34

Mauricio Goldenberg (1916-2006)
p. 18, 100

Mauricio Knobel (1922)
p. 23, 107, 110, 112, 115, 116, 117, 118, 229, 230, 231, 232, 233, 234, 235, 236, 237, 238, 239, 240, 241

Max Eitingon (1881-1943)
p. 26, 27, 28, 38

Maxwell Jones (1907-1990)
p. 131

Melanie Klein-Reizes (1882-1960)
p. 18, 19, 32, 40, 84, 85, 86, 99, 100, 102, 107, 109, 111, 115, 123, 163, 166, 167, 227, 228, 235

   Psicanálise da criança
   p. 109

Méndez Mosquera
p. 100

Michel Plon
p. 27, 36, 115, 171, 176, 183, 188

Milton Zaidan
p. 32

Murilo de Campos
p. 33

Nelson Pocci
p. 31

Neves Manta
p. 33

Nicolas Espiro
p. 220

Nise Magalhães da Silveira (1905-1999)
p. 94

Noemy Silveira Rudolfer (?-1980)
p. 31

Oscar Abelardo Masotta (1930-1979)
p. 158, 171, 182, 183

Oscar Contreras
p. 102, 123

Osório César
p. 30

Otto Fenichel (1897-1946)
p. 30, 34

Otto Rosenfeld Rank (1884-1939)
p. 26

Paul Schiff (1891-1947)
p. 38

Paula Heimann (1899-1982)
p. 167

Philipe Pinel (1745-1826)
p. 78, 80, 81, 93, 101, 123, 130

Pieter Jacob Van der Leeuw (1909-1985)
p. 188

Ramón Carrillo (1906-1956)
p. 193

Raquel Soifer
p. 110, 216

Raquel Zac de Goldstein
p. 110

Raúl J. Usandivaras
p. 174

Regina Schenkman Chnaiderman (1923-1985)
p. 32

René Arditi Rocha
p. 79

René Arpad Spitz (1887-1974)
p. 28, 38

René Kaës
p. 21, 25, 49, 89, 186

Ricardo Avenburg
p. 18, 99, 100, 133, 175, 176, 180, 181, 185, 186, 209, 221

Ricardo Horacio Etchegoyen (1919)
p. 17, 23, 26, 100, 101, 102, 106, 107, 109, 115, 118, 123, 189, 221

   Élida Etchegoyen
   p. 19

Richard Kanner (1928-2007)
p. 31

Robert Knight
p. 227

Robert Koch (1843-1910)
p. 93

Roberto Azevedo
p. 32

Roberto Manero Brito
p. 103, 177

Rodolfo Bohoslavsky (1942-1977)
p. 201

Roman Mazzilli
p. 103

Rudolph Maurice Loewenstein (1898-1976)
p. 38

Salomea Kempner (1880-194?)
p. 30

Salomón Resnik (1919)
p. 19, 23, 99, 101, 102, 123, 130, 162, 167, 174, 178, 215, 223, 226

Salvador Mazza (1886-1946)
p. 67

Samuel Arbiser
p. 18, 23, 219

Samuel Zysman
p. 100, 102, 107, 109, 115, 123

Sándor Ferenczi (1873-1933)
p. 26, 137

Sara Jarast
p. 110

Sara Zusman de Arbiser
p. 110

Serge Sindel Charles Lebovici (1915-2000)
p. 35, 40, 163, 189

Sergio Bodo (?-1964)
p. 20, 118, 119

Sergio Eduardo Visacovsky (1959)
p. 81, 131, 132

Sergio Rousseaux
p. 199, 216

Sigismund Schlomo Freud (1856-1939)
p. 18, 19, 20, 25, 26, 27, 28, 30, 31, 33, 37, 40, 58, 75, 91, 93, 103, 137, 144, 148, 158, 160, 161, 168, 169, 176, 179, 180, 181, 191, 192, 218, 220, 225, 227

   A Gradiva de Jensen
   p. 148

   A interpretação dos sonhos
   p. 37, 38

   A psicopatologia da vida cotidiana
   p. 181

   Estudos sobre a histeria
   p. 93

   La afasia
   p. 93

Projeto para uma psicologia científica
p. 93

Silvia Fendrik
p. 114, 116, 234

Telma Reca de Acosta (1904-1979)
p. 116, 127, 234, 235

Theodor Hermann Meynert (1833-1891)
p. 93

Theodor Reik (1888-1969)
p. 37

Therese Benedek (1892-1977)
p. 38

Ugo Cerletti (1877-1963)
p. 94, 95

Virgínia Leone Bicudo (1910-2003)
p. 31

Werner Walther Kemper (1899-1976)
p. 34

Wilfred Ruprecht Bion (1897-1979)
p. 32, 167, 227, 228

Wilhelm Griesinger (1817-1868)
p. 19, 225, 227

Wilhelm Stekel (1868-1940)
p. 38

Willy Baranger (1922-1994)
p. 18, 36, 102, 123, 193, 221, 224

Wilma Millan Alves Penteado
p. 201

Yutaka Kubo
p. 32

Zaira Bittencourt Martins
p. 35

D - Referências institucionais

Científicas

Academia de Ciências de Paris (1666)
p. 166

Sociedad Científica Argentina
p. 130

Sociedade de Neurologia, Psiquiatria e Neurocirurgia do Rio Grande do Sul (1938)
p. 180

Tavistock Institute for Social Research (1949)
p. 82

Clínicas e hospitais gerais

Hospital Británico (1844)
p. 111

Clínicas e hospitais psiquiátricos

Asilo de Bicêtre (1633)
p. 78

Asilo de Rodez (~1840)
p. 165

Asilo de Torres (1915), "Open Door"

Colonia Nacional Dr. Manuel A. Montes de Oca
p. 18, 58, 70, 73, 74, 75

Centro Psiquiátrico Pedro II (1911)
p. 94

Chestnut Lodge (1910)
p. 227

Clínica de Reposo de Las Rosas
p. 19, 118

Colônia Juliano Moreira (1920)
p. 78

Hôpital de la Salpêtrière (1656)
p. 78, 99

Hospicio de las Mercedes (1887)
p. 18, 39, 40, 52, 57, 73, 77, 78, 79, 80, 81, 86, 87, 89, 90, 92, 94, 96, 99, 100, 101, 106, 107, 111, 123, 134, 141, 143, 145, 147, 157, 173, 177, 184, 204, 234, 236

Asilo de San Buenaventura (1863)
p. 77

Cátedra de Clínica Psiquiátrica
p. 77

Escuela de Enfermería Psiquiátrica (1900)
p. 77

Hospicio Nacional (1905)
p. 77

Hospital Borda
p. 234

Hospital de Alienados
p. 91

Hospital José T. Borda
p. 77

Hospital Municipal José T. Borda
p. 77

Hospital Nacional José T. Borda
p. 77

Hospital Nacional Neuro Psiquiátrico de Hombres (1949)
p. 77, 92

Hospital Neuropsiquiátrico José "Tomás" Borda
p. 77

Hospital Psicoasistencial Interdisciplinario "José Tiburcio Borda"
p. 77

Sala de Admissão
p. 80, 81, 90

Sala de la Edad Juvenil
p. 91

Hospício Pedro II (1841)
p. 33

Hospital das Clínicas (1945) da Faculdade de Medicina da USP
p. 94

Clínica Psiquiátrica
p. 94

Departamento de Assistência aos Psicopatas
p. 94

Hospital Dr. Gregorio Aráoz Alfaro (1952)

Policlínico de Lanús, "El Lanús"
p. 18, 100

Hospital José María Ramos Mejía (1883)
p. 219

Hospital Nacional de Alienados do Rio de Janeiro (1890)
p. 33

Hospital Neuropsiquiátrico Braulio A. Moyano (1854)
p. 184

Hospital Psiquiátrico do Juqueri (1898)
p. 78, 94

Hospital Psiquiátrico Prof. Adauto Botelho
p. 78

Instituto Raul Soares (1922)
p. 78

Menninger Clinic (1925)
p. 227

Tavistock Clinic (1920)
p. 82

Editoras

Casa do Psicólogo
p. 21

Ediciones Cinco
p. 44, 45, 47, 49, 50, 51, 52, 56, 57, 59, 60, 61, 62, 63, 66, 67, 69, 70, 71, 72, 73, 74, 75, 83, 87, 89, 95, 97, 104, 105, 106, 118, 121, 143, 144, 145, 146, 148, 160, 165, 166, 167, 212, 213, 214, 216

Editorial Paidós (1945)
p. 89, 111, 112, 131, 132, 178, 179, 187, 194, 195, 197

Editorial Polemos
p. 45, 134

Educacionais

Escuela Moderna (Barcelona) *(1901)*
p. 46

Esportivas

Associação de Futebol Argentina
p. 61

Capo de Mendoza
p. 60

Liga Menzoncina de Fútbol
p. 60

Sportivo Benjamín Matienzo (~1920)
p. 60

Sportivo Canallitas
p. 60

Fundações

Fundació Francesc Ferrer i Guardia (1987)
p. 46

Fundación Francisco Muñoz
p. 101

Instituição governamental

Serviço Nacional de Doenças Mentais (1941)
p. 78

Militares

Academia Militar de Saint-Cyr (1802)
École spéciale militaire de Saint-Cyr (ESM)
p. 43, 53

CIA - Agência Central de Inteligência dos Estados Unidos (1947)
p. 125

Escola das Américas (1946)
p. 126

Escola Militar de Agulhas Negras (AMAN) (1792)
p. 43

Museus

Brtitsh Museum (1753)
p. 46

Museu Internacional MADI (2005)
p. 162

Organismos internacionais

FAO (1945) Organização para a Agricultura e a Alimentação
p. 124

OMS - Organização Mundial da Saúde (1948)
p. 124

Ano Mundial da Saúde (1960)
p. 130

ONU - Organização das Nações Unidas (1945)
p. 124

UNESCO - Organização das Nações Unidas para a Educação, a Ciência e a Cultura (1945)
p. 124

UNICEF - Fundo das Nações Unidas para a Infância (1946)
p. 124

Organizações Não-Governamentais

Liga Argentina de Higiene Mental (1930)
p. 77, 99, 106, 234

Psicanalíticas

AAPPG - Asociación Argentina de Psicología y Psicoterapia de Grupo (1954)
p. 39, 174

ABP - Associação Brasileira de Psicanálise (1967)
p. 35

AdePro - Asociación de Psicoanálisis de Rosario (2005)
p. 118

AIHP-IAHP - Association Internationale d'Histoire de la Psychanalyse
(International Association of the History of Psychoanalysis) (1985)
p. 109

ALHP - Asociación Latinoamericana de Historia del Psicoanálisis (1996)
p. 100, 102, 107, 109, 115, 123

APA - Asociación Psicoanalítica Argentina (1942)
p. 18, 20, 27, 28, 36, 38, 39, 40, 71, 99, 101, 106, 109, 110, 111, 130, 132, 163, 171, 173, 175, 176, 177, 178, 179, 181, 182, 183, 184, 185, 187, 188, 189, 190, 191, 192, 193, 195, 198, 201, 214, 229, 237, 238, 240

Departamento de Psicosis "Dr. Enrique Pichón Rivière"
p. 182

Instituto Ángel Garma (1945)
Instituto Psicanalítico de Buenos Aires, Instituto de Formação da APA
p. 19, 39, 108, 110, 132, 173, 177, 178, 193, 194, 224, 229, 230, 240

Instituto Arminda Aberastury
Departamento de Crianças e Adolescentes do Instituto de Formação da APA
p. 110

APC - Asociación Psicoanalítica Chilena (1949)
p. 36

APdeBA - Asociación Psicoanalítica de Buenos Aires (1977)
p. 40, 189, 237, 238

APPG - Associação Paulista de Psicoterapia de Grupo
p. 32

APU - Asociación Psicoanalítica del Uruguay (1955)
p. 36

Associação Psicanalítica de Berlim (1908)
Associação Psicanalítica Alemã (1910)
p. 30, 34, 38

Ateneo Psicoanalítico
p. 40, 189

British Psychoanalytical Society (1919)
p. 26, 33

Centro de Estudos Juliano Moreira (1944)
p. 33, 34

Centro de Estudos Psicanalíticos do Rio de Janeiro (1951)
p. 34

Grupo de Estudos da Sociedade Brasileira de Psicanálise (1957)
p. 123

IFPS - International Federation of Psychoanalytic Societies (1962)
p. 35

Institut de Psychanalyse de Paris (1926)
p. 38

Institut Göering
Instituto Alemão de Pesquisa Psicológica e Psicoterapia
p. 34

Institute of Psychoanalysis (1924) de Londres
p. 26

Instituto Brasileiro de Psicanálise (1947)
p. 28, 33, 34

Instituto de Medicina Psicológica (1953)
SPID - Sociedade de Psicanálise Iracy Doyle (1984)
p. 35

Instituto de Psicanálise Durval Marcondes da SBPSP (1944)
p. 31

Instituto Psicanalítico de Berlim (1920), "Jardim de Infância"
Berliner Psychoanalytisches Institut (BPI)
p. 27, 30, 34, 37, 38, 82, 192, 203, 206, 207, 208

Instituto Sedes Sapientiae (1932)
p. 32

Associação Instrutora da Juventude Feminina (1907)
p. 32

IPA - International Psychoanalytical Association (1910)
p. 26, 27, 28, 29, 30, 31, 32, 33, 34, 35, 36, 39, 40, 99, 111, 118, 123, 177

Comitê de Treinamento da IPA
p. 27

Comitê Secreto
p. 26

Movimento Documento
p. 40, 188, 189, 237

Movimento Plataforma Internacional
p. 40, 188, 189, 237, 238

SBPRJ - Sociedade Brasileira de Psicanálise do Rio de Janeiro (1959)
p. 28, 34, 123

SBPSP - Sociedade Brasileira de Psicanálise de São Paulo (1927)
p. 28, 29, 31, 32, 33, 34

SPAGs - Sociedades de Psicoterapia Analítica de Grupo
p. 174

SPP - Société Psychanalytique de Paris (1926)
p. 38

SPPA - Sociedade Psicanalítica de
Porto Alegre (1963)
p. 28, 35

SPRJ - Sociedade Psicanalítica do Rio
de Janeiro (1955)
p. 28, 34, 35

   Instituto de Formação da SPRJ
   p. 35

The London Psychoanalytical Society
(1913)
p. 26

The New York Psychoanalytic Society
(1911)
p. 31

Universitárias

   Clark University (1887)
   p. 26, 137

   Escola de Frankfurt (1920)
   p. 82

   Instituto para Pesquisa Social (1923)
   p. 82

MIT - Massachusetts Institute of
Technology (1861)
p. 82

Pontifícia Universidade Católica de
Campinas (1941)

   PUC - Campinas
   p. 235

UBA - Universidade de Buenos Aires
(1821)
p. 19, 22, 77, 127, 131, 134

   Departamento de Sociologia
   p. 131

   Escuela de Salud Pública de la UBA
   p. 194

   Facultad de Filosofía y Letras de
   UBA (1896)
   p. 105, 131

   Facultad de Medicina de la UBA
   (1821)
   p. 77, 78, 100

UNICAMP - Universidade Estadual de
Campinas (1962)
p. 229, 235

Universidad del Litoral (1889)

   Departamento de Psicologia
   p. 134

   *Facultad de Ciencias Económicas y
   Estadística (1919)*
   p. 134, 138, 139, 140

      Instituto de Estadística
      p. 140

   Facultad de Medicina (1889)
   p. 132, 134

Universidade Complutense (1499)
p. 37

Universidade de Tübingen (1477)
p. 37

USP - Universidade de São Paulo
(1934)
p. 29, 201

   Faculdade de Medicina da USP
   p. 29

E - Eventos científicos

Congressos da IPA

   1908 - I Congresso Internacional de
   Psicanálise, Salzbourg, Áustria
   p. 26

   1910 - II Congresso Internacional de
   Psicanálise, Nuremberg, Alemanha
   p. 26

   1934 - XIII Congresso Internacional de
   Psicanálise, Lucerna, Suíça
   p. 27

   1949 - XVI Congresso Internacional de
   Psicanálise, Zurique, Suíça
   p. 36, 39, 109

   1951 - XVII Congresso Internacional de
   Psicanálise, Amsterdã, Holanda
   p. 163

   1953 - XVIII Congresso Internacional de
   Psicanálise, Londres, Inglaterra
   p. 34

   1955 - XIX Congresso Internacional de
   Psicanálise, Genebra, Suíça
   p. 34, 167

   1957 - XX Congresso Internacional de
   Psicanálise, Paris, França
   p. 34, 109

   1959 - XXI Congresso Internacional de
   Psicanálise, Copenhague, Dinamarca
   p. 34

   1961 - XXII Congresso Internacional de
   Psicanálise, Edimburgo, Escócia
   p. 35

   1963 - XXIII Congresso Internacional de
   Psicanálise, Estocolmo, Suécia
   p. 35

   1969 - XXVI Congresso Internacional de
   Psicanálise, Roma, Itália
   p. 188

   1977 - XXX Congresso Internacional de
   Psicanálise, Jerusalém, Israel
   p. 40, 189

   2005 - XLIV Congresso Internacional de
   Psicanálise, Rio de Janeiro, Brasil
   p. 118

Outros eventos

   1951 - XIV Conferência dos
   Psicanalistas de Língua Francesa,
   Paris, França

      XIV Congreso de las Lenguas
      Romances
      p. 19, 163

   1960 - Colóquio Internacional sobre
   Estados Depressivos, Buenos Aires,
   Argentina
   p. 96

   1960 - II Congresso Argentino de
   Psiquiatria, Mar del Plata, Argentina
   p. 130

   1969 - Congresso Internacional de
   Psiquiatria Social, Londres, Inglaterra
   p. 167, 191

F - Publicações

Jornais

   Crítica (1913-1962)
   p. 62, 70, 71, 75

   El Mundo (1930 - 1943)
   p. 63

   L'Éclair
   p. 44

   La Dépêche du Midi
   p. 149, 150

   La Nación
   p. 71, 157

   La Palabra (1925)
   p. 60

   La Prensa
   p. 71

   Le Matin
   p. 44

Mercure de France
p. 150

O Estado de S. Paulo (1875)
p. 29

Página/12 (1987)
p. 108

Periódicos científicos

Acta Neuropsiquiátrica Argentina
p. 140

Acta Psiquiátrica y Psicológica de América Latina (1954)
p. 135, 136, 137

Actualidad Psicológica
p. 66, 90, 100, 108, 113, 120, 133, 135, 160, 164, 167, 168, 169, 176, 180, 181, 185, 198, 199, 209, 210, 211, 213, 216

International Journal of Psychoanalysis (1920)
p. 26

Journal of Human Relations (1947)
p. 82

La Psychanalyse (1956)
p. 171

Páginas de Psicología Social
p. 103, 112, 113

Revista Argentina de Psicología (1968)
p. 191

Revista Argentina de Psiquiatría y Psicología de la Infancia y de la Adolescencia
p. 115

Revista Brasileira de Psicanálise
p. 115

Revista de Psicoanálisis (1943), da APA
p. 39, 105, 111, 112, 159

Revue Française de Psychanalyse (1952)
p. 164

Revue Française de Psychothérapie de Groupe
p. 226

Revistas literárias e de circulação geral

A partir de cero (1952)
p. 162

Caras y Caretas
p. 58

Ciclo (1948)
p. 159, 162, 224

El Hogar
p. 146

Extra (1965)
p. 120

Letra y Línea (1953)
p. 162

Nueva Política (1940)
p. 65

Nueva República (1927-1931)
p. 65

Nuevo Orden (1940-1942)
p. 65

Primera Plana (1962)
p. 63, 98, 181

G - Figuras históricas e personagens de destaque

Adolf Hitler (1889-1945)
p. 34

Alejandro Lanusse (1918-1996)
p. 127, 128

Alfonsina Storni (1892-1938)
p. 147

Alfred Dreyfus (1859-1935)
p. 43, 47

Alfredo Le Pera (1900-1935)
p. 69

Alfredo Stroessner (1912-2006)
p. 126

Amintore Fanfani (1908-1999)
p. 125

André Lalande (1867-1963)
p. 98

Armando de Sales Oliveira (1887-1945)
p. 29

Armando Discépolo (1888-1971)
p. 68, 162

Grotesco criollo
p. 68

Arturo Frondizi (1908-1995)
p. 127

Arturo Umberto Illia (1900-1983)
p. 127

Augusto José Ramón Pinochet Ugarte (1915-2006)
p. 126

Benjamín Matienzo (1891-1919)
p. 60

Bento Gonçalves da Silva (1788-1847)
p. 152

Bernardo Neustadt (1925)
p. 120

Carlos A. Manus
p. 62, 147

Carlos Coimbra da Luz (1894-1961)
p. 125

Carlos Ibáñez del Campo (1877-1960)
p. 126

Carlos Ibarguren Uriburu (1879-1956)
p. 65

Carlos Mugica S.J (1930-1974)
p. 127

Carlos Saúl Menem (1930)
p. 127

Charles André Joseph Marie de Gaulle (1890-1970), general
p. 125

Charles Romuald Gardès (1890?, 1883?, 1884?-1935), "Carlos Gardel", "El Zorzal"
p. 18, 69

Chiang Kai-shek (1887-1975)
p. 125

Conrado Nalé Roxlo (1898-1971), "Chamico", "Alguien"
p. 18, 62, 63, 71

Dag Hammarskjöld (1905-1961)
p. 124

David Ben-Gurion (1886-1973)
p. 125

Delpratti
p. 101

Domingo Faustino Sarmiento (1811-1888), comendador
p. 152

Édouard Drumont (1844-1917)
p. 44

Édouard Herriot (1872-1957)
p. 44

Eduardo Jorge Bosco (?-1943)
p. 147

Eduardo Nicanor Frei Montalva (1911-1982)
p. 126

Edward Kennedy "Duke" Ellington (1899-1974):
p. 67

Émile François Loubet (1838-1929)
p. 44

Émile Zola (1840-1902)
p. 44

Emilio Eduardo Massera (1925), almirante
p. 129

Enrique dos Santos Discépolo, "Discepolín" (1901-1951)
p. 66, 68, 69, 162

   Autobiografia
   p. 68

   Seus tangos
   p. 66, 69

Enrique Loncán (1892-1940)
p. 147

Enrique Méndez Calzada (1898-1940)
p. 62, 147

Ernesto "Che" Guevara de la Serna (1928-1967)
p. 125, 127

Ernesto Palacio (1900-1979)
p. 65

Família Discépolo
p. 68

Federico García Lorca (1898-1936)
p. 37

Federico Luppi (1936)
p. 215

Ferdinand Walsin Esterhazy (1847-1923), major
p. 44

Fidel Alejandro Castro Ruz (1926)
p. 125, 127

Florencio Bartolomé Parravicini (1876-1941)
p. 147

Francesc Ferrer i Guardia (1859-1909)
p. 21, 46, 47

Francisco Muñoz (1889-1965), "Dom Paco"
p. 19, 39, 101

François René Auguste de Chateaubriand, visconde de Chateaubriand (1768-1848)
p. 151

Fructuoso Rivera y Toscaza (1784-1854), general
p. 152, 153

Gamal Abdel Nasser (1918-1970)
p. 125

Gaston Bachelard (1884-1962)
p. 40, 82, 83

Getúlio Dorneles Vargas (1882-1954)
p. 30, 64, 81, 125, 150

Giuseppe Garibaldi (1807-1882)
p. 152

Golda Meir (1898-1978)
   nascida Golda Mabovitch
   p. 125

Gottfried Wilhelm Leibniz (1646 - 1716)
p. 223

Gustavo Rapoport
p. 111

Héctor José Cámpora (1909-1980)
p. 128, 129

Henrique Batista Duffles Teixeira Lott (1894-1984), marechal
p. 125

Hermann Wilhelm Göering (1893-1946), marechal
p. 34

Ho Chi Minh (1890-1969)
p. 125

Homero Espósito (1918-1987)
p. 215

Horacio Silvestre Quiroga Forteza (1878-1937)
p. 147, 148

Humberto de Alencar Castello Branco (1897-1967), marechal
p. 125

Hussein ibn Talal (1935-1999), Rei da Jordânia:
p. 125

Isidore Auguste Marie François Xavier Comte (1798-1857)
p. 32, 64, 151

Itália Isola
p. 94

Jacobo ben Nathan Timerman (1923-1999)
p. 181

Jânio da Silva Quadros (1917-1992)
p. 125

Jawaharlal Nehru (1889-1964)
p. 125

Jean Paul Sartre (1905-1980)
p. 98

Jean Racine (1639-1699)
p. 45, 151

Jean-Baptiste Pussin (1746-1811)
p. 78, 80, 101

João Belchior Marques Goulart (1918-1976)
p. 125

João Fernandes Campos Café Filho (1899-1970)
p. 125

João XXIII, Papa (1881-1963)
   nascido Angelo Giuseppe Roncalli
   p. 125

Ióssif Vissariónovitch Djugashvili (1878-1953), "Stalin"
p. 132

Irazusta, irmãos
p. 65

John Fitzgerald Kennedy (1917-1963)
p. 124

Jonah Jones
p. 210

Jorge Alessandri Rodríguez (1896-1986)
p. 126

Jorge Luis Borges Acevedo (1899-1986)
p. 21, 225

Jorge Rafael Videla (1925), general
p. 129, 180, 198, 211

José Félix Benito Uriburu y Uriburu (1868-1932), general
p. 64

José López Rega (1916-1989), "El Brujo"
p. 129

José Maria Garma
p. 37

José María Guido (1910-1975)
p. 127

José Ortega y Gasset (1883-1955)
p. 37

Josip Broz Tito (1892-1980)
p. 125

Juan Carlos Onganía (1914-1995)
p. 127, 180

Juan Domingo Perón (1895-1974)
p. 52, 64, 81, 89, 127, 128, 129, 131, 180, 193

Juan Hortensio Quijano (1884-1952)
p. 52, 92

Juan Lavalle (1797-1841), general
p. 152

Juan Manuel de Rosas (1793-1877), general
p. 145, 152, 153, 154

Juan María Bordaberry (1928)
p. 126

Julio Alberto Gustavo Irazusta (1899-1982)
p. 65

Júlio César Ferreira de Mesquita Filho (1892-1969)
p. 29

Julio María Sanguinetti Coirolo (1936)
p. 126

Julio Meinvielle (1905-1973)
p. 65

Juscelino Kubitschek de Oliveira (1902-1976)
p. 125

Karl Heinrich Marx (1818-1883)
p. 132

Konrad Adenauer (1876-1967)
p. 125

Léon Bloy (1846-1917)
p. 159

Leon Davidovich Bronstein (1879-1940), "Trotsky"
p. 160

Leonardo Castellani (1899-1981)
p. 65

Léopold Sédar Senghor (1906-2001):
p. 125

Leopoldo Lugones (?-1938)
p. 65, 147

Leyla Beatriz Perrone-Moisés
p. 157

Lisandro de la Torre (1868-1939)
p. 147

Livio Barreto Xavier (1900-1988)
p. 150

Louis Daniel Armstrong (1901-1971), "Satchmo"
p. 210

Luís Carlos Prestes (1898-1990), "O Velho"
p. 30, 64

Macedonio Fernández (1874-1952)
p. 67, 225

Manuel Ceferino Oribe y Viana (1792-1857), general
p. 152, 153, 154

Manuel José Joaquín del Sagrado Corazón de Jesús Belgrano (1770-1820), general
p. 137

Mao Tsé-tung (1893-1976)
p. 125

Marcelo Sánchez Sorondo (1912)
p. 65

María Estela "Isabelita" Martínez de Perón (1931)
p. 129, 180, 198, 236

María Eva "Evita" Duarte de Perón (1919-1952)
p. 128

Marie Bastian, faxineira
p. 43

Marie Georges Picquart (1854-1914), tenente-coronel
p. 44

Mario Eduardo Firmenich (1948)
p. 127

Mário Raul de Moraes Andrade (1893-1945)
p. 30

Martin Luther King Junior (1929-1968)
p. 124

Max von Schwartzkoppen, adido militar
p. 43

Melchor Pacheco y Obes (1809-1855)
p. 153, 154

Miguel Jörg (1910-2002)
p. 67, 71, 74, 112

Miguel Petrone
p. 71

Miles Dewey Davis (1926-1991)
p. 108

Mohamed Ahmed Ben Bella (1918)
p. 125

Moshe Dayan (1915-1981)
p. 125

Napoleão Bonaparte (1769-1821)
nascido Napoleone di Buonaparte
p. 43

Napoleão III
p. 155

Natalio Botana
p. 71

Nelson Falcão Rodrigues (1912-1980)
p. 62

Nereu de Oliveira Ramos (1888-1958)
p. 125

Nikita Sergueiêvitch Khrushchov (1894-1971)
p. 125

Olga Benário Prestes (1908-1942)
p. 30

Orestes Barbosa (1893-1966)
p. 56

Orlando Ramón Agosti (1924-1997)
p. 129

Oswaldo Gonçalves Cruz (1872-1917)
p. 27, 33

Palmiro Togliatti (1893-1964)
p. 125

Patrice Émery Lumumba (1925-1961)
p. 125

Pedro Eugenio Aramburu (1905-1970), general
p. 127, 128

Pedro Numa Soto (1872-1962)
p. 57

Pio XII (1876-1958), papa
nascido Eugenio Maria Giuseppe Giovanni Pacelli Graziosi
p. 128

Raúl Alberto Lastiri (1915-1978)
p. 129

Raúl Ricardo Alfonsín (1927)
p. 180

Ricardo Cánepa
p. 108, 109

Roberto Godofredo Christophersen Arlt (1900-1942)
p. 18, 62, 63, 70, 71, 75, 158, 162, 182, 199

Juguete rabioso, Vida puerca, Los siete locos
p. 62

Roberto Marcelo Levingston Laborda (1920), general
p. 128

Rodolfo Irazusta (1897-1967)
p. 65

Rosário de Toledo
p. 151

Salvador Allende Gossens (1908-1973)
p. 126

Santo Discépolo (1850-1906), dom
p. 68

Seus tangos
p. 68

Severo Ochoa de Albornoza (1905-1993)
p. 37

Sílvio Antônio Narciso de Figueiredo Caldas (1908-1998)
p. 56

Sócrates (470 a.C.-399 a.C.)
p. 136

Tuñón, irmãos
p. 75

Túpac Amaru II (1742-1781), líder Quechua
José Gabriel Condorcanqui Noguera
p. 126

Ulises Barrera (1925-2005)
p. 215

Vedoya
p. 71

Vicente Solano Lima (1901-1984)
p. 129

Vicente Zito Lema (1939)
p. 21, 44, 45, 47, 49, 50, 51, 52, 56, 57, 59, 60, 61, 62, 63, 66, 67, 69, 70, 71, 72, 73, 74, 75, 83, 87, 89, 95, 104, 105, 106, 118, 121, 143, 144, 145, 146, 148, 158, 160, 162, 165, 166, 167, 212, 213, 214, 216, 234

Víctor Juan Guillot (1899-1940)
p. 147

Vladímir Ilitch Uliánov Lênin (1870-1924), "Nikolai Lênin"
p. 45, 132

Vo Nguyen Giap (1911)
p. 125

Winston Leonard Spencer Churchill
(1874-1965)
p. 125

Zeferino Vaz (1908-1981)
p. 229

H - Referências a fatos históricos

Alemanha
  III Reich
  p. 34

Argentina
  AAA - Alianza Anticomunista Argentina (1973), "Triple A"
  p. 127, 129, 198
  ALN - Alianza Libertadora Nacionalista
  p. 90
  Azules y Colorados
  p. 127
  CGT - Confederación General del Trabajo de la República Argentina (1930)
  p. 128
  Comitê de Ajuda à Espanha Republicana
  p. 64
  Cordobazo (1969)
  p. 127, 175
  FAR - Fuerzas Armadas Revolucionarias
  p. 128
  Federalistas ("caudillos") e Unitários ("doctores")
  p. 152
  Gran Acuerdo Nacional - GAN (1971)
  p. 128
  Guerra da Independência da Argentina (1810-1824)
  p. 137
  Guerra suja na Argentina (1976-1983)
  p. 129
  Masacre de Ezeiza (1973)
  p. 128
  Masacre de Trelew (1972)
  p. 128
  Montoneros (1970-1977)
  p. 127, 128
  Noche de los Bastones Largos (1966)
  p. 127, 175
  Partido Autonomista
  p. 60
  Partido Comunista de la Argentina - PCA (1918)
  p. 132, 133, 177
  Partido Liberal
  p. 60
  Partido Peronista (1945)
  p. 90
  Proceso de Reorganización Nacional (1976-1983)
  p. 129, 180
  Revolução de Maio (1810)
  p. 47
  Revolución Argentina (1966-1973)
  p. 127, 128

Argentina, Brasil, Paraguai e Uruguai
  Guerra do Paraguai (1864-1870)
  p. 70

Áustria
  Partido Comunista da Áustria
  p. 39

Brasil
  Abolição da escravatura (1888)
  p. 32
  Família imperial portuguesa
  p. 33
  Golpe Militar de 1964
  p. 125, 126
  Golpe preventivo (1954)
  p. 125
  Guerra dos Farrapos (1935-1845)
  p. 152
  Império do Brasil
    Primeiro Império
    p. 152
      D. Pedro I, do Brasil - D. Pedro V, de Portugal (1798-1834)
      p. 152
    Segundo Império
    p. 151
      D. Pedro II (1825-1891)
      p. 32, 33, 94
  Liga Comunista do Brasil (1931)
  p. 150
  Proclamação da República (1889)
  p. 32
  República Farroupilha de Piratini
  p. 152
  Revolução Constitucionalista de 1932
  p. 28
  Revolução de 30
  p. 64
  Semana de Arte Moderna de 22
  p. 30

Coréia
  Guerra da Coréia (1950-1953)
  p. 124

Cuba
  Revolução cubana (1959)
  p. 125

Espanha
  Generación del 27
  p. 37
  Guerra Civil Espanhola (1936-1939)
  p. 38, 64
  Semana Trágica (1909), Barcelona
  p. 46

Estados Unidos
  Bombardeio de Pearl Harbor
  p. 81
  Crack da Bolsa de Nova York
  p. 64

França
  Alfred Dreyfus (1859-1935)
    Affaire Dreyfus (1894-1906)
    p. 43, 47
  Batalha de Sedan (1870)
  p. 43
  Cerco de Paris (1870-1871)
  p. 155
  Comuna de Paris (1871)
  p. 155
  Guerra Franco-Prussiana (1870-1871)
  p. 155
  Maio de 68
  p. 127, 175
  Revolução Francesa (1789-1799)
  p. 78

Japão
  Bombas atômicas sobre Hiroshima e Nagasaki (1945)
  p. 124

Século XX
  Guerra Fria
  p. 124
  Oposição Internacional de Esquerda (1923-1927)
  p. 150
  Pearl Harbor
  p. 81
  Plano Marshall (1948-1951)
  p. 124
  Primeira Guerra Mundial (1914-1918)
  p. 43, 46, 63
  Segunda Guerra Mundial (1939-1945)
  p. 27, 34, 38, 39, 81, 109, 124

Bombas atômicas sobre Hiroshima e Nagasaki (1945)
p. 124

Uruguai

Batalha de Arroyo Grande (1842)
p. 153

Blancos e Colorados
p. 152, 153

Cerco de Montevidéu (1843-1851)
p. 145, 152, 153, 154, 166

Conferência de Viena (1814 e 1815)
p. 153

Consejo Nacional de Gobierno (1952-1967)
p. 126

ERP - Ejército Revolucionario del Pueblo
p. 128

Escuadrón de la muerte
p. 126

Guerra Grande (1839 a 1851)
p. 153

Juventud Uruguaya de Pie (JUP)
p. 126

Legião Francesa em Montevidéu
p. 154

Martírio de Etcheverry
p. 154

Martírio de Mirquete
p. 154

Movimiento de Liberación Nacional Tupamaros (1960)
p. 126

Província Cisplatina (1828)
p. 152

República Oriental do Uruguai (1828)
p. 152

Vietnã

Guerra da Indochina (1945-1954)
p. 124

Guerra do Vietnã (1958-1975)
p. 124

I - Referências geográficas

África
p. 55, 63, 124, 144

Alemanha
p. 26, 27, 29, 30, 34, 37, 43, 73, 82, 125

Berlim
p. 37, 44

Frankfurt
p. 93

Nuremberg
p. 26

América do Sul
p. 35, 38, 46, 110, 152

Cone Sul
p. 124, 126, 175, 179

América Latina
p. 19, 25, 27, 28, 29, 31, 35, 36, 38, 40, 64, 105, 109, 123, 125, 126, 130, 217

Argélia
p. 125

Argentina
p. 17, 18, 19, 20, 22, 25, 27, 28, 33, 36, 38, 39, 45, 46, 49, 52, 53, 62, 64, 69, 73, 78, 81, 82, 89, 92, 99, 100, 104, 107, 109, 114, 123, 126, 127, 128, 129, 130, 131, 132, 133, 134, 137, 139, 141, 143, 145, 149, 151, 152, 161, 162, 166, 167, 171, 173, 174, 182, 184, 188, 189, 191, 192, 193, 203, 209, 211, 217, 224, 225, 226, 227

Bella Vista
p. 50

Buenos Aires
p. 17, 18, 20, 23, 31, 34, 35, 36, 37, 40, 43, 47, 49, 51, 52, 56, 60, 61, 62, 63, 64, 65, 66, 68, 69, 70, 73, 75, 77, 89, 96, 99, 100, 105, 106, 109, 114, 119, 120, 128, 129, 132, 134, 137, 140, 143, 152, 162, 166, 183, 199, 201, 216, 217, 230, 234, 240, 241

Aeroporto de Ezeiza
p. 128

Bairros

Alto Palermo
p. 117, 239

Belgrano
p. 199

La Boca
p. 65, 66

Recoleta
p. 19, 106

San Isidro
p. 120

Cemitério de Olivos
p. 216

Estádio de futebol do Boca Juniors
p. 66

Livrarias

Livraria Corcel
p. 225

Livraria Perlado
p. 225

Parque de Palermo
p. 233, 237

Restaurante Edelweis
p. 199

Ruas e avenidas

avenida Santa Fe
p. 106, 118, 130

calle Ayacucho
p. 113

Hotel Alvear
p. 113

calle Caminito
p. 66

calle Copérnico
p. 19, 39, 81, 101, 117, 123, 130, 173, 239

calle Coronel Díaz
p. 106, 108, 117, 239

calle Corrientes
p. 18, 66, 199, 223, 224, 225

calle Florida
p. 224

calle Melo
p. 213

calle Pedro de Mendoza
p. 65

calle Viamonte
p. 61, 224

Pensión del Francés
p. 18, 37, 61, 62, 63, 64, 143

calle Virrey del Pino
p. 113

Salas de teatro

Teatro Colón (1908)
p. 145

Teatro Del Pueblo
p. 62

Teatro Odeón
p. 69

Teatro Sha
p. 215

Ceres
p. 132

Chaco
p. 17, 49, 55, 57, 69, 70, 132, 143, 145, 148, 216, 224

Córdoba
p. 20, 118, 119, 127, 148, 149, 150, 155, 157, 163

ÍNDICES REMISSIVOS

Avenida Ducasse
p. 149
Corrientes
p. 17, 50, 51, 57, 60, 65, 77, 198, 224
Entre Rios
p. 65
Florencia
p. 49, 50, 56
Goya
p. 18, 51, 52, 58, 59, 60, 61, 65, 71, 77, 79, 86, 92, 136, 143, 158, 199, 224
La Plata
p. 38
Laguna e esteros del Iberá
p. 51, 138
Lanús
p. 100
Luján
p. 18, 73
Mar del Plata
p. 130
Mendoza
p. 19
Mercedes
p. 51, 149
Oncativo
p. 20, 118
Patagônia
p. 128, 152
Pilar
p. 230
Quilmes
p. 215
Rosario
p. 18, 19, 52, 60, 65, 118, 131, 132, 134, 137, 139, 140, 141, 143, 201, 224, 241
Santa Fe
p. 17, 49, 52, 60, 132, 134
Santiago del Estero
p. 132, 241
Torres
p. 73, 74
Trelew
p. 128
Tucumán
p. 60

Argentina e Brasil
Cataratas de Foz do Iguaçu
p. 49

Argentina e Chile
Cordilheira dos Andes
p. 60

Argentina e Uruguai
Rio da Prata
p. 50, 52, 144, 153, 154, 216

Argentina, Brasil e Paraguai
Tríplice fronteira
p. 49

Argentina, Brasil, Paraguai e Uruguai

Rio Paraná
p. 49, 50, 51, 52, 53, 57, 60, 138, 216

Áustria
p. 26
Salzbourg
p. 26
Viena
p. 30, 39, 161

Brasil
p. 22, 27, 28, 33, 34, 35, 49, 63, 64, 78, 81, 107, 114, 118, 124, 125, 126, 127, 150, 151, 152, 162, 192, 200, 201, 236
Belo Horizonte
p. 78
Campinas
p. 229, 235
Ceará
p. 162
Goiânia
p. 78
Porto Alegre
p. 28, 35, 179
Rezende
p. 43
Rio de Janeiro
p. 27, 28, 31, 32, 33, 34, 35, 38, 78, 94, 118, 123, 150, 151, 201
Engenho de Dentro
p. 94
Rio Grande do Sul
p. 152, 180
Santa Catarina
p. 152
São Paulo
p. 24, 27, 28, 29, 30, 31, 32, 33, 34, 36, 69, 78, 94, 201
Rua Jaceguai
p. 94
Sete Quedas
p. 49
Sobral
Museu Internacional MADI (2005)
p. 162

Brasil e Paraguai
Represa de Itaipu
p. 49

Chile
p. 28, 36, 126

China
p. 125

Colômbia
p. 18, 69
Medellín
p. 18

Congo
p. 125

Coréia
p. 124

Cuba
p. 125, 127

Dinamarca
p. 34
Copenhague
p. 34

Egito
p. 125

Espanha
p. 36, 37, 39, 46, 47, 53, 63, 64, 128, 137
Alella
p. 46
Barcelona
p. 17, 21, 46, 47, 49, 237
Fortaleza de Montjuich
p. 47
Bilbao
p. 36
Catalunha
p. 46
Madri
p. 37, 128
Residência de Estudantes
p. 37

Espanha e França
País Basco
p. 36, 38

Estados Unidos
p. 26, 29, 34, 36, 81, 82, 124, 125, 131, 235, 237
Califórnia
p. 227
Havaí
p. 81
New Orleans
p. 210
Nova York
p. 31, 64, 94, 137
Pearl Harbor
p. 81
Topeka
p. 227
Washington
p. 227

Europa
p. 17, 19, 25, 27, 36, 43, 55, 67, 82, 84, 124, 131, 143, 145, 151, 162, 163, 167, 173, 224, 225

Formosa
p. 125

França
p. 29, 30, 38, 43, 44, 45, 47, 64, 69, 78, 125, 144, 149, 150, 151, 152, 153, 154, 156, 161, 165, 186, 214
Alsácia-Lorena
p. 43
Bazet
p. 151

Coëtquidan
p. 43

Fontainebleau
p. 43

Hautes-Pyrénées (Altos-Pirineus)
p. 150

Lyon
p. 17, 43, 45, 52

Morbihan
p. 43

Paris
p. 17, 34, 38, 43, 49, 109, 144, 153, 154, 155, 162, 163, 164, 166, 167, 171, 189, 223, 224, 225, 228

   5, rue de Lille
   p. 163, 164

Pau
p. 154, 156

Rodez
p. 165

Sarguinet
p. 152

Sedan
p. 43

Tarbes
p. 150, 151, 152, 154, 156, 157

Toulouse
p. 69

Guiana Francesa

  Ilha do Diabo
  p. 44

Holanda
p. 163

  Amsterdã
  p. 163, 212

Índia
p. 125

Indochina
p. 124

Inglaterra
p. 32, 33, 34, 45, 50, 73, 82, 84, 125, 153, 175

  Edimburgo
  p. 35

  Londres
  p. 19, 34, 44, 46, 84, 109, 123, 163, 166, 191, 227, 228

Manchester
p. 45, 53

Irlanda
p. 165

  Dublim
  p. 165

Israel
p. 40, 125, 189

  Jerusalém
  p. 40, 189

Itália
p. 29, 68, 73, 125, 127, 128, 188

  Gênova
  p. 128

  Milão
  p. 128

    Cemitério Maior
    p. 128

  Nápoles
  p. 68

  Roma
  p. 188

  Trieste
  p. 62

  Verona
  p. 228

Iugoslávia
p. 125

Japão
p. 124

  Hiroshima
  p. 124

  Nagasaki
  p. 124

Jordânia
p. 125

Marrocos
p. 46

México
p. 127, 238

Panamá
p. 126

Paraguai
p. 49, 126, 151

Prússia
p. 155

Senegal
p. 125

Suécia
p. 35

  Estocolmo
  p. 35

Suíça
p. 27, 34, 36, 39, 43, 45, 53, 109, 126, 167

  Genebra
  p. 17, 19, 34, 43, 45, 49, 55, 143, 166, 167, 216, 217, 224, 227, 228

  Lucerna
  p. 27

  Zurique
  p. 36, 39, 109

Terceiro Mundo
p. 124

URSS - União das Repúblicas Socialistas Soviéticas (Rússia)
p. 124, 125, 132

Uruguai
p. 28, 36, 39, 63, 69, 126, 146, 149, 151, 152, 153, 154, 156, 158, 165, 166

  Cerrito de la Victoria
  p. 153

  Montevidéu
  p. 145, 146, 151, 152, 153, 154, 157, 166

    Cervecería Thiébaut
    p. 146

    Hotel de las Pirámides
    p. 146

    Instituto Francês de Estudos Superiores
    p. 154, 157, 158

  Punta del Este
  p. 69

  Tacuarembó
  p. 69

Vaticano
p. 125

Vietnã
p. 124

Vietnã do Norte
p. 125

J - Vocabulário geral

Abandonismo, abandonado, paciente institucionalizado
p. 80

Adaptação ativa
p. 49

Administrador
p. 164, 209

Adormecer, dormir
p. 174, 240, 241

Advogado
p. 70, 209

Álcool, alcoolismo, etilismo social
p. 161, 183, 184

Alemão
p. 30, 34, 43, 44, 73, 81, 109

Alienista
p. 33, 73

Anarquia, anarquismo, anarquista
p. 46, 56, 176

Anexo
p. 107, 117, 118, 219, 223, 229

Anfetamina
p. 113, 119, 173, 184, 232

Ansiedade, montante de ansiedade
p. 80, 83, 85, 86, 137, 138

Anticlericalismo, anticlerical
p. 46, 47

Antidepressivo
p. 96, 173, 232

Antimanicomial
p. 130

Antipsiquiatria
p. 130

Antropologia
p. 70, 130, 224

Aprendizagem
p. 74, 75, 79, 82, 83, 84, 85, 101, 102, 136, 139, 141, 178, 181, 196, 202, 203, 204, 205, 206, 207, 208, 209, 218, 220, 224

Arquitetura, arquiteto
p. 134, 140, 206, 207, 209

Art Nouveau
p. 224

Arte, artístico
p. 18, 30, 33, 62, 66, 70, 71, 105, 111, 144, 145, 148, 159, 161, 162, 218, 219, 220, 224

Artista
p. 30, 37, 66, 129, 156, 159, 161, 162, 215, 226

Asma
p. 72

Assassinato, assassinado
p. 18, 36, 86, 87, 88, 89, 126, 127, 129

Ataque
p. 27, 50, 56, 57, 63, 75, 85, 88

Atividades de divulgação
p. 46

Ator
p. 56, 215

Aula
p. 199, 202, 203, 204, 205, 206, 207, 233

Austríaco
p. 84, 93, 161

Autodidata
p. 63, 72, 75, 134

Avaliação
p. 33, 86, 165, 202, 203

Barba
p. 157, 210

Bicho-da-seda
p. 45, 50

Biografia
p. 17, 21, 22, 23, 24, 63, 68, 83, 115, 145, 155, 215, 224, 229, 241

Biologia
p. 67

Boemia
p. 17, 52, 55, 61, 65, 66, 67, 136, 199, 217

Bolero
p. 67

Bordel, prostíbulo, puteiro
p. 18, 58, 59, 60, 67, 71

Bordereau
p. 43, 44

Boxe, boxeador
p. 58, 134, 140

Brutalidade
p. 59, 126, 128, 129, 183, 211

Canto
p. 19, 52, 143, 144, 145, 148, 150, 153

Cardiazol
p. 94

Carta
p. 28, 43, 44, 66, 109, 143, 144, 145, 147, 149, 150, 151, 154, 155, 156, 157, 159, 161, 215

Casamento
p. 37, 53, 79, 105, 106, 112, 167, 173, 239

Castelhano
p. 17, 51

Catástrofe
p. 57

Católico
p. 52, 64, 65, 127

Centenário
p. 21, 47, 150, 157

Chapéu, "sombrerudos", "sinsombrerismo"
p. 71

Ciclismo
p. 58

Ciência
p. 83, 130, 131, 132, 133, 191, 218, 220

Ciências econômicas
p. 134

Cientista
p. 38, 94, 137

Cineasta, diretor de cinema, roteirista
p. 63, 68, 69

Círculo vicioso, estereótipo, estereotipia
p. 85, 96, 97, 170

Cirurgia
p. 113, 233

Cisão
p. 32, 84, 189

Civilização, civilizado
p. 152, 162

Claustrofobia, claustrofóbico
p. 66, 74, 212

Comerciário
p. 134

Complementaridade e suplementaridade
p. 88, 89, 208

Compositor
p. 68, 69, 215

Comunicação
p. 74, 82, 109, 138, 190, 208, 209, 220, 221

Comunidade
p. 77, 111, 140, 152

Comunismo, comunista
p. 64, 125, 132, 133, 170, 176, 177, 179, 240

Conceito de vínculo
  Estrutura triangular básica, rede vincular
  p. 18, 40, 82, 85, 86, 88, 95, 98, 102, 104, 169, 187, 196

Conservador
p. 31, 60, 64, 125, 127, 179

Contradição, dilemática e dialética
p. 17, 21, 40, 49, 83, 84, 98, 101, 102, 132, 138, 168, 169, 170, 176, 191, 196, 197, 200, 206, 218, 220

Cooperação
p. 208

Coordenador, coordenação
p. 80, 82, 91, 134, 138, 139, 140, 201, 202, 203, 204, 205, 206, 207, 208, 209

Corretor de seguros
p. 134, 140

Corte epistemológico
p. 83

Corte Marcial
p. 44

Criollo
p. 68, 120

Crônica, cronista
p. 20, 60, 62, 63, 67, 68, 71, 154

Culpa
p. 57, 59, 95, 119, 182, 187

Cultura, agricultura, plantação
p. 50, 51, 56

Cultura, cultural
p. 17, 19, 49, 51, 52, 55, 57, 62, 65, 67, 71, 105, 120, 124, 130, 133, 143, 144, 149, 151, 162, 168, 198, 209, 215, 219, 221, 222, 223, 224, 225

Cura
p. 98

De facto
p. 127, 128, 198

Defesa
p. 44, 56, 67, 86, 96, 97, 154, 192, 209, 212

Degolado
p. 86, 87, 88, 89

Depressão, depressivo
p. 18, 55, 69, 70, 82, 94, 95, 96, 97, 118, 145, 146, 184, 212, 225, 231, 232, 233

Depressão, Teoria da doença única
p. 18, 96

  As cinco depressões:protodepressão, depressão do desenvolvimento, depressão desencadeante, depressão regressiva, depressão iatrogênica
  p. 96, 97

  Situação depressiva básica
  p. 18, 96, 97, 225, 227

Diplomacia
p. 134

Direção Geral
p. 30, 188, 205

Direito
p. 33, 70

Disartria
p. 190, 219

Ditadura
p. 81, 124, 125, 126, 127, 129, 175, 179, 180, 194, 196, 197, 198, 201, 211, 236

Doença mental
p. 78, 92, 93, 96

Dona de casa
p. 134

Dor
p. 20, 72

Doutrina de Segurança Nacional
p. 125

Duplo vínculo
p. 175

Eclético
p. 100, 133, 170

Economia
p. 130

ECRO
  Esquema Conceitual, Referencial e Operativo
  p. 18, 83, 84, 85, 90, 91, 98, 220

Áreas um, dois e três
p. 84

Educação, educado
p. 52, 60, 74, 106, 124, 152, 241

Educador
p. 32, 46

Emergente
p. 98, 102, 103, 138, 139, 190, 202, 203, 204, 205, 206

Engenharia, engenheiro
p. 134, 140, 209

Ensinagem
p. 207

Ensino
p. 19, 43, 72, 101, 116, 131, 136, 140, 177, 200, 202, 207, 220

Entrevista
p. 22, 98, 107, 229

Epistemologia (teoria epistemológica), epistemológico
p. 40, 82, 83, 84

Epistemologia convergente
p. 191

Epistemologia materialista dialética e histórica
p. 40

Equipe de Coordenação
p. 134, 137, 138, 139, 140, 202, 203, 204, 205, 206, 207

Equipe docente
p. 39, 202, 204, 205, 207

  Professor
  p. 205, 206

  Responsável do Ano
  p. 205, 206

  Supervisor do Ano
  p. 205

Escritor
p. 44, 63, 105, 150, 151, 153, 161, 162, 166, 230

Espiral dialética
p. 170, 206

Espiral dialética, movimento em espiral
p. 170, 191, 206, 217

Esporte
p. 61, 70, 71

Esquizofrenia
p. 227

Estado
p. 45, 126, 188, 191, 193, 194, 200, 201

Estado de sítio
p. 28, 64, 175, 211

Estado socialista
p. 188

Estancamento da aprendizagem
p. 82, 83, 85, 170, 208

Estatística
p. 134, 140

Estivador
p. 134

Eugenia, eugenista
p. 33

Existente
p. 49, 81, 82, 84, 91, 98, 102, 103, 138, 139, 160, 190, 199, 202, 203, 204, 205, 206

Experiência Acumulativa de Grupos Operativos
p. 141, 202, 203, 204

Fanatismo
p. 47

Farrapos
p. 152

Fascismo, fascista
p. 64, 65, 81, 90

Fenomenologia
p. 79, 171

Fila
p. 204

Filosofia
p. 38, 134

Fisiologia
p. 93

Fome
p. 124

Francês
p. 17, 18, 21, 25, 38, 40, 43, 44, 45, 51, 52, 58, 59, 60, 61, 63, 65, 82, 83, 98, 124, 127, 136, 143, 144, 145, 149, 150, 151, 153, 154, 155, 157, 158, 160, 161, 162, 163, 165, 166, 168, 169, 175, 183, 186, 223, 224, 226

Freudo-marxistas
p. 176, 183

Fronteira
p. 49

Frustração
p. 97, 101, 161

Função didática
p. 20, 34, 40, 123, 173, 181, 183, 184, 188, 190, 192, 240

Funeral
p. 215

Futebol
p. 18, 57, 58, 60, 61, 62, 66, 67, 73, 74, 219, 220

Gastrite
p. 113, 119, 190, 210, 211, 233

Gestalt
p. 82

Golpe
p. 20, 47, 154, 189, 240

Golpe de Estado
p. 44, 64, 125, 126, 127

Golpe militar
p. 126, 127, 180, 198

Golpe narcísico
p. 181

Grupo
p. 18, 19, 25, 26, 31, 32, 33, 34, 35, 36, 39, 40, 56, 59, 60, 65, 66, 79, 81, 82, 83, 84, 85, 86, 87, 88, 89, 90, 91, 99, 100, 101, 104, 108, 110, 111, 116, 123, 127, 128, 129, 130, 133, 134, 137, 138, 139, 140, 141, 143, 153, 162, 163, 169, 170, 171, 173, 174, 175, 176, 178, 179, 180, 184, 186, 188, 189, 198, 201, 202, 203, 204, 205, 206, 207, 208, 209, 220, 221, 228, 230, 237, 238, 240

Grupo externo, grupo interno
p. 18, 83, 221

Grupo heterogêneo, grupo homogêneo
p. 138, 139, 140

Grupo operativo
p. 18, 19, 40, 81, 83, 85, 86, 134, 135, 137, 138, 139, 140, 141, 173, 186, 201, 202, 205, 207, 208, 221

Guarani
p. 17, 50, 51, 55, 136, 143, 151, 198, 224

Guerra
p. 38, 56, 63, 64, 81, 82, 126, 152, 155, 163

Haloperidol
p. 117, 232

Heterogeneidade
p. 215

Heterogêneo
p. 134, 136, 138, 139, 140

Homenagem
p. 19, 35, 46, 77, 78, 91, 94, 110, 111, 135, 137, 214, 215, 228

Homogêneo
p. 139, 140

Horizontalidade
p. 21, 169

Humor
p. 38, 59, 63, 70, 71, 74, 108, 109, 185, 218, 233

Humorista
p. 63

Húngaro
p. 44, 61, 93

Ideologia, ideológico
p. 32, 43, 45, 47, 53, 64, 69, 124, 127, 130, 131, 170, 175, 177, 178, 179, 184, 188, 194, 196, 197, 198, 212, 218, 225, 235, 238

Igreja
p. 47, 52, 128

Índio, indígena, aborígine, tribo
p. 17, 50, 51, 55, 56, 143, 149, 151, 224

Inglês
p. 33, 51, 63, 98, 153, 154, 167, 220

Insatisfação
p. 84, 176

Instinto
p. 20, 102, 197, 218

Intelectual
p. 30, 37, 44, 46, 49, 52, 53, 61, 62, 63, 64, 65, 66, 105, 114, 119, 127, 129, 130, 131, 132, 133, 144, 145, 152, 156, 160, 161, 162, 171, 175, 179, 180, 183, 185, 188, 190, 223

Interpretação
p. 37, 95, 136, 208

Inundações
p. 50, 57, 143

Italiano
p. 63, 94, 120, 131, 152

Jazz, Dixie-Jazz, Spirituals
p. 67, 109, 210, 218

Jesuitismo
p. 47

Jornalista, comentarista
p. 62, 63, 69, 70, 160, 209, 215, 230

Judeu, judaico
p. 27, 29, 30, 33, 34, 43, 47, 132

Kabakaba
p. 214

Latino-americano
p. 18, 23, 25, 40, 125, 129, 179, 221

Legião de Honra
p. 44

Lei Fundamental dos Grupos Operativos
p. 140

Literatura
p. 145, 171

Livre-pensador
p. 46, 47

Louco
p. 27, 34, 62, 72, 74, 78, 80, 141, 156, 160, 161, 162, 165, 183

Loucura
p. 17, 33, 57, 62, 72, 74, 79, 80, 83, 84, 95, 96, 136, 148, 159, 160, 161, 225

Luta
p. 29, 30, 32, 64, 65, 130, 189, 193, 194, 212, 213

Luto
p. 19, 57, 111, 120, 148, 157, 187, 216, 224, 227

Madrinha de guerra
p. 64

Malones
p. 50, 56, 138

Marxismo, marxista
p. 40, 64, 125, 127, 130, 133, 170, 176, 179, 197, 220, 237, 241

Matemática
p. 51

Mecanismos defensivos
p. 85

Medicina
p. 18, 29, 33, 35, 37, 52, 60, 65, 67, 70, 71, 72, 73, 75, 78, 79, 87, 91, 93, 94, 99, 105, 131, 132, 134, 140, 163, 191, 192, 223, 224, 225, 237, 241

Médico
p. 18, 20, 27, 29, 30, 33, 52, 69, 73, 75, 78, 87, 88, 90, 91, 94, 105, 106, 114, 136, 160, 161, 162, 164, 165, 178, 192, 193, 195, 209, 214, 224, 229, 237

Medo, medos básicos: do ataque e de perda
p. 47, 68, 79, 80, 83, 84, 85, 213, 236, 237

Melancolia, melancólico
p. 55, 62, 68, 69, 70, 71, 72, 95, 96, 97, 98, 99, 136, 217, 225, 227, 232

Membro Honorário
p. 182

Mercado negro
p. 193, 195

Mestre
p. 19, 75, 100, 104, 135, 181, 182, 184, 185, 215, 220, 226, 228, 233, 234

Morte
p. 17, 18, 19, 20, 21, 31, 44, 57, 58, 66, 68, 69, 71, 72, 78, 95, 97, 111, 114, 115, 116, 118, 119, 127, 128, 135, 144, 147, 148, 150, 151, 154, 155, 156, 157, 158, 161, 163, 165, 182, 186, 187, 189, 210, 211, 212, 213, 214, 215, 216, 225, 230, 231

Movimento modernista
p. 30

Movimento surrealista
p. 30

Mudança
p. 49, 51, 77, 83, 84, 85, 86, 101, 102, 111, 125, 139, 170, 189, 191, 195, 206, 211

Música, músico
p. 52, 66, 68, 106, 109, 118, 120, 162, 215

Nacionalista
p. 64, 65, 127

Natação
p. 58

Nazismo, nazista
p. 27, 30, 34, 38, 81, 82, 175, 194

Necessidade
p. 20, 25, 28, 79, 80, 81, 84, 103, 116, 139, 168, 169, 177, 186, 197, 206, 213, 221, 234

Neurologia
p. 77

Neuropsiquiatria
p. 38

Nostalgia
p. 53, 55, 68, 224, 225

Obituário
p. 115

Objeto
p. 18, 83, 84, 85, 86, 191, 197

Observador, observação
p. 56, 57, 88, 91, 96, 138, 139, 140, 164, 201, 202, 203, 204, 205, 206, 207

Obstáculo
p. 17, 74, 83, 136, 178, 200

Obstáculo epistemológico, obstáculo epistemofílico
p. 82, 83, 85, 170

Oligofrenia, oligotimia
p. 18, 74

Open Door
p. 73

Organização
p. 124

Orientação lacaniana
p. 32

Orientação winnicotiana
p. 32

Outro
p. 168

Outro generalizado, terceiro generalizado
p. 82

Papel
p. 27, 56, 57, 64, 68, 88, 89, 90, 98, 110, 120, 132, 133, 138, 169, 170, 176, 179, 191, 203, 206, 207, 213, 220

Pedagogia, pedagogo
p. 33, 84, 105, 111, 219, 234

Pensão, pensión
p. 18, 37, 60, 61, 62, 63, 64, 143

Pentotal
p. 241

Perda
p. 18, 71, 72, 85, 97, 148, 210, 212, 213, 226

Peronismo, peronista
p. 69, 81, 91, 92, 127, 128, 129, 131, 219

Pesquisa
p. 21, 24, 96, 133, 141, 157, 161, 217

Piano
p. 68, 105, 107, 118

Pintor
p. 66, 134, 136, 161, 162, 166

Pintura
p. 140

Pneumonia
p. 52, 65, 113, 210, 211, 224

Poesia
p. 52, 58, 106, 143, 144, 145, 147, 148, 150, 151, 154, 155, 156, 157, 159, 160, 163, 166, 215, 218, 230

Poeta
p. 55, 63, 66, 143, 144, 145, 146, 150, 151, 155, 156, 157, 160, 161, 162, 164, 165, 166, 215, 224

Política, político
p. 17, 18, 25, 26, 32, 43, 44, 46, 47, 53, 57, 60, 62, 64, 65, 66, 69, 81, 89, 90, 91, 92, 100, 123, 124, 125, 126, 127, 128, 129, 130, 133, 153, 155, 156, 170, 175, 177, 178, 179, 180, 188, 189, 190, 194, 196, 198, 199, 211, 215, 219, 220

Polonês, polaco
p. 33, 60, 62

Posição depressiva
p. 85

Posição esquizoparanóide
p. 85

Posição instrumental
p. 83, 220

Posição paranóide
p. 85

Positivismo, positivista
p. 32, 33, 64, 151

Potência, impotência
p. 190

Prêmio Nobel
p. 37, 93, 124

Prisão, cadeia, cárcere, preso
p. 44, 47, 73, 78, 126, 127, 128, 129, 165, 198

Professor
p. 22, 29, 34, 51, 59, 60, 65, 71, 77, 105, 106, 127, 131, 173, 177, 178, 202, 203, 205, 206, 209, 219, 229, 230, 236, 237

Progressista
p. 32, 45, 60, 93, 125, 127, 174, 188, 192

Prólogo
p. 17, 21, 100, 120, 136, 156, 157, 158, 164

Prostituta, puta, garota da alegria, muchacha
p. 57, 59, 60, 134

Psicanálise
p. 19, 23, 25, 26, 27, 28, 29, 30, 31, 32, 33, 34, 35, 36, 37, 38, 39, 40, 41, 59, 71, 79, 93, 100, 101, 102, 103, 104, 105, 107, 109, 110, 111, 114, 115, 123, 131, 132, 133, 157, 159, 160, 161, 163, 164, 167, 169, 170, 171, 175, 176, 177, 178, 179, 183, 186, 188, 189, 191, 192, 193, 195, 196, 197, 209, 215, 217, 219, 220, 221, 223, 224, 225, 226, 227, 228, 229, 230, 232, 233, 235, 237, 238, 240, 241

Psicanálise infantil
p. 19, 107, 109, 110, 111, 114, 115, 167, 233

Psicanálise operativa
p. 197

Psicanalista
p. 19, 21, 22, 23, 27, 28, 30, 31, 33, 34, 35, 36, 38, 39, 41, 52, 55, 79, 84, 99, 102, 103, 104, 107, 108, 109, 110, 112, 118, 141, 160, 161, 163, 167, 170, 174, 175, 176, 177, 178, 179, 181, 185, 189, 192, 193, 194, 195, 201, 203, 209, 215, 219, 220, 221, 222, 224, 227, 228, 229, 238, 240, 241

Psicoanálisis de las Configuraciones Vinculares
p. 174

Psicodinâmica
p. 95, 184

Psicologia
p. 131, 134, 140, 169, 178, 191

Psicologia social
p. 17, 18, 20, 23, 40, 82, 86, 91, 99, 130, 131, 134, 169, 171, 191, 196, 197, 200, 201, 204, 206, 208, 209, 215, 217, 221, 222

Psicologia social operativa
p. 40, 86, 201, 204

Psicólogo
p. 32, 40, 82, 131, 132, 161, 191, 192, 193, 194, 195, 208, 215, 219, 223, 234, 237

Psicopatologia
p. 181, 187, 219, 225, 227

Psicose única
p. 227

Psicossomática
p. 140

Psicoterapia
p. 193, 209

Psiquiatra
p. 19, 30, 52, 73, 79, 87, 89, 91, 92, 93, 94, 95, 99, 106, 107, 118, 127, 160, 161, 165, 176, 178, 192, 203, 215, 226, 227, 229, 233, 234, 235

Psiquiatria
p. 18, 19, 29, 33, 58, 71, 72, 75, 77, 78, 79, 80, 81, 86, 87, 91, 92, 93, 94, 96, 99, 100, 107, 112, 119, 123, 130, 131, 133, 161, 177, 185, 186, 187, 191, 215, 217, 219, 222, 225, 226, 236, 237

Psiquiatria dinâmica
p. 18, 91, 96, 100, 112, 123, 130, 187

Psiquiatria operativa
p. 81

Psiquiatria organicista
p. 91

Psiquiatria psicanalítica
p. 99

Psiquiatria social
p. 19, 81, 130, 131, 133, 177

Quechua
p. 126

Relações humanas
p. 140

Relações industriais
p. 140

Relações sociais
p. 86, 98, 168, 169

Resistência
p. 162, 170, 200

Rêverie
p. 228

Ritual
p. 55, 70, 88, 115

Salvamento da psicanálise
p. 27

Satisfação
p. 84, 112, 168

Saúde mental
p. 33, 36, 37, 79, 100, 114, 130, 132, 133, 182, 188, 191, 203

Selvagem
p. 145

Seqüestro
p. 56, 127, 128, 129, 198, 212, 237

Série complementar
p. 89, 110

Sinistro
p. 225

Sítio
p. 152, 153, 154, 155, 166, 230

Socialista
p. 43, 44, 45, 55

Sociologia
p. 130, 131

Study Group
p. 34

Suicídio
p. 20, 37, 62, 114, 115, 116, 117, 118, 125, 144, 147, 148, 154, 155, 162, 189, 231, 239

Sujeito
p. 21, 40, 72, 84, 97, 98, 102, 168, 169, 170, 197, 208, 209, 220

Supervisor, supervisão
p. 19, 28, 30, 38, 99, 100, 109, 115, 167, 179, 192, 193, 199, 203, 205, 206, 207, 219, 235

Surrealismo
p. 19, 30, 143, 144, 145, 160, 161, 162, 168

Tango
p. 18, 62, 65, 66, 67, 68, 69, 105, 147, 161, 199, 213, 215, 218, 219, 220, 225

Tarefa, explícita e implícita
p. 19, 21, 24, 60, 83, 85, 86, 89, 104, 111, 138, 139, 140, 148, 178, 179, 191, 194, 197, 205, 206, 207, 208, 209, 220, 221

Teatro
p. 45, 52, 56, 58, 62, 63, 68, 69, 130, 145, 158, 159, 215

   Grotesco criollo
   p. 68

Teatrólogo, dramaturgo
p. 63, 68, 69

Tênis
p. 58

Teoria do Campo
p. 82

Teoria dos três D (depositante, depositado, depositário)
p. 88, 89, 98, 103

Teorias instintivistas
p. 197

Terceiro-mundista
p. 127

Terror, terrorismo, terrorista
p. 66, 108, 126, 129, 136, 188, 212

Tofranil
p. 96, 97, 232

Tortura, torturado
p. 95, 126, 129, 145, 183

Transgressão, transgressor
p. 55, 59, 61, 75, 174

Transtorno bipolar, psicose maníaco-depressiva (PMD)
p. 93

Tripé
p. 38, 192, 203, 206, 207, 208

Triste, tristeza
p. 17, 55, 68, 69, 70, 71, 72, 116, 145, 148, 154, 212, 217

Trotskismo, trotskista
p. 150

Tutor
p. 164

Verticalidade
p. 21, 169

Vida cotidiana
p. 57, 61, 63, 67, 116, 181, 196, 197, 208, 209

Vínculo
p. 19, 40, 44, 55, 61, 79, 86, 88, 95, 98, 100, 102, 105, 118, 124, 133, 137, 140, 167, 175, 176, 180, 181, 185, 187, 191, 209, 223

Violência
p. 59, 126, 128, 129, 183, 211

Visão de mundo
p. 170

Vitiligo, Vitiligem
p. 114

SOBRE OS AUTORES

Marco Aurélio Fernandez Velloso é filósofo pela UFMG, psicanalista e analista institucional. Traduziu o livro *O Processo Grupal* e fez a revisão técnica de *Teoria do Vínculo*, ambos de autoria de Enrique Pichon-Rivière e publicados pela Martins Fontes.

Marilucia Melo Meireles é psicanalista, membro do departamento de psicanálise do Instituto Sedes Sapientiae, mestre em psicologia clínica pela USP, doutoranda em psicologia social pela USP. É autora do livro Anomia, publicado pela Casa do Psicólogo.